MARINE BARNÉRIAS

# Bonjour, la vie
## AUFGEBEN GILT NICHT

# MARINE BARNÉRIAS

# Bonjour, la vie

## AUFGEBEN GILT NICHT

Wie mich eine Diagnose
 aus heiterem Himmel
auf eine Reise ans
 Ende der Welt schickte,
wo ich das pure Leben fand.

Aus dem Französischen von Eva Korte

Knesebeck *Stories*

# INHALT

## VORWORT 8

- Alles beginnt am 3. April 2015 ................................. 10
- Was ist MS? ................................................................ 18
- Behandlung – keine Behandlung? ............................ 23
- Und wenn die Lösung woanders läge? .................... 26
- Nach diesem Marathon heißt es jetzt Auswählen! .... 27
- Projekt »Verbindung wiederherstellen« ................... 34
- Countdown ................................................................ 42
- Die Abreise ................................................................ 45

## KÖRPER 48

- First things first ........................................................ 50
- Lots of folks .............................................................. 52
- Go North .................................................................... 54
- Kurs nach Westen! .................................................... 58
- Walk on a good side .................................................. 60
- Richtung Süden ......................................................... 65
- Gar nicht so allein ..................................................... 72
- Im Süden .................................................................... 76
- Auf nach Westen! ...................................................... 90
- Bergfahrt in jeder Hinsicht ....................................... 116

Letzte Schritte in Neuseeland .................................. 119
Coromandel ................................................................ 126
Auckland .................................................................... 130

## GEIST 132

Bangkok ..................................................................... 136
Zurück in Bangkok .................................................... 143
Auf dem Weg nach Mae Sot .................................... 145
Die Grenze ................................................................. 147
Auf dem Weg nach Yangon ..................................... 152
Nord-Myanmar ......................................................... 161
Erstes Kloster ............................................................ 189
Rückkehr in die Wirklichkeit ................................... 224
Zweites Kloster ......................................................... 227
Letzte Momente in Myanmar .................................. 243

## SEELE 246

Ulan-Bator ................................................................. 250
Abreise für die Transhumanz .................................. 255
Auf Ikbaths Land ...................................................... 288
Die Touristen ............................................................. 316
Immer daran glauben … ........................................... 324
Die Wette gilt ............................................................ 328
Die Tsaatan ............................................................... 369
Letzte Kilometer ....................................................... 381

Ulan-Bator – die Zweite ................................................. 392

Abflug ................................................................. 393

## RETOUR  397

Ein Buch? Warum nicht ................................................ 398

Erste Entscheidungen ................................................. 400

Ein bisschen organisieren ............................................. 401

Und wo ist die MS bei der ganzen Sache? ...................... 405

Die Macht der Worte ................................................. 411

»Erkenne dich selbst« ................................................. 413

Anpassung ............................................................ 416

Wie verwandelt man einen Samen in eine Blume? ........ 419

Freiheit ................................................................ 420

Worte des Mönchs .................................................... 422

Vergessene Kräfte .................................................... 423

Eine Rosy in jedem von uns ....................................... 425

Schlusswort? .......................................................... 428

Körper, Geist und Seele vereint ................................... 429


Briefe .................................................................. 430

Widmung an meine Seper-Hero-Community ................ 446

## DANK  447

Tatkräftig, begeistert, unberechenbar, aber auch chaotisch, zerstreut und ein bisschen verrückt – so ist sie, unsere Marine. Nur einen Meter sechzig groß und immer mit einem sympathischen Lachen. Müdigkeit ist für sie ein Fremdwort. Joggen um 7 Uhr morgens, Studienprojekte, Wochenende in der Bretagne, Verbandsarbeit, Kneipenabende und Partys bis in die Puppen … Marine gibt immer Vollgas und hat tausend Ideen gleichzeitig. Manchmal kann man ihr kaum folgen. Seit ihrer Kindheit war sie immer wieder zwischen Garches, Compiègne, Lille, Marseille und Paris unterwegs. Gar nicht so einfach, damit zurechtzukommen, wenn man an so vielen Orten Freunde gefunden hat. Marine ist so eine, die trifft sogar im hintersten Winkel der Erde noch jemanden, den sie kennt. Man muss ihr über den Weg laufen. Ihr Motto spricht Bände: »Wir lassen es krachen!« Sie hat unbändige Energie, schreckt vor nichts zurück und macht sogar allein für mehrere Monate eine Reise ans andere Ende der Welt. Sie bringt uns ständig zum Lachen, sie lässt keine Gelegenheit aus, in ein Fettnäpfchen zu treten (nicht umsonst trägt sie den Spitznamen »Gaston Lagaffe«). Doch hinter der robusten Natur verbirgt sich auch ein sensibles, herzliches Mädchen, das sich Zeit nimmt für seine Freunde und seine Familie. Marine ist wie ein Zug, den man nicht verpassen sollte, eine explosive Mischung voller Überraschungen, die immer dafür sorgt, dass es weitergeht, so weit wie möglich.

**PS:** Für sie ist nichts unmöglich, und neulich hat man uns erzählt, dass sie ein Händchen für Rosen hat …

**JS & RF & ML**
*Deine Freundinnen fürs Leben*

# Vorwort

Menschen mit Ausstrahlung wie Marine vergisst man nicht. Es lässt aufhorchen, wenn eine junge Frau mit einem strahlenden Lächeln sagt, dass die Krankheit ihrem Leben einen Sinn gegeben hat. Mit der Diagnose multiple Sklerose unternimmt sie alleine mit Rucksack sieben Monate lang eine Reise nach Neuseeland, Myanmar und in die Mongolei. Sie will damit nicht als Heldin gesehen werden, sondern etwas ganz anderes ausdrücken: »Wenn ich das gemacht habe, könnt ihr es auch.« Sie erzählt uns von ihrem unbeschwerten Leben vor der Diagnose, von der fast unmenschlichen Art und Weise, wie ihr die Diagnose mitgeteilt wurde, von ihrer Weigerung, die Krankheit zu akzeptieren, und von ihren Seelenzuständen zwischen Träumen und Ängsten. Und mit all ihren Ängsten setzt sie sich auseinander. Selbstironisch und sehr authentisch berichtet sie uns davon. Marine ist geradeheraus und dadurch glaubwürdig. Sie beschreibt sich selbst als einen hochsensiblen Angsthasen, der beschließt, ins Ungewisse zu springen. Man ist mit ihr überwältigt von der Solidarität ihrer Angehörigen und der Internetnutzer, durch die dieses unglaubliche Abenteuer möglich wird. Man erlebt ihre unerwarteten und tröstlichen Begegnungen mit Menschen am anderen Ende der Welt mit und entdeckt mit ihr die Beziehung zu einer unvergleichlichen Natur und deren beruhigende Wirkung. Doch es ist natürlich auch eine innere Reise, eine dankbare und demütige Begegnung mit dem eigenen Körper, dem eigenen Geist und der eigenen Seele. Ihr habt davon geträumt, sie hat es gemacht. Wer aus der Komfortzone heraustritt, setzt sich gewaltigen Emotionsschüben aus.

Auf dieser Reise hat sie viel gelacht und geweint, aber was diese junge Frau vor allem mit uns teilen möchte, ist ihr riesengroßes

Vertrauen in das Leben. Ein anderer Blickwinkel, und schon sind alle schlechten und guten Erfahrungen es wert, gelebt zu werden. Marine hat das Recht und die Weisheit erworben, uns das zu sagen. Lassen wir uns von dieser jungen, spontanen, ehrlichen und kreativen Frau inspirieren, die es gut mit uns meint. Denn das ist vielleicht ihre Aufgabe auf dieser Erde: uns ihre Geschichte zu erzählen, damit wir unsere Prioritäten, unsere Werte, unsere Verletzlichkeit, einfach unsere Menschlichkeit hinterfragen.

»Keine Angst!«, sagt sie uns. Alles klar, Marine. Dafür und für alles andere: Danke, dass es dich gibt.

*Frédéric Lopez*

## Vorwort

Die ersten Zeilen fallen am schwersten. Ich überlege, suche nach Worten. Ich weiß nicht, womit und wie ich anfangen soll.
Wenn man mir vor einem Jahr gesagt hätte, dass ich jetzt diese unbeholfenen Zeilen schreiben würde, hätte ich mich schiefgelacht. Aber so ist das, das habe ich diesem Eindringling zu verdanken. Heute, vor dem leeren Blatt, geht mir alles durch den Kopf. Was soll ich sagen, wie soll ich die ganzen unglaublichen Empfindungen erzählen und erlebbar machen, die mir geholfen haben, mich auf den Weg zu machen, zu weinen, zu staunen und leben zu wollen, um die Macht dieses Eindringlings zu brechen, der mein Leben verändert hat?

# 1
## Alles beginnt am 3. April 2015

Ich lebe in einer überbelegten WG in Marseille mit dem Spitznamen »Ravi« (das bedeutet »high«). Warum dieser Name? Weil diese WG ganz anders ist als andere. Sie liegt mitten in der Innenstadt, und wir leben hier mit fünf Personen. Eine schläft mit dem Kopf auf der Toilettenschüssel, weil sonst kein Zimmer mehr frei ist. Das Parkett im Wohnzimmer bebt häufig, wenn wir abends mal wieder Motto-Party machen. Ihr könnt euch vorstellen: ein Ort voller Leben, Austausch, Lachen. Der Zugangscode heißt: »Alles ist möglich!«
Diese Wohnung dient auch als ständiges Hauptquartier für alle möglichen Verbände für irgendwas und irgendwen.
Ich bin Mitglied im Sportverband. Das ist eine Familie aus zwölf Leuten, alles Studenten an derselben Wirtschaftshochschule wie ich, und alle haben häufig ziemlich abgefahrene Ideen. Für den Sportverband bin ich bekannter als für fleißiges Studieren. An unserer Hochschule gehört Verbandsarbeit zum Studienplan, es gibt enorm

## Alles beginnt am 3. April 2015

viele Verbände. Jeder kann hier passend zu den eigenen Interessen etwas finden und sich entfalten. Bei mir ist es der Sport. Es ist der größte Sportverband in Frankreich und ein richtiges Unternehmen mit großen Projekten und einem großen Budget. Es gibt Ziele zu erreichen und Gruppen zu managen; das bildet menschlich und beruflich. Ich bin für den Bereich Mannschaftssport zuständig und speziell für das Management der Coaches. Es begeistert total, mit Sportlern eng zusammenzuarbeiten, aber vor allem zu sehen, wie sie gewinnen, verlieren und ihre Mannschaft wieder neu mobilisieren. Die Kraft des Sports eben. Ich habe entdeckt, dass es mich vor allem reizt, zu motivieren, Projekte ins Leben zu rufen und sie durchzuführen.

**Dieser 3. April ist kein Tag wie jeder andere.** Wie jedes Jahr hinterlässt er Spuren. Wir bereiten uns auf das berühmte Pokalturnier von fünf Wirtschaftshochschulen vor. Meine Aufregung ist auf ihrem Höhepunkt. Seit sechs Monaten bereiten sich die Mannschaften intensiv auf diese Begegnung vor. Ziel ist es, unsere gemeinsamen Werte und unsere Fantasie durch den Sport zu stärken. Ich darf mich vorstellen: Hier nennt man mich häufig Taz. Und wie ein verrückter Tasmanischer Teufel springe ich mit meinen 1,60 Metern auch herum. Weil ich mich wie eine Marktschreierin aufführe und schräge Ideen habe, bin ich »Capo« geworden. Ich motiviere die Leute und sorge dafür, dass die Mannschaft stark ist und einen guten Zusammenhalt hat, damit sie den Pokal gewinnt. Eine große Verantwortung, und in diesem Jahr bin ich an meiner Hochschule die einzige Frau mit diesem Posten.
Durch meine Sprachprobleme bringe ich manchmal Wörter zusammen, die nicht zusammengehören und keinen Sinn ergeben. So bin ich zu dem Spitznamen »Gaston« gekommen. Diesen zweiten Spitznamen verdanke ich meinem etwas chaotischen Gehirn. Damit es schneller geht, denke ich häufig erst nach, wenn ich etwas gesagt habe. Einige Leute behaupten, dass ich ständig neue

## Vorwort

verrückte Pläne aushecke. Es gehört tatsächlich nicht zu meinen Lieblingsbeschäftigungen, faul am Strand zu liegen.

**An diesem 3. April 2015 kommt alles zusammen, und es entsteht ein Feeling, das nur ein solches Event bewirken kann.** Mehr als 1500 Studenten aus ganz Frankreich mit Kriegsbemalung von Kopf bis Fuß, die so laut wie möglich die Schlachtrufe ihrer jeweiligen Lager singen und brüllen. 2000 Kinder über 20 Jahre. Jeder in seinen Farben. Wir, Marseille, die Gastgeber, in Blau-Weiß. Nancy in Orange-Schwarz, Bordeaux in Rot. Rouen hat Grün-Weiß und Reims Violett. Alle diese Farben sind in demselben Geist der Freude und des Feierns versammelt, eine echte Karnevalsstimmung. Jede Hochschule hat sich verrückte Wagen und Aufbauten ausgedacht, die Gejohle und Gelächter auslösen.

**An diesem 3. April 2015 brauche ich keinen Wecker.** Um 6 Uhr morgens bin ich hellwach; in fünf Minuten bin ich angezogen, angemalt und bereit zum Abflug! Bereits auf den ersten Metern zum Sportplatz schlägt mein Herz wie verrückt. Ich kann es kaum erwarten, die verrückten Ideen meiner Mannschaft zu sehen. Hinter mir steht mein gut aufgestelltes Team. Für dieses Pokalturnier in meinem Abschlussjahr will ich alles geben. Ehrlich gesagt, kann ich gar nicht anders, dieses Gefühl stimuliert mich so was von. Mein Maximum geben, damit ich mir nachher nicht vorwerfen muss: »Hätte ich doch mal …« Das ist ein bisschen die Lebensphilosophie, die mich seit einigen Jahren antreibt. Ich bin also motiviert wie noch nie, lauthals die Farben meiner Hochschule zu brüllen. Etwas schwachsinnig, aber voll lustig!

**An diesem Samstag ist der Stress spürbar, obwohl es vor allem ums Feiern geht.** Mich treibt vor allem an, diesen verflixten Pokal zu gewinnen.

Nach einem Tag maximaler Aufmerksamkeit in allen Richtungen mit Megafon in der Hand ist mein Sichtfeld am nächsten Tag

## Alles beginnt am 3. April 2015

plötzlich eingeschränkt. Ich bin noch genauso motiviert, aber ich muss meinen Kopf nach rechts und links drehen, um die Leute von meinem Team sehen zu können, die weiter unten in den seitlichen Rängen stehen. Seltsam! Ich habe das Gefühl, meine Brille vergessen zu haben, die ich noch nie getragen habe. Trotz der eingeschränkten Sicht feuere ich weiterhin meine Truppen an. Angesichts der getrübten Sicht mache ich innerlich Erklärungsversuche: *»Wahrscheinlich bin ich auf die Schminke allergisch, mit der ich mich bemalt habe.«* Damit beruhige ich mich. Ein paar Stunden später meldet sich meine linke Gehirnhälfte mit einer gewissen Neugierde. Ich bitte Freundinnen, mir in die Augen zu gucken, ob mir vielleicht etwas ins Auge geraten ist. »Ohne Befund«, sagen die. Alle drei lachen wir, gehen in die vordere Reihe und denken, dass ich mir – ungeschickt, wie ich bin – Schminke in die Augen geschmiert habe. Der dritte Tag geht mit Freude und Begeisterung zu Ende. Wir gewinnen den Pokal, den ich nur halb sehen kann. Mein Sichtfeld ist jetzt stark eingeschränkt. Im Bus nach Hause mache ich mir Sorgen. Ständig teste ich meine Augen. Ich halte ein Auge zu, dann das andere, um zu sehen, was verschwindet. Ich verstehe es einfach nicht. Ich finde mich damit ab, dass ich nichts verstehe. Zu Hause schminke ich mich ab und gehe zur Party, um den Pokal zu feiern. Ende eines sehr bewegten Tages. Als ich am Abend beziehungsweise am frühen Morgen schlafen gehe, weiß ich nicht mehr genau, ob es an der Farbe, am Alkohol oder oder an mir liegt, dass ich nicht mehr richtig sehe.

### Am nächsten Morgen: Panik in der Ravi

Es ist schlimmer geworden. Ich kann nicht mehr klar sehen. Natürlicher Reflex, ich rufe meine Mutter an und frage um Rat. Sie ist vorsichtig und realistisch und sagt: *»Marine, nimm deine Augen nicht auf die leichte Schulter.«* Sie erkennt, dass ich die Sache nicht ernst nehme, und rät mir dringend, einen Arzt aufzusuchen. Ich bin genervt,

## Vorwort

aber es ist mir bewusst, dass ich jetzt schon vier Tage nicht mehr richtig sehen kann. Ich kann noch genug sehen, um die Nummer der nächsten Augenpraxis herauszusuchen. Ich mache mir trotz allem keine Sorgen. Ich bin sicher, dass der Augenarzt das mit ein paar Tropfen und den richtigen Handgriffen hinbekommen wird. Ich gehe unbeschwert und vertrauensvoll los – nach der Erfahrung mit den seitlichen Rängen beim Spiel passe ich aber auf, dass ich keinen Baum oder Strauch übersehe, der außerhalb meines Sichtfelds liegt.

**Ich stolpere in eine Augenpraxis**, Avenue du Prado. Nach dem, was ich der Sprechstunde berichtet hatte, hat sie mich als Notfall angenommen. Nach weniger als zehn Sekunden bin ich sprachlos. Die Augenärztin sagt: *»Das ist nicht mein Fachgebiet …«* Und dann: *»Mademoiselle, ich kann nichts für Sie tun. Gehen Sie in die Notaufnahme.« – »Wie bitte? Ich verstehe nicht! Warum?« – »Hören Sie, das ist wirklich nicht mein Fachgebiet. Gehen Sie in die Notaufnahme, das ist eine ernste Sache. Einen schönen Tag noch!«* Sie berechnet mir nichts für diese Express-Untersuchung. Zum ersten Mal in meinem Leben hätte ich lieber etwas gezahlt und wäre schlauer. Bim …! Ich war wegen einer Allergie gekommen und soll mich in der Notaufnahme auf »ich weiß nicht was« weiter untersuchen lassen. Was habe ich? Ich beruhige mich, so gut ich kann. Alles wird gut. In dem Moment ärgere ich mich nur, dass ich nicht mit in die Kneipe gehen kann.

**Als ich die Tür zur Notaufnahme aufmache,** konnte ich mir noch nicht vorstellen, dass ich dort 14 Tage verbringen würde, am Tropf, bis die Diagnose steht. Röntgenuntersuchungen und MRTs, um herauszufinden, woher meine Augenlähmung kommt. Ich bin da, verstehe aber nichts, und keiner sagt mir irgendwas. Zum ersten Mal in meinem Leben bin ich im wahrsten Sinne des Wortes in einem schwarzen Loch. Ich sehe nichts und verstehe nichts mehr. Es ist die Hölle.

## Alles beginnt am 3. April 2015

Ich bin total verunsichert. Mein Körper versagt, und ich weiß nicht, was los ist. Ich bin wie in einem Tunnel, und nirgendwo ist ein Ausgang zu sehen. Die düsteren Gedanken sind überall. Ich kapiere rein gar nichts, und niemand hat Zeit, sich an mein Bett zu setzen und mich zu beruhigen. In solchen Momenten wird einem bewusst, dass man ohne seinen Körper nichts ist. Jeder kleine Teil oder jede Zelle hat ihre Aufgabe, ohne sie können wir uns nicht bewegen, nicht gehen, berühren, spüren, reagieren, verstehen, hören, sehen, geschweige denn analysieren. Unser Körper ist unser Medium, er ist unendlich schön durch seine Geheimnisse und seine unglaubliche Komplexität. Wie kann man auf ihn hören? Wie kann ich aufmerksam sein und den Fehler suchen, damit er behoben werden kann? Das geht mir im Krankenhaus durch den Kopf. Warum habe ich gezögert? Warum bin ich jetzt hier? Warum habe ich nicht früher auf ihn gehört? Ich weiß es nicht. Ich habe null Antworten!!! *»Holt mich aus diesem Bett, bitte! Sagt mir, was los ist!«* Nichts. Keiner sagt mir was, außer der Kortison-Stoßtherapie, die ich nicht ignorieren kann, weil sie mich total fertigmacht. Sie nimmt mir die Kontrolle über mich selbst. Ich rede dummes Zeug. Ich bin in einer anderen Welt. Hart ist das, einen Moment bist du total glücklich, wie auf Drogen, und dann fällst du brutal in ein Loch. Die Stoßtherapie ist echt hart. Man wird selbst zum Tropf ... Und danach kommen die Nebenwirkungen. Bei mir sind die eher lustig. Ich verwechsele die Wörter noch mehr als sonst. Ihr könnt euch das Chaos vorstellen. Ein kleiner Einblick in mein Delirium: »Also ich schlafe jetzt in der Mikrowelle« oder »Ist das Bad in der Küche?«! Um mich herum leises Lachen, aber ich kapiere nichts. Durch die starke Kortisondosis verliere ich die Kontrolle über meine Gefühle. Alles kommt auf einmal raus, oder ich nehme alles mit totaler Begeisterung auf. Ich weiß nicht genau, was man mir ins Blut pumpt. Sehen kann ich immer noch nicht richtig. Auf allen Ebenen bin ich im Nebel: Ich weiß weder, warum das passiert, noch, was passiert. Mein Herz

## Vorwort

rast, ich bin in Panik, das spüre ich. Es macht mich fertig, dass ich nicht weiß, ob ich wieder sehen werde. Werde ich die Schönheit einer Landschaft, eines Blicks, von Farben wieder so wahrnehmen können wie vorher? Die Fragen stürzen auf mich ein.

### Die Diagnose wird gesprochen

Nach 14 Tagen im Krankenhaus ist noch immer kein Neurologe in Sicht, der mir etwas erklärt. Ich schiele zur Tür, durch die bisher nur meine Angehörigen und die Krankenschwestern traten. Eines Morgens tritt endlich der lang ersehnte Messias in mein Zimmer. Die Neurologin setzt sich auf einen Stuhl, ihre Brille rutscht ihr fast von der Nase, und sie hat einen Haufen Papiere in der Hand. Sie scheint sich zu vergewissern, ob sie auch im richtigen Zimmer ist, damit sie nicht dem Falschen diese Diagnose stellt. Sie eröffnet mir, dass ich multiple Sklerose habe. Ich sage nichts ... In meinem Kopf wiederhole ich die Wörter: multiple. Sklerose. Was ist eine Sklerose? Wird sie multipliziert? Es trifft mich wie ein Schlag. Dann sagt sie: *»Machen Sie sich keine Sorgen, es gibt viele Behandlungsmöglichkeiten für diese Krankheit.«* Sie gibt mir eine Broschüre und rät mir, mich im Internet weiter darüber zu informieren. Sie geht, sie hat noch mehr auf ihrer Liste. Aye, aye, Kapitän: Treffer, versenkt. Sie haben die richtigen Felder angekreuzt, Frau Doktor! Der weiße Kittel verlässt mein Zimmer und verteilt anderswo seine frohe Botschaft. Grausam! Mir fehlen die Worte, um zu beschreiben, was diese eiskalte Mitteilung mit mir gemacht hat. Keine nähere Begründung oder Information, kein bisschen, was mich beruhigt hätte! Meine Mutter ist bei mir, sie hat das Urteil gefasst aufgenommen und hilft mir sehr. Sie ist der Ausgleich für die Worte der Ärzte. Zum Glück ist sie da. Eines solltet ihr auf keinen Fall tun, wenn man euch eine Diagnose stellt: im Internet danach suchen ... Das habe ich nämlich gemacht. Ihr findet eine Menge negativer Leute, die euch das Schlimmste erzählen ... Natürlich, denn wem es gut geht, der nimmt sich nicht

## Alles beginnt am 3. April 2015

die Zeit, darüber zu schreiben. Ich bin auf heftige Aussagen gestoßen. Schwer zu verkraften mit 21 Jahren.
Vor allem bin ich sprachlos. Zu dieser Diagnose, dass die Funktionen deines Körpers nach und nach ausfallen werden, kann man nichts sagen. Träume ich? Werde ich aufwachen? Bitte, weckt mich auf! Ich schreie, drücke meinen Kopf in das Kissen. Ich sehe meine Mutter an, die alles versucht, um mich zu beruhigen. Ich frage sie mit bebender Stimme: »*Wird mein Freund eine Behinderte haben wollen?*« Sie sitzt auf meinem Bett und sagt: »*Marine, wenn er dich liebt, wird er immer an deiner Seite sein.*« Mein Handy klingelt, es ist Max. Er will die Diagnose wissen. Ich kann das Handy nicht nehmen, ich bringe keinen Ton heraus. Ich breche in Tränen aus und bitte Mama, es ihm zu sagen. Sie nimmt das Handy und geht rücksichtsvoll aus dem Zimmer. Zweiter Elektroschock. Es hört nicht auf, alle rufen an, alle wollen wissen, was ich habe. Ich will wegrennen, nur weg! Die Schocktherapie ist mein Gefängnis. Ich höre durch die Wand, wie Mama mit den Leuten spricht. Ruhig und gefasst teilt sie meinen Freunden und Verwandten das Urteil mit. Ich versuche herauszufinden, was sie antworten. Ich fange an zu fantasieren, schade mir selbst. Meine Mutter bekommt meine Tränen und meine Verzweiflung durch die Wände meiner Krankenhauszelle mit. Meine Freunde aus Marseille erfahren es, kommen und singen und tun alles, was sie können, um mir Mut zu machen. Es ist total schwer, als Verliererin im Krankenbett zu liegen. Ich kenne diese Krankheit kaum. Ich erinnere mich nur an ein Interview, das mein Vater in einem Film mit einer Frau gemacht hat, die multiple Sklerose hatte. Sie saß im Rollstuhl, war blind und konnte nichts spüren. Als mir bewusst wird, dass ich dieselbe Krankheit habe, weiß ich nicht mehr, wie ich mich beruhigen soll. Plötzlich, ich weiß nicht, warum, aber ich habe die Vorstellung von einem Sandstrand, und ich renne ohne Pause … Mein einziger Wunsch ist, die Schläuche abzureißen und ohne Ende an diesem Strand entlangzurennen, damit mein Körper versteht, dass ich nie aufhören

## Vorwort

werde, in Bewegung zu sein. Von einem auf den anderen Tag kann unser Körper uns im Stich lassen, Wahnsinn. Ich denke nur noch an das eine, an diesen Strand.

Ich fahre mit meinem Freund an die Südküste, damit ich auf andere Gedanken komme. Kaum sind wir angekommen, ziehe ich meine Turnschuhe an und renne eine Stunde lang wie eine Verrückte. Ich sehe den Horizont, der Wind trocknet meine Tränen, ein paar Möwen fliegen über mir, meine Schuhe patschen auf den nassen Sand. Ich schließe die Augen, meine Beine galoppieren, und mein Herz rast. Ich kann nicht stoppen. Als ob meine Beine mich im Stich lassen würden, wenn ich anhalte. Ich schreie sie an: »*Verlasst mich nicht … Lasst mich bitte nicht im Stich!*« »*Marine, du stoppst erst, wenn du keinen Fuß mehr vor den anderen setzen kannst!*«

Bevor Max und ich nach Paris zurückfahren, entscheidet mein Patenonkel Arnaud, nachdem er die Nachricht erfährt, eine Ferienwohnung an dem Ort, wo wir gerade sind, zu mieten, damit ich auf andere Gedanken komme; aber vor allem, damit wir uns sehen. Ich kann total abschalten und finde mein Lächeln wieder. Wir verlaufen uns im Kiefernwald. Bei gutem Essen und Kartenspielen fange ich an, mich etwas zu entspannen. Danke, Onkel Arnaud!

*Diese Krankheit ist seltsam, sie nagt langsam an uns, Stück für Stück. Man hat Zeit wahrzunehmen, wie eine Körperfunktion nach der anderen nachlässt … Die Krankheit ist nicht wie ein Haifisch, der dich auf einmal verschlingt, sondern nagt ständig ein bisschen an dir, und du bekommst mit, was gerade vor sich geht.*

# 2
## Was ist MS?

Am schwierigsten war es zu unterscheiden, was ein MS-Schub und was eine normale Sinnesempfindung ist. Pardon, ich vergesse, dass viele

## Was ist MS?

Menschen diese Krankheit womöglich gar nicht kennen. Ich werde sie euch in einfachen Worten erklären, damit ihr sie so versteht, wie ich sie verstanden habe. Unser Nervensystem sorgt dafür, dass wir uns bewegen, fühlen, sehen und hören können. Unsere Sinne sind mit all diesen Nerven verknüpft. Es beeindruckt mich immer wieder, wie gut unser Körper ausgestattet ist: Wir haben unsere Haut, die unsere Organe schützt, und wir haben das Myelin, eine Flüssigkeit, die unsere Nerven umgibt und sie schützt. Also bei mir sind die kleinen Antikörper ein bisschen durchgeknallt, oder ich weiß nicht, was, jedenfalls ticken sie nicht richtig. Sie greifen diese Flüssigkeit an, weil sie denken, dass es Bakterien sind, die man bekämpfen muss. Sie schlagen willkürlich zu. Man weiß nie, wann, wo und warum. Einfach so ... Dann sind die Nerven geschädigt und funktionieren nicht mehr richtig. Und das, was man Schübe nennt, das sind Lähmungen, die dann eintreten. Die Lähmung kann unterschiedlicher Art sein, und ein erstes Warnsignal ist ein Kribbeln oder ein Schweregefühl in einem Bereich des Körpers. Aber solche Gefühle kennt jeder, sie sind alltäglich, beispielsweise das Kribbeln in den Beinen, wenn man im Schneidersitz gesessen hat. Aber unser Gehirn ist sehr mächtig; bei Menschen mit MS greift es dann in die Fantasiekiste, und ihre Gedanken kommen völlig durcheinander. Daher habe ich irgendwann verstanden, dass ich erst einmal unterscheiden und meinen Körper verstehen lernen muss. Ich muss ihn so gut verstehen, dass er mir helfen kann, nicht bei jeder unerwarteten Empfindung sofort in Panik zu verfallen. Ich bekomme ganz schnell Wahnvorstellungen.

### Neurologen-Marathon

Nach dieser kurzen Pause fahre ich wieder nach Paris. Vor dem unweigerlichen Neurologen-Marathon treffe ich abends meine Freundinnen aus der Kindheit. Sie stehen alle Gewehr bei Fuß, bis auf eine, die in Kanada ist. Wir treffen uns in einem Restaurant. Als ich eintrete, stelle ich erleichtert fest, dass es mich nicht umhaut, aber ich habe etwas

# Vorwort

weiche Knie. Wir umarmen uns, ich habe nur eine Frage im Kopf: *»Habt ihr mit eurem Freund darüber gesprochen?«* Diese Frage sagt alles. Ich will kontrollieren, will bestimmen, wie mich die anderen sehen. Dann ist mein Ziel, so viele Informationen wie möglich zu bekommen. Man hat mir erklärt, dass es eine schleichende Krankheit ist, hinterhältig, unberechenbar, versteckt, die aus heiterem Himmel zuschlägt. Ich muss mich organisieren, ich muss mich schützen gegen diese vielen negativen Informationen. Ich nehme mir vor, die Schwachstellen dieses Eindringlings in mir zu finden. Ich finde heraus, dass es eine Autoimmunerkrankung ist; also eine Krankheit, die ich selbst fabriziere. Ich selbst muss auf sie einwirken, im Moment bin ich aber in Tränen aufgelöst, und meine Pläne sind gestoppt.

Zum Glück kann eine Neurologin aus der Verwandtschaft, Corinne, mir einen Termin an der Uni-Klinik Pitié-Salpêtrière besorgen. Ich komme in eine Welt, die mir völlig fremd ist. Ich bin wie eine Fünfjährige, der man erklärt, wie Zähneputzen geht. Ich habe einen Termin und gehe in die Pitié. Es gibt keinen Grund, traurig zu sein, denn schließlich habe ich einen Termin bekommen. Manche müssen ein oder zwei Jahre darauf warten. Ich bleibe fröhlich ...
Ich habe einen Termin.

Diese Nervenklinik trägt ihren Namen Pitié (Erbarmen) zu Recht. Nach fünf Minuten habe ich nur noch einen Gedanken: *»Pitié, holt mich hier raus!«* Die Abteilung ist voller Menschen mit Behinderungen. Rechts von mir streichelt eine Patientin ihren Rollstuhl, links von mir hält ein junger Mann seine Krücke fest oder sie ihn. Ich bin verwirrt. Ich weiß nicht mehr, wer ich bin und was ich hier tue. Ich bin umgeben von Menschen mit Lähmungen und weiß nicht, ob sie dieselbe Krankheit haben wie ich.

## MS-Abteilung

Ich habe nicht Medizin studiert, aber ich kann zwei und zwei zusammenzählen. Ich will nur eines: wegrennen, damit ich den Tatsachen

## Was ist MS?

nicht ins Auge sehen muss. Ich bin 21 Jahre alt. *»Pitié!«* Ich gehe in das Sprechzimmer des Neurologen. Er erklärt mir meine Krankheit und die verschiedenen Behandlungsmöglichkeiten. Davon will ich aber nichts hören, denn da ist eine leise Stimme in mir, die sagt: *»Nein, Marine, erst einmal nicht.«* Ich kann selbst nicht verstehen, warum ich so stur bin. Diese Stimme kommt aus meinem Herzen. Leise und spontan, ohne zu überlegen. Sie berührt mich sehr stark, sie ist so sicher und lässt sich nicht zum Schweigen bringen. Ich sage ihr: *»Hör auf, lass mich in Ruhe! Bitte, ich kann dem Neurologen nicht richtig zuhören.«* Ich habe so etwas noch nie erlebt. Diese innere Stimme. Woher kommt sie? Warum redet sie mit mir? Und außerdem will sie genau das Gegenteil von dem, was mir vorgeschlagen wird. Warum interessiert mich die Behandlung nicht, nur wegen einer leisen Stimme aus dem Nichts?

Exakt 20 Minuten verbringe ich in diesem Sprechzimmer. Ich fühle mich immer mehr wie der letzte Depp vor diesem weißen Kittel. Ich kann alle meine Fragen kaum loswerden. Mit meinem Bäcker, da bin ich auf Augenhöhe. Wir mögen uns und reden miteinander, als ob wir uns ewig kennen würden. Ich habe gerne respektvollen Kontakt zu anderen Menschen.

Diese Neurologen erscheinen mir wie Kühlschränke. Sie halten dich auf Distanz, damit du nicht erfrierst. Sie sind stolz auf die lange Liste ihrer hilflosen Patienten. Vor diesem studierten Mann, dieser Ansammlung von Wissen, stehe ich und weiß rein gar nichts. Weder, wer ich bin, noch, wie ich sein soll. Ich bin verloren, leer, abgeschnitten von meinem Bedürfnis, mich durch mein Herz, meine Gesten, meine Witze, meine Ängste auszudrücken. Einfach ich selbst zu sein. Hier bekomme ich Zahlen als Antwort. Pech gehabt, Mathe war schon in der Grundschule nicht mein Ding. Ich möchte über den Stress reden, der den Schub ausgelöst haben könnte. Aber der Stress passt hier nicht ins Raster. Mit meiner Überzeugung stehe ich einsam vor der geballten Wissenschaft: dass man als Ursache erst einmal meine

## Vorwort

Gefühle genauer anschauen sollte. Undenkbar? Ich werde dazu nicht mal gefragt. Warum? Warum beschränkt man sich auf die Analyse von MRTs und so? Warum hält man Distanz zum Patienten, zu seinen Emotionen, zu dem, was in ihm ist, was ihn bewegt? Ich verstehe das nicht. Die Begegnungen machen mich fertig. Ich suche private und öffentliche Kliniken auf. Der Unterschied ist eher äußerlich, ansonsten ist es überall ähnlich. In Privatkliniken wartest du auf viel zu großen Sesseln, und das Sprechzimmer ist manchmal so groß wie eine Wohnung. In öffentlichen Kliniken ist es nüchterner.

Ich gehe von einer Neurologie zur anderen und suche jemanden, der bereit ist, mir mehr zu geben als ein Attest. Mit der Ermutigung »*Geh zu dem, der ist top!*« mache ich mich jedes Mal auf den Weg und hoffe auf eine Bestätigung. Nicht die Bestätigung der Diagnose, sondern einer anderen Sichtweise. Die widersprüchlichen Aussagen, die verschiedenen Behandlungsangebote, die unterschiedlichen Ernährungsempfehlungen, sie bewirken bei mir das Gegenteil. Mir schwirrt wirklich langsam der Kopf. Ich weiß nicht mehr, auf wen ich hören oder zu wem ich gehen soll, um mich aufgehoben zu fühlen. Jeder sagt etwas anderes. Kleine Kostprobe: »*Manche Studien, nicht alle, zeigen, dass Rauchen ein Faktor sein kann.*« Okay, Doktor, so what? Was damit? Andere Reaktion: »*Ich empfehle Ihnen, keine Milchprodukte mehr zu sich zu nehmen.*« Ach so?! Sagen Sie das meinem Glas Milch, das ich mir jeden Morgen gönne und das mich in gute Stimmung bringt. Noch eine: »*Rohkost soll bei einigen Patienten helfen.*« »*Manche haben weniger Schübe, seit sie Vegetarier sind.*« ... Jeder gibt seinen Senf dazu. Ein Jahrmarkt voller Ideen. Schräg! Ich warte nur darauf, dass man mir vorschlägt, meine Möhren selbst anzubauen, damit es mir besser geht – durchaus möglich! Informationen in alle Richtungen, und noch dazu verläuft die Krankheit bei jedem Patienten anders. Ich bin verwirrt. Mache ich eine Sache, denke ich an den Neurologen X, der mir empfohlen hat, das nicht zu trinken und das nicht zu essen. Ich weiß nicht mehr, wie ich leben soll, ohne dass mir diese Sätze im Kopf herumgehen. Es ist eine Autoimmunerkrankung, also ganz individuell. Kein MS-Patient ist wie der andere, einfach weil jeder von uns einzigartig ist. Zum Glück!

## 3
## Behandlung – keine Behandlung?

Ich weiß nicht mehr, wohin ich mich wenden und welche Entscheidung ich treffen soll. Eine Behandlung schreckt mich ab und erinnert mich stärker an meine Diagnose als ein Antibiotikum. Ich habe nicht vor, von heute auf morgen einfach so anders zu leben. Ich kann mir nicht vorstellen, mir jeden Tag eine Spritze zu geben oder einmal pro Woche und eine Medikamentendose als beste Freundin zu haben. Ich lehne das alles ab. Ich akzeptiere kein anderes Leben.

Es gibt verschiedene Behandlungsmöglichkeiten. Bei dieser Krankheit heißt Behandlung nicht Heilung. Es bedeutet nur Verzögerung. Ich bin nicht mehr mit dem Motorroller, sondern mit dem Tretroller unterwegs. Es wird eine Flüssigkeit gespritzt, die mögliche Schübe bremsen soll. Das heilt nicht. Das verzögert, das mildert. Es ist eine sehr individuelle Entscheidung.

Mir kann diese Behandlung zurzeit nichts bringen, weil ich total aus dem Gleichgewicht bin. Ich bin so weit entfernt von klaren Gedanken. Meine Seele und mein Körper wollen mir etwas sagen, und mein Geist weigert sich, ihnen zuzuhören. Ich möchte etwas anderes hören als: *»Diese Behandlung lässt sich flexibel anpassen, eine Spritze montags, eine mittwochs – praktisch!«* *»Oder die etwas sportlichere Behandlung, täglich, die ist super und hat sehr wenige Nebenwirkungen.«* Nein. Ich fühle mich wie in einem Supermarkt, und eine Verkäuferin macht

## Vorwort

mich auf die Sonderangebote aufmerksam. Ich suche nach Hoffnung, Projekten, Wünschen, Lebenshunger, Kämpfen, positiven Menschen ... Ich stehe bestimmt vor dem falschen Regal.

Nach mehreren Terminen beim Neurologen sollte man eine Kundenkarte und Treuepunkte bekommen! Letzter Termin, ich schaue meinem Neurologen in die Augen. *»Doktor, was macht Ihnen Freude? Das ist bestimmt nicht leicht, jeden Tag Leuten zu sagen, wie krank sie sind. Wie werden Sie damit fertig?«* Schweigen. *»Mademoiselle, das ist jetzt nicht der richtige Zeitpunkt, und außerdem baue ich keine Beziehung zu meinen Patienten auf, sonst könnte ich diesen Beruf nicht ausüben.«* Ein Arzt ohne Empathie – kann das ein guter Arzt sein? Ich denke kurz nach ...

*»Ich verstehe, Doktor, Sie haben recht. Aber wie können Sie den Kranken Vertrauen vermitteln, wenn Sie selbst nicht davon reden können, wie Sie damit umgehen, anderen schlechte Nachrichten zu überbringen?«* Meine Frage nervt ihn. Macht nichts. Ich habe vor allem den Eindruck, dass er mich nicht versteht. Ich nerve noch einmal mit einer Frage: *»Ich weiß, Sie sind kein Psychologe, seien Sie froh. Aber könnten Sie mir bitte helfen, zu träumen und Hoffnung zu haben, Doktor? Ich glaube nicht an Wunder, ich weiß, dass ich krank bin, und ich möchte nicht, dass Sie mir sagen, dass alles gut wird, weil das keiner wissen kann. Ich möchte keine Utopie als Antwort. Ich kenne die Risiken. Können Sie mir einfach nur Selbsthilfegruppen nennen? Glauben Sie, dass man mit dem Geist gegen Krankheiten ankämpfen kann?«* Als Antwort gibt er mir ein Heftchen über zwei Selbsthilfegruppen und rät mir gleichzeitig, über die verschiedenen Behandlungsmöglichkeiten nachzudenken. Danke, Doktor! Ich gehe mit zwei Selbsthilfegruppen und einer Auswahl an Behandlungen.

### Ach ja, die Wissenschaft!

Selbst zur Behandlung haben die Neurologen unterschiedliche Meinungen. Einer empfiehlt mir Tabletten, das sei eine neue Behandlungsmethode. *»Das ist viel einfacher«*, sagt er mir. Man verkauft mir

## Behandlung – keine Behandlung?

mehr die praktische Seite als die Behandlung selbst. Eine andere Neurologin erklärt mir stolz, dass sie neue Tabletten in einer Studie selbst getestet hat ... an Hamstern. Beruhigend, oder? Das ist zu viel. Das finde ich echt eklig. Dann erzählt sie mir, dass die Hamsterjungen in der Folge der Studie mit Fehlbildungen auf die Welt kamen. Fast tun mir diese Tiere leid, dass sie in die Hände dieser Zauberlehrlinge geraten sind. Die Wissenschaftlerin empfiehlt mir die Behandlungen, die seit Jahren angewendet werden: die Spritzen. *»Ich verschreibe meinen Patienten keine Tabletten.«* Alles klar. Ich bin keinen Schritt weiter. Schönen Tag, Frau Doktor.

### Keine Behandlung?

Meine Gelassenheit lässt mich langsam im Stich. Alle Ratschläge und Antworten bestärken mich in dem Gedanken, erst einmal keine Behandlung anzufangen. Ich hoffe noch, eine andere Lösung zu finden. Ich habe zwar Leute getroffen, die eine Behandlung angefangen haben, sich gut fühlen und große Fortschritte machen, aber für mich kommt das im Moment nicht infrage. Mich zuballern oder mein ganzes Leben auf die Behandlung einstellen zu müssen ist nichts für mich. Das ist zu belastend, zu früh.

### Gruppen abklappern

Es bleibt die Möglichkeit, verschiedene Gruppen aufzusuchen. Meine letzte Hoffnung erweist sich als Albtraum. Diese Gruppen erinnern mich noch stärker an meine Krankheit. Sind es andere Leute? Höre ich etwas anderes? Abgesehen von der Begegnung mit Menschen, die dieselbe Krankheit haben wie ich und sich austauschen und beraten, spricht mich überhaupt nichts an. Ich fühle mich wie in einer doppelt zugeklebten Kiste. Ich schnappe nach Luft – »Pitié!« Ich suche nach Freude, Lachen, nach Projekten, Geschichten. Bilanz des Marathons: drei Wochen Begegnungen, Arzttermine, Beratungen, und ich stehe ... wieder vor einem schwarzen Loch.

*Vorwort*

# 4

## Und wenn die Lösung woanders läge?

### ... in Belgien

Mein Freund Max beschließt Anfang Juni, mich auf andere Gedanken zu bringen. Kurs auf eine kleine Pause in der Normandie. In einem Hotel treffe ich eine Bekannte von Max, die von meiner Krankheit erfahren hat. Sie empfiehlt mir, einen Freund von ihr zu treffen. Noch einen? *»Kommt nicht infrage!«*, sage ich mir. Sie lässt nicht locker und sagt, dass es kein Neurologe ist, sondern jemand, der eine Gabe hat, Leuten bei Krankheiten zu helfen. Hab ich richtig gehört? Diese Frau kennt jemanden, der mir bei meinem Kampf helfen kann, ohne dass ich Medikamente nehmen muss? Ich höre zu und bin erleichtert. Eine halbe Stunde lang erzählt sie mir von ihrer Erfahrung und von der ihres Sohnes. Ich kann mich nicht entscheiden. Dieser Wunderheiler lebt in Belgien. Max motiviert mich und bleibt dabei am Boden. *»Da unten gibt es das beste Bier Europas«*, sagt er. *»Und dann machen wir uns ein schönes Wochenende in Brüssel.«* Entschieden. Zwei Tage später sind wir am Busbahnhof und fahren in Richtung belgische Frikadellen. Das ist eine komplett neue Erfahrung für uns. Ich sehe ihn an. *»Was machen wir da?«* *»Nichts Schlimmes«*, antwortet Max. *»In jedem Fall haben wir nichts zu verlieren.«* Das stimmt. Wir gehen direkt nach unserer Ankunft zu dem Heiler. Er legt seine Hände auf meinen Kopf. Ich schlafe in weniger als fünf Minuten ein. Eine ungewöhnliche Begegnung, aber ich weiß nicht so recht, was ich davon halten soll.

### ... in mir?

Ehrlich gesagt, bin ich echt durcheinander und müde von diesem Monat voller Begegnungen. Ich glaube an niemanden mehr. Mir wird immer mehr bewusst, dass ich innere Kräfte finden muss, um diese

Angst zu überwinden. Aufhören, die Lösung außerhalb zu suchen, sondern mich auf meinen eigenen Weg konzentrieren. Ich weiß nicht, an wen ich mich wenden soll, und beschließe, meine Notizen durchzulesen, die ich seit der Diagnose gemacht habe. Ich erinnere mich an das Gefühl, meine Gedanken zu Papier zu bringen. Ich bin es nicht gewohnt, ein Tagebuch zu schreiben. Aber ich musste den Schock über die Nachricht einfach auf einem Blatt Papier loswerden. Anfangs kontrolliere ich. Ich schreibe einer imaginären Person, die meine Zeilen liest. Ich achte auf jedes Wort. Aber irgendwann ist niemand mehr zwischen mir und meinem Stift. Die Worte fließen, meine Hand schreibt wie von selbst. Ich fühle mich etwas befreit.

# 5
## Nach diesem Marathon heißt es jetzt Auswählen!

**Praktikum**
Das erste Masterjahr schließe ich im Juni 2015 mit Schwierigkeiten ab, wegen Terminen im Krankenhaus und bei Neurologen. Ich komme in das Praktikumsjahr, in dem ich zwei sechsmonatige Praktika machen oder ins Ausland gehen kann. Ich bekomme die Möglichkeit, beide Optionen gleichzeitig zu machen. Ich habe eine Zusage für ein Praktikum in den USA und eine für ein Praktikum in Singapur. Aber die Realität holt mich ein. Ich habe weitere Termine bei Neurologen, und sie empfehlen mir, zur Stabilisierung in Frankreich zu bleiben. Ich fühle mich schwach und weiß nicht, ob ich es wagen kann, sofort ans andere Ende der Welt aufzubrechen. Ich stecke in diesem Land fest, gerade jetzt, wo mein berufliches Leben starten und ich mir meinen Wunsch erfüllen könnte, ins Ausland zu gehen. Ich muss die beiden Angebote absagen. Ich hasse es!!! Meine Krankheit macht mir jetzt schon Angst und durchkreuzt meine Pläne. Man rät mir, die

## Vorwort

Beine hochzulegen und im ersten halben Jahr kein Praktikum zu machen, also erst im Januar 2016 anzufangen. »*Hab ich richtig gehört? Man will, dass ich jetzt schon wie eine Kranke lebe, die nichts machen kann? Warum denn? Aus Vorsicht?*« Ich fühle mich eingesperrt, und ich muss schnell reagieren. Was ich in meinem Praxisjahr auf keinen Fall wollte, ist, in Frankreich festzusitzen. Ich, die seit dem Abitur den Wunsch hat zu reisen – kommt nicht infrage! Ich sitze hier fest zur Sicherheit. Sicherheit vor was? Mein Herz ist eingesperrt, das ist es! Ich habe jetzt erst recht Lust, mir ein Praktikum zu suchen und zu arbeiten.

Eines Morgens klingelt das Telefon. Gute Nachricht! Ich habe ein Vorstellungsgespräch und bekomme einen Praktikumsplatz bei Euronews ab Juli.

Einige Neurologen hätten lieber, dass ich mich ausruhe. Ich lasse mir von dieser Krankheit nicht mein Leben umkrempeln. Ich sage das Praktikum sofort zu, bin aufgeregt und glücklich, dass ich durch die Arbeit für einen internationalen Sender auf andere Gedanken komme.

Der Anfang ist schwer, weil mir vieles durch den Kopf geht. Muss ich es meiner Chefin sagen, oder soll ich es geheim halten? Erst entscheide ich mich für die zweite Option. Ich spüre von Anfang an den Stress, der in diesem Unternehmen herrscht. Ich mache mir Sorgen, ob ich bei dem Tempo mithalten kann, und wenn nicht, dass ich sonst womöglich gefeuert werde. Schließlich gehe ich an den Start. Mir gefällt die neue Arbeit immer besser, und ich werde gleich stark in die Projekte eingebunden. Weil ich noch Arzttermine in der Klinik habe, muss ich es Albane, meiner Vorgesetzten, sagen. Aber wie? Schließlich soll ich Events im Ausland organisieren. Sie ist geschockt, aber sie ändert ihr Verhalten mir gegenüber nicht. Das hatte ich gehofft. Keine Umstellung und die gleiche Einstellung. Wenn die anderen sich dir gegenüber anders verhalten wegen der Krankheit – das ist am schwersten zu ertragen. Ich will kein Mitleid und kein angepasstes Programm. Im Gegenteil ...

# Nach diesem Marathon heißt es jetzt Auswählen

Ich bekomme immer mehr Verantwortung im Praktikum. Von den ersten Wochen an muss ich Einsätze und Events von A bis Z organisieren. Am meisten gefordert bin ich durch das Festival des amerikanischen Films in Deauville. Ich bin für die gesamte Organisation bei Euronews zuständig. Eine bewusste Challenge von Albane, ich soll ganz alleine dieses renommierte Festival ausrichten. Ein enormer Druck! Aber warum sollte ich damit nicht richtig umgehen können? Ich verschwinde ab und zu in die Toilette und versuche, den Stress durch Tanzen und Grimassenschneiden vor dem Spiegel loszuwerden. Ich war noch nie so gut organisiert in meinem Leben und noch nie so gestresst.

## Mein Körper meldet sich

Vier Tage vor der Abreise nach Deauville fahren wir mit Leihrädern durch die Pariser Innenstadt. Plötzlich merke ich, dass ich die Spur nicht halten kann, ich bin schon vier Mal gegen den Bordstein gefahren! Ich sage Max, dass er anhalten und sich meine Augen ansehen soll. Diesmal habe ich nur Angst im Bauch, Schminke kann es nicht sein. Ich verstehe nicht, warum ich die Autos und die Gehwege nicht richtig sehen kann. Vor lauter Panik heule ich hemmungslos mitten auf dem Boulevard. Wir geben die Fahrräder ab und nehmen die Metro. Die Sehstörung geht nicht weg. Max sagt mir, ich soll aufhören, mich zu stressen. Kann ich nicht ... geht einfach nicht! Meine Krankheit erinnert mich brutal und heimtückisch daran, dass sie da ist und dass sie anfängt, an mir zu nagen, Stück für Stück.

Ich warte eine Nacht, um sicher zu sein, dass ich mir die Sache nicht einbilde. Aus Angst, um mich herum nichts mehr wahrzunehmen, traue ich mich kaum, die Augen zu schließen. Schlaflose Nacht, in der ich meine Augen teste. Angst, am Morgen meine Augen aufzumachen und nur noch einen schwarzen Vorhang zu sehen. Der Wecker klingelt. Ich bin hellwach und reibe mir die Augen. Nichts zu machen.

## Vorwort

Ich mache einen Termin an der Pitié Salpêtrière. Ich bin wieder bei meinem Neurologen. Er stellt Gleichgewichts- und Sehstörungen fest. Diagnose: ein Schub. Schon wieder einer, nach so kurzer Zeit. Jetzt wird der Albtraum Realität, sage ich mir. Und das Kortison wartet auch schon auf mich. Hätte nicht gedacht, dass ich es so schnell wiedersehen würde …
Das Festival ist in drei Tagen! Ich weiß nicht, wie ich es Albane sagen soll. Ich will so kurz vor dem Event nicht aufgeben, und vor allem will ich das Event nicht verpassen. Ich will nicht, dass diese verdammte Krankheit meinen ganzen Einsatz und meine Arbeit kaputt macht. Ich gehe da hin, komme, was wolle!

Selbst wenn ich eine Brille tragen muss und aussehe wie eine 80-Jährige, die die Augen zusammenkneift, damit sie die Leute erkennen kann.

### Geht? Geht nicht?

Ich habe nicht die Kraft und nicht den Mut, Albane die Wahrheit zu sagen. Ich gebe vor, dass ich ein paar kleine gesundheitliche Probleme habe, nichts Schlimmes. Sie fragt mich, ob ich mir zutraue hinzugehen. Ich antworte: »Ja.« Man kann mich nicht umstimmen. Der Countdown läuft, und ich werde siegen. Ich habe noch eine Rechnung offen: Vor zwei Monaten hat mich Albane dem Leiter des Pariser Euronews-Büros vorgestellt. Der mustert mich von oben bis unten, ohne Guten Morgen, gibt mir die Hand und macht mich wütend, indem er Albane fragt: »*Und von wo kommt sie?*« Mit einem großen Lächeln antworte ich: »*Ich komme aus Garches, Département 92, Monsieur.*« Der Chef runzelt missbilligend die Stirn. Er wiederholt seine Frage: »*Mademoiselle, welche Hochschule haben Sie besucht?*« Ich sehe, dass ich einen Bock geschossen habe: Für ihn scheint meine Identität von meinem Studium abzuhängen. »*Ich habe an der Wirtschaftshochschule Kedge in Marseille*

# Nach diesem Marathon heißt es jetzt Auswählen

*studiert«*, antworte ich. Er wendet sich an Albane. Diesmal wird sie zur Schnecke gemacht: *»Also, Albane, Sie haben wohl vergessen, wo wir rekrutieren?!«* Sie antwortet nicht. Zwei Monate später, in Deauville, habe ich diese Worte noch im Hinterkopf und stehe alleine vor ihm. Der Druck ist enorm, aber mein Selbstbewusstsein auch. Die kleine Praktikantin trägt merkwürdigerweise die Verantwortung für seine wichtigsten Kunden. Als offizieller Partner des Festivals darf sich Euronews keine Fehler erlauben! Und an diesem Donnerstag, dem 3. September 2015, habe ich trotz der Sehstörung nur ein Ziel: der Verantwortung gerecht werden, die Albane mir übertragen hat, und mit meinem Tun beweisen, dass die Qualität einer Person nicht vom Namen ihrer Hochschule abhängt. Die MS darf mich nicht kleinkriegen. Ich fahre, mit Sehstörung, ich fahre nach Deauville, nichts kann mich aufhalten.

## Bolus-Party

Wegen meiner Krankheit muss ich Kortison spritzen. Das Rezept vom Arzt: vier Boli hintereinander, jeden Morgen, in einer Klinik. Und mein Neurologe verbietet mir, zum Festival zu gehen, und verordnet mir absolute Ruhe. Ich setze mich darüber hinweg: Ich beschließe, mir mithilfe einer Krankenschwester an zwei Abenden einen Bolus zu geben, damit ich mein Praktikum nicht unterbrechen und zum Festival fahren kann. Die anderen nehme ich danach. Poker? Bluff? Was für ein Spiel spiele ich? Meine Familie ist fertig mit der Welt, am Morgen meiner Abreise sagen meine Freundinnen mir ihre Meinung, weil ich so verrückt bin, nicht auf die Anweisungen der Ärzte zu hören. Und all das für wen? Für was? Für mein Ego?

Ich habe also vor der Abreise Zeit, zwei Boli zu spritzen, um die Sehstörung so weit wie möglich zu beheben. Das reicht aber nicht! Ich bin total wütend auf die MS, sie fängt tatsächlich an, mir den letzten Nerv zu rauben. Ich gebe alles bei dem Event,

## Vorwort

obwohl meine Sicht eingeschränkt ist. Keiner merkt etwas. Ich kann keine Untertitelung lesen, und es kostet mich wahnsinnige Anstrengung, die Kunden in dem Riesensaal in der Menge zu finden, weil mich meine Augen im Stich lassen. Mehrmals verwechsle ich fremde Leute mit meinen Kunden – zum Glück nicht andersherum!

Das Wochenende ist zu Ende, ich habe gesiegt. Albane kann es kaum glauben, der Chef ist sprachlos. Noch dazu habe ich ihm ein Selfie mit allen seinen Kunden auf dem roten Teppich verschafft, der normalerweise den Stars vorbehalten ist. Ich komme erschöpft zurück nach Paris. Und zwei Boli warten ungeduldig auf eine Überraschungsparty mit mir alleine.

Ich bin voller Freude und Stolz, dass ich dort war. Nach diesem Gefühls-Tsunami können alle Boli der Welt auf mich warten, ist mir egal …

*Dann kommt der Gedanke: Was bedeutet die Arbeit im Vergleich zur Gesundheit? Ohne Gesundheit geht nichts, man ist nichts. Von ein paar Leuten Anerkennung zu bekommen und vom eigenen Körper keine Anerkennung zu bekommen erscheint mir absurd. Was habe ich vor? Ich stelle fest, dass ich nicht mehr auf meine Hülle höre, die mir wahnsinnige Signale sendet, um mich zur Ruhe zu bringen. Ich bin in meiner Seifenblase und will meine Krankheit nicht sehen. Mir wird bewusst, dass ich auf dem falschen Weg bin und dass ich an meine Grenzen stoße. Ich muss es schaffen, so zu arbeiten, dass meine Arbeit nicht alles ist. Ich erinnere mich plötzlich an einen Vergleich, den meine Mutter häufig machte, als ich klein war. Sie verglich das Leben mit einem Stuhl und fragte mich, warum er fest steht. Ganz einfach, weil er vier gleich lange Stuhlbeine hat. Wir müssen das Leben auf vier gleiche Pfeiler bauen, damit wir nicht das Gleichgewicht verlieren: Unsere Familie, unsere Beziehung, unsere Arbeit und unsere Hobbys. Wenn einer der Pfeiler, beispielsweise die Arbeit, zu lang ist, wir durch Überstunden überlastet sind, kippen wir vom Stuhl.*

# Nach diesem Marathon heißt es jetzt Auswählen

*Dieses Bild hatte ich im Hinterkopf, habe aber nie darüber nachgedacht und mir jetzt bewusst vorgenommen, es auf mein tägliches Leben anzuwenden. Mir wird endlich bewusst, dass dieses Gleichgewicht in meinem Leben fehlt. Ich bin entschlossen, bei Euronews zu bleiben, aber ohne Druck. Ich muss niemandem etwas beweisen.*

## Erste Erkenntnis

Ich habe einen weiteren Auslandseinsatz, in Doha in Katar, aber diesmal gehe ich das ganz anders an. Als ob meine Batterien erst einmal entladen werden mussten, damit ich anfange, meine Gewohnheiten zu ändern.

Heute erkenne ich die Gefahr und die Folgen für unseren Körper, wenn wir Stress und Druck ausgesetzt sind. **Ich habe mich entschieden: Ich lasse mir von der Arbeit nicht mehr mein Leben diktieren. Die Arbeit soll mich stimulieren. Ich mache mir bei der Arbeit keinen Stress mehr.** Nein, ich akzeptiere es nicht, dass wir erst superschwere Zeiten durchmachen müssen, um später bei der Arbeit glücklich zu sein (und im Leben allgemein). Man kann wie besessen arbeiten, damit man Respekt dafür bekommt, wer man ist und was man tut.

Seit meiner Diagnose – ich weiß nicht, warum – habe ich angefangen zu schreiben. Jeden Tag versuche ich in Worte zu fassen, was ich fühle. Vielleicht eine Möglichkeit, das loszuwerden, was ich nicht zeigen will. Heute ist der 11. September, und ich lese meine ersten Seiten. Eines fällt mir auf: Ich denke viel über die Signale meines Körpers und meines Geistes nach und über die Auswirkung meiner Gefühle auf meinen Körper. Muss ich in diese Richtung weitersuchen? Die Antwort auf diese Frage nimmt Form an. Mein Vertrag bei Euronews läuft im Dezember aus, und laut Studienplan muss ich mir einen weiteren Praktikumsplatz suchen. Es ist klar, ich suche keine

*Vorwort*

neue Stelle, sondern suche nach diesem Zusammenhang zwischen den Gefühlen und dem Körper, um die Verbindung wiederherzustellen, bevor ich irgendeine andere Entscheidung treffe.

# 6
## Projekt »Verbindung wiederherstellen«

Ich schreibe weiter, ohne zu wissen, wo es hingehen soll und was ich mit diesem Heft will. Es hilft mir, Bilanz zu ziehen. Darf ich vorstellen:
»Ich bin 22 Jahre alt, Studentin, habe ein Jahr Wirtschaftshochschule abgeschlossen, alles ganz normal …
Allerdings habe ich diesen kleinen Eindringling in meinem Körper, und deshalb will ich herausfinden, wie man mit ganz einfachen Dingen glücklicher sein kann.
Woher kommt dieser Giftpilz? Man weiß es nicht. Warum sind mehr Frauen als Männer betroffen? Man weiß es nicht. Wie bekämpft man ihn? Auch das weiß man nicht. Okay … Anscheinend habe ich Pech gehabt. Aber nur anscheinend! Wenn ich nämlich darüber nachdenke, steht noch nichts fest. Was ich verstanden habe, ist, dass diese neurologische Erkrankung bei jedem anders ist. Erstes Hindernis: Mutlosigkeit. Zweites Hindernis: Mutlosigkeit. Drittes Hindernis: ihr wisst schon … Und wie überwindet man die am besten? Durch Angriff! Und dafür habe ich ein schlagkräftiges Mittel: Optimismus.
Mein Projekt entsteht.

## Codename
Eines Tages wird bei mir MS festgestellt. Was? Multiple Sklerose. Aber das nur am Rande, vor allem wird bei mir multiple Reiselust

# Projekt »Verbindung wiederherstellen«

festgestellt. »*What else?*« Danke, George, ich werde mich auf einen Traum konzentrieren und anderen Lust machen, ebenfalls ihre Träume zu verwirklichen. Ich nenne das Projekt »Seper Hero« (MS-Held, SEP von »Sclérose en Plaques«, dem französischen Begriff für MS).

## All-inclusive-Reise

Ich plane mein Projekt, es verleiht mir Flügel und lässt mich daran glauben, dass trotz der Krankheit alles möglich ist. Ich liege zu Hause auf meinem Sofa und bringe den Plan zu Papier. Ja, ich werde diese verflixte Verbindung durch eine Reise wiederherstellen. Wie soll ich es erklären? In meiner Vorstellung ist es vollkommen klar, aber so schwer in Worte zu fassen.

Ich gehe von einem einfachen Gedanken aus: Zum Bewegen haben wir einen Körper, zum Denken einen Geist und als Persönlichkeit eine Seele. Ich werde acht Monate durch drei Länder reisen, damit diese drei Pfeiler wieder stehen. Warum reisen? Davon träume ich schon lange.

## Eine klare Reihenfolge

Die Reihenfolge steht fest. Mit der Seele anzufangen und mit dem Körper aufzuhören ist nicht sinnvoll. Wenn wir jemanden neu kennenlernen, was sehen wir? Seinen Körper. Ich möchte also zuerst an meiner körperlichen Seite arbeiten. Zuerst meinen Körper begreifen und dann versuchen, die Gedankenabläufe zu verstehen. Meine Empfindungen einordnen, die Muskelschmerzen verstehen, das Kribbeln der Lähmung spüren, einfach entdecken, wie diese Hülle funktioniert. Ich will es schaffen, einen Schub von einer einfachen körperlichen Reaktion zu unterscheiden.
Drei Monate lang möchte ich nur mit meinem Körper und meinem Rucksack wandern, klettern und meinem Kopf Ruhe gönnen, aufhören zu interpretieren und zu denken. Nach diesem ersten Kapitel

## Vorwort

kommt der Geist dran, damit ich meine Gedanken in den Griff bekomme. Ich weiß noch nicht, was passieren wird. Was ich planen kann, ist ein Aufenthalt in einem buddhistischen Kloster, um die Gedanken zu ordnen. Ich möchte diese althergebrachten Praktiken und Methoden kennenlernen, die sich bewährt haben, um schließlich bei der Seele anzukommen.
Das muss ich jetzt nur noch meinen Neurologen erklären.

### Weit weg

In Neuseeland sehe ich die Möglichkeit, **meinen Körper** zu testen. Diese weit entfernte Insel bietet sich für ein Zurück-zu-den-Quellen an. Ihr wisst, wie fotogen dieses Land ist und dass Abenteuersport dort sehr groß geschrieben wird. Ich habe dieses Land also wegen der Schönheit und Ursprünglichkeit der Landschaft ausgewählt und weil es touristisch noch nicht so überlaufen ist. Da fange ich an. Das ideale Land zum Wandern, Klettern, Zelten und Schwitzen. Aber einer der Hauptgründe ist, dass man das Land von Norden nach Süden zu Fuß durchqueren kann. Dort werde ich also meinen Körper austesten. Diesen Körper, den man zu kennen meint oder an den man einfach gar nicht denkt. Wer kennt ihn wirklich? Dieser Körper steht in direktem Zusammenhang mit meiner Diagnose. Wie kann ich ihm vertrauen, dass er mich nicht vorzeitig im Stich lässt? Unser Körper soll uns gehorchen. Ich werde drei Monate lang ihm gehorchen, auf ihn hören. Nach dem Kapitel Neuseeland (ohne gesundheitliche Probleme, hoffe ich) bin ich wahrscheinlich besser in der Lage, meine Gedanken zu verstehen und auf sie zu hören.
**Für den Geist**, das steht fest, wird es Myanmar sein. Es ist das einzige asiatische Land, zu dem ich mich sehr hingezogen fühle, einmal wegen der politischen Geschichte und der weiblichen Ikone, dann wegen der Stärke, die dieses Volk mithilfe einer natürlichen Gutherzigkeit erlangt hat, ohne Berechnung oder Hinterhältigkeit (so stelle ich mir das zumindest vor). Dieses Land steht für mich für Reinheit

# Projekt »Verbindung wiederherstellen«

und Unschuld. Ich habe dieses Land gewählt, weil es gelernt hat, mit Unfreiheit zurechtzukommen. Wie kann der Geist den Hunger und den Durst der Seele stillen, vor allem wenn man sich körperlich nicht bewegen darf, wenn man gefangen ist und seine Gedanken nicht äußern darf? Wie kann dieses Volk so durch und durch spirituell leben? Wie konnte es diese Jahre der Diktatur überstehen, ohne die Hoffnung zu verlieren? Mit der Kraft des Geistes?

Helden des Schweigens zu treffen ist eine echte Motivationsquelle. Dieses Kapitel wird die erste Pause auf meiner Rundreise sein. Die Suche nach dem Sinn des Daseins in einer Welt, in der es jahrzehntelang keine Bewegungs- und Meinungsfreiheit gab. Einkehr tut jedem gut. Ich werde also Einkehrtage in einem buddhistischen Kloster machen, um Meditation kennenzulernen und die Gedanken zu sortieren, die in meinem Kopf herumschwirren. Ich werde meinen Geist zwei Monate lang befragen und dann anderen und mir seine Gedanken mitteilen.

Nach fünf Monaten Einführung möchte ich das Endziel meiner Reise erreichen: **meine Seele**. Was ist das eigentlich, die Seele? Gibt es sie wirklich? Wo ist sie? Wozu dient sie? Wie lebt man mit ihr? Ich stelle mir ein abstraktes Wesen mit verschwommenen Konturen vor, das ich erkennen möchte. Wenn ich mich mit meinem Körper und meinem Geist auseinandergesetzt habe, wird sich dann meine Seele zeigen? Diese Begegnung soll in großer Einfachheit stattfinden: in den Steppen der Mongolei. Zwei Monate, in denen ich meine fünf Monate Entdeckungen verarbeiten kann. Warum die Mongolei? Einfach wegen der Einheit mit der Natur (es ist das Land mit den wenigsten Einwohnern pro Quadratkilometer) ... weit weg von unserer Zivilisation. Es fasziniert mich, dass die Bevölkerung dort noch mit den Jahreszeiten ihr Lager aufschlägt. Ich stelle mir Mutter Natur als Herrin dieses Landes vor, während wir im Westen eher in einem Gewächshaus aufgewachsen sind. Im letzten Kapitel

# Vorwort

Mongolei möchte ich mir so nah wie möglich sein. Ich würde gerne durch die Steppe reiten und das Volk der Tsaatan treffen, wenn möglich. Dort gibt es keine sozialen Netzwerke, keinen Strom, kein Warmwasser: absolute Einfachheit! Die Einsamkeit ist sicherlich die beste Möglichkeit, seine Seele zu finden. Ich werde nur mit Zeichensprache kommunizieren können.

## Und wo ist der »Hero« dabei?

Gut sieben Monate bin ich unterwegs, um Menschen zu treffen, deren Leben, deren Lebens- und Handlungsweise sie zu Helden im Alltag macht. An ihrer Seite möchte ich versuchen zu verstehen, wie sie ihren Körper und ihren Geist wahrnehmen und wie sie ihre Seele verstehen und damit umgehen. Ich stelle mir vor, dass diese Therapie am besten mein Immunsystem stärkt im Kampf gegen diese MS, über die man nicht viel weiß. Ich werde versuchen, mich regelmäßig mit meinem Neurologen darüber auszutauschen, damit er mich auf dieser Reise begleitet.

## Das Gegengift

Ich hoffe, dass mir diese Reise hilft, mit dieser Diagnose zu leben, und vor allem, dass sie andere MS-ler ebenfalls ermutigt, sich auf den Weg zu machen. **Vergesst eure Träume nicht, sie sind eure besten Waffen in dieser verrückt gewordenen Welt.** Mir kommt ein anderer Satz in den Sinn: »Sie wussten nicht, dass es unmöglich ist, deshalb machten sie es« (Mark Twain). Diese Reise soll mir helfen, mich selbst wirklich kennenzulernen, das Leben hoffentlich anders anzugehen, aber vor allem, die Macht dieser Krankheit zu brechen. Jede Krankheit macht Angst und lähmt innerlich. In irgendeiner Form nagt das Leiden jeden Tag an uns. Es ist immer da. Die Reise soll eine Medizin, ein Gegengift sein. Meine Initiative soll helfen, die Hoffnung zu behalten, Träume nicht zu vergessen und vor allem auf unser Herz zu hören. Mit diesem Abenteuer möchte

# Projekt »Verbindung wiederherstellen«

ich mir und jedem von uns Hoffnung und Selbstvertrauen geben. Ich bin mir bewusst, dass in erster Linie ich von diesem Projekt profitiere, aber ich werde auch die Erste sein, die Lust hat, es mit so vielen wie möglich zu teilen.

Mein Ziel ist einfach: In jedem Kranken positive Energie und Vertrauen in das Leben wecken.

## Kurz und gut ...

Ich bin noch Studentin und habe bereits für mein Studium Geld geliehen. Ich habe ein Problem: Wie finanziere ich das Ganze? Ich muss andere um finanzielle Unterstützung bitten, damit ich mein Projekt durchführen kann. Ziel dieser Reise ist es, alles in mir wieder zusammenzusetzen, was die Diagnose MS aus den Fugen gebracht hat. Ich schicke die Idee, eine Gemeinschaftskasse zu gründen, so was wie Crowdfunding, an meine Familie und Freunde. Es macht mir Angst, dass ich die Idee veröffentlicht habe. Von einer Krankheit zu reden ist nie leicht, aber dass mein Projekt in den Social Media veröffentlicht wird, macht mir Gänsehaut. Es sollen nicht alle wissen, ich möchte es selbst in der Hand haben, wer was weiß. Das Etikett »MS« macht mir Angst, und die Reaktionen darauf lassen mich erstarren. Ich brauche Zeit, und Zeit gibt es in den Social Media nicht. Ein Klick, und schon ist die Seite mit meinem Projekt in der Antarktis. Ich muss mich vorbereiten.

Ein paar Tage später komme ich ins Büro und lese die Nachricht: *»Hallo, Marine, wie geht es dir? Ich bin geschockt, und es tut mir sehr leid, was dir passiert. Ich wünsche dir alles Gute mit deinem Projekt. Viel Erfolg. Ich unterstütze dich.«* Genau das, was ich nicht wollte. Wie kann er das wissen? Woher weiß er das alles? Was ist passiert?! Ich gehe meine Neuigkeiten in Facebook durch. Mein Finanzierungsprojekt ist durchgesickert. Ich verstehe das nicht, ich raste im Büro aus. Okay,

## Vorwort

alle wissen Bescheid. Ich kann mich nicht mehr verstecken. Ich bin am Boden …

Ich schließe mich im Konferenzraum ein und versuche mich zu sammeln. Ich konzentriere mich und lese mein Projekt noch einmal durch.

*»Was ist das Ziel, Marine? Blende den Blick der anderen aus, das ist das erste Hindernis, das du wegräumen musst. Lies deine Mitteilung noch mal, Marine. Was du über dein Projekt schreibst, Marine … Lies es!«*, sage ich mir. Der Druck geht plötzlich weg, als hätte ich diese Angst gebraucht, um weiterzugehen. Schlechte Gewohnheit – wird geändert. Trotz Adrenalinstoß weiß ich, dass ich auf dem richtigen Weg bin. Die Maske fallen lassen, die Krankheit zeigen.

Mit Bauchschmerzen gehe ich wieder ins Büro. Ich sage mir: *»Lass es zu, hab Vertrauen …«* Ich finde meine Gedanken wieder und gehe unter den Blicken aller im Großraumbüro an meine Tastatur. Ich kontrolliere nicht mehr und lasse meine Angst zu.

### Der Bumerang

Am nächsten Morgen gehe ich online. Schon 200-mal geteilt, die Gemeinschaftskasse, die nur für meinen engsten Kreis gedacht war. Ich kann den Hype nicht fassen, der durch die Social Media aus meinem Projekt »Seper Hero« gemacht wird. Bei jedem Spender kommt ein emotionaler Bumerang zu mir zurück. Wenn du siehst, dass wildfremde Leute dir Geld überweisen, stehst du unter Schock. Ich bin kurz vorm Kreislaufkollaps. Mit den Spenden kommen Nachrichten von Jugendlichen, Studenten, Kindern, von allen Möglichen. Ich erinnere mich an die rührende Nachricht eines 13-Jährigen, der mitmachen will, weil seine Mama die Krankheit hat. Er entschuldigt sich, dass er erst nächste Woche spenden kann, weil er sein Taschengeld noch nicht hat. Es rührt mich total. Mir kommen die Tränen. Diese Kraft und diese echte, natürliche Zuneigung. Ich weiß nicht, wie ich damit umgehen soll. Wenn ich

# Projekt »Verbindung wiederherstellen«

daran denke, kommen mir wieder die Tränen. Ich werde emotional bei der ganzen Hilfsbereitschaft und Aufmerksamkeit ... Es bringt mich aus dem Gleichgewicht. Ich werde immer kleiner, je mehr Geld zusammenkommt.

Es wird konkret, ich kann nicht mehr zurück. Ich muss es jetzt durchziehen. Ich sehe immer klarer, ich habe wieder Mut. Ich bin dankbar für die ganze Zuneigung, mit der ich überschüttet werde. Mehr als 300 Teilnehmer und eine volle Kasse innerhalb von drei Wochen. Ich kann es kaum fassen. So viel konkrete Hilfe hatte ich nicht erwartet. 13.000 Euro Spenden in kürzester Zeit. All das gibt mir das Gefühl, dass die Hoffnung und der Wille da sind und stärker sind als alles andere. Dieses Projekt wird Wirklichkeit durch andere. Es ist mein Projekt, das stimmt. Es ist aber auch eures, in jedem Fall ist es unser Projekt. Ich bin nicht mehr allein, ich werde von allen Teilnehmern begleitet, sie sind bereits in meinem Rucksack. In diesem Projekt wird ein bisschen von jedem Einzelnen stecken.

## Meine neue Wohnung

Jetzt benötige ich eine Ausstattung zum Wandern. Meine Mutter schaut bei Decathlon rein, um zu fragen, was man unbedingt braucht. Sie erzählt von meinem Projekt, der Filialleiter möchte mich treffen. Ein paar Tage später treffe ich Fabien, 26 Jahre alt und Filialleiter von Decathlon in Le Chesnay. Das Projekt spricht ihn an, und er möchte mir helfen. Er schlägt vor, mich für die Reise auszustatten. Ich gehe mit einem Verkäufer herum, und ein Gratis-Einkaufswagen füllt sich in null Komma nichts. Ich sage nichts. Ich bin so gerührt, ich kann nichts sagen. Von den Strümpfen bis zum Rucksack, vom Zelt bis zu den Wanderschuhen und bis zur Kamera. Ich bin von Kopf bis Fuß von Decathlon ausgestattet. Schon wieder etwas Unglaubliches. Nichts kann mich aufhalten nach dem Erfolg mit der Gemeinschaftskasse und der Gratisausrüstung. Ich

## Vorwort

frage ihn: »*Wie soll ich dir danken?*« »*Zieh dein Projekt durch, das reicht*«, sagt er. Noch eine Ladung Großzügigkeit obendrauf! In mir wird eine unbändige Kraft freigesetzt, und ich bekomme immer mehr Lust, dieses Projekt zu verwirklichen und zu teilen. Nichts kann mich mehr aufhalten.

Ein paar Tage vor der Abreise frage ich mich, wie ich mich bei jedem Einzelnen bedanken kann. Ich überlege. Die einzige Lösung: meinen Plan erfolgreich durchführen, der mich auf dem Papier erschreckt. Ich erstelle eine Facebook-Seite, damit alle Leute, die mir geholfen haben, meine Abenteuer miterleben können. Ich habe keine Ahnung, was ich schreiben und verbreiten soll. Ich habe noch nie einen Artikel geschrieben, geschweige denn eine Kamera genutzt.

# 7
# Countdown

### Letzter Segen

Es ist zwei Wochen vor der Abreise, meine Reise fängt gut an … ironisch gemeint. Nagellackentferner auf dem Reisetagebuch, das ich von meiner Mutter zu Weihnachten bekommen habe. Es riecht verschmort, und ich habe das Gefühl, dass mir ein Missgeschick nach dem anderen passieren wird. Ich bin mit meinem Freund in Rom. Nach Rom wollte ich immer schon, und so haben wir Zeit zusammen, bevor wir getrennt sind. Wir gehen in eine kleine Kirche, ich schlendere hindurch. Max schlendert umher und bewundert die kunstvolle Ausstattung. Am Ausgang der Kirche frage ich einen Mann, ob der Papst vielleicht zufällig in Rom ist. Er flüstert mir »Ja« ins Ohr, weil er die Information nicht an alle Touristen geben möchte. Ich fühle mich bevorzugt. Er gibt mir einen kleinen Prospekt und sagt: »*Morgen hält er einen Vortrag über die Kranken-*

# Countdown

*salbung, versuchen Sie hinzugehen, auch wenn Sie keine Eintrittskarte haben. Sie werden am Eingang schon sehen...«* Wie bitte? Fehlt nur noch, dass er mir seine Handynummer gibt. Der Papst ist also in Rom, und außerdem hält er einen Vortrag über die Krankensalbung! Ich muss so lachen, das erscheint mir ein unwahrscheinlicher Zufall. Wir sind beide superzufrieden, dass wir an einem Wochenende hier sind, wo der Papst da ist, und vor allem, weil er einen Vortrag speziell für Kranke wie mich hält.

Am nächsten Morgen sind wir total aufgeregt und sehr bewegt, dass wir ihn vielleicht treffen können. 8 Uhr morgens stehen wir auf dem Platz und versuchen, ohne Ticket reinzukommen. Oh Wunder, wir kommen unbemerkt an den Wachleuten vorbei. Nach dem Vortrag geht der Papst über den Mittelgang hinaus und bleibt ab und zu stehen, um zu segnen oder die Hand zu geben. Ich habe die Wahrscheinlichkeit eins zu tausend, dass er vor mir stehen bleibt ... er tut es ... und gibt mir die Hand. Ich werde mich mein Leben lang daran erinnern, dass mir der Papst die Hand und seinen Segen gegeben hat. Ich, die nie in die Messe geht und glaubt, ohne wirklich zu wissen, warum, komme ziemlich ergriffen aus dem Vatikan. Bei der Gelegenheit gehe ich beichten, ich finde, das passt zu diesem Ort. Wenn ich vor meiner Wanderung meine ganzen Sünden loswerden kann, bin ich leichter! Nach einem sehr emotionalen Tag für uns beide verbringen wir unseren letzten Abend in Rom. Ich fühle mich erleichtert, beschützt, ich weiß nicht, wie ich es sagen soll, irgendwie befreit von all der Ängstlichkeit vor dem Aufbruch.

## Letzte Vorbereitungen

Wieder in Paris überlege ich, was mir noch fehlen könnte, aber ich merke schnell, dass mich der Gedanke eher entmutigt. Welche Versicherung versichert mich, nachdem sechs Monate vor der Abreise MS diagnostiziert wurde? Keine, zumindest übernehmen sie keinen

## Vorwort

Rücktransport, wenn er mit MS in Zusammenhang steht. Schlechte Voraussetzungen. Ich versichere mich trotzdem, einfach aus Prinzip, weil MS nicht abgefragt wird. Davon habe ich meinen Eltern natürlich nichts erzählt.

Dann kommt das Problem Blog oder Facebook-Seite. Da geht's mir wie meiner Oma: keine Ahnung. Muss ich beides machen? Das eine oder das andere? Ich stelle schnell fest, dass mir das mehr Probleme und Stress als Freude machen wird. Auf der Reise werde ich wenig Internet haben, eine Facebook-Seite wird also einfacher sein als ein Blog.

### Die Spannung steigt

Nach einem weiteren sehr emotionalen Wochenende, diesmal mit meinen Freundinnen, sitze ich wieder vor meinem Kalender, und der große Tag kommt näher. Ich habe immer mehr Herzklopfen, diesmal ist es ein Herzklopfen, das ich nicht kenne. Das zeigt mir, dass ich noch lange nicht alle Gefühle kenne, die mein Körper hervorrufen kann.

Meine Familie ist eine so unglaubliche Stütze für mich: mein Vater, meine Mutter und meine Schwester. Natürlich sind sie extrem verschieden, aber in einem Punkt sind sie gleich: in ihrer Liebe. Sie haben es alle drei geschafft, ihre Ängste und Sorgen beiseitezuschieben und mich alleine diese lange Reise machen zu lassen. Sie haben alle eine wichtige Rolle gespielt, die ihnen dabei geholfen hat, ihre eigene Angst zu überspielen. Am Anfang, als ich ihnen meinen Wunsch mitgeteilt habe, diese Reise zu machen, gab es Tränen, viele Tränen. Aber sie haben schnell gespürt, dass ich möchte, dass man es mir zutraut. Ich bin stur, und sie wussten genau, dass ich mich nicht davon abbringen lassen würde. Anstatt zu blockieren, haben sie entschieden, mir zu helfen. Meine Mutter ist die Gründliche; sie hätte selbst die Reise machen können, außerdem ist sie eine Kämpferin: Wenn sie etwas anpackt, ist sie nicht zu bremsen.

## Die Abreise

Damit hat sie mich wohl angesteckt! Ich glaube, sie wusste haargenau, wie groß mein Rucksack ist und wie viele Socken ich dabeihabe. Meine Schwester hat große Angst, das spüre ich. Sie ist da und schenkt mir ihre Aufmerksamkeit. Ihr Lächeln, ihre Blicke sind sehr intensiv und emotional ... die kleine Schwester so zu erleben, ist echt heftig. »Pass auf dich auf, Schwesterherz, ich verstehe dich«, sage ich in mich hinein. Sie unterstützt mich mit ihrer Nähe und versucht, ihre Gefühle beiseitezuschieben. Mein Papa versucht eher, die Dinge zu relativieren.

Manchmal ist er ein bisschen ungeschickt, aber spontan, hat immer einen Witz auf Lager, um seine Sorgen nicht zu zeigen. Sensibel, wie er ist, muss er trotzdem weinen. Das habe ich von ihm! Ich kann mir keine besseren Supporter vorstellen als sie. Meine Familie an meiner Seite, engagiert, sensibel, aufgewühlt und von mir überzeugt – das ist das schönste Geschenk. Mein Freund hat mich nicht im Stich gelassen und mich ständig angefeuert, motiviert und ermutigt. Nicht einfach für ihn; wäre es für keinen Freund, seine Freundin so lange ans andere Ende der Welt reisen zu lassen.

# 8

## Die Abreise

### Es ist nur ein Auf-Wiedersehen

Drei Tage später klingelt der Wecker, Abreisetag. Ich bin sehr still und treffe die Vorbereitungen für den Flughafen. Ich fahre Richtung Roissy, mit meinem Vater, meiner Mutter als Beifahrerin und Max neben mir. Héloïse, meine kleine Schwester, arbeitet, sie kommt mit den Öffentlichen nach. Mein Herz verwandelt sich gerade in eine Zeitbombe ... Ich checke ein, ich bekomme mein Ticket: nach

## Vorwort

Auckland. Ich habe bestimmt zwei Minuten auf das Stück Papier geguckt … ich tu's. Ich fliege. Ein paar Minuten später überraschen mich zwei meiner besten Freundinnen, Romane und Leora. Sie kommen zum Flughafen, um vor dem Abflug bei mir zu sein. Ich breche in Tränen aus, es rührt mich. Wir setzen uns alle zusammen ins nächste Restaurant und trinken ein Bier. Ich habe das Ticket in der Hand. Diesmal weiß ich, warum ich verschwommen sehe!

Ich nehme meine Familie in den Arm, meine Freundinnen und schließlich meinen Freund, der vom Krankenhausbett bis zum Abflug immer da war. Ich gehe zur Rolltreppe, meine Schwester schlüpft durch die Absperrung und drückt mich ganz fest, um mir zu sagen, wie lieb sie mich hat und wie viel Angst sie hat. Ich sehe sie an und beruhige sie, so gut ich kann. Sie drückt mir einen Brief in die Hand und geht zurück … die Trennung von ihr ist so bewegend, ich spüre, wie verletzlich sie ist Ich rufe ihr ein lautes »Je t'aime« und »Merci« hinterher … die Rolltreppe fährt mich nach unten, ich winke ihnen noch einmal … ich gehe durch die Sicherheitskontrolle und bin auf der anderen Seite.

### Abflug

Ich schaffe es kaum ins Flugzeug. Mein Herz rast. Ich wusste nicht, dass man so viele Gefühle gleichzeitig haben kann. Mein Herz ist viel zu klein, um diese gewaltigen Emotionen auszuhalten. Ich bin so froh, dass ich es geschafft habe, in dieses Flugzeug zu steigen; reden ist viel einfacher als tun. Glücklich im Flugzeug weiß ich nicht, wohin ich gehe, aber ich gehe! Ich weiß nicht, wie ich es geschafft habe, aber hier bin ich. Ich will reifen, wachsen, meinem Herzen und meinem Kopf mehr Raum geben; die zu verschwinden drohten oder zumindest nicht den Platz bekamen, den sie verdienen. Mein Stift zittert, und mein Tablett ist kaputt. Ich kann mein Heft

## Die Abreise

nicht ablegen. Am liebsten würde ich meine Aufregung und Dankbarkeit durchs Flugzeug brüllen! »Merci!« Ist mir rausgerutscht! Ich konnte mich nicht zurückhalten, meine Sitznachbarinnen waren sehr überrascht. Warum behält man alles für sich? Aus Angst vor der Reaktion der anderen? Immer die anderen, noch mal die anderen. Meine Anspannung steigt mit jeder Ansage einer Stewardess. »Meine Damen und Herren, bitte bereiten Sie sich auf den Abflug vor!« Ich bereite mich eher auf eine Tränenflut vor! Vielen Dank euch allen für eure riesige Unterstützung, größer als ein Heißluftballon (diesen genialen Vergleich bringe ich, seit ich fünf bin). Danke für euer Zutrauen, eure Hilfe, euer Zuhören die ganzen letzten Monate voller Ungewissheiten und Gewissheiten gleichzeitig. Danke euch lieben Unbekannten, dass ihr an mein Projekt geglaubt habt und dass ich mit eurer Unterstützung jetzt abheben darf ... Ich liebe euch! Ich sitze auf Platz 85 H, neben zwei Mädels, die mich groß ansehen, weil ich Rotz und Wasser heule. Sie sagen sich bestimmt: *»Geht das den ganzen Flug so weiter?«* »Tut mir leid, Mädels, *aber ich habe das Bedürfnis, alles rauszulassen. Sorry, Nachbarinnen, aber da müsst ihr jetzt durch.«* Ich bin so froh, in diesem Flieger zu sitzen, und fiebere auf das hin, was ich am anderen Ende der Welt entdecken werde, obwohl ich mir noch gar nicht vorstellen kann, wie das alles ablaufen wird. Ich werde den Stress abbauen, damit ich diese Sklerose nicht aufwecke ... Mein Kopf arbeitet wie verrückt, das ist anstrengend, ich kann nicht aufhören zu denken, mir vorzustellen, zu bewerten. Musik in den Ohren, wir heben gleich ab. Ich schließe die Augen, und ich lasse mein klopfendes Herz abheben, mit feuchten Augen. Ich bin glücklich, befreit.

# Körper

In dieser Woche habe
ich gegärtnert, gesurft,
Leute kennengelernt und
vor allem viel Spaß gehabt.
Kurs nach Süden.
Wie komme ich da hin?
Der Weg wird sich zeigen.

Trampen ist echt mein Ding.
Zu Fuß komme ich ganz
schön ins Schwitzen,
und mein Körper zeigt mir,
wo es langgeht.

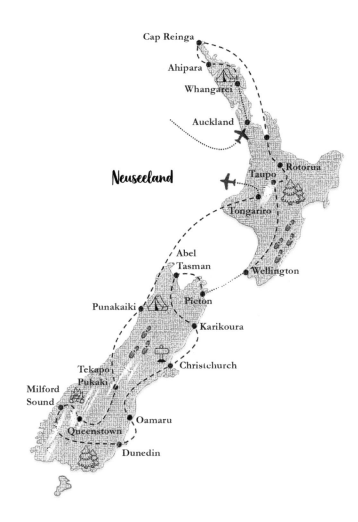

## Körper

Bei der Ankunft am Flughafen weiß ich nicht wo ich stehen oder hingehen soll. Ich habe mich noch nie so gefühlt. Wo muss ich hin? Wen soll ich ansprechen? Werde ich mich verlaufen? Das ist ein eigenartiges Gefühl, ich bin ein bisschen verloren – in echt, weil ich nicht weiß, an wen ich mich wenden soll, wem ich wirklich vertrauen kann. Ich bin überhaupt nicht schüchtern, aber in diesem Moment fühle ich mich wie eine Fünfjährige.

Es ist komisch, sich so verletzlich zu fühlen. Ich merke, dass ich noch sehr in den Befürchtungen gefangen bin, die in meinem Kopf stecken. Allein daran werden mir schon viele Dinge über mich bewusst. Meine Ängste, meine Sorgen, meine Ohnmacht, und dabei bin ich gerade erst angekommen.

## 9
## First things first

Bevor ich mir ein Backpacker Hostel (eine Herberge) suche, gehe ich erst einmal mit meinen ganzen Sachen in eine Bar und bestelle ein Bier! Das habe ich Max versprochen.

Ich finde eine, gehe hinein und bin in einer Bar auf einer der bekanntesten Straßen von Auckland. Ein merkwürdiges Gefühl, hinzugehen, ein Getränk zu bestellen und sich damit alleine auf die Terrasse zu setzen. Ich fühle mich frei und bin froh, angekommen zu sein. Ein kühles Bier in der prallen Sonne, den Rucksack als Begleiter und ein großes Lächeln.

Nach diesem erfrischenden Bier und ein paar Worten mit meinen Tischnachbarn nehme ich das erstbeste Hostel, damit ich einen Platz habe und versuchen kann, mich zu organisieren.

# Körper

## Ziel Nord-Süd

Mein Ziel ist es, vom Norden der Nordinsel bis zum Süden der Südinsel zu wandern. Ich komme in einer Herberge an, man zeigt mir den Schlafraum und sagt mir, dass es später eine kleine Präsentation gibt. So eine Gruppenveranstaltung ist gar nicht mein Ding. Man fordert mich aber nachdrücklich dazu auf. Ich gehe also hin und treffe viele Leute, die als Paar oder mit Freunden eine Autotour oder sogar den Kauf eines Autos für einen Road Trip planen.

## Trampen, oder was

Nach der Präsentation und der Vorstellung der verschiedenen Bus Packages, die man kaufen kann, wage ich es, die Frage nach »Trampen« zu stellen, weil ich wenig ausgeben will, um für den Rest der Reise zu sparen. Der Herbergsvater möchte natürlich seine Tickets verkaufen und rät mir ab. Ich habe keinen Führerschein, also kommt Selber-Auto-Fahren nicht infrage. Sowieso will ich nicht alleine oder zu zweit mit einem Auto fahren. Ich möchte alleine reisen, und ich möchte kein Busticket. Ich halte lieber den Daumen raus. Ich entscheide mich für Trampen, das finde ich viel spannender.

Einen Tag lang besichtige ich Auckland, kaufe eine SIM-Karte und mache ein paar Reisevorbereitungen. Ich gehe in das erstbeste Geschäft, um eine detaillierte Straßenkarte zu kaufen. Klarer Fall, ich fahre per Anhalter. In einem Bus zu sitzen, um von A nach B zu fahren, finde ich überhaupt nicht prickelnd!

Ich bin sehr aufgeregt bei dem Gedanken, ich muss meinen Mut ordentlich zusammennehmen. **Mich meinem Stress aussetzen. Dafür mache ich ja diese Reise! Der Stress ist das Erste, was ich versuchen will loszuwerden.** Beim Trampen kann ich am besten Leute treffen, mich unterhalten, aber vor allem meinen Stress und meine Ungeduld überwinden. Ich bin sicher, dass mir das mehr bringt als jede andere Aktion, weil ich mich noch nie so fortbewegt habe, und außerdem hatte ich noch nie das Ziel, ein ganzes Land zu durchqueren. *Immer eins drauf, Marine!* Nach dieser Entscheidung wird alles leichter. Sich keine Gedanken machen zu müssen über Busse, Preise, Fahrpläne, Abreisetage – nichts. Ich muss mich nur darum kümmern, die erste Straße zu finden, die nach Norden führt. Es ist die »Road Number 1«.

## 10
## Lots of folks

Alles beginnt in der Bar Little Sunshine, der Rooftop-Bar des Hostels im siebten Stock. Ray, der »Captain«, spricht mich an. Er ist Maori mit einem Teddybär-Gesicht und einem großen Herzen. Er will wissen, woher ich komme, und stellt mir einige Fragen. Er ist der Erste, dem ich von meinem Projekt erzähle.
Es ist schon seltsam, alleine in eine Bar zu gehen, wo alle anderen mit ihren Freunden sitzen. Ich habe mein ganzes Zeug dabei und warte, dass jemand auf mich zugeht. Nein, ganz so auch nicht. Ich lächele alle so doll an, dass sich die anderen durchaus bedrängt fühlen dürften ...
Eine Frau aus Tahiti kommt gleich auf mich zu.

Das ist sehr cool, und ich hasse mich gleichzeitig dafür, dass ich mich zwar freue, als sie auf mich zukommt, aber gleichzeitig einen Moment denke: *»Die ist ganz schön vulgär!«* Sie ist nämlich halb nackt. Wer bin ich, dass ich dieses Mädel verurteile, die ich gerade einmal zwei Sekunden kenne?! Wer bin ich, dass ich mir ein Urteil bilde, ohne sie wirklich zu kennen?
*»Das solltest du schnellstens abstellen, meine Liebe, sonst fährst du voll gegen die Wand!«* Diese Reaktion hat mich wirklich schockiert. Ich neh-

## Lots of folks

me mir vor: »*Ab heute, Marine, verurteilst du niemanden mehr. Nie mehr findest du, dass jemand anderes seltsam ist. Du bist die Seltsamste, wenn du die anderen abstempelst. Besonders schlimm ist es, wenn man diese Haltung nicht durchschaut und meint richtigzuliegen!*«

Nach und nach treffe ich auf lauter unglaubliche Leute, sehr nett und sehr großzügig. Ein Lächeln, ein paar Worte, eine Hilfe. Ihr Leben funktioniert nicht so wie meins. Ich versuche jetzt seit meiner Ankunft vor drei Tagen, auf alle zuzugehen. Ihr könnt euch ja vorstellen, wie das ist: Mein Englisch lässt sehr zu wünschen übrig, und es ist sehr französisch, sich nicht zu trauen, in einer fremden Sprache zu reden. Wir haben Angst, dass man sich über uns lustig macht. Aber im Grunde sind wir selbst die Ersten, die einen Franzosen auslachen, der keine Fremdsprache kann. Ich überwinde mein Ego. Ich möchte Dinge erfahren, aber vor allem möchte ich den anderen zuhören. **Es wird mir bewusst, wie wichtig es für unseren Alltag ist, den anderen zuzuhören.** Seltsam, ich bin erst seit ein paar Tagen hier, und ich weiß nicht, warum, aber mir kommen schon so viele Gedanken. Ich verstehe nicht, wie das kommt. »*Beruhigt euch erst mal, ja!*« Mein Ego wollte nur mal »Hallo!« sagen. Ich stelle fest, dass man, wenn man immer recht haben will, im Grunde wenig Selbstvertrauen hat.

Ich treffe also diese Frau aus Tahiti, die mir ein bisschen über ihr Leben in Neuseeland erzählt. Sie gibt mir Ratschläge, wie ich meine Reise anfangen soll, und empfiehlt mir, Ray noch einmal anzusprechen. Ich frage ihn, wo ich möglichst viele Maori treffen kann, weil ich die ursprüngliche Bevölkerung kennenlernen möchte. Er nennt mir zwei Städte im Norden und sagt dazu, dass sie bald ihren Nationalfeiertag begehen. Nach diesem Gespräch steht meine Route fest. Ich muss sie nur noch auf einer Karte einzeichnen.

Körper

# 11

## Go North

Ich fahre zunächst für den Nationalfeiertag Richtung Norden, in die Maori-Stadt Paihia. Wie aufregend! Mir scheint Neuseeland unglaublich reich, es gibt so viel zu entdecken. Ich habe drei Monate dafür Zeit. Ich bereite mich darauf vor, in den Norden zu trampen, da treffe ich Antoine. Er hat mitbekommen, dass ich in den Norden der Insel möchte. Er bietet mir an, mich im Auto mitzunehmen. Er hat es ein paar Minuten vorher gekauft. Perfekt! Ich ergreife die Gelegenheit, werfe meinen Rucksack in den Kofferraum und freue mich, dass ich so schnell von Auckland wegkomme. Dann schließt sich uns noch Nicolas fünf Minuten vor der Abfahrt an, wir kannten ihn vorher nicht. Da sind wir nun alle drei, ganz verschiedene Typen, auf dem Weg nach Norden. Nico, Hängegleiterpilot, 40 Jahre, aber vom Kopf her 20, macht den Kopiloten für Antoine, 23 Jahre, Küchenchef, und ich, die Kleine, 22 Jahre, sitze hinten. Ich habe im Norden einen Job in einem Surfcamp gefunden. Die beiden Spezis wissen im Moment noch nicht so genau, wo es hingehen soll. Schließlich übernehmen sie meinen Plan mit dem Surfcamp, da haben sie wohl Lust drauf.

Wir schlagen zum ersten Mal unser Lager auf. Die Umgebung ist atemberaubend. Wir zelten neben einem Bauernhof am Meer. Weit und breit ist nichts, als Nachbarn haben wir nur die Tiere. Nicolas ist Campingprofi, er ist ausgerüstet wie ein Forscher. Im Gegensatz zu mir, die nicht einmal weiß, wofür man Heringe braucht. Verrückt! Erste Nacht in meinem Zelt: die Hölle! Ich stelle mein Zelt zu nah am Meer auf; ich möchte die schöne Aussicht so nah wie möglich haben. Im Endeffekt die dümmste Idee des Jahrhunderts. »*Merci, Anfänger!*« Mein Zelt wackelt total, weil der Wind so stark

# Go North

bläst. Es regnet, meine ich zumindest. Mich treibt die ganze Nacht der Gedanke um, dass das Zelt bestimmt gleich wegfliegt, weil ich es schlecht aufgestellt habe. Ich verkrieche mich so tief wie möglich in meinen Schlafsack und lasse die Stirnlampe die ganze Nacht brennen. Ich schreie: »*Ist da jemand? Kann mich jemand hören?*« Am nächsten Morgen wache ich auf und fühle mich, als hätte ich einen Spezialeinsatz hinter mir. Meine beiden anderen Camper haben die Nacht gemütlich im Auto verbracht. Nico, der Profi, hat alles im Griff und schlürft bereits seinen Kaffee. Ich krieche aus meinem Zelt, und bereits bei meinem Anblick müssen sie lachen. Man sieht mir den Albtraum an, den ich durchgemacht habe. »*Ihr Arschlöcher, ich hab nach euch gerufen, ich hatte solche Angst!*« Sie können nicht anders, sie müssen lachen. Ich genieße das Frühstück, das Antoine zubereitet hat. Mit einem Küchenchef zu reisen ist schon praktisch. Aus Tomate und Spiegelei macht er ein Sternemenü. Sein Rezept: »*Du musst mit Liebe kochen, Marine!*« »*Jep, Antoine, mit Liebe, haha!*« Jetzt darf ich mich über ihn lustig machen. Nach dem Frühstück fahren wir weiter.

Nach dieser schrecklichen Nacht nehmen wir die Straße Richtung Nordosten. Wir kommen in die Berge, die Landschaft vor uns verschlägt mir den Atem, echt; überall Schafe und eine Aussicht – zum Weinen schön. Nach wenigen Tagen mit meinen Begleitern läuft alles super. Noch bin ich in der glücklichen Lage, die Plackerei per Anhalter nicht zu kennen.

Ich bin überwältigt von diesem Reisebeginn. Wir kennen uns erst seit 24 Stunden, aber wir verstehen uns supergut. Ich habe direkt das Gefühl, mit zwei großen Brüdern unterwegs zu sein oder mit Freunden, die ich schon lange kenne. Ich bin nicht so girly, für mich passt das perfekt, mit Jungs unterwegs zu sein. Ich nehme mir fest vor, nicht mit ihnen weiterzureisen, weil ich merke, dass sie mir schon sehr vertraut sind. Wenn man zu lange zusammen ist,

## Körper

freundet man sich an und traut sich nicht mehr, alleine loszugehen. Man verlässt sich auf die anderen. Genau dieses Gefühl der Abhängigkeit wollte ich vermeiden. Das Schwierigste bei einer Reise ist es, nicht aus Bequemlichkeit als Gruppe zusammenzubleiben, sondern am ursprünglichen Plan festzuhalten: Ich wollte allein sein und durch Neuseeland trampen. Ich setze mir also direkt eine Deadline, wann ich wieder alleine weiterreise. Und ich genieße es, weil ich weiß, dass es begrenzt ist.

### Paihia

Am nächsten Tag übernachten wir in einem besetzten leer stehenden Haus in Paihia. Wir wollen den Nationalfeiertag von Neuseeland dort erleben. In dieser Stadt haben die Engländer und die Maori den Vertrag unterzeichnet. Ich bin also am richtigen Ort, um die Geschichte dieses Vertrags zu verstehen. Dieses Volk ist unglaublich, es ist nämlich in zwei Gruppen geteilt. Die eingebürgerten Maori und die anderen, die viel ursprünglicher leben und an ihren Wurzeln festhalten. Ich stehe um 4 Uhr auf, um bei Sonnenaufgang am Strand zu sein. Ich weiß nicht so recht, was passieren wird, aber man hat mir gesagt, ich soll sehr früh an diesem Strand sein, um die Zeremonie zu sehen. Ein stiller Strand, keine Touristen, die Selfies machen. Ich höre von Weitem Gesänge und sehe, wie Einbaum-Boote Richtung Strand gerudert werden. Ich fange an zu überlegen, was da wohl passieren wird. Nach und nach sehe ich einen, dann zwei, dann drei und schließlich vier riesige Einbäume. Das ist bereits beeindruckend.

Ein Boot nach dem anderen läuft ein, vorne steht jeweils der Stammeshäuptling. Das erste Boot kommt auf dem Sand zum Stehen. Der Häuptling lässt alle aussteigen und in Reih und Glied am Strand aufstellen. Sie sind halb nackt, nur mit Federn und einem Lendenschurz aus Leder bekleidet. Sie tragen Piercings mit Muscheln und

# Go North

Tätowierungen im Gesicht, Pelz auf den Schultern oder Blätter als Mantel. Ich fühl mich wie im Film und suche die Fernbedienung ... es ist unglaublich. Ich schaue nach rechts und links, ob Fernsehkameras da sind. Nichts. DANKE, RAY. Auf einmal fangen die Maori an zu singen und dazu einen absolut irren Haka zu tanzen. Sie leben für ihren Grund und Boden, für ihre Zugehörigkeit zu einem Teil der Natur. Sie fühlen sich diesem Land verpflichtet, das ihnen geschenkt ist, aber vor allem bewahren sie ihren Volksglauben. Dann stoppt der zweite Einbaum am Strand. Ich beobachte, wie der zweite Stammeshäuptling sich vor den ersten stellt. Eine kurze Begrüßung und ein zweiter Haka, während sie einander gegenüberstehen. Beeindruckend. Der Mensch wird einen Augenblick wieder zum Tier. Die beiden Stämme tanzen und singen abwechselnd und zeigen damit ihre Stammeszugehörigkeit und ihren Willen, für ihr Gebiet zu kämpfen. Ein Maori neben mir erklärt mir kurz, was da vor sich geht. Bei dieser Zeremonie fordern die alten Stämme das ein, was sie wünschen und wie sie es wünschen. Der Strand ist voll, es sind nur Maori. Gesänge, Tänze, Hakas, komplett verrückte Rituale überall. Eine sehr eindrucksvolle Zeremonie, die von tiefem Respekt geprägt ist.

*Unwillkürlich ziehe ich einen Vergleich zu uns. Ich frage mich, warum wir den Bezug zu unserem Grund und Boden verloren haben und warum es uns persönlich nichts bedeutet, wenn ein Vertrag abgeschlossen wird. Ich frage mich das in erster Linie selbst. Sie lieben ihre Natur und ihre Insel so sehr. Ich bekomme Gänsehaut, wenn ich ihre Kultur sehe und wie sie sich dazu bekennen. Ich hätte dieses Volk nicht besser kennenlernen können als hier am Nationalfeiertag.*

*Ich denke an alle Volksstämme der Erde, die für sich Dinge beanspruchen, die in unserer Zivilisation deplatziert erscheinen, die im Grunde aber natürlich sind. Nach dieser Etappe bei den Maori brauche ich ein paar Tage, um zu verarbeiten, was ich an diesem Strand bei Sonnenaufgang erlebt habe. Ich habe ein Volk gesehen, das für sich lebt und sich nichts von der Wirtschaft diktieren lässt. Ich fühle mich wie in einer Konservendose. Scheinbar kultiviertere, leistungsfähigere, wichtigere Menschen schreiben mir vor, was ich zu sein habe. Muss ich nicht mehr Verantwortung übernehmen? Ich fühle mich immer abhängiger und immer weniger zuversichtlich. Ich möchte mich nicht auf eine Diskussion einlassen, die ich ohnehin nur mit mir selbst führen kann. Aber mir wird gerade bewusst, dass es schwierig ist, für das zu leben, was uns ausmacht und was wir wirklich wollen. Ich bewundere Menschen, die ihren Überzeugungen folgen, ihren Patriotismus zeigen und ihre Andersartigkeit lieben. Die Kraft in ihren Gesichtern verweist mich auf meine Wurzeln. Ich hätte nicht gedacht, dass diese Etappe Maori, die mich ablenken und unterhalten sollte, eine Trauer in mir auslösen würde und den Wunsch, aus dieser Konservendose auszubrechen. Ich habe gerade keinen Dosenöffner, aber es fängt gründlich an, in mir zu rumoren. Das heute war Kino live für mich.*

## 12
## Kurs nach Westen!

### Ahipara
Nach diesem ersten ungewöhnlichen Halt mache ich mich diesmal nach Westen auf. Ziel: Surfcamp Ahipara. Wozu?

Eine Unterkunft und ein paar Surfstunden gegen Gartenarbeit. Ich will hier nicht lange bleiben, es zieht mich zum nördlichsten Punkt der Nordinsel.

### Cape Reinga
Ich habe noch nie eine solche Landschaft gesehen. Ich zelte auf einem Campingplatz in der Nähe des Kaps. Ein unvergesslicher Anblick bei meiner Ankunft. Nichts ringsum, nur ein Zaun, damit die Pferde dein Zelt nicht niedertrampeln, weißer Sand, türkisblau-

## Kurs nach Westen!

es Wasser und Möwen. Ideal zum Abschalten und Auftanken. Dieser Ort in Neuseeland hat eine besondere Geschichte: In der Kultur der Maori ist es der spirituellste Ort der Insel. Der Name leitet sich von dem Maori-Wort *Rerenga* ab, das »Unterwelt« bedeutet. Hier würde ich gerne noch häufiger über meine Grenzen gehen. Der Maori-Name für diesen Ort ist *Te Rerenga Wairua* und bedeutet »Wo die Geister in die Unterwelt abtauchen«. Für die Maori gehen die Seelen der Verstorbenen hier ins Jenseits hinüber. Der Ort ist wie gemacht für mich!

Nach dieser Etappe verabschiede ich mich von den Jungs. Ich durchsuche den Van, ob ich auch nichts vergessen habe. Rund um die Uhr waren wir zusammen, es kommt mir komisch vor, mich jetzt von ihnen zu trennen. Es versetzt meinem Herzen einen Stich, gleichzeitig freue ich mich darauf, alleine loszuziehen. Wir sagen unserem lieben Nico an einem Kite-Surfstrand Tschüss. Er will im Norden bleiben. Antoine setzt mich einige Kilometer weiter auf einem Parkplatz ab. Wir verabschieden uns mit einem Faustcheck, als würden wir uns morgen wiedersehen. Er fährt nach Coromandel im Osten der Nordinsel, dort hat er für drei Monate einen Job. Ich stehe alleine auf dem Parkplatz. Ich hatte vergessen, wie schwer mein Rucksack ist. Merkwürdig, ich habe das Gefühl, die zwei Typen schon ewig zu kennen; wir sind alle drei so verschieden, aber im Grunde ergänzen wir uns supergut.

Die unglaublichen Leute, die wir treffen, sind alle kleine Mosaiksteine in unserem Leben. Danke, dass ich meine Reise an eurer Seite beginnen durfte. Ich stehe noch am Anfang, und mir wird bewusst, dass es ein langer Weg sein wird, meinen Stress zu bewältigen, der mein Leben und meine Gedanken bestimmt. Ich habe es euch zu verdanken, Jungs, dass ich meine Reise anders begonnen habe. Ich habe Gärtnern gelernt – und nicht nur Gemüse! Wenn man in einer

*Körper*

Gemeinschaft lebt, kommt vieles hoch, damit muss man erst einmal fertigwerden. **Sich anpassen, zuhören, teilen** ... Jetzt muss ich meinen Rhythmus finden, zwischen dem Gewicht meines Rucksacks, den Pausen auf einem Parkplatz, den Begegnungen an einer Tankstelle. Aber vor allem muss ich bei der Sache bleiben und darf mein Handy nicht in einer Toilette vergessen oder meine Karte in einem Automaten. Das passiert mir nämlich allzu gern ...

## 13
## Walk on a good side

Meine erste Wanderung beginnt nördlich von Auckland. Meine Turnschuhe wollen von alleine in meinen Rucksack, vielversprechend! Ich kann es kaum erwarten, meine erste kleine Neuseeland-Wanderung zu machen. Drei Stunden, sollte machbar sein für den Anfang. Erster Test für meine Wanderschuhe.
Die ersten Schritte fallen mir schwer, mein Wille muss eingreifen. Man merkt schnell, dass unser Körper ohne den Kopf unfähig ist. Wollt ihr mich sehen? Ich bin die Verrückte, die man unterwegs schreien hört: *»Los jetzt!!! Beweg dich, Marine, hör auf deinen Körper und halt die Schnauze!!!«* Ja, so hört sich das an, wenn ich sehr intensiv und höflich mit mir selbst rede, um mich zu motivieren.
Diese recht sportliche Wanderung endet wieder am Zeltplatz. Zum Glück konnte ich diesmal meinen großen Rucksack einem Paar überlassen, Anna und Pierre. Sie fingen gerade an, ihre Sachen für die Abreise zu packen, versprachen mir aber, auf mich zu warten. Ich folge meinem Instinkt. Ich spüre, wo ich vertrauen kann und wo nicht. Seltsam, wenn man alleine ist, empfindet man alles zehnmal so stark. Ich kann das nicht erklären, aber wenn ich das Vertrauen spüre, mache ich mir keine weiteren Gedanken.

# Walk on a good side

## Mein Körper spricht mit mir

Erste Übung in der Auseinandersetzung mit Muskelschmerzen, Schweißausbrüchen, Kribbeln und Gleichgewichtsstörungen. Alle diese verunsichernden Symptome zu Beginn meiner Diagnose erkenne ich hier wieder, aber die Wahnvorstellungen sind nicht mehr da. Ich setze ihnen Analyse und Aufmerksamkeit entgegen. Das ist nicht so einfach, ich nehme dazu das Gespräch mit meiner Sklerose auf. Ich rede die ganze Zeit mit ihr wie mit einer Weggefährtin. Und das ist sie. Ich stelle ihr viele Fragen zu unserer Wohngemeinschaft. An ihrer Stelle hätte ich schon längst die Schlüssel abgegeben! Wir kennen uns kaum, und sie gibt bereits eine ganze Liste Bedingungen vor. **Ich strenge mich an, nicht nachzudenken, sondern nur zu gehen und aufmerksam zu sein.** Mist, im Moment hat mein Geist noch das Sagen. Ich habe noch nie so viel gedacht wie auf dieser ersten Wanderung. Die Gedanken drängen sich einfach auf. Merkwürdig, wenn man aufhört zu reden, denkt und sieht man mehr. Jeder hat etwas, mit dem er schlecht zurechtkommt. Zu verstehen, woran das liegt, ist schwer, aber notwendig. In der Stille kann man besser auf sich hören und versuchen zu verstehen, wo man ansetzen kann.

## Allein mit dem Zelt

Nach diesem schönen Tag komme ich zum Zeltplatz und nehme meinen Rucksack wieder in Empfang. Anna und Pierre fahren ab und winken. Ich stehe fünf geschlagene Minuten auf dem Parkplatz und sage mir:
*»Also gut, du bist wirklich alleine, mach dir jetzt bloß keine Sorgen.«*
Ich fange an, mein Zelt auszupacken, damit ich meine Sachen unterbringen kann. Ich kann mich einigermaßen konzentrieren, weil ich Angst habe, etwas zu vergessen. Ich stelle es auf, diesmal nicht am Meer, sondern hinter einem kleinen Hügel am Fluss. Ich bin erstaunt, ich kriege es superschnell aufgebaut. Ziemlich stolz drehe

# Körper

ich mich um, als ob ich von Freunden oder anderen Leuten ein Lob dafür erwarte. Aber ich bin allein. Dieses Gefühl des Alleinseins ist seltsam, niemand kann dich sehen oder mit dir sprechen. Du musst dich mit dir selbst zufriedengeben. Das bin ich nicht gewohnt, ich verlasse mich ständig auf alle möglichen Leute, um etwas auf die Beine zu stellen. Hier mache nur ich etwas oder etwas nicht und muss die Folgen tragen. Ich habe nur einen Wunsch: in meinen Schlafsack zu kriechen. Aber erst mal denke ich doch noch ans Duschen. Ich mache ein bisschen »Cocooning«, wie meine Mutter sagen würde. Ich möchte es gemütlich haben und mich in meiner ersten Nacht alleine im Zelt sicher fühlen. Ich verteile alle meine Habseligkeiten um meinen Kopf. Stellt euch vor, ihr schlaft nach einer Wanderung in einem einsamen Zelt mitten in der Landschaft ein, einen Fluss als Nachbarn und in den Schlaf wiegen euch die Wellen und die Möwen. Das klingt perfekt und traumhaft, aber sobald es Nacht wird, sieht es anders aus. Man sieht die grünen Hänge nicht mehr, den beruhigenden blauen Himmel, und die ganzen Geräusche verändern sich. Ja, ich kriege Angst.
Ich gehe schnell duschen, ich habe mich seit vier Tagen nicht gewaschen, und dann noch die Wanderung ... da kommt was zusammen, besser gesagt, das riecht schon ganz schön.

Wenn man das eine Dusche nennen kann, es ist eher ein Schlauch. Ich bin echt hübsch, nur mit Stirnlampe an und den ganzen Insekten, die sich auf mein Gesicht setzen, weil das Licht sie anzieht. Dieser Schlauch zum Waschen ist nicht sehr praktisch, aber ich fühle mich nach diesem Eiswasser besser.
Ich lege mich hin, entspanne mich langsam und denke über den schönen Tag nach. Mich beschäftigt immer noch ein Gedanke an meine Sklerose, bevor ich einschlafe. Ich kann ihn nicht zum Schweigen bringen: Ich habe Angst vor ihr, vor einem Schub. Schließlich holt mich der Wind aus meinen Gedanken. Er ist wieder ganz schön

## Walk on a good side

stark. Die Zeltplane wird auf meine Nase gedrückt. Ich atme tief durch und sage mir: »*Das geht schon gut, Marine!!!*« Dann denke ich plötzlich an die vier Ecken meines Zelts, ob ich auch nichts vergessen habe. Als ob jeder einzelne Hering jetzt einem Angriff standhalten müsste. Schließlich bin ich nicht besonders begabt, Heringe einzuschlagen. Mein Zelt bewegt sich stark, es ist die Hölle! »*Hauptsache, es fliegt nicht weg und ich mit. Das rüttelt mir viel zu viel, verdammt noch mal!*« Der Stress steigt, diesmal bin ich wirklich allein, wenn etwas passiert. Das ist gar nicht beruhigend. Mit weit aufgerissenen Augen denke ich nur daran, dass ich morgen wieder aufwache und die Schönheit der Landschaft sehe. Nach zwei Stunden Kampf, in dem ich an die Farben denke, an die Möwen, den Sand und alles, was ich gesehen habe, bevor ich ins Zelt gekrochen bin, schlafe ich endlich ein. Zwei Stunden später werde ich vom Regen geweckt. Das Geräusch ist im Zelt zehnmal so laut. Ich lerne diese ganzen Geräusche kennen und meine innere Anspannung, meine Gedanken an die Sklerose und meinen starren Körper im Schlafsack. Das Regengeräusch macht mich verrückt, und ich muss dringend Pipi. Ich kann nicht aus dem Zelt raus, es ist pechschwarze Nacht, es regnet, und ich habe Angst, unmöglich. Ich kann immerhin davon träumen, aufs Klo zu gehen. Ich muss aber zu dringend.

Ich komme auf die Idee, eine Flasche zu benutzen, finde das aber eklig ... Keine Wahl ... Ich nehme also eine Flasche. Die Hölle, hätte nie gedacht, dass ich so was mal mache, aber was soll's, ich kann nicht raus.

Gut, nach dieser schrecklichen ersten Nacht ganz alleine in diesem Zelt, wo ich bei jedem Windstoß dachte, ich fliege weg, und als Bettnachbarin meine Urinflasche, wache ich mit einem ziemlich dicken Kopf auf. Ich habe immer noch ein bisschen Panik, dass ich meinen Stress und meine Angst nicht in den Griff kriege. Das

## Körper

kommt schon mit der Zeit, bin schon froh, dass ich nicht geheult habe. Es hat so stark geregnet, und der Wind war gewaltig und die ganzen fremden Geräusche. Ich habe in dieser Nacht an so vieles gedacht ... zum Glück dankt es mir die Natur mit einem paradiesischen Strand und Möwen, die auf den Wellen reiten, dass ich durchgehalten habe. Es ist frustrierend. Am Morgen ist es ruhig, die Sonne geht auf, die Vögel zwitschern, und ich krieche heraus, als wäre ich im Krieg gewesen. Wenn man andere Leute frisch und munter ankommen sieht, fragt man sich schon, ob man ein Problem hat ...

*Es ist merkwürdig, sich auf sich selbst zu besinnen und zu versuchen, sich besser zu verstehen. Ich habe das Gefühl, dass mein Herz noch ziemlich fest unter einigen Panzern steckt und nicht erreichbar ist. Ich dringe noch nicht durch, kommt mit der Zeit ...*

Los jetzt, es ist 7 Uhr morgens. Ich werde meine Sachen aufräumen und nicht vergessen, meine Stirnlampe auszumachen. Die ist echt sexy und war mein Schutzschild. Und vor allem werde ich mich mit dem Zelt rumschlagen und versuchen, alles schön einzupacken. Ich setze mich mit Blick aufs Meer. Der Wind peitscht mir das Gesicht. Das tut echt gut! Ein starkes, einzigartiges Gefühl. **Ein ungewohntes Gefühl der Gemeinschaft, der Nähe mit der Natur. Sie lässt uns leben, wie wir sind, weil sie uns so gemacht hat.**

Es ist komisch, dass ich das sage, wo ich doch nicht mit der Natur aufgewachsen bin. Ich bin in der Stadt geboren, habe in einer Wohnung gewohnt, ich kannte das Glück nicht, das die Natur schenkt. Ich habe noch keine Erfahrung, aber ich spüre seit meiner Ankunft etwas sehr Starkes. Landschaft, Freiheit, Gerüche und Farben. Dieses Gefühl, dass mir nichts passieren kann, was die Natur nicht für mich bestimmt. Ich entdecke erst jetzt, was die Natur für Gefühle bewirken kann, und dabei habe ich noch keine Vorstellung davon, was mich noch erwartet.

Richtung Süden

# 14

# Richtung Süden

Nachdem ich meinen Eltern, meinem Freund und meinen Freunden Nachricht gegeben habe, nehme ich die Straße nach Süden. Seltsam, manchmal möchte ich einfach keinen Kontakt haben und so leben, wie ich will, ohne von mir hören zu lassen. Bald werde ich das tun, aber nicht jetzt, das wäre nicht gut für meine Eltern und für meine Beziehung schon gar nicht. Meine Gedanken dabei: *Bevor man textete und Nachrichten verschickte, kamen die Menschen gut zurecht, sogar besser. Wir müssen uns ständig mitteilen und zeigen, was wir erleben, und verpassen dabei das, was wir gerade im Augenblick tun. Woher kommt dieser Zwang, online zu sein?* Es tut gut zu leben und zu reisen oder etwas zu tun, ohne zu erklären, warum du das machst und warum du diesen Weg nimmst. Wir leben ständig mit dem Gedanken, was andere darüber denken, wir wollen auf unseren Fotos und so weiter zeigen, wie hip unser Leben ist. Aber im Grunde bekommt man von dem Moment nichts wirklich mit, den man gerade erlebt. Ich weiß nicht, warum mir das gerade einfällt, aber wie oft war ich mit Freundinnen in Paris oder anderswo einen Kaffee trinken, und meine Freundinnen waren mehr damit beschäftigt, Fotos zu machen und zu verschicken, nur um zu zeigen, dass sie Spaß haben.

*»Für wen ist das Foto? Für dich? Nee, glaub ich nicht.«* Zeigt man nicht einfach nur oberflächlich das Glück, von dem man träumt?

## Tramp-Time

Ich bin in diese Gedanken versunken, als ich am Straßenrand stehe und plötzlich ein Lieferwagen anhält. Der Fahrer lässt die Scheibe runter und sagt mir, wo er hinfährt. Ich lächele, er lächelt: Los geht's! Ich steige hinten ein und richte mich zwischen zwei Getreidesäcken

## Körper

und einer Waschmaschine ein. Warum trampen bei all dem, was man in den Medien darüber hört, werdet ihr mir sagen. Die Angst, nie am Ziel anzukommen, Zeit zu verlieren … Ich verstehe die Sorgen und habe sie auch, also vor allem, zu spät oder niemals am Ziel anzukommen. Trampen ist das stressigste Verkehrsmittel, das unsicherste und das unbequemste. Erste Übung zur Stressbewältigung. Ja, ich weiß, ich könnte anders lernen, mit Stress umzugehen, aber ich fand das für den Beginn meiner Reise ideal. Mit Unvorhergesehenem umgehen, mit Risiken, Schwierigkeiten, warten und vertrauen … das wird meine Medizin sein.

Ich bin wieder unterwegs. Mein Rucksack wiegt 25 Kilo. Ich sehe ein, dass ich aussortieren muss. Nach 100 Kilometern beschließe ich, an einem Rastplatz alles auszupacken. Die berühmte Angst, es könnte etwas fehlen, wo man im Grunde doch nicht viel braucht, um sich wohlzufühlen. Anfangen, sich von »mein« und »meine« zu trennen. Ich werde viel freier sein.

Ich leere meinen Rucksack am Straßenrand neben einer Tankstelle aus. Die Hälfte meiner Klamotten gebe ich Leuten, die mir über den Weg laufen. Ich stehe wieder an der Straße und strecke den Daumen raus, der Rucksack ist leichter, mein Lächeln ist noch schüchtern, und ich traue mich noch nicht, die Fahrer direkt anzusehen.

### Daumen raus

Das Gefühl, unterwegs zu sein, entscheiden zu können, wo ich hinwill, ist eine unvergleichliche Erfahrung. Den Daumen rauszuhalten ist am Anfang superpeinlich. Ich ziehe ihn sogar manchmal wieder zurück. Das erste Gefühl ist am stärksten, ich muss versuchen es schnell loszuwerden. Alles kommt nur davon, dass unser Ego zu viel Platz hat, unsere Angst vor dem Blick der anderen. Was mache ich hier an dieser Straße? Sie schauen mich an und halten einfach nicht an. Was mach ich an dieser Straße mitten im Nirgendwo? Man kommt sich schnell komisch vor, wenn man etwas nicht steuern

## Richtung Süden

kann oder etwas neu ist. Mein Tramp-Debut macht mir wenig Lust auf mehr. Ich laufe lange. Ich schwitze wie noch nie. Die erste Erfahrung ist total entmutigend. Ich gerate an einen Fahrer, der überhaupt nicht nett ist, das hatte ich mir ganz anders vorgestellt. Man setzt mich an einer Kreuzung ab, wo weit und breit kein anderes Auto in Sicht ist. Nach einer halben Stunde Warten kommt ein anderes Auto. Ein Wohnmobil mit zwei Neuseeländern. Ich steige ein, bin von der ersten Erfahrung enttäuscht. Ich stelle fest, dass ich gleich beim ersten Hindernis, bei der ersten kleinen Schwierigkeit, sofort enttäuscht bin und aufgeben will. Im Leben ist es häufig so, dass man etwas Besonderes oder Aufregendes erwartet. Man hofft so sehr, dass man an seiner Hoffnung geradezu hängt. Man ist total enttäuscht, wenn es nicht genau so kommt, wie man es erwartet hat. Aber die Realität ist nie so, wie man sie sich vorgestellt hat, die Enttäuschung oder der Wunsch wird noch größer. Genau das erlebe ich gerade: Meine ersten beiden Rides waren nicht einfach, körperlich nicht und seelisch nicht, und ich hatte genau das Gegenteil erhofft.
Ich muss überlegen, was ich will.

Mir wird nach und nach klar, dass ich morgen wieder meinen Daumen raushalten werde und meine Reise so fortsetzen werde, aber mit einer anderen Einstellung. Das Adrenalin steigt, Aufregung und Distanziertheit sind die vorherrschenden Gefühle. Wie die Autofahrer gucken, stört mich nicht mehr, ich finde es eher lustig. Man muss nur den Blick auf die Dinge verändern, und schon kann man besser damit umgehen!

Am nächsten Tag bin ich wieder unterwegs mit meinem dicken Rucksack, aber diesmal erwarte ich nichts, ich hoffe auf nichts. Wenn ich vier Stunden laufen muss, laufe ich. Das nehme ich mir vor. Fünf Minuten Daumen-Raushalten, und ein Auto hält an. Genial, ich

# Körper

springe auf die Rücksitzbank Richtung Süden. Diese ganzen Entscheidungen trifft man nicht mal eben so. Ich habe mich meinem Körper noch nie so nahe gefühlt und mich wahrgenommen wie seit dem Zeitpunkt, an dem ich beschlossen habe zu trampen.

## An die Arbeit!

Ich arbeite auf verschiedenen WWOOFs (World-Wide Opportunities on Organic Farms), damit ich kostenlos wohnen kann. Die Arbeiten, die man mir seit meiner Ankunft angeboten hat, passen gut zu mir. Kann durchaus lustig werden, ich bin bereit. Vor gerade mal einer Woche bin ich in Neuseeland angekommen, und mir wird schon sehr viel bewusst. Wie wichtig Ängste sind und dass ich nicht kontrollieren muss, was um mich herum ist. Oder meine eigenen Launen, denen ich ausgesetzt bin. Bei den Jobs mache ich auch einige Erfahrungen. Die Angst, Fehler zu machen, wenn die Entscheidungen von mir abhängen, weil ich nicht immer auf andere höre.

## Pflanzen, Strände und Surfbretter

Bei all diesen Jobs habe ich keinerlei Netz. Keine IT! Was für ein Glück! Ich bin so glücklich und ruhig, es ist Wahnsinn, wie glücklich es macht, von dem getrennt zu sein, was im Grunde am meisten behindert. Ich mache mir null Gedanken über meine Facebook-Seite, meinen Blog, wie ich das Video machen oder nicht machen soll. Die Fragen stellen sich einfach gar nicht. Verrückterweise kommen mir ganz andere Fragen in den Sinn. **Wie wird man glücklich? In echt, ohne an der Oberfläche zu bleiben oder anders wie abzudriften. Wo liegt das Glück, das absolute, wahre, tiefe, reine, echte? Wie findet man das perfekte Gleichgewicht zwischen dem eigenen Leben und dem der anderen, der Arbeit, seiner Freiheit?** Diese Gedanken kommen mir beim Unkrautjäten (diesmal konkret).

## Richtung Süden

Mit den Händen in der Erde wühlen, Kartoffeln pflanzen, Tomaten ziehen ... Ich hätte nicht gedacht, dass ich in diesen vielen Stunden allein im Garten so über meine Einstellung zum Leben nachdenken und sie analysieren würde. Nach einer Woche Gartenarbeit habe ich alle Gefühle einmal durch. Ich wusste nicht, dass Erde, Wurzeln und Unkräuter so viele verschiedene Empfindungen auslösen können. Wir sind wohl doch nicht so weit entfernt von der Natur.

### Ein echtes Festival

Nach diesen verschiedenen Jobs im Norden der Insel komme ich immer weiter nach Süden. Auf dem Weg erfahre ich von einem Musikfestival, einem der größten Neuseelands. Ich habe überhaupt keine Lust, auf ein Festival zu gehen, aber ich sage mir, vielleicht ist es alleine eine andere Erfahrung.

Es liegt auf meinem Weg, ich habe zum Essen und Schlafen alles dabei. Aber ich habe auch Schiss, alleine hinzugehen. Ich motiviere mich, indem ich dorthin trampe.

Ich werde an einer Straße abgesetzt, von der es nur noch 20 Minuten zu Fuß ist. Am Eingang zum Festival stehen überall Vans und Autos. So viele sind mit Freunden da ... sieht zumindest so aus. Ich bin eine der wenigen, die zu Fuß angereist sind. Zum Glück kann ich ein günstiges Ticket kaufen, weil ich keinen Parkplatz mitbuchen muss. Ich fange an, mein Zelt aufzubauen. Pech gehabt. Nachdem ich alles fertig habe, stelle ich fest, dass direkt neben mir die Dixiklos aufgestellt werden. Nur weg hier! Das Festival beginnt schon, und ich muss alles wieder abbauen und woanders aufbauen. *»Los, Marine, motivier dich noch mal und setz die Heringe um!«* Übung macht den Meister.

Ich fühle mich richtig frei, das ist eine unglaubliche Erfahrung. Auf nichts und niemanden warten müssen. So viele Leute sehen und kennenlernen. Am Anfang ist es trotzdem ziemlich fremd. Ich gehe über das Gelände und entdecke alles wie ein kleines Kind. Es liegt

# Körper

am Strand, fast auf dem Wasser. Es herrscht eine angenehme Stimmung in der Menge. Ich lerne tolle Leute kennen. Ich bleibe nur eine Nacht, aber es fängt schon an mir zu gefallen. Ich verbringe einen fantastischen Abend, ohne einen einzigen Dollar auszugeben, ich freue mich so, dass ich nicht einmal Alkohol brauche. Ich bin begeistert über diese Erfahrung. Vor ein paar Monaten hätte mir das noch Angst gemacht oder mich zumindest nicht interessiert.

## Allein mit sich selbst

Am nächsten Morgen setze ich meinen Weg nach Süden fort. Erstaunlich, was für Anstrengungen man seinem Körper abverlangen kann, wenn man dabei auf ihn hört. Man macht Pause, wenn er müde ist, man motiviert ihn, wenn er das braucht. Man achtet einfach auf ihn. Ich war in Paris so weit entfernt von dieser Kommunikation mit meinem Körper. Mit 22 Jahren lerne ich das am anderen Ende der Welt. Zwischen zwei Rides lege ich mich ins Gras und schaue in den Himmel. Ein Wind geht, die Farnwedel schwanken hin und her. Ich höre und spüre den Wind in meinem Gesicht, er scheint mich zu ermutigen, das Ziel zu erreichen. Die Bienen summen und sammeln Nektar um mich herum. Das ist angenehm, und nach diesen vielen Kilometern Wanderung kann ich es uneingeschränkt genießen.

*Das Alleinsein entdeckt man jeden Tag anders. Am Anfang stellt man sich viele Fragen, man hat Angst, tatsächlich allein zu sein. Man sucht nach jemandem, nach einem Gegenüber zum Reden und Austauschen. Und mit der Zeit lehrt uns unser Körper, besser damit zu leben, allein mit uns selbst zu sein. Ihr ahnt es wahrscheinlich schon, ich bin jemand, der immer reden möchte und ein Lächeln sucht, um diskutieren zu können und vor allem um Spaß zu haben, und dann hatte ich unterwegs in meinem Zelt nur meinen Schlafsack und meinen Rucksack als Begleiter. Wenn man allein ist, lernt man mehr Leute kennen. Man ist offener. In Begleitung hat man ein stärkeres Misstrauen gegenüber anderen, und man fühlt sich sicherer. Alleine beobachtet man*

## Richtung Süden

*mehr und tut nicht einfach nur etwas. Das stärkt, und man kann besser für sich sorgen und sich helfen lassen. Heute wird mir auch bewusst, wie sehr wir nichts sind im Vergleich zur Natur. Ich fühle mich wie eine Ameise. Ich versuche jeden Tag aufmerksamer zu sein und meine Umgebung wahrzunehmen, ohne daran zu denken, Fotos zu machen oder anderen mitzuteilen, was ich erlebe. Die Natur überträgt uns eine einzigartige Energie, eine ursprüngliche, ohne Chemie, aber wir vergessen viel zu schnell ihre Bedeutung und ihre Kraft. Es ist eine echte Therapie.*

Was meine kleine Sklerose angeht, ich denke immer seltener an sie. Beim Einschlafen denke ich immer an sie und bitte sie, dass sie mich nicht sitzen lässt. Aber das Interessanteste ist, dass es mir gelingt, auf mich zu hören, zu spüren, wahrzunehmen und zu verstehen, was ich tun muss. Ich höre wirklich auf mich, und wenn man auf sich hört, braucht man nicht zehn Jahre Studium, um zu wissen, welche körperliche oder seelische Auswirkung etwas haben kann. Ich laufe jeden Tag sehr viel zwischen den Rides oder um zum Campingplatz zu kommen, oder ich nutze die Wanderwege um den Campingplatz herum. Manche Stellen an meinem Körper spüre ich sehr stark, ich habe Muskelkater an Stellen, wo ich das noch nie erlebt habe. **Aber ich versuche zu verstehen und zu unterscheiden zwischen einem Körper, der Signale gibt, und einem MS-Schub.** Komisch, ich habe immer noch meine Notfalltasche mit dem roten Bändchen, die mir mein Neurologe gegeben hat, falls ich einen Schub bekomme. Ich habe noch nie so gut auf ein Täschchen in meinem Gepäck aufgepasst wie auf dieses. Ist es zerdrückt? Wo ist es? Ich nehme es auf die Wanderungen mit, ich prüfe immer als Erstes, ob ich noch diesen Zaubertrank habe. Mit der Zeit stelle ich fest, dass ich immer weniger daran denke. Als ob dieses Täschchen mich an meine Krankheit erinnert, aber mein Kopf sie immer mehr vergisst. Ich bin sicher, dass ich in dieser Wohngemeinschaft jeden Tag einen Schritt weiterkommen werde.

## Körper

*Als Jugendliche habe ich mal eine Frau getroffen, die mir gesagt hat: »Marine, öffne dein Herz und höre darauf ...« Mit meinen 1 Meter 20 verstand ich das damals nicht so recht. Ehrlich gesagt, habe ich nie richtig verstanden, was sie damit sagen wollte, und ich hielt es für abgehobenes Gerede, aber es hat mich fasziniert. So wie wenn man dir sagt: »Mach dies, mach das«, aber du immer noch nicht weißt, was der Schlüssel dazu ist. Wie kommt man ohne Navi von A nach B, nur mit einer Karte und einem Kompass, mit denen du aber nicht umgehen kannst, weil du immer dein Navi hattest, das für dich gedacht hat. So ähnlich ist das mit diesem Satz. Öffne dein Herz und höre darauf? Auf sein Herz hören, das ist wirklich so, als ob du eine Landkarte mit chinesischen Zeichen lesen sollst. Das ist leichter gesagt als getan. Trotzdem bin ich sicher, dass der Schlüssel zum Glück da liegt. Ich bin weit davon entfernt, dieses Prinzip anzuwenden, es zu verstehen und zu verinnerlichen. Ich bin mir immer sicherer, dass man damit eines Tages das Ziel erreicht. Man vergisst so vieles oder traut sich nicht, es zu tun, einfach aus Angst. Ich denke über diesen Satz nach, denn seitdem sie ihn mir gesagt hat, habe ich ihn im Hinterkopf, ohne zu verstehen, was er bedeutet. Aber zum ersten Mal habe ich das Gefühl, dass ich zumindest ein kleines bisschen auf mein Herz gehört habe, indem ich nach Neuseeland geflogen bin. Ich trampe, und jetzt habe ich dabei auch das Gefühl, auf dem richtigen Weg zu sein. Seltsam, ich weiß doch gar nicht, was mich am Ende erwartet, und den Weg kenne ich auch nicht, aber mein Herz ist sich sicher.*

## 15
### Gar nicht so allein

Nach 2825 Kilometern besteige ich mit Albane ein Schiff. Eine total unwahrscheinliche Begegnung auf der Nordinsel. Ihr erinnert euch an mein Praktikum bei Euronews, kurz vor meiner Abreise? Also, meine Chefin Albane hat nach meiner Abreise ihren Job gekündigt und macht eine Auszeit in Neuseeland, um sich danach in

## Gar nicht so allein

Paris wieder eine neue Stelle zu suchen. Das habe ich erst später erfahren. Verrückt, ihr hier über den Weg zu laufen, noch dazu total zufällig. In der Avenue des Champs-Élysées Nr. 44 hätte ich mir nie träumen lassen, mit meiner Chefin ein Zelt zu teilen! Diesmal ist es kein aufgesetztes Lächeln, keine wohlüberlegten Worte und kein Kloß im Hals (Ups!), sondern ich kann mich kaum halten vor Lachen, wie sie sich in meinem Zelt unwohl fühlt. Die Rollen scheinen ein bisschen vertauscht zu sein.

Wir unterhalten uns, und ich nehme sie auf ein paar Rides mit. Sie fährt bald nach Paris zurück, der Rückflug ist schon gebucht. Komisch, jemanden, mit dem man gearbeitet hat, in einem völlig anderen Zusammenhang zu sehen. **Jeder Mensch ist einzigartig, das wird einem schnell bewusst, und das Umfeld sagt überhaupt nichts über seine Persönlichkeit aus.** Da sind wir nun zufällig zusammen in Neuseeland und besteigen ein Schiff zur Südinsel.

## Ahoi

Ich gehe an Bord dieses riesigen Passagierdampfers. Mit meinem Kinderblick staune ich über die kleinsten Dinge. Ich richte mich an Deck ein. In diesem Moment, ich weiß nicht, wie es kommt, steigt ein sehr starkes Gefühl in mir hoch. Ich denke an all die Gespräche und Begegnungen seit meiner Ankunft, die ungefähr 50 Rides, der eine Zeltplatz idyllischer als der andere, meine etwas schrägen Anfänge als Camperin. Und an die Freude am Zelten, die ich entwickelt habe. Die ganzen Erinnerungen kommen hoch und schnüren mir die Kehle zu. Ich versuche mich zu beruhigen, ich habe mich noch nicht einmal hingesetzt. **Ich habe es geschafft, mit mir alleine zu bleiben und die Angebote von Leuten unterwegs abzuschlagen.** In Gedanken gehe ich alle Momente durch, wo ich die Möglichkeit hatte, mich in einen Van zu setzen und den Rest

## Körper

der Route mit anderen Leuten zu machen. Alleine weiterzureisen, auch wenn man das vorher nie gemacht hat – ja, es ist möglich. Es ist natürlich viel praktischer, einen Kofferraum, einen Kühlschrank, ein Auto zu haben, statt mit Kilos auf dem Rücken auf die eigenen Beine angewiesen zu sein. Ihr habt das bestimmt schon erlebt, wenn alle Erinnerungen auf einmal hochkommen und die Gefühle zu stark sind, um sie für sich zu behalten; warum sollte man sie auch für sich behalten, wenn sie rauswollen? Warum soll man sich damit zurückhalten, wo unsere Gefühle doch auch dafür da sind, dass andere ihre Gefühle besser verstehen?

Das riesige majestätische Schiff entfernt sich langsam von der Küste Neuseelands. Ich habe das Gefühl, dass ein bisschen von mir am anderen Ufer bleibt – so als ob ich mit den vergessenen Heringen auf den verschiedenen Zeltplätzen auch einen Teil meiner Ängste dort lasse. Ich fühle mich leichter.

### Rosys Geburt

Plötzlich denke ich wieder an meine Sklerose. Ich schreibe einen Artikel, dass ich jetzt auf die Südinsel übersetze, aber das Wort Sklerose kann ich nicht mehr sehen. **Ich reise nicht nur deswegen, sondern erst einmal, um gut mit mir selbst klarzukommen, und das braucht jeder, ob krank oder nicht.** Außerdem finde ich die Bezeichnung »multiple Sklerose« extrem schwer und hässlich, sie berührt mich nicht; als ob dieses hässliche Wort mich einfach nicht loslassen will. Auf einmal sage ich mir: »*Ich könnte meiner Sklerose einfach einen Spitznamen geben. Muss man unbedingt mit einer Krankheit reisen?*« Es fängt wirklich an mich zu nerven, dass ich mit diesem hässlichen Wort unterwegs sein muss. Ich gehe auf Albane zu, als ob ich ihr eine tolle Neuigkeit mitzuteilen hätte. Für mich ist es eine Wahnsinnsneuigkeit, meine Krankheit umzubenennen. Ich weiß noch nicht, wie. Ich stütze mich auf die Reling, in der Ferne

## Gar nicht so allein

sieht man die Küste Neuseelands, die immer kleiner wird. Ich sehe Albane an und frage sie: »*Woran denkst du, wenn du Sklerose hörst?*« Sie antwortet: »*Keine Ahnung ... an etwas nicht so Geiles jedenfalls.*« Ich wiederhole »*multiple Sklerose multiple Sklerose*« mehrmals hintereinander. Ich erzähle ihr, dass ich einen netten Spitznamen für sie suche. Sie lacht und sagt laut mehrmals hintereinander »Sklerose«. Wir sehen uns an, sie sagt mit einem unsicheren Blick »Rose« und danach andere Vornamen. **Ich antworte »ROSY«, und das ist es.** Ich habe meine neue Reisebegleiterin. Das ist so bewegend, mir kommen die Tränen, ich freue mich so. Ich stehe auf der Schiffsbrücke, ich habe meine Krankheit Rosy getauft, und ich spüre, es ist der Anfang eines langen Abenteuers.

**Dieses kleine Wort mit vier Buchstaben steht für Liebe und Frieden, ganz anders als Sklerose.** Einfach ein kleiner Spitzname drauf ... Ich bin begeistert. Ich versuche mich zu beherrschen, aber als ich die Südinsel sehe, kann ich meine Tränen nicht mehr zurückhalten. Ich bin so gerührt und denke, dass ich ein solches Gefühl noch nie hatte. Die Sonne steht im Zenit. Ich finde keine Worte, um die Farben und die wunderschönen wilden Küsten zu beschreiben.

Ich denke an all die Leute, die auch eine Rosy haben und die seit meinem Reisebeginn Kontakt mit mir aufgenommen haben. Alle unsere Rosys haben Angst, das Leben zu lieben. So sehe ich das. Merkwürdig, aber ich habe das Gefühl, den Schlüssel gefunden zu haben, indem ich meine Sklerose Rosy nenne. Es ist einfach nur ein Name für etwas, das weiß ich. Aber dieses Wort ändert in meinen Augen alles. Dieses Wort zeigt mir in wenigen Minuten, wie mächtig es ist. Das Gefühl, sich ohne einen Klotz am Bein bewegen zu können, ist eine Befreiung. Ich möchte es herausschreien, aber vor allem möchte ich es allen ins Ohr flüstern, die mir geholfen haben: »*Keine Sorge, unsere Rosy ist angekommen, wir schaffen das. Alles wird gut!*«

*Körper*

Ich denke an alle Menschen, die mir geholfen haben, meine Reise konkret werden zu lassen, die mir ermöglicht haben, hier zu sein, und die selbst in ihrem Leben eine Rosy haben. Danke, aber ich verspreche euch, ihr geht den Weg mit mir!!! Diese Fantasieblume in meinem Kopf hilft mir unglaublich. **Eine schöne Rose anstelle einer Sklerose zu haben, das hat Klasse!** Das Gärtnern habe ich in Neuseeland angefangen und habe dann immer Gartenjobs gefunden, und jetzt nenne ich diesen Eindringling nach einer sehr edlen Blume, die aber auch Stacheln hat. **Die Stacheln sind dazu da, dich daran zu erinnern, dass du Unkraut jäten musst, sonst geht die Rose womöglich ein. Vor allem sind die Stacheln dazu da, die wunderschöne Blume zu schützen. Man darf also nicht vergessen, was nötig ist, um die Schönheit der Welt zu erleben.**

Ich darf jetzt das umsetzen, was mir die Farmer am Anfang beigebracht haben in Bezug auf Gießen, Schneiden, Jäten, Säen und Ernten. Eine Blume in meinem Leben, und alles wird gleich viel angenehmer und steht in engem Bezug zum Gärtnern.

# 16

## Im Süden

Das Schiff legt an, und ich gehe von Bord. Ein letztes Mal schaue ich zurück. Einige Stacheln sind im Norden abgefallen, jetzt muss ich denen im Süden aus dem Weg gehen. Weiter auf meinen Körper hören und meinem Herzen folgen: Dazu wartet morgen eine 80 Kilometer lange Wanderung auf mich. Eine Biene kommt angeflogen und erinnert mich daran, dass die Landschaft schöner ist als mein Papier. An diesem Abend sehe ich den schönsten Sonnenuntergang meines Lebens am Wasser, mit meinem Zelt und meinem

# Im Süden

Rucksack. Ich sitze auf Kieselsteinen, mein Blick verliert sich über dem Meer ...»Alles ist möglich.« Ich weiß nicht, warum ich das denke, aber diese Weite ist so groß wie das, was unser Körper schaffen kann. In uns sind unendliche kreative Möglichkeiten verborgen.

## Die Wanderung Abel Tasman

Eine körperliche Herausforderung liegt vor mir. Fünf Tage als Selbstversorger. Eine große Premiere für mich, die in Frankreich nie gezeltet hat. Ich habe die 20 Kilometer längere Route gewählt, die einen Schlenker nach Norden macht. Ich beginne im Norden und wandere nach Süden. Gute Idee, um möglichst wenig Menschen zu treffen, allerdings fängt es mit einigen Steigungen an, die mit einem gut gefüllten Rucksack hart sind. Ich habe ihn total ausgemistet und einige Klamotten in einem kleinen Geschäft am Beginn der Route gelassen. Ich nehme sie auf dem Rückweg wieder mit.

Ich habe also nur mein Zelt, sehr wenig Kleidung und Verpflegung in Form von Müsliriegeln, Tomatensuppen und Thunfischdosen. Ich wandere mit Albane los.
Ich träume, staune und bin mit jedem Schritt mehr unterwegs. Das Grün und all die verschiedenen Blaus machen mich wieder zum Kind. Ich bin wie eine Vierjährige und entdecke zum ersten Mal die Farben; bin vollkommen sprachlos und betrachte alles mit Staunen, in Ruhe und Gelassenheit. Ich stolpere kein einziges Mal unterwegs, so sehr sind meine Sinne wach. Die Ruhe. Die Stille. Ich bin weit weg von allem, was mir Angst oder Sorgen machen kann. Ich bin nur mit mir selbst, und die Natur ist meine wichtigste Stütze. Es ist weit mit einem 18 Kilo schweren Rucksack.

Zweiter Tag der Wanderung. Und immer noch genauso mühsam. Ich schreie die verdammte Rose an und verfluche sie! Sie wird

## Körper

fertiggemacht, das könnt ihr euch nicht vorstellen. Kaum hat sie ihren Namen, wird sie beleidigt. Mit jedem Schritt spüre ich meinen Körper mehr; meine Waden, meine Muskeln, meinen Rücken, meine Beine.

Eine Pause. Ich liege an einem paradiesischen Strand, das beruhigende Wellengeräusch, das türkisfarbige Wasser und die Bäume in einem Grün wie gemalt. Dazu fliegen noch einige Vögel über dieses unglaubliche Meer. Ich denke an nichts, mein Kopf ist diesmal leer. Der Strand ist leer mit seinen Sandkörnern in vielen verschiedenen Farben. Auf dem Sand verteilt liegen große Baumstämme. Das zeigt, dass diese Küste wild ist. Ich hätte nicht gedacht, dass ich fünf Tage als Selbstversorger so durchhalten würde. Da war ich allerdings etwas voreilig. *»Komm runter, Marine, es ist erst der zweite Tag.«* Ich komme auf Hochtouren. Unterwegs schreie ich, brülle, lasse meine Wut raus, meine Angst, meine Sorgen, und meine Beine bewegen sich immer schneller. Das ist eine wirkungsvolle und natürliche Art, Stress loszuwerden.

Wenn mich die Steigungen meine Muskeln spüren lassen, kommt in mir die Angst hoch, dass ich eines Tages diesen wichtigen und anspornenden Schmerz nicht mehr spüren werde. **Ich schreie, um mich daran zu erinnern, dass meine MS diese Wahrnehmung meiner Bewegung nicht stoppen wird und dass ich weiter kämpfen werde.** Sie wird mir dieses Spüren nicht nehmen, durch das ich leben und mich bewegen kann! Manchmal brennt es, sticht es, tut weh, aber diese Schmerzen möchte ich immer spüren können.

Die Stunden gehen ineinander über. Ich weiß nicht mehr, welcher Tag ist, keines meiner Geräte hat mehr Strom. Heute ist es eine kurze Wanderung, aber ich bin zu erschöpft, um weiterzugehen. Ich schlafe wie in einer anderen Welt und habe das Gefühl, meinen ganzen Weg und alle meine Begegnungen noch mal durch-

# Im Süden

zumachen. Ich saß gestern Abend am Feuer, um mich vor dem Schlafengehen aufzuwärmen, abends wird es verdammt kalt. Wie aus dem Nichts taucht ein junger Mann auf, barfuß, und er setzt sich zu uns. Er erzählt uns etwas über unseren Körper und was unser Körper mit uns macht. Wie kann das sein, dass ich zwei Minuten vor dem Schlafengehen am Lagerfeuer diesen Menschen treffe und von ihm etwas höre von der total engen Verbindung, die unsere Gedanken zu unserem Körper haben? Ein Bote? Als ob ich ihn treffen musste, um ihm zuzuhören und mich mit ihm auszutauschen. Er hat mir so viel über mich und meine Persönlichkeit gesagt. Ich habe durch ihn verstanden, dass ich nach einem positiven Dauerzustand suche und dass es dieses perfekte Gleichgewicht nicht gibt, es also nicht erreichbar ist. Er sagt mir, dass es die Schönheit des Lebens ist, dass ich meinen Kopf und meinen Geist öffnen muss und dann alles besser geht. Danke für die Einladung, Unbekannter! Schon wieder dieses Sich-Öffnen, das ich nicht so richtig verstehe. Ich bin total durcheinander nach diesem Gespräch. Es ist ein sehr wirkungsvolles Gespräch, meine Worte sind zu schwach, um auszudrücken, was er mir als Botschaft mitgeben wollte.

Ich bitte ihn: »*Können wir uns morgen treffen, und du erzählst mir, wie du die Krankheit siehst?*« Er sagt: »*Ja, aber früh, ich reise früh ab.*« Ich gehe sehr aufgewühlt schlafen, das Gespräch war faszinierend und neu, es beschäftigt mich.
Am nächsten Morgen wache ich auf und stelle fest, dass er weg ist. Schließlich sehe ich ihn von Weitem am Strand. Ich freue mich total und gehe auf ihn zu, damit wir uns gemütlich ans Wasser in den Sand setzen können und er meine Fragen beantworten kann. Es ist herrlich, der Himmel ist rosa, die Vögel zwitschern. Das ist kitschig, aber genauso ist es. Das Wasser ist türkis, in den Gesprächspausen hört man das Meeresrauschen. Das Interview mit diesem

## Körper

Mann über die Bedeutung unseres Körpers für unser Leben lässt mich sprachlos zurück. Er möchte mir eine Botschaft mitgeben, aber welche? Ich höre ihm zu wie ein braver Schüler seinem Lehrer. Wir verabschieden uns. Er muss aufbrechen. Ich bleibe aufgewühlt am Strand sitzen und sehe die Sonne aufgehen.

Letzter Tag, meine Beine gehen wie von selbst, einen Schritt vor den anderen, ohne nachzudenken. Ich gehe und sage nichts. Ich weiß, dass fünf Stunden Wanderung vor mir liegen und dass mir gerade alles durch den Kopf geht. Fünfunddreißig Grad, zum Glück ist der Rucksack ohne Proviant leichter! Ich warte nur auf eines: Dass in der Ferne mein Ziel Motueka auftaucht, die Stadt, in der ich meine ganzen Sachen gelassen habe. Wenn wir auf etwas warten oder auf ein Zeichen, wie lange es noch dauert, passiert immer das Gegenteil: kein Zeichen und nichts in Sicht! **Man darf sich kein Ziel stecken und nichts erwarten und ist dann angenehm überrascht über das, was uns das Leben bietet.**

Ich maule in Paris schon, wenn ich gegenüber der WG ein Baguette kaufen gehen muss. Ich hätte nie gedacht, dass ich 80 Kilometer als Selbstversorger schaffe, ohne eine Herberge mit Wasser und Essen bei meiner Ankunft. Nichts außer dir selbst und deinem Rucksack. Da sieht man mal, alles ist möglich im Leben!
In meinen Gedanken versunken sehe ich in der Ferne eine Brücke über dem Meer, die an einer Straße endet. Ich bin fast da, nur noch eine Stunde, ich strahle vor Freude. Ich spüre meinen Rucksack nicht mehr, die Spannung steigt … Ganz bewusst und mit dem Herzschlag auf 100 setze ich meinen ersten Fuß auf die Brücke und betrete Beton. Geschafft! Ich kann es kaum glauben, ich habe diese Wanderung gemeistert, und Rosy hat sich nicht gemeldet. Na ja, ich habe sie gut gegossen. Ich habe ordentlich geschwitzt. Meine Waden und der gesamte Körper sind verspannt.

## Im Süden

Ich setze den Rucksack wieder auf, fest entschlossen, die Ziellinie zu überschreiten. Mein Schritt wird schneller, ich weiß nicht, wie, die körperliche Kraft habe ich nicht mehr, die geistige Kraft übernimmt. **Mit dem Ziel vor Augen ist der Geist nicht mehr im Hintergrund. Die Rollen werden getauscht: Der Körper wird von den Gedanken getragen.** *»Das ist Wahnsinn!«* Meine Beine rennen, ich habe Tränen in den Augen, aber es sind Freudentränen. Ich bin so stolz, angekommen zu sein! Ich drehe mich um und sehe Albane voller Stolz an. Wir fallen uns weinend in die Arme, wir tragen uns gegenseitig. Wir haben es geschafft!

### Ich gehe meinen Weg

Meine Waden sind todmüde, als ich zu dem kleinen Geschäft gehe, wo ich am Anfang der Wanderung in einer Mülltüte meine Sachen gelassen habe. Der Rückweg ist psychisch anstrengend, ich bin zwar glücklich, angekommen zu sein, aber ich muss jetzt das ganze Gewicht vom Beginn der Reise tragen. In diesen fünf Tagen hatte ich mich daran gewöhnt, weniger Gewicht zu haben. Ich übernachte in der erstbesten Herberge in der nächstgelegenen Stadt, damit ich mich ausruhen und das Trampen am nächsten Tag angehen kann. Ich spüre so viel in meinem Körper.

Ich habe das Gefühl, dass ein Dialog zwischen ihm und mir in diesen fünf Tagen Wanderung zustande gekommen ist. Ich kann einschätzen, was er braucht und was ich tun muss, damit er im Gleichgewicht ist. Ich habe mich auch sehr bei ihm bedankt, dass er mich auf der Wanderung nicht im Stich gelassen hat. Das sind die Anfänge einer echten Kommunikation. Rosy hat sehr viel geschwitzt. Und ich glaube, die Tatsache, dass ich für eine Krankheit das Bild einer Rose gewählt habe, die man hegen und pflegen kann, hat ihr Lust gemacht, mich in Ruhe zu lassen.

# Körper

Wieder ein Abschied ... diesmal von Albane. Unsere Wege trennen sich, nachdem wir schöne Abenteuer zusammen erlebt haben. Wir umarmen und streicheln uns, um uns gegenseitig zu stärken. Danke, Albane, dass du da warst und an mich geglaubt hast. Jetzt bin ich mit Rosy alleine.

## Chinesische Herberge

Ich freue mich auf eine Dusche, nachdem ich mich fünf Tage nur im Meer gewaschen habe. Das Salz fängt an zu jucken. Ich komme ziemlich heruntergekommen in der Herberge an. Meine Haare hängen in Strähnen herunter, und meine Erschöpfung kann man an meinem Gesicht ablesen. Kaum angekommen treffe ich eine Chinesin, die mich anlächelt. Ich habe alles erwartet, nur nicht, dass jemand mich in meinem Aufzug so begrüßt. Und da kommt dieses Mädchen, nimmt meinen Rucksack und zeigt mir mein Zimmer. Ihr Lächeln allein wärmt mir schon das Herz. Man kann jemanden mit sehr wenig glücklich machen. Ich falle auf mein Bett, und zwei Stunden später, als ich aufwache, hat sie mir etwas gekocht und einen Zettel dazugelegt: »für Marine«. In diesem Moment kommen mir die Tränen, ich weiß nicht, warum. Eine Mischung aus Erschöpfung, Freude, Erstaunen, aber vor allem viele Gefühle von der Wanderung, die aus mir herauskommen. Ja, ich muss ein bisschen zur Ruhe kommen.

Ich bin zu hundert Prozent aufmerksam und nehme alles wahr, was mich umgibt. Es fällt mir auch schwer, wieder allein zu sein. Ich brauche Liebe, Zuneigung, Zärtlichkeit, und ich bin todmüde, das ist keine gute Mischung. Das Lächeln und die Freundlichkeit dieser jungen Chinesin werde ich nie vergessen. Ich esse ihr fein geschnittenes Gemüse und das Hähnchen in superleckerer Soße und lege mich wieder hin.

*Die Begegnungen auf unserem Weg sind keine Zufälle, jede einzelne macht uns glücklich und ist ein intensiver Austausch. Ich stelle fest, dass ich früher sehr*

## Im Süden

*verschlossen war. Ich dachte, dass ich offen bin, gesellig und dass ich gut zuhören kann. Stimmt gar nicht. In meinen Augen war ich offen, aber wem gegenüber, was gegenüber? Ich merke, dass Offensein anderen gegenüber nur echt ist, wenn es uneigennützig und urteilsfrei ist. Eine echte Offenheit akzeptiert den anderen total, so wie er ist. Also davon war ich weit entfernt, und ich habe unterwegs noch viel von anderen zu lernen.*

Als ich am Abend aufwache, nehme ich meine Karte und meinen Bleistift und setze mich an den Küchentisch, um meine weitere Route zu planen, damit ich weiß, wohin ich mich am nächsten Morgen aufmachen werde. Da setzt sich ein Mädchen neben mich und spricht mich an. Wir unterhalten uns. Sie erzählt mir, dass sie Geburtstag hat ... und lädt mich mit zwei Freundinnen in ein Restaurant ein. Ich bin kaum in der Herberge angekommen, und eine Chinesin macht mir Mittagessen, und am Abend bin ich zu einem Geburtstag eingeladen. Diese Pause mit vielen Begegnungen und Emotionen gibt mir sehr viel Kraft, die werde ich für die 200 Kilometer Trampen nach Kaikoura brauchen. Rosy fängt an zu verstehen, dass sie in meinem Leben nicht mehr das Sagen hat, sondern dass sie sich mit mir arrangieren muss.

### Tramper-Freuden

Nach einem reichlichen Frühstück habe ich eine Dreiviertelstunde Fußmarsch vor mir bis zur besten Stelle zum Daumenraushalten. Es hält aber ein Truck an und nimmt mich ein Stück mit. Dann hält ein riesiger Lastzug an, der Neuwagen transportiert. Ich wundere mich, weil er schon zwei Passagiere vorne sitzen hat. Sie bieten mir an, mich in eines der Fahrzeuge auf der Ladefläche zu setzen. Das tue ich auch. Ich sitze mit meinem Rucksack auf dem Rücksitz eines Neuwagens! Aus einem stehenden Fahrzeug, das gefahren wird, bewundere ich die Landschaft. Mal was anderes. Ich fahre die Westküste entlang. Ein Ride merkwürdiger als der andere: Lastwagen, Trucks, Kofferräume, Anhänger, Traktoren, mit Männern,

## Körper

Frauen, jungen Leuten, die lächeln, diskutieren, Ratschläge geben, bei Regen eine Unterkunft anbieten, und auch mit Ekligen (nichts passiert, zum Glück) – im Grunde war es nur einer.

### Aus den Augen, nicht aus dem Sinn ...
In der Nähe von Christchurch bin ich mit einem Ekel unterwegs, der mich begrapschen will. Ich weiß nicht, wie ich ihn loswerden soll. Ich beiße die Zähne zusammen und sage mir, dass er mich nicht anfassen wird. Es ist 13 Uhr, und ich überlege mir eine Strategie, wie ich aus diesem Auto herauskomme. In Frankreich ist es 1 Uhr morgens, mein Handy klingelt. Ich ziehe es erstaunt aus der Tasche. Mein Vater? Warum ruft er mitten in der Nacht an? Ich habe keine Idee ... Ich antworte fragend: »*Hallo, Papa, alles klar?*« »*Ja, Marine, geht so. Ich rufe dich an, um dir zu sagen ...*« Ich unterbreche ihn: »*Papa, was? Sag es!*« Aus mir spricht die Angst. Schweigen ... Er sagt: »*Ich habe eine gute Nachricht für dich, Dady (Opa) ist im Himmel.*« »*Wie bitte?*« Ich sage nichts mehr, mein Atem stockt, und meine Beine fangen an zu zittern. Es ist so hart, so brutal.

Ich spüre meinen Herzschlag nicht mehr. Ich frage: »*Haha, ist das ein Scherz, Papa?*« Ich glaube es nicht. Ich will es nicht glauben. Seine Stimme zittert. Es ist wahr, aber ich hoffe, dass es ein Traum ist. »*Dady? Nicht mehr da?*« Ich begreife in wenigen Sekunden, dass es wahr ist. Ich kann nichts sagen, meine Hände wollen das Telefon zerquetschen, ich will es am liebsten aus dem Fenster schmeißen. So allein, so weit weg von meiner Familie und Freunden! Es ist ein schreckliches Gefühl, ich will ausrasten und herumschreien. Ich will nur raus aus diesem schrecklichen Lkw und nicht mehr neben diesem ekligen Fremden sitzen, der auch noch alles mitgekriegt hat. Warum jetzt? Warum hier? Man ist halt nie mit dem zufrieden, so wie es ist! Aber wie soll man den Tod verarbeiten, Tausende Kilometer entfernt? Und wie soll man sich sagen, dass er im Himmel

## Im Süden

ist? Ich hatte keine Zeit mehr, mit ihm über meine neuen Gedanken zu reden. Nichts, nur ein Anruf vom anderen Ende der Welt. Innerhalb einer Sekunde stürmen tausend Erinnerungen auf mich ein. Ich bin noch lange nicht bereit. Wie soll man den Tod eines Angehörigen verkraften, der noch dazu so weit weg ist. Ich brauchte ihn immer, weil er mir zugehört hat. Mein Vater tut sich total schwer, es mir zu sagen. Er ist total unbeholfen und weiß nicht, wie er es sagen soll, er weiß, wie sehr ich an ihm hänge. Mein Großvater ist gerade erst gestorben, und mein Vater ruft mich sofort an; in Frankreich ist es mitten in der Nacht, und er hat es noch nicht allen Angehörigen mitgeteilt. Ich bin das erste Enkelkind, das es erfährt. Vor allem, wie soll man es seiner Tochter sagen, die alleine am anderen Ende der Welt ist … Er muss Angst haben, mir zu sehr wehzutun.

Es ist unglaublich, wie eine solche Nachricht sich körperlich auswirkt. Ich bekomme keine Luft, kann nichts sagen, mein Magen zieht sich zusammen, die Kehle wird trocken. Ich springe aus dem Auto dieses aufdringlichen Mannes und renne los. Ich habe kein bisschen Lust, mit ihm zu sprechen oder mich von ihm trösten zu lassen! Ich will allein sein, aber vor allem nicht aufhören zu rennen. Ich schnappe meinen Rucksack von der halboffenen Ladefläche. Unterwegs verliere ich zwei, drei Sachen. Ich will auf keinen Fall zurück, um sie aufzuheben.

Ich renne, ohne anzuhalten, ohne zu wissen, wohin. Ich will nicht anhalten und alleine am Straßenrand stehen und weinen. Ich bin bestimmt eine Stunde gerannt, mit dem Rucksack auf dem Rücken. Die Worte meines Vaters gehen mir ständig im Kopf herum. Ich hasse ihn, dass er mir das auf diese Weise mitgeteilt hat, ich hasse alles um mich herum, sogar meinen Dady! *»Warum bist du so früh gegangen?«* Vor allem schreie ich, ich brülle Rosy an, dass sie in meinem Leben ist und mich dazu gebracht hat, hier zu sein. Der Akku

# Körper

meines Handys ist leer, und der Regen vermischt sich mit meinen Tränen. Ich renne. Ich weiß, dass ich nicht mehr weit von Christchurch entfernt bin, einer der größten Städte Neuseelands.

## ... Vor den Augen, aus dem Sinn

In Christchurch nehme ich die erste Herberge, die auf meinem Weg liegt. Ich komme durchnässt an, vom Kopf bis zu den Zehen, erschöpft. Zum Glück bekomme ich sofort einen Platz, häufig ist es hier ausgebucht. Ein Bett in einem Zehnbettzimmer ist frei, mehr Rückzug ist leider nicht drin! Vielleicht muss ich die ganze Nacht heulen. Eine vollbesetzte Herberge in einem Zimmer mit fünf belegten Stockbetten ist nicht gerade geeignet, mit seinem Schmerz allein zu sein.

Ich brauche Nähe und Zärtlichkeit. Ich werfe meinen Rucksack auf das Bett und umarme das erste Mädchen, das mir über den Weg läuft, als ob ich sie ewig kennen würde. Ich weiß nicht, was los ist, aber ich muss unbedingt einen Menschen in den Arm nehmen und nicht nur meinen Rucksack! Ich brauche Liebe, aber vor allem die Nähe eines Menschen. Mit lauter Paaren und Gruppen um mich herum fühle ich mich noch einsamer. Ich drücke sie fest, schaue sie durch meine Tränen an und danke ihr. Sie ist schockiert, aber nimmt mich dann ebenfalls in den Arm, ohne zu wissen, warum.

Ich bedanke mich bei ihr und gehe ins Bad, um mich zu beruhigen und alles rauszulassen, was ich auf dem Herzen habe. Ich verbringe die Nacht in diesem kleinen Raum mit den kalten Fliesen und weine alle Tränen, die ich habe, und denke an meinen Großvater, mit dem ich vor ein paar Monaten noch Weihnachten gefeiert habe. Es ist sehr frustrierend, wenn man nicht mehr mit dem Menschen sprechen konnte, bevor er gestorben ist. Ich fühle mich schuldig, mir kommen alle möglichen Fragen hoch. Ich finde keine Antworten und warte, dass ich mich beruhige, bevor ich meine Familie

## Im Süden

anrufe. Außerdem war es 1 Uhr früh, als mich mein Vater angerufen hat. Ich wusste also, dass ich den ganzen Tag weinen kann, weil in Frankreich alle schlafen und noch niemand weiß, dass Dady in der Nacht heimgegangen ist. Der Tod ist etwas, was uns verändern kann. Wir können ein ganz anderer Mensch werden, genauso wie durch eine Krankheit. Es dauert seine Zeit, bis man es annehmen kann, diese Zeit ist sehr wichtig, damit man sein Gleichgewicht wiederfindet. Wie kann man das annehmen? Es sagt sich so leicht und ist so schwer. Ich habe so einen Hass auf meine Sklerose. Sie tötet eh schon meinen letzten Nerv, und jetzt kann ich nicht einmal einem Menschen nahe sein, der mir sehr viel bedeutet. Innerhalb von 24 Stunden spüre ich, wie ich mich vollkommen verändere. Ich höre kein bisschen auf meine Rosy, und ich bin einfach nur sauer auf alles, was mir passiert. In der Nacht erreiche ich meine Familie. Wir reden lange, und sie raten mir alle, in Neuseeland zu bleiben. Die Entscheidung fällt schwer. Ich finde es feige zu bleiben, aber andererseits denke ich wie sie, dass es nötig ist. Es ist schrecklich, hin- und hergerissen zu sein zwischen dem Wunsch, bei der Beerdigung dabei zu sein, und dem Wunsch, weiterzuwandern, weil ich es mir vorgenommen habe.

In meinem Kopf herrscht Chaos. Mein Freund beruhigt mich damit, dass er mich bei der Beerdigung vertritt, obwohl er nicht alle Familienangehörigen kennt.
2014 wurde Christchurch von einem Erdbeben erschüttert. Jetzt werde ich von einem erschüttert. Ich beschließe, einige Tage hier zu bleiben, um mich zu entspannen und Kräfte zu sammeln, bevor ich weiter nach Süden reise. Einmal diagonal rüber an die Westküste, nach Milford Sound. Ich muss dort ein Einzelzimmer buchen, damit ich das Requiem für meinen Dady live sehen kann. Ich muss an einem Tag 350 Kilometer schaffen, damit ich rechtzeitig da bin.

# Körper

Seit dieser Nachricht in Christchurch versuche ich, mich zu beeilen, um irgendwie näher an meine Familie zu kommen. Ich drehe ein kleines Video für Dady und hoffe, dass er es vom Himmel aus anschaut, und ich schreibe eine kleine Ansprache für das Requiem. Das gibt mir das Gefühl, dass ich ihm nahe bin. Jetzt mache ich mich fertig für die Reise.

»*Ich schwör dir, Dady, ich werde kämpfen und weiterwandern, aber du musst mir helfen. Ich muss gleich am Anfang quer über die ganze Insel. Das schaffe ich nicht ohne dich. Okay? Du unterstützt mich und hilfst mir voranzukommen? Wie geht man mit dem Tod um? Wie soll man verstehen, dass du im Himmel glücklicher bist als hier? Vergiss nicht, dass deine Enkelin morgen bei dir sein wird, um dich zu begleiten! Jetzt los und hilf mir, für uns beide zu wandern! Ich liebe dich.*«

Die ganzen Fragen sind schwer, und ich habe im Moment keine Antwort. Meine kleine Schwester hilft mir sehr. Sie wird meine Ansprache vorlesen und hat mich sehr gepusht, dass ich mein Projekt weitermache. Und wieder einmal ist es meine Familie, die mir dabei hilft, den Rucksack zu schultern und loszugehen, für meinen Großvater über Vulkane zu klettern, aber vor allem, um Rosy zu zeigen, dass es für sie noch nicht vorbei ist mit dem Schwitzen.

Diese Nachricht setzt Kräfte in mir frei. Ich habe den Eindruck, tagelang pausenlos wandern zu können.

Ich schwör dir, Dady, ich werde kämpfen und weiterwandern, aber du musst mir helfen.

*Körper*

Ein Gefühl jagt das andere und erinnert mich daran, dass Rosy sich auch zeigen kann, wenn ich dauerhaft auf »Wut« oder »Traurigkeit« schalte. Wieder etwas, was ich auf dieser Reise überwinden muss. Viele unkontrollierte Gefühle … eine große Traurigkeit und eine neue Angst vor Rosys Stacheln. Angst, dass dieser große Schmerz Rosy aufweckt … Ich muss diesen Anflug von Angst in Kraft umwandeln.

# 17
# Auf nach Westen!

## Odyssee zum Himmel

Schließlich bereite ich mich auf die Abreise von dieser Herberge ohne Privatsphäre vor. Lieber weine ich beim Trampen am Straßenrand als im Schlafsaal! Mein Wecker klingelt, ich packe meine Siebensachen und breche auf, um nach Süden zu trampen. Als Albane davon erfährt, kommt sie für eine Nacht nach Te Anau, um mir Gesellschaft zu leisten, bevor ich mich auf den 350 Kilometer langen Weg mache. Zum Glück hat sie diesen Abstecher gemacht, so kann ich meine Tränen bei jemandem loswerden, den ich kenne. Sie hilft mir, wieder gefasst und tatkräftig zu werden. Merci, Albane.

**Am nächsten Morgen** liegt eine lange Strecke vor mir. Ich stehe auf, und zum ersten Mal brauche ich eine Viertelstunde, bis ich den Rucksack auf meinen Schultern habe. Ich denke daran, dass mein Dady still und heimlich gegangen ist. Ich muss am Abend in Milford Sound sein. Ich möchte unbedingt per Skype beim Requiem dabei sein. Dafür brauche ich ein Einzelzimmer mit Internet. Ich verlasse die Herberge mit einem Lächeln und bedanke mich bei Albane, die extra gekommen ist, um mir beizustehen und mich zu motivieren, für ihn diese Kilometer zu schaffen.

## Auf nach Westen!

Verrückt, wie man Menschen mit einem Lächeln anzieht. Lächeln ist das Leben! Ja, ich weiß, das sind meine abgehobenen Gedanken. Aber ich glaube wirklich: Wenn man lächelt, zieht man Positives an, da bin ich sicher. Ich habe mit meinem Lächeln unterwegs schon drei Freunde gefunden. Dass Dady zu früh gegangen ist, setzt bei mir Kräfte frei …. Der Mensch ist zäh; auch wenn die Trauer noch so groß ist, kann man ganz alleine weiter in den Kampf ziehen. Mein Herz blutet, aber in meinen Adern fließt der Wille zum Weitergehen. Wir können verwandeln, was uns umgibt, und überwinden, was uns lähmt. Mein Hass auf Rosy ist verflogen, und ich fange wieder an, mit ihr zu reden. Ich habe das Gefühl, dass sie mich gerade unterstützt und im Moment in Ruhe lassen wird. Seltsam, dass ich es so empfinde, aber ich fühle in meinem Körper einen sehr großen Frieden trotz dieses Verlusts. Ich murmele: *»Pass auf, Rosy, wir laufen jetzt. Wir laufen jetzt viel …«*
Wie zufällig treffe ich bei meinen ersten Rides auf vier Großväter. Irgendwie machen sie mir den Anfang der Route leichter. Ich habe unterwegs unglaubliche Begegnungen. Ich steige von einem Lkw in ein Auto, dann auf ein Motorrad und schließlich auf ein Motorrad mit Beiwagen … wie hieß das noch … ein Side-Car. Und immer wieder Lächeln, Ratschläge, Gespräche. Einfache Dinge, die aber innerlich glücklich machen, vor allem, wenn in der Ferne eine Beerdigung stattfindet. Als ob das Leben alles gut organisiert, um mir zu helfen. Für mich sind das Zeichen. Man kann sie als solche annehmen oder nicht. Ich will sie annehmen, weil sie mir weiterhelfen.

**Nach 350 Kilometer Trampen**, mit Regen, Sonne und Sandflies (die lästigen Sandmücken in Neuseeland), stehe ich in Topform vor Milford Sound. Ich habe es geschafft! Ich bin in der Herberge, die ich brauche, mit Einzelzimmer und Internet. Wow, großer Luxus! Zum ersten Mal ein Zimmer für mich alleine!

## Körper

Ich freue mich, dass ich rechtzeitig angekommen bin und den ganzen Weg in einem halben Tag geschafft habe. Unglaublich, alles hat wie am Schnürchen geklappt ... **man muss Vertrauen haben.** Wenn ich anfange, mir Sorgen zu machen, dass ich es nicht rechtzeitig schaffe, schließe ich die Augen und denke fest daran, dass ich es schaffe, und verjage damit die negativen Gedanken. In jedem Fall wird Dady bei mir sein.

Nicht einfach, an diesem Abend alleine zu sein. Ich weiß, dass meine ganze Familie zusammen ist und die Beerdigung in wenigen Stunden beginnt. Max geht alleine hin und vertritt mich; gut zu wissen, dass er dort ist, dann fühle ich mich so, als wäre ich auch dort. Ich bereite mich vor, obwohl es nicht viel vorzubereiten gibt. Wecker auf **3 Uhr morgens** stellen, um live dabei zu sein. Unter meinem Bett finde ich ein Stofftier. Ich nehme es an mich und drücke es ganz fest, so fest, dass ich vergesse, dass es nicht meins ist. Ich bin beim Requiem dabei, live aus Ploumanac'h in der Bretagne, dank Max und Videoanruf. Ich sehe meine Großmutter, sie ist sehr schön in rosa Bluse, sie lächelt und hat ihre Kinder um sich. Als ich sie sehe, kommen mir die Tränen. Ich liebe sie so, und es macht mich noch trauriger, dass sie das jetzt durchmachen muss. Sie ist nicht allein, das weiß ich, aber ich habe das Bedürfnis, sie in den Arm zu nehmen. Als meine Schwester am Altar meinen Brief vorliest, breche ich in Tränen aus. Ich bin Tausende Kilometer entfernt, und sie versucht meine Zeilen vorzulesen ... Ich weine hemmungslos in meinem Zehn-Quadratmeter-Zimmer. Nach meinem Brief bricht die Verbindung ab und lässt sich nicht wieder aufbauen. Ich gehe ein bisschen durch die Nacht, um mich zu entspannen und nicht meinem Drang nachzugeben, wie wild alle Kabel im Haus rauszureißen. Als ich zurückkomme, ist die Verbindung wieder da. Ich sehe das Ende der Messe und dann meine Oma – Mamie. Ich kann ihr einen Kuss rüberschicken und ihr winken. Sie ist genauso aufgelöst wie ich. Ich zerdrücke das Stofftier und rufe

## Auf nach Westen!

unter Tränen:»*Mamie, Mamie, Mamie* ...« Ich lasse sie zum Friedhof gehen und schlafe wie ein kleines Kind ein. Beruhigt, dass ich ein bisschen dabei sein konnte. Ich fühle mich leichter und friedlicher.

Ich hatte schon noch eine Mischung aus Hass und Bitterkeit in Bezug auf meine Rose in mir; dass sie da ist und ich wegen ihr meinen Dady nicht mehr in den Arm nehmen konnte, bevor er gestorben ist. Keine berechtigte Wut ... aber sie musste raus.

### Komme, was wolle

Ich wache am nächsten Morgen auf, und es regnet in Strömen. Macht nichts, ich bin trotzdem gut drauf. Ich nehme meinen Rucksack, danke dem Herbergsvater und nehme die Straße nach Milford Sound. Nicht gerade lustig in diesem Regen. Außerdem werden Tramper nicht so gerne mitgenommen, wenn sie klitschnass sind.

Trampen lehrt einen viel, zum Beispiel, cool zu bleiben und nach enttäuschten Erwartungen die Hoffnung nicht zu verlieren. Es ist frustrierend, wenn niemand anhält und die Leute dich direkt ansehen und mit den Achseln zucken, obwohl ihr Auto leer ist. Verrückterweise ist das ganz schön bereichernd. Man lernt unbewusst geduldig zu sein und zu akzeptieren, dass man nicht alles sofort haben kann.

In den letzten Tagen hatte ich keine Zeit, vernünftig zu essen, ich habe also vor dem Aufbruch in einem kleinen Laden Zutaten für ein richtiges Festessen eingekauft. Am Zeltplatz angekommen, baue ich mein Zelt auf und stelle die Tüte mit den Lebensmitteln in die Gemeinschaftsküche. Schon bei dem Gedanken an das Essen läuft mir das Wasser im Mund zusammen. Ich gehe ein bisschen am Fluss spazieren und lege mich dann gemütlich in meinen Schlafsack. Als ich danach in die Gemeinschaftsküche komme, kann ich meine Tüte nirgends finden. Hat sie jemand mitgenommen und gedacht, das sei *free food*? Keine Ahnung. Ich versuche, es gelassen zu sehen, bin aber traurig und enttäuscht. Ich gehe vom Zeltplatz weg und setze mich in der Nähe der Berghänge hin. Ich lass mir die Stimmung nicht vermiesen, bei einer solchen Aussicht kann man sich eigentlich nicht beschweren ... obwohl ich jetzt wirklich Hunger bekomme.

## Kulisse live

Eines ist gut: Es regnet nicht mehr. Ich nehme die Straße nach Milford Sound. Die Natur ist umwerfend schön, alle Probleme treten dagegen in den Hintergrund. Schließt die Augen und stellt euch Folgendes vor – stimmt, dann könnt ihr nicht mehr lesen – aber stellt euch mächtige Berghänge vor, von denen große Wasserfälle in einen tiefblauen See hinabrauschen. Sie spiegeln sich im See. Das ist gigantisch, traumhaft, atemberaubend. Diese Schönheit ist meine Kraft, ich hätte nie gedacht, dass die Natur eines Tages eine solche Wirkung auf mich haben könnte. Neben ihr sind wir ganz klein. Ich merke, wie wenig ich früher in der Lage war, so etwas wahrzunehmen. Ich musste erst meinen Sehsinn verlieren, um zu schätzen, dass ich die Farben und die Spiegelungen sehen kann! Auf einem der kleinen Felsen am Fuß der Hänge sitze ich allein vor dieser Kulisse. Ich habe mit meinen Augen und meinen anderen Sinnen noch nie so viel wahrgenommen.

## Freundlichkeit kennt keine Grenzen

Die Aussicht macht mir immer mehr Appetit. Ich träume nur von einem: die größte Pizza der Welt zu verschlingen. Am Stadtrand habe ich ein kleines italienisches Restaurant gesehen. Ich stelle mir den geschmolzenen Käse in meinem Mund vor, den knusprigen Teig und die lecker gewürzte Soße. Ich finde schließlich zwei Autos, die mich in die Stadt mitnehmen. Im Restaurant setze ich mich sofort an einen Tisch, verlange die Speisekarte und bestelle einen Krug Wasser. Ein koreanisches Paar am Nebentisch sieht mich an,

## Auf nach Westen!

als wäre ich eine Außerirdische. Ich lächele sie an, und die Frau beginnt ein Gespräch mit mir. Unglaublich, wie man mit einem Lächeln kommunizieren kann. Die Größe meines Rucksacks beeindruckt sie, deshalb spricht sie mich an. Mit der Zeit lachen und reden wir miteinander, als ob wir uns schon lange kennen würden.

Diese Unkompliziertheit kommt einfach daher, dass wir nicht urteilen, uns nicht abgrenzen, keine Vorbehalte haben. Sie ist schwanger und macht mit ihrem Mann Urlaub, bevor sie nach Korea zurückgehen. Sie erzählen mir viel über ihr Leben, ich beantworte ein paar Fragen zu meiner Reise. Sie versucht, meinen Rucksack hochzuheben, gibt aber schnell auf. Wir lachen viel. Sie verlassen das Restaurant. Ich esse in Ruhe meine Pizza fertig. Als ich bezahlen will, stelle ich fest, dass sie schon für mich bezahlt und mir noch eine Tüte Obst und Kekse dagelassen haben, für meine Weiterreise. Ich kann es nicht fassen. Ich schaue schnell draußen nach, aber sie sind schon weg. 20 Minuten haben wir uns unterhalten ... Total nett ... Ein schönes Geschenk. Apropos: Ich vergesse die Tüte im Auto der Leute, die mich zum Zeltplatz zurückfahren. Ein total nettes Paar. Umso besser, sie können es bestimmt auch gut gebrauchen. Im Laufe der Reise kann ich immer besser loslassen und mich auf Nichtmaterielles konzentrieren.

*Fortschritte zu machen ist normalerweise nicht so einfach. Wenn Schwierigkeiten auftreten, denkt man schnell, dass alles zusammenbricht, man kann die Zukunft nicht positiv sehen. In den letzten Tagen habe ich verstanden, dass man schon einen Schritt weiter ist, wenn man zuversichtlich bleibt, auch wenn etwas kommt, was man weder geplant noch gewollt hat. Man muss etwas Abstand nehmen und sich sagen, dass dieser unangenehme Zustand nicht rund um die Uhr unser ganzes restliches Leben so sein wird. Diese schwierigen oder verunsichernden Momente lehren mich zu relativieren, und vor allem sagen sie mir etwas über mein Wesen. Unser Körper hilft uns abzuwarten, aber wenn wir zu sehr auf unsere Gedanken konzentriert sind, sind sie stärker, und wir können*

# Körper

nicht auf unseren Körper hören. *Er ist unser erster Stützpfeiler, bevor wir wie verrückt nach einer Lösung suchen. Wir müssen uns erst einmal Zeit nehmen, uns mit unseren Sinnen nur auf ihn zu konzentrieren. Immer, wenn ich es so gemacht habe, habe ich anschließend alles gut auf die Reihe bekommen. Aber wenn ich den Kopf einschalte, ist es vorbei.*

*Dann geht die Fantasie mit mir durch und weiß nicht mehr, wie es weitergehen soll. Wir dürfen uns von den Wenns und Abers nicht blockieren lassen.*

## Straßensprechstunde

Ich bin jetzt schon fast zwei Monate in Neuseeland unterwegs und erinnere mich daran, dass ich mich ab und zu ärztlich untersuchen lassen soll. Das hat mein Neurologe gesagt. Ich hatte das zwar im Hinterkopf, hatte aber nicht wirklich Lust, es zu tun. Seit dem Beginn meiner Reise habe ich es aufgeschoben. Gerade als ich am Straßenrand stehe, denke ich wieder daran. Ein Auto hält an, und ich steige ein. So ein Zufall, eine Krankenschwester sitzt am Steuer. Ich erzähle ihr von meiner Reise und warum ich hier bin; sie pflegt in ihrem Krankenhaus MS-Patienten. Schon wieder treffe ich zufällig die richtige Person. Sie setzt mich an einem Kreisverkehr ab, damit ich leichter ein anderes Auto finden kann.

Ich bin auf dem Weg nach Queenstown. Ein großer Geländewagen hält an, ein seriös aussehender Mann lässt das Fenster herunter. Ich vertraue ihm und öffne die Tür. Ich sitze neben ihm, und er fängt ein Gespräch an. Ich weiß nicht, warum, aber ich erzähle ihm von meinem Projekt, und er erzählt mir, dass er Neurologe ist. Also wie geht das denn? Bin ich auf dieser Strecke in einem improvisierten Straßenwartezimmer? Eine Krankenschwester misst meine Temperatur, und ein Geländewagen ist das Sprechzimmer eines Neurologen. Er befragt mich zu meinen Symptomen und wie ich mich seit der Reise fühle. Ja, so ist es – zwei Rides inklusive Gratissprechstunden! Er setzt mich bei meinem dritten Quartier ab. Wir

## Auf nach Westen!

umarmen uns, lächeln uns an, er gibt mir seine Telefonnummer, falls ich in Neuseeland ärztlichen Rat brauche. Ich wusste nicht, dass Arzttermine in diesem Land so schnell zu haben sind. Was will ich mehr? Eine Minute zuvor hatte ich daran gedacht, und jetzt ist schon alles erledigt!

Nach diesem letzten Ride bin ich so gerührt über den Arzttermin unterwegs, mitten auf der Südinsel, dass ich eine halbe Stunde am Straßenrand sitzen muss, um mich wieder zu sammeln. Ich fange wirklich an, den Zufall infrage zu stellen ... und nicht mehr an ihn zu glauben ... an den Zufall.

### Wenn die Musik so schön ist ...

In Queenstown angekommen, spaziere ich auf einem Steg entlang, und Jules, den ich auf einer Wanderung getroffen habe, erzählt mir von einem Pianisten, der unglaublich gut spielt. Ich denke mir nichts dabei, höre aber die ersten Töne, die leise an mein Ohr dringen. Ich gehe vorsichtig näher an das Klavier heran, das einsam am See steht. Irgendwie surreal. Für wen spielt er? Den See, den Wind, die Elemente, die Landschaft ...? Ich setze mich auf eine kleine Mauer am See mit Blick auf das Klavier. Der Pianist sieht mich nicht. Er ist in einer anderen Welt mit seiner Musik, die er einem respektvoll schweigenden Publikum schenkt. Ein Logenplatz am See, der Wind streichelt unsere Wangen und trägt die Töne zu uns. Das ist mehr als Musik. Woher kommt dieser Mann, der mit ein paar Tönen Türen in uns öffnet und Mauern einreißt? Ich bleibe wie angewurzelt auf dem kalten Stein sitzen. Ich kann mich nicht bewegen, bin wie gelähmt. Als ob mich die Musik hypnotisiert. In Paris haben sich meine Freundinnen häufig über meine Sprüche lustig gemacht, zum Beispiel: *»Musik ist Leben, Musik wird die Welt verändern.«* Ich haue oft so komische Sätze raus, keine Ahnung, warum. An diesem Abend verstehe ich diesen Satz, ich erlebe ihn. Vor

# Körper

diesem ruhigen Mann vor einer endlosen Kulisse hebt mein Herz ab … Ich entdecke diese verborgenen Gefühle, die nur Musik hervorrufen kann … Sie klingt in unseren Adern, in unserem Körper und berührt unsere Gedanken. Der *Piano Man* heißt Mathias. Er passt zu seinem Klavier, beide sind offen für den Wind und für Unvorhergesehenes.

Sein Klavier ist wirklich offen, man sieht die Saiten und die kleinen Hämmerchen, die Ballett tanzen und uns die Geschichte des Lebens erzählen. Er bewegt mich, wie er so entrückt spielt. Seine Musik trägt mich weg von allen Konflikten und Problemen. Nachdem ich ihn an diesem Abend gehört habe, möchte ich nur eines: dass er mir in einem kleinen Interview erzählt, was er beim Spielen spürt. Aber an diesem Abend bin ich dazu nicht in der Lage, ich bin zu aufgewühlt. Ich gehe zurück in die Herberge und habe das Bild vor Augen, wie er den Kopf in den Nacken legt, die Augen schließt und seine Finger in alle Richtungen fegen, als ob die Musik sein Leben dirigiert. Am nächsten Tag gehe ich zur selben Zeit an die gleiche Stelle und bitte ihn nach drei Stunden Musik um ein Interview. Ich habe ihm so viele Fragen zu stellen. Er sagt zu und gibt mir seine Nummer. Am nächsten Tag treffe ich ihn, aufgeregt und glücklich, ihn entdeckt zu haben. Mit seiner kleinen Tochter, fünf Jahre alt, blond, sitzt er draußen in einem Café. Wir fangen ein Gespräch an, und ich hole mein Handy raus, um die Fragen aufzunehmen. Er ist sehr natürlich, authentisch, wie seine Musik. Ich frage ihn einiges über seine Passion, über sein Leben. Nach diesem Treffen bei einer leckeren heißen Schokolade in der Nähe der Stelle, an der er jeden Abend spielt, nimmt er sein Klavier auf Rädern, stellt es mit Blick auf den See von Queenstown auf und fängt an zu spielen. Der ganze Platz ist von seiner Musik angerührt, aber einfach auch von seiner Person. Von dem, was er ausstrahlt, was er mitteilen möchte.

# Auf nach Westen!

## Zum Mount Cook

Am nächsten Tag möchte ich eine lange Wanderung auf den Mount Cook machen. Seitdem ich auf der Südinsel bin, habe ich meine Tramp-Methode geändert. Ich habe ein Plakat gemacht, das ich immer dabeihabe. Darauf steht nicht, wohin ich möchte, auf keinen Fall!

Wenn es nämlich mal so ist, dass ich dem Fahrer nicht traue, könnte ich sonst nicht sagen: »Nein, da möchte ich nicht hin.« Ich frage zunächst, wohin er fährt, und passe meine Antwort entsprechend an.

Am schönsten ist es, das Lächeln der Fahrer zu sehen, sobald sie mein Plakat lesen: »DON'T WORRY, I AM COOL!« Selbst wenn sie nicht anhalten, macht mir ihr Lächeln das Warten leichter.

Ich gehe los. Ich warte zehn Minuten, und ein Auto hält an: zwei junge Deutsche, eine Frau und ein Mann, den sie vor ein paar Monaten getroffen hat. Sie fahren auch zum Mount Cook. Sie setzen mich an meinem Campingplatz ab, selbst übernachten sie nicht hier, aber wir verabreden uns für den nächsten Morgen sehr früh, um die Wanderung zusammen zu beginnen.

Ich bin bereit und entschlossen. Mehr als 2000 Stufen auf einen Berg hinauf sind eine recht sportliche Übung. Nach den ersten fünf Minuten weiß ich, worauf ich mich eingelassen habe. Sieben Stunden hin und zurück liegen vor mir. Nach den ersten zwei Stufen habe ich schon zu kämpfen. Die Deutschen gehen ab wie Raketen, als ob sie den Mount Everest besteigen wollten, um Frau Merkel zu imponieren. Auf die Minute pünktlich, in voller Montur treten sie an, und ich merke, mit wem ich es zu tun habe. Am Anfang mache ich Witze, um sie ein bisschen zu entspannen, aber ich merke schnell, dass sie nicht darauf anspringen. Ich sage mir: »*Oh Scheiße, das wird die Hölle!*« Ich bin schon außer Puste ... Ich gehe in meinem Rhythmus weiter, damit ich mich nicht zu sehr auspower.

20 Minuten später sehe ich sie nur noch schemenhaft irgendwo auf

## Körper

den Stufen. Dann sehe ich sie nicht mehr. Anfangs bin ich etwas genervt, dass sie mich hier auf dem Berg alleine kämpfen lassen. Ist aber nicht schlimm, ich gehe weiter und bin entschlossen, oben anzukommen.

Mit der Zeit komme ich in den Rhythmus, und mein Körper gewöhnt sich daran. Es geht mir immer besser. Ich bewundere die Schönheit der Landschaft und wische mir alle fünf Minuten mit meinem T-Shirt die Schweißperlen aus dem Gesicht.

*Ich habe ein Plakat gemacht, das ich immer dabeihabe. Darauf steht nicht, wohin ich möchte, auf keinen Fall!*

## Auf nach Westen!

Ich bin schweißgebadet, aber es geht mir gut. Ich bin bald am Ziel. Plötzlich packt mich die Lust, abrupt umzukehren, einfach so. Ich beginne wie immer eine Diskussion mit mir selbst. *»Marine, du spinnst ja wohl. Weiter, es wird nicht abgebrochen! Los, go, go, go!«* Aber ich kann nicht weitergehen ... Ich habe auf dieser Reise noch nichts abgebrochen, keine Wanderung. Auch wenn es tausend Jahre dauert, ich gehe bis zum Ende. Aber diesmal, eigenartig ... Ich weiß nicht, was ich habe.

Ich habe schon drei Viertel des Wegs geschafft, nicht einmal eine Pause mache ich oben, sondern kehre auf dem Absatz um und gehe zurück. Ich schnalle im Umdrehen den Rucksack um und renne den Berg hinunter. Ich ziehe die Kopfhörer raus und renne, ohne anzuhalten, überspringe dabei Stufen, als flöge ich nach unten. Es geht mir gut dabei. Ich fühle mich frei wie ein Vogel. Ich kann nicht stoppen. Ich überhole Leute auf ihrem Abstieg, sie sehen mich an, als ob ich verrückt bin, die rutschigen Felsstufen hinunterzurennen. Den Abstieg mache ich in einem Zug, ich halte kein einziges Mal an. Unten angekommen habe ich einen knallroten Kopf, und mein Hals ist nass wie ein Schwimmbad. Was hat mich geritten?

### Tinny forever

Langsam gehe ich in einem kleinen Tal weiter und treffe plötzlich auf ein Paar. Die Frau sitzt auf einem Baumstamm, und ihr Mann steht daneben. Als sie mich nach meiner Expedition wie ein Büffel schnaufen sehen, lächeln sie mir zu. Ich weiß nicht, warum, aber ich setze mich neben die Frau auf den Baumstamm. Ich nehme einen Schluck Wasser aus der Flasche und beginne ein Gespräch. Sie stellen mir einige Fragen, und ich erzähle ihnen spontan, warum ich in Neuseeland bin. Normalerweise dauert es ein bisschen, bis ich von meinem Projekt erzähle.

Da begegne ich dem Blick von Tinny. Sie schaut mich mit strahlenden Augen an und sagt, dass sie ebenfalls MS hat. Sie ist gerührt.

## Körper

Ich bin geschockt, am Fuße eines Berges mitten im Nirgendwo diese Frau zu treffen. Ich wusste nicht, warum ich so urplötzlich umkehren musste … jetzt wird es klar. Ich schiebe meine Gefühle beiseite, lächele sie an und umarme sie fest. *»Sorry, ich bin ein bisschen nass«,* flüstere ich ihr ins Ohr. Sie lacht und drückt mich noch fester. Wir unterhalten uns ein bisschen, und sie erzählt mir von ihrer Diagnose, die sie lähmt, und von der Behandlung, die sie an vielem hindert. Es ist die absolute Talfahrt für ihren Geist, ihre Seele und ihren Körper. Sie gesteht mir, dass sie auf diesen Berg steigen wollte, ihre Beine aber die hohen Stufen nicht geschafft haben, die ich gerade hinuntergesprungen bin. Ich hake mich bei ihr ein, weil es ihr schwerfällt, sich zu bewegen, und wir gehen den Weg zusammen. Was für eine Kraft. Wir sind Arm in Arm am Fuß eines Berges und verleihen uns gegenseitig Flügel. Ich weiß nicht, wie es kam, aber in dem Moment habe ich das Bedürfnis, ihr die ganze Liebe weiterzugeben, die ich von der Seper-Hero-Community bekommen habe, und all das, was wir seit dem Aufbruch geschafft haben. Ich gebe ihr die Freude, die Liebe und das Vertrauen, die sie in ihrem Leben nicht mehr hatte. Wir beide reden lange miteinander, und das Unglaublichste ist, dass sie die gleiche Art von Schüben in den gleichen Zeitabständen hatte wie ich. Lähmung der Beine, dann der Hand, dann der Augen … dieselbe Rosy in einem anderen Körper. Ich berichte ihr von meinem Bild einer Rose, und wir suchen gemeinsam kleine Lösungen für sie. Ihr Mann und ihre Kinder warten auf sie. Wir tauschen unsere Kontaktdaten aus. Wir umarmen uns, als würden wir uns ewig kennen. Mit Tinny werde ich Kontakt halten, das weiß ich. Ich versuche, ihr alles zu geben, was ich kann, und erst als ich sie mit ihrer Familie wegfahren sehe, kommen meine Emotionen hoch. Ich hatte sie nur für die Zeit dieser Begegnung beiseitegeschoben. Als Tinny abfährt, wird mir die Kraft dieser Begegnung bewusst, die Kraft dieses Berges, die Kraft der Worte angesichts der Angst

## Auf nach Westen!

und wie wichtig es ist, sich in den anderen hineinzuversetzen. Diese Begegnungen sind meine Kraft für all die Kilometer, die vor mir liegen, sie geben mir so viel Energie. Davon ernähre ich mich, um weiterzukommen.
Schluss mit Zufall. Dieses Wort streiche ich definitiv aus meinem Leben. Wie könnte ich noch daran glauben. Ich habe noch sechs Kilometer, bis ich wieder beim Campingplatz bin. Ich hatte vor zu trampen, aber meine Beine wollen nach dieser Erfahrung einfach weiter, ich kann mir gar nicht vorstellen, stehen zu bleiben. Ich möchte allein sein und die ganzen Gefühle loswerden, die ich empfangen und gegeben habe. Ich spüre eine große Zuneigung, die Angst war bei ihr so spürbar, ich muss das alles loswerden. Ich gehe diese sechs Kilometer mit meinem Rucksack, und meine Tränen hören nicht auf zu fließen. Die Natur sieht mir dabei zu und tröstet mich. Ich komme voller Staunen und noch unter dem Eindruck dieser Erfahrung am Zeltplatz an. Ich krieche in meinen Schlafsack und schlafe sofort ein.

*Was für ein Erwachen! Das Gefühl ist noch genauso spürbar. Es braucht eine Zeit, bis ich weiß, wo ich bin, in welcher Umgebung ... Berge bis zum Horizont. Als ich meine Augen aufmache, fühle ich mich so klein im Vergleich zur Größe dieser Berge. Kein Foto könnte die Schönheit des Sonnenaufgangs und diese berührende Ruhe beschreiben oder zeigen. Ich krieche leise aus meinem Kokon und betrachte dieses Kunstwerk, das die Natur geschaffen hat, und fülle damit meine Energiespeicher auf.*

### Das nenne ich Abenteuer

Es ist 17.30 Uhr. Ich bin auf dem Campingplatz und sehe auf der Karte nach, wie weit die nächste Stadt ist. Ich stelle fest, dass 40 Kilometer von hier entfernt eine tolle Wanderroute anfängt.

Ich schaue auf meine Uhr und überlege, wie viel Zeit ich habe und ob ich heute Abend schon dorthin trampen soll, damit ich morgen

## Körper

diese Wanderung machen kann. Es führt nur eine Straße zu dem Ort?! Heißt das, dass die Chancen gut stehen, dass ein Auto in meine Richtung fährt? Ich packe meine Sachen in wenigen Minuten und gehe zu dieser kleinen Straße am Stadtrand. Die ersten sechs Autos stellen sich nicht die Frage, ob sie anhalten sollen, die Fahrer sehen mich nicht einmal an. Mir kommen Zweifel, ob mein Plan aufgeht. Ich schaue auf die Uhr: *»Vierzig Kilometer? Das ist gut zu schaffen, bevor es dunkel wird!«* Nach 25 Minuten noch immer nichts. Es wird langsam spät. Plötzlich hält ein Auto an, ein junger Mann bietet mir an, mich die Hälfte der Strecke mitzunehmen, weil er dort wohnt. Ich sage mir: *»Okay, das mache ich, da komme ich zumindest ein Stück weiter.«* Er setzt mich an einer Kurve ab, weit und breit nichts zu sehen. Er gibt mir seine Handynummer, falls ich Probleme habe, mein Zelt irgendwo aufzustellen. Dann kann ich es in seinem Garten auf dem Berg aufbauen. Er erklärt mir, wo das ist. Ich verstehe es nicht so genau, habe aber das Gefühl, dass es zu weit ist. Zehn Minuten später ist mir klar, dass es dunkel wird, und vor allem, dass ich kein Netz habe, um irgendjemanden anrufen zu können. Ich bekomme Panik. Um mich herum nur Wald, und ich habe weder Strom noch Netz. Ich warte noch eine Viertelstunde; wenn kein Auto kommt, habe ich keine Wahl, dann muss ich hier campen. Kein Auto weit und breit. Ich muss mein Zelt aufbauen. Ich wähle eine Stelle, die nicht zu nah an der Straße ist. Fahrer könnten betrunken sein oder mir was antun wollen, oder man überfährt mich versehentlich. Also muss ich in den Wald gehen, aber ich habe zu große Angst. Ich gehe also nur ein kleines Stück hinein, schaue mich um, ob ich die Straße noch sehen kann, damit ich mich nicht total verlaufe, und horche, ob vielleicht ein Auto kommt. Nichts.

Ich habe noch wenige Minuten, bevor es zu kompliziert wird, das Zelt aufzubauen, weil ich nichts mehr sehe. Ich reiße mich zusammen, stelle mein Zelt auf und versuche an alles mögliche Positive

## Auf nach Westen!

zu denken, um mich abzulenken. Es gelingt mir nicht wirklich. Ich schaue mich um, ob ich irgendetwas Verdächtiges sehe. Ich möchte hier kein Feuer machen. Offiziell ist es verboten, beim Wildcampen Feuer zu machen. Ich sage mir, es ist nur für eine Nacht, morgen werde ich bei Sonnenaufgang aufstehen, losgehen und trampen. Als ich in mein Zelt krieche, habe ich Herzklopfen, weil es total abseits steht. Außerdem verwandeln sich der Wind und das Rascheln der Zweige und Blätter in fremde Geräusche. Ich versuche, die Augen zu schließen, kann es aber nicht. Ich hätte gerne Musik gehört, aber alle Akkus sind leer. Ab und zu höre ich ein Auto näher kommen und sich wieder entfernen. Es ist seltsam, alleine in einem unbekannten Wald zu sein. Ich fange an, mir Bücher in Erinnerung zu rufen und Dokumentarfilme über die Tiere in Neuseeland: Wolf? Tiger? Löwe? Nein! Wenn ich mich nicht irre ... Bär? Haha, na dann ... Ich stelle mir alle diese Tiere vor und fange dabei an einzuschlafen. Aber alle halbe Stunde wache ich wegen irgendeines ungewöhnlichen Geräuschs aus der Natur oder von der Straße auf. Ich habe mein Zelt so aufgestellt, dass mich die Autos von der Straße aus nicht sehen können. Aber ich höre ein Geräusch, das sich meinem Zelt nähert. *»Die Schritte eines Menschen? Nein, ich glaube nicht, das Geräusch ist zu leise. Einbildung? Auf keinen Fall.«* Zehn Mal stelle ich mir diese Frage. *»Marine, Einbildung oder Wirklichkeit?«* Nein, es ist keine Einbildung. Da ist etwas. Ich versuche mich zu beruhigen und stelle mir ein kleines Eichhörnchen vor. Es fällt mir schwer, meine Angst zu besiegen. Schließlich siegt der Schlaf. Ich schlafe vertrauensvoll ein, es wird mir nichts passieren.

Nach dieser unruhigen Nacht fühle ich mich seltsamerweise frisch wie der junge Morgen, aber vor allem zufrieden, die Situation gemeistert zu haben.

Ich sammle schnell alles zusammen und stelle mich an die Straße. Ich nehme kleine Schlucke aus meiner Flasche, damit mir noch et-

## Körper

was bleibt. Ich warte nicht einmal eine Minute, und ein Auto hält an. Die Fahrerin lädt mich in das nächste kleine Café in der Stadt zu einem Frühstück ein. Wow, das hat Stil! Genial für einen Frühstücks-Junkie wie mich! Nach diesem Festessen bin ich mehr als motiviert für die Wanderung. Ich werde nie vergessen, dass ich so verrückt war, zwei Stunden vor Sonnenuntergang aufzubrechen. Gute Lektion für das nächste Mal, im Nachhinein kann ich darüber lachen!

*Wenn man etwas Unvorhergesehenes erlebt, das man nicht geplant hat, wird man immer besorgter, ängstlicher und auch genervter. Aber nachher, mit etwas Abstand, lächelt man darüber und sieht es als Abenteuer, eine Erinnerung unter vielen in unserem komischen Leben. Man muss es schaffen zu relativieren und sich bei Unvorhergesehenem sagen, dass man eine Lösung finden wird. Sie kommt viel schneller, als man denkt, wenn man sich nicht doppelt und dreifach verkopft. Es beeindruckt mich auch sehr, wie schnell und geschickt man zurechtkommt, wenn man auf sich gestellt ist. Das Alleinsein erzeugt Ideen und zwingt uns, uns Gedanken zu machen, die wir uns nicht machen, wenn wir mit anderen zusammen sind. Wann man zu zweit oder zu mehreren ist, verlässt man sich auf die anderen und lässt den Stress an ihnen aus. Wir verlassen uns leicht auf die anderen um uns herum, vor allem, wenn etwas schiefgeht.*

### Nahkampf

Gleich zu Beginn der Wanderung sehe ich, was auf mich zukommt. Vor mir taucht ein Berg auf. Mein erster Reflex ist, umzudrehen und dem Hindernis aus dem Weg zu gehen. Gutes Zeichen! Diese Reaktion macht mir Lust, genau das Gegenteil zu tun. Aller Anfang ist schwer. Einfach weitergehen, nicht nachdenken.

Aufhören, sich wie in einem Hamsterrad um sich selbst zu drehen und dabei auf der Stelle zu treten. Bei den ersten Schritten gibt der Körper alle Warnsignale und erinnert dich plötzlich daran, dass er da ist. »Es gibt mich, und ich lasse es dich spüren.« »Verstanden,

## Auf nach Westen!

*lass es langsam angehen!«* Unser Gehirn hat die blöde Angewohnheit, sich auf das zu fokussieren, was uns stört, was uns wehtut. Das will man loswerden. Man muss sich jedes Mal erst überwinden. Wir müssen die Waden überwinden, die uns daran erinnern, dass Wandern schmerzhaft ist, unseren Rücken, der nur an Ausruhen denkt, und unsere Oberschenkel, die von einem Liegestuhl träumen. Nach diesen Überwindungen fängt der Körper plötzlich an, ein schönes Lied zu singen, er nimmt Gestalt an. Er ist da, es gibt ihn, er spricht. Bei dieser Wanderung fange ich an, meine Zehen zu hören, meine Waden zu spüren, meine Knie und sogar meinen Hals. Ich versuche, diese ganzen Empfindungen aufzunehmen, die ich vorher nicht kannte. Mit der Zeit habe ich beim Gehen das Gefühl, dass mein Körper redet – mit mir und mit den einzelnen Gliedmaßen und Organen, die sich mehr oder weniger laut und unangenehm melden. Die Beine, die Ohren, der große Zeh, die Zunge und sogar die Haare werden wach, berühren sich gegenseitig, seufzen, als ob sie sich gegenseitig unterstützen – komische Maschine.

Nach vier Stunden Wanderung und Hören fühle ich mich unbesiegbar. In mir entsteht Kraft, und ich mache mir keine Gedanken mehr über den Weg. Ich freue mich, bin glücklich über die neu entdeckten Empfindungen, die ich auf meiner Lebensautobahn in Paris nicht kannte. Ich merke, dass ich in meinem Körper alles habe, um glücklich zu sein. Aber ich muss auf ihn hören, das habe ich oft vergessen. Ich kontrolliere meine Tränen nicht, ich kontrolliere nichts mehr. Ich öffne meine Augen für die Schönheit des Körpers. Ich lerne ihn kennen und mit ihm zu leben. Ich fange an, das zu sehen, was ich in diesem fernen Land finden wollte. Die Begeisterung reißt mich mit, ich renne plötzlich, als sei ich schon fast da. Bei dem großen Irgendwas. Ich bremse schnell wieder ab und besinne mich.

Schließlich habe ich noch zweieinhalb Stunden Wanderung vor mir.
*»Keep cool, Marine, dreh nicht so auf!«*

# Körper

*Es ist eine lange Wanderung, aber ich freue mich, dass ich sie gemacht habe. Keine Musik, kein Handy, nichts. Nur mein Rucksack, mein Proviant und eine Karte zur Orientierung. Magisch, diese Gemeinschaft mit der Natur. Warum fühlt man sich im Wald so wohl? Warum fühlt man sich weit draußen auf dem Meer frei? Warum kann man durchatmen, wenn man in den Bergen ist und im Schnee wandert, um die Probleme hinter sich zu lassen? Wir bauen unser Leben im Widerspruch zu dem auf, was wir in unserem Innersten sind. Klar, wir ändern die Welt und unseren Alltag nicht, indem wir anfangen, in unserem Wohnzimmer Platanen zu pflanzen. Ich weiß, dass ich offene Türen einrenne, und ich biete auch keine Patentlösung an, aber ich versuche, mir bewusst zu machen, dass es möglich ist, unseren Körper anders zu ernähren als vor einem Computer. Ja, wir können unser Gleichgewicht finden und lernen, uns von allem zu lösen, was uns umgibt. Erlauben wir uns, uns zuzuhören und uns besser zu spüren und weniger in unseren Ängsten gefangen zu sein.*

*Ich entdecke gerade die Wirkung der Natur auf meinen Körper, auf meinen Geist, auf alles. Die Kraft der landschaftlichen Schönheit wirkt sich auf meine Kreativität aus und gibt mir den Wunsch zu teilen. Ich bekomme das Gefühl, dass ich mich zum Sklaven dessen gemacht habe, was mich umgibt, aber dass das Problem dabei nicht die anderen waren, sondern ich. All das kommt bei dieser Wanderung hoch. Ich denke an meine frühere Beziehung, wie ich häufig die Schuld beim anderen gesehen habe, wo das Problem doch einfach von mir ausgeht, von meinem Egoismus, obwohl ich mir doch einbilde, super-altruistisch zu sein. Mein Ego wird wach und zeigt mit dem Finger darauf, wie ich manchmal handle und wie schwer es mir fällt zu verzeihen.*

*Das alles kommt hoch, springt mir ins Auge, aber ich bin allein und kann es begreifen, so kann ich meine Glaubenssätze und Vorurteile dem Leben gegenüber, allem gegenüber, loslassen.*

*Nach diesem Anstieg, der mir viele Fragen und mich selbst infrage gestellt hat, setze ich mich auf einen Felsen, der aus diesem Berg herausragt. Grandios! Ich nehme alles wahr, die Seen, die Flüsse, die Bäume – wie ein Geschenk liegen sie vor mir. Es ist niemand da. Der Wind streift mein Gesicht und erfrischt mich. Mir kommt*

## Auf nach Westen!

ein Wort: Merci. Ich habe keine genauen Antworten, aber ich bin erleichtert. Ich kann es nicht in Worte fassen, aber Rosy hat verstanden.

Nach dieser langen Wanderung verbringe ich die Nacht auf einem Campingplatz, fünf Kilometer vom Berg entfernt. Ich richte alles so her wie jeden Tag und zwinge mich, in mein kleines Heft zu schreiben, was mir in den Sinn kommt; auch wenn ich nichts zu sagen habe, sage ich es. Etwas zu Papier zu bringen hilft mir, die Gedanken und Gefühle zu sortieren und weiterzukommen. Ich sage Rosy gute Nacht und schlafe ein, mit dem Stift in der Hand und dem Kopf auf meinem Heft.

### Kraft für zwei

Am nächsten Tag beginne ich eine lange Strecke zu Fuß. Ich nehme mir zwei Rides und dann eine Wanderung an der Straße entlang vor. Ich gehe seit zwei Stunden mit meinen ganzen Sachen auf dem Rücken, als plötzlich ein Pick-up anhält. Ich werfe meinen Rucksack auf die Ladefläche, freue mich sehr, mit jemandem reden zu können und diesen etwa 30 Jahre alten Mann kennenzulernen. Wir beginnen ein Gespräch, lachen, tauschen aus, und dann erzählt er mir plötzlich von seiner Krankheit. Ich hatte eine simple Frage gestellt: »*Was machst du beruflich?*« »*Ich bin Landwirt, aber wegen meiner Krankheit musste ich mich umstellen.*« »*Ach so, was hast du für eine Krankheit?*« »*Multiple Sklerose.*« Bim! Ich bin begeistert, als hätte ich im Lotto gewonnen. Ich hebe meine Hand, um ihn abzuklatschen, und schreie: »*Oh, ich auch, ich habe auch eine Rosy!!!*«

Ich freue mich total, komme dann aber wieder runter und bin etwas verlegen wegen meiner Begeisterung. Der junge Mann lacht, mein Ausbruch hat ihn überrascht. Ich beruhige mich schnell, um nicht zu übergeschnappt zu wirken. »*Wer ist Rosy?*«, fragt er verwundert. Ich erzähle, er hört zu, sagt lange nichts und lächelt mich an. Kein

## Körper

Wort, ein intensiver Blick, etwas aufgewühlt, aber er lässt die Straße dabei nicht aus den Augen: »*Ist cool, deine Idee*«, sagt er mit einem großen Lächeln. Wir kommen ins Gespräch. Er erzählt mir über sein Leben, aber leider haben wir das Ziel schon fast erreicht, an der Kreuzung muss er mich rauslassen.

»*Ich habe noch nie einen jüngeren Menschen getroffen, der auch multiple Sklerose hat. Und ich finde es toll, dass du dein Leben deshalb nicht geändert hast.*« Wir unterhalten uns weiter. Mit der Zeit erfahre ich, dass sein Auto vollautomatisch fährt. Er ist von den Füßen bis zur Hüfte gelähmt. Ich schäme mich in diesem Moment so. Er setzt mich an der Kreuzung ab. Das Auto stoppt und mein Herz auch. Er lässt die Hände am Steuer. »*Ich pflanze normalerweise Kartoffeln, ich werde eine Rose pflanzen und gießen, versprochen.*« Ich nehme mich zusammen, damit ich vor ihm nicht in Tränen ausbreche. Es schnürt mir die Kehle zu, ich werde blass. Ich nehme ihn ganz fest in den Arm, damit wir uns gegenseitig Kraft geben, mein Herz schlägt wie verrückt, seins auch. Wir schaffen das, wir werden weiter an das Leben glauben und das Leben lieben. Ich steige aus und gehe nach hinten, um meinen Rucksack von der Ladefläche zu nehmen. Als ich ihn nehmen will, sehe ich links davon zwei Räder ... die Räder seines Rollstuhls. Ich hatte ihn nicht gesehen, als ich meinen Rucksack hineingelegt habe. Ich halte abrupt inne, die Hand auf meinem Rucksack, und kann ihn nicht herausheben. Meine Augen sind auf die beiden Räder fixiert, ich kann mich nicht losreißen, bin wie erstarrt. Eine Viertelsekunde später legt mein Gehirn den Schalter um. Ich schalte auf Action und reiße meinen Rucksack so schnell heraus, dass ich zwei Meter zurückstolpere. Mein MS-Fahrer hupt, winkt und fährt weiter.

Ich sehe, wie er wegfährt, nehme meinen Rucksack und hieve ihn auf meine Schultern; ich spüre das Gewicht nicht mehr. In mir ist eine neue Kraft, seine. Merci.

## Auf nach Westen!

Es kommt nicht mehr infrage, dass ich den Rest trampe. Ich laufe für zwei, nein, wir laufen zu zweit! Vor mir liegen 20 Kilometer. Ich bin nicht einmal 300 Meter gelaufen, und ein Auto bietet mir an, mich mitzunehmen. Ich hatte den Daumen gar nicht draußen. Ich lehne mit einem Lächeln ab. Ich muss diese Begegnung verarbeiten und die Gefühle, die mich überwältigen. Nicht nur ein Auto, sondern drei halten an und bieten ihre Hilfe an. Wenn du Hilfe suchst, halten sie nicht an, und wenn du sie nicht suchst, wird sie dir angeboten! Komisch, oder? Während der vier Stunden, die ich laufe, geht mir diese Begegnung durch den Kopf. Es gibt keinen Zufall, ich glaube nicht mehr daran.

Nach 20 Kilometern an der Straße entlang und einigen Pausen in den Geschäften am Straßenrand komme ich gerade rechtzeitig vor Einbruch der Dunkelheit auf dem Campingplatz an und kann mein Zelt aufbauen. Ich stelle es auf und krieche hinein. Die 20 Kilometer haben mich völlig erschöpft, ich schlüpfe, so wie ich bin, in den Schlafsack. Ich fühle mich leer, aber gut. Eine Sekunde später bin ich schon eingeschlafen – eingekuschelt in meinen Schlafsack. Die Notfalltasche existiert nicht mehr. **Mein Rucksack ist mein Zuhause geworden und mein Herz mein Freifahrtschein.**

### WWOOF – last but not least!

Bevor ich wieder nach Norden weiterreise, suche ich mir einen WWOOF-Hof als kostenlose Unterkunft gegen Arbeit. Eine kleine Pause, um Wäsche zu waschen und zur Ruhe zu kommen, einmal mehr als einen Tag am selben Ort sein. Der Hof ist total abgelegen. Das Meer, die Möwen, eine Unterkunft, kein Geschäft und ein wilder Strand.

Schon allein die Vorstellung dieser Landschaft macht den Ort interessant. Ich finde ein Auto, das mich mitnimmt, und komme am WWOOF-Hof an. Die Besitzer sind ein deutsches Paar. Ich komme mit einem strahlenden Lächeln an und frage sie, wie es ihnen geht.

## Körper

Sie sind überrascht, als hätte ich etwas Ungewöhnliches gefragt. Sie fragen mich sofort nach meinen Fähigkeiten. *»Ich interessiere mich für alles!«* Keine Antwort, ein Lächeln, und sie nehmen mich mit und zeigen mir mein Zimmer: ein Schlafsaal mit sechs Betten, also mit fünf anderen WWOOF-lern. Ich freue mich riesig, eine Matratze zu haben und vor allem den großen Luxus eines Kopfkissens. Ich habe schon lange nicht mehr in einem Bett geschlafen.

Am Abend bekomme ich ein Ei angeboten. Ich esse es mit Heißhunger. Die ganze Nacht muss ich mich übergeben. Keine Ahnung, was los ist. Ich krümme mich die ganze Nacht vor Schmerzen. Es ist schrecklich. Ich verstehe nicht, warum. Aber vor allem ist morgen mein erster Arbeitstag. Am Morgen bin ich total schlapp. Ich bin gleich am ersten Tag krank, das fängt ja gut an … *»Keep calm«*, sagt mir meine innere Stimme. *»Das ist nicht schlimm, Marine. Du hast dir den Magen verdorben, das Ei war schlecht.«* Ich habe die ganze Nacht kein Auge zugemacht. So schlecht wie in dieser Nacht war mir noch nie. Meine Freunde haben mir den Tag freigegeben, damit ich mich erholen kann. Uff, das kommt gut.

24 Stunden später bin ich fit und startklar für den Tag. Ich frage nach Arbeit. Man brummt mir den Rasenmäher auf. Der wird zwei Tage lang mein Kumpel sein. Ich muss lachen, ich habe noch nie einen Rasenmäher bedient. *»Sie haben nur diese Kleidung zum Rasenmähen?«*, fragt er mich. Ich antworte: *»Ja!«* Kurze Jeans und Turnschuhe. Vor mir steht – ich muss mich beherrschen, um nicht zu lachen – der Hausherr in einem Schutzanzug mit Handschuhen. Von Kopf bis Fuß eingepackt. Er trägt schon seinen Gehörschutz, damit er den Krach des Rasenmähers nicht hört. Er hat Schwierigkeiten, ihn zu starten … ich werde unruhig …

Nach fünf, sechs Versuchen springt er endlich an. Er erklärt mir brüllend, wie man ihn starten muss. Er hat schon vergessen, dass er den Gehörschutz aufhat, und schreit mich an. Es ist zu komisch. Ich würde am liebsten laut loslachen, reiße mich aber zusammen,

## Auf nach Westen!

allerdings nicht auf Dauer. Er zeigt mir die beiden Flächen, die gemäht werden müssen. Kaum hat er mein Schlachtfeld verlassen, geht der Rasenmäher aus. Oh Schreck. Ich schau mich um, ob er nicht in der Nähe ist, und verstecke mich für meine Startversuche hinter dem Haus, weil ich Angst habe, es nicht hinzubekommen. Einmal, zweimal, dreimal, 30-mal, unmöglich, der Motor springt nicht an ... Die Minuten kommen mir vor wie eine Ewigkeit. Letzter Versuch nach 20 Minuten, danach gebe ich auf und suche MacGyver, den Herrn des Rasenmähers! Oh Wunder, er springt an. Den lasse ich jetzt nicht mehr ausgehen! Ich fahre, bis der Sprit alle ist. Ich fange an zu mähen, fühle mich aber beobachtet. Und natürlich kommt der Chef ein paar Minuten später auf den Rasen und zeigt mir, wo ich noch ein Grasbüschel übersehen habe. Meinen ersten Rasen habe ich erfolgreich abgemäht, inklusive einiger Ratschläge, wie man richtig mäht.

Auf zum nächsten Übungsstück!!! Es ist ein riesiges Stück, und das Gras ist ziemlich hoch. Das wird komplizierter, das Gras ist viel höher als beim ersten Mal. *»Also, mein Lieber, das wird ein bisschen anstrengender, aber du kannst dich auf mich verlassen.«* Ich ertappe mich dabei, dass ich den Rasenmäher anfeuere. Ich halte den Rasenmäher erst einmal schräg, ich schneide zuerst die Spitzen und mähe dann erst kurz. Und ein paar Minuten später experimentiere ich mit Kreisen und Quadraten, warum nicht, muss ja nicht immer geradeaus sein. Es ist mir nicht bewusst, dass das total durchgeknallt ist. Unter meinem Schallschutz bin ich gut abgeschirmt. Ich bin in meiner Rasenmähwelt und lasse meiner Fantasie freien Lauf. Es dringt nicht in mein Bewusstsein vor, dass mein Chef wenige Meter daneben unruhig meinen ganzen Unsinn beobachtet. Er macht mir wild Zeichen, dass ich rechtwinkliger mähen soll. Ich höre nichts. Ich bin allein in meiner Welt.

Ich tanze mit meinem Rasenmäher. Er schaut mich resigniert und völlig entsetzt an. Plötzlich steht er vor mir und nimmt mir den

# Körper

Rasenmäher ab. Er macht mir Zeichen, dass ich den Gehörschutz abnehmen soll. Er wendet sich mit besorgter Miene mir zu. Ich antworte direkt auf seinen fragenden Blick: *»Keine Sorge, mir geht's gut! Wie geht es Ihnen?!«*, sage ich mit einem großen Lächeln. Er bringt mich direkt auf den Boden der Tatsachen zurück: *»Rechtwinklig, Marine, rechtwinklig!«* Er musste es bestimmt fünfmal sagen. Ich sehe ihn an, ich schäme mich etwas für meine Kreise und Diagonalen in seinem Rasen, aber das kann ich korrigieren, ist ja noch genug Gras da. War so geplant, haha ... oder auch nicht.

Vier Stunden Rasenmähen am Vormittag. Am Nachmittag heißt es: *»Los, Kleine, ein bisschen Elektrohandwerk!«* Ich lande unter dem Haus und muss Kabel austauschen und irgendwelche Kabel unter dem Fußboden verlegen. Nach diesem sehr körperlichen Tag setze ich mich auf einen der Felsen, die den wilden Strand und das mustergültige Häuschen in einigem Abstand säumen. Mit wem? Mit mir!

*Ich liebe diese Momente, wo ich an nichts denke. Die Abhängigkeit von Dingen verschwindet, und die Schönheit der Landschaft genügt mir. Das ist sehr beflügelnd. Ich löse mich mehr und mehr von Dingen und habe eine unglaubliche Freude an der wunderschönen Landschaft, die ich früher nicht wertschätzen konnte. Unglaublich, wie sich die Wellen immer neu an den Strand werfen, um ein bisschen menschliche Nähe zu suchen. Kaum auf den Sand gerollt, ziehen sie sich in die unendliche Reinheit zurück ... Die gewaltige Kraft und Wildheit, die ich wahrnehme, wenn ich an den Strand komme, machen mir Gänsehaut und zeigen mir, dass ich das einfache und vollkommene Glück noch nicht gefunden habe, das mir diese Reise schenken wird. Zwei Möwen, Wellen, Wind, kräftiges gelbes Licht, Wolken in der Ferne, die das Rosa oder Rot des Sonnenuntergangs verschleiern. Wir müssen aufhören, uns zu verstecken oder immer auf etwas zu warten. Ich stelle fest, dass ich immer etwas von den Menschen erwarte, die um mich herum sind.*

*Ich würde so gerne meine innerste Seele berühren, dort, wo sie liebt und Gefühle hat. Dort, wo sie echt ist, nicht an der Oberfläche. Wissen, wohin ich will, und lernen, mich so anzunehmen, wie ich bin. Lernen, das zu lieben, was ich tue*

## Auf nach Westen!

*und was aus mir geworden ist. An diese Liebe denke ich. Die Selbstliebe. Aufhören, für die anderen zu funktionieren, und anfangen, seinen Körper wirklich zu lieben. Anfangen, auf ihn zu hören, nicht nur bei einer Wanderung, sondern das ganze Leben.*

Seit zwei Tagen bin ich nicht mehr unterwegs, und ich muss es schaffen, trotz dieser kleinen Pause weiter auf meinen Körper zu hören. Ich habe gerade ein Kribbeln in den Füßen, meine Beine sind schwer und schlaff. Seltsam, ich bin nicht gelaufen, ich habe mir das Bein auch nicht irgendwo eingequetscht. Ich nehme das als einen Hinweis meines Körpers, dass ich zu Recht von Liebe gesprochen habe. Damit gebe ich meinem Körper ein Lächeln, nehme ihn an, und das Kribbeln verschwindet. Einbildung, Dialog, Wahrnehmung: Man kann es nennen, wie man will. Ich habe im Moment den Eindruck, dass Rosy mir zeigen will, dass sie dabei ist zu wachsen. Wir sind selbst unsere besten Berater, das kann uns niemand nehmen. Man muss sich lieben können, so wie man ist.

Nach diesen verschiedenen, sehr männlichen Arbeiten bekomme ich diesmal die Hausfrauenschürze umgebunden. Ich weiß nicht, was schlimmer ist, bei meiner Zerstreutheit! Los geht's mit Aufräumen, Putzen, Wischen und Bügeln – all das, was ich schon lange nicht mehr gemacht habe. Ich schufte an diesem Morgen, um die Absteige in ein Drei-Sterne-Hotel zu verwandeln.

Es ist schon fast eine Woche vergangen, ich habe tolle Leute kennengelernt und zwei Pläne umgesetzt. Ich habe das Zimmer aufgehübscht, das ursprünglich total kühl wirkte; nach einer Woche ist es so wohnlich wie noch nie. Und ich habe drei Deutsche, die sich immer nur in ihrer Sprache unterhielten, mit einer Kanadierin zusammengebracht, die außen vor war.

*Unglaublich, wie sehr das Anderssein erst einmal Angst macht. Sobald man aus seiner Komfortzone herausgeholt wird, fängt man an zu urteilen und sich abzugrenzen. Anderssein, was bedeutet das? Das ist die Frage, die ich mir mehrmals bei diesem Aufenthalt gestellt habe. Anders zu denken und anders auszusehen macht vielen von uns Angst. Mir auch am Anfang. Ich habe mir viele Gedanken gemacht, wie die anderen sind und was sie von mir denken. Ich merke, dass man den anderen umso leichter verurteilt, je mehr man selbst Angst hat, verurteilt zu werden. Für mich sind die Unterschiede sehr wichtig, sie sind entscheidend, damit ich reagiere und vorankomme. Ich träume nicht von einer Welt, in der wir alle dieselben Interessen haben. Es ist belebend, dem anderen zu begegnen und offen zu sein. Die Angst vor dem anderen ist normal, wir sind das nicht gewohnt. Aber wir können niemanden annehmen, wenn wir diese Angst nicht überwinden. Das Glück liegt im Austausch, darin, dass wir uns darauf einlassen, wer wir sind und wohin wir gehen. Ich bin hier sehr glücklich, weil ich gerade daran arbeite, alle Vorurteile abzubauen, die ich Leuten gegenüber habe, bevor ich sie kennenlerne. Das Anderssein lässt uns wachsen.*

## 18

## Bergfahrt in jeder Hinsicht

Nach einer Woche heißt es aufbrechen. Ich packe meine Sachen, sage allen Tschüss und stelle mich an die Straße. Plötzlich hält eine junge Frau in einem sehr schönen Auto, ihren Namen habe ich vergessen. Ich setze mich in den Wagen und passe auf, dass ich nichts schmutzig mache. Wir unterhalten uns, und sie nimmt mich ein Stück mit, damit ich wieder nach Norden komme. Ich erzähle ihr von mir, und wir lernen uns gegenseitig kennen. Sie macht sich über alles Sorgen, über ihre Vergangenheit, aber vor allem über ihre Zukunft.
Chaos in jeder Hinsicht, Panik und Angst vor anderen. Aber sie hat beschlossen, sich alleine auf den Weg zu machen. Dieser unglaubliche Mut dieses Mädchens berührt mich. Sie sieht sich als total egozentrisch, bipolar und was weiß ich nicht alles. Sie ist weit entfernt von Reise und Entdeckung. Ich spüre von Anfang an ihre

## Bergfahrt in jeder Hinsicht

Sorgen und wie sie sich absichert, aber vor allem ihren Willen, etwas zu verändern. Es ist eine intensive Fahrt für uns beide. Sie setzt mich an einer Bar mitten in der Landschaft ab, wo eine Motorradgang angehalten hat, um ein Bier zu trinken und dann mit Schal um die Nase und Tattoo auf der Brust weiterzuheizen. Wir drücken uns ganz fest, um uns für unseren jeweiligen Weg gegenseitig Mut zu machen. Ich steige aus ihrem duftenden Auto aus und befinde mich nun unter starken Jungs an einer Bar. Ich gehe ein Stück weit weg. Es ist total heiß, keine Wolke am Himmel. Die Biker haben mir Durst gemacht. Ich gehe auch an die Theke, bestelle ein Bier und stehe etwas abseits, um es zu genießen.

*In diesem Moment wird mir bewusst, wie wichtig es ist, sich selbst anzunehmen.* Man selbst zu sein. *Liebe wendet man im Grunde immer nur auf die anderen an. Man wendet sie nicht auf sich selbst an.* »*Ja, es tut mir gut, meine Nächsten zu lieben, aber warum gönne ich mir das nicht?*« *Nicht, dass ich es mir nicht gönne, aber ich vergesse, dass ich bei mir selbst anfangen muss. Ich bin mitten in einem Selbstgespräch.*

Das kalte Bier steigt mir schnell in den Kopf. Ich sitze auf einem Barhocker an einem Stehtisch mit Blick auf die Berge. Die Sonne brennt auf meinen Sonnenhut. Mein Hirn ist überhitzt. Mir wird noch bewusst, wie mich diese schicksalhafte Begegnung weiterbringt. Dieses Mädel in dem Luxuswagen, die scheinbar alles hat, um glücklich zu sein, ist im Grunde auf derselben Suche wie ich.

Lernen, Ängste zu überwinden, mit Sorgen und Unvorhergesehenem umzugehen – das betrifft uns alle, egal in welcher Lage und mit welchem Lebensstandard. Mir wird klar**, dass uns unsere leise Stimme den richtigen Weg zeigt, wenn wir auf sie hören.** Ich bin ganz anders als dieses Mädchen, aber diese Begegnung hat mir gezeigt, wie hartnäckig die innere Stimme ist. Nachdem ich ausgiebig nachgedacht und in der Hitze ins Schwitzen gekommen bin, fragen mich die Biker, wohin ich unterwegs bin. Super, sie fahren

## Körper

in dieselbe Richtung. Ein Finger zeigt auf einen Beiwagen, ich bin also 50 Kilometer lang Passagierin eines Bikers auf diesen kurvigen Straßen vor einer traumhaften Kulisse. Der Fahrer nimmt meinen Rucksack, und ich sitze vergnügt in meiner kleinen Kapsel, sehe die Landschaft an mir vorbeifliegen und berausche mich an der Geschwindigkeit und dem Wind. Der nächste Wahnsinn. Erst die junge Frau mit ihrem schicken Auto, jetzt an ein Zweirad gekoppelt mit einer Motorradgang auf der Road 22.

Nach den Bikern und einigen Kilometern zu Fuß komme ich zeitlich in Bedrängnis. Nach mehr als zwei Monaten Trampen, Plakat, Lächeln, Begegnungen, Geduld und Enttäuschung sitze ich 100 Kilometer vor meinem Ziel fest und habe nur noch einen Vormittag! Für diese letzten Kilometer nehme ich zwei Laster, die für mich einmal Schumacher spielen müssen! Wir gewinnen das Rennen, ich nehme die Fähre, auf der ich mir vor ein paar Wochen Rosy ausgedacht habe.

Ich verlasse die Insel sehr bewegt. Ich lasse so viele Erinnerungen und Gefühle zurück. Eine einzigartige Natur, die meine Ein-Meter-Sechzig erschüttert haben. Beim Ablegen kommt ein Gefühls-Tsunami über mich. Ich bin schneller als die Fähre. Ich merke es gar nicht, ich weine, aber mit einem Lächeln. Alles kommt gleichzeitig hoch, schicksalhafte Begegnungen, nein, Fügungen! Ich liebe diese Berge, mit einer echten Liebe, als wären es Menschen. Mein Körper ist in Topform. Ich werde dieses einzigartige, mächtige Ich mein Leben lang nicht vergessen.

Ich bin dieser Natur so dankbar, dass sie mich weitergebracht hat, ich möchte sie umarmen! Merci, Südinsel, für deine schönen, wilden, kargen, unberührten und außerirdischen Landschaften! Danke, ihr Sandflies, eure Stiche erinnern mich daran, dass auch ihr ein Gebiet zu verteidigen habt, in das ich eingedrungen bin. Ihr habt mich ganz schön gequält, aber ich habe verstanden. Merci.

Letzte Schritte in Neuseeland

## 19

## Letzte Schritte in Neuseeland

Die letzte Etappe liegt vor mir, ich konnte sie am Anfang wegen des Wetters nicht machen und musste sie aufschieben. Der Name allein klingt schon nach Herausforderung: Tongariro Alpine Crossing. Ich war enttäuscht gewesen und hatte mir geschworen, die Wanderung nachzuholen. Es wird meine letzte Wanderung sein. Die stärkste, die wirkungsvollste …

### Erster Tag

Erste Etappe. Ich komme an dem Campingplatz an, den ich vor zwei Monaten zwar gesehen, aber nicht genau angeschaut habe. Ich war nur eine Nacht geblieben. Der Wetterbericht war schlecht, wir mussten den Ort verlassen. Ich wollte unbedingt noch einmal herkommen und diese Wanderung nachholen. Ich bin wild entschlossen. Egal ob Wind, Regen oder Hagel, ich verlasse Neuseeland nicht, ohne diese Wanderung gemacht zu haben. Bei meiner Ankunft ist es kalt, aber der Himmel ist blau. Ich hole meine Handschuhe und die neongrüne Mütze von Jules heraus, den ich ein paar Kilometer vorher getroffen habe. Diesmal wandere ich nicht nur einen Tag, wie ich es ursprünglich vorhatte, sondern mache eine Dreitagestour. Ich weiß nicht, was mich erwartet, aber ich habe das Gefühl, dass es intensiv sein wird.

Es ist meine letzte Wanderung, und ich bin bereit zu heulen, zu schwitzen, zu schreien und ein letztes Mal diese unvergleichliche Landschaft zu betrachten. Der Druck wird größer. Ich fange an, meine Beine, dann meine Waden zu checken. Dann den Rücken und den Kopf, dann scanne ich schließlich noch meine Ohren. Eingemummelt in meinen Schlafsack, schlafe ich ein. Und ich habe ständig diese Frage im Kopf: Werde ich das wirklich schaffen?

## Körper

Noch dazu erwartet mich Kälte. Die Temperaturen sinken nachts auf −7 °C. Proviant gekauft, Rucksack gepackt, warme Kleidung gefunden oder geliehen. Ich bin bereit für die Tour. Der Wecker klingelt. 5 Uhr früh. Ich mache mich fertig, packe meine Sachen, rede Rosy gut zu, und los geht's! Jules leiht mir Handschuhe und ein dickes Paar Strümpfe gegen die Kälte. Ich habe Herzklopfen und ein Lächeln von einem Ohr bis zum anderen. Auf den ersten Kilometern nehme ich mir vor, auf den höchsten Vulkan der Route zu klettern, auf den Mount Ngauruhoe (2291 Meter). *»Achtung, ich komme mit Rosy.«* Die erste Tagestour wird die längste und schwierigste, es sind 20 Kilometer ohne die Vulkanbesteigung, aber ich will sie noch dazunehmen. Kein markierter Weg, Lavageröll unter den Füßen, ein felsiger Hang und ein gefährlicher Gipfel, der bei erhöhter seismischer Aktivität nicht bestiegen werden sollte. Ich sehe in der Ferne Rauch aus dem Felsen aufsteigen, als ob der Vulkan innerlich kocht. Mein Rucksack ist viel zu schwer, um ihn bis auf den Gipfel zu tragen. Ich ziehe ihn mit Schwierigkeiten ab und lasse ihn am Fuß des Vulkans liegen. Ich habe meinen Rucksack noch nie einfach irgendwo liegen gelassen. Meine Notfalltasche ist drin, ich halte sie nicht einmal mehr für notwendig. Wenn ich daran denke, dass ich sie zu Beginn der Reise ständig bei mir hatte aus Angst, Rosy könnte sich melden. Irgendwann wird sie sich melden, aber heute nicht, da bin ich sicher! In diesem Moment möchte sie auch auf diesen Vulkan, trotz seiner 2291 Meter Höhe – wie schön von Rosy. Als ob ich genau richtig mit ihr umgehe. Ich bin mit ihr und diesem Berg alleine. Ich empfinde es als echten Kampf, nichts kann uns beide jetzt stören.
Kein Rucksack, kein Medikament, kein Rezept, keine Wasserflasche, nichts. Mein Körper, meine Beine, meine Waden, meine Augen und meine linke Hand, auf die sie es damals abgesehen hatte. Ich werde alles einsetzen, um diesen Gipfel zu erklimmen, vor allem werden wir es zusammen tun, uns zu zweit mit diesem Körper über das

# Letzte Schritte in Neuseeland

Geröll arbeiten. Ich spüre es sehr deutlich, als ob sie zu mir spricht. Ich habe überall Gänsehaut. Meine Augen funkeln, und meine Hände greifen entschlossen nach den Felsen. Von Weitem sehe ich mehrere Wanderer, die sich die Hänge beim Abstieg runterrutschen lassen. Ich schließe kurz die Augen und denke an die Momente meiner Reise zurück, an die Blicke, die lächelnden Gesichter, die Botschaften. Umkehren kommt nicht infrage. Ich hebe den Kopf, mein Herz klopft, das Ziel steht fest ... Das wird hart. Von Anfang an merke ich, was das für ein Kampf wird, ein Schritt vor, zehn zurück. Bei jedem Schritt rollen die Lavabrocken unter der Sohle weg und lassen mich rutschen. Ich denke bei den ersten Schritten daran, dass es noch 2280 Meter so weitergeht. Nach der Hälfte ziehen Wolken von allen Seiten auf. Viele Leute beschließen umzukehren. Sie rufen: »*Bei den Wolken haben wir keine Aussicht.*« Ich habe größte Lust, ebenfalls umzukehren. Außerdem habe ich mein Tagesziel noch längst nicht erreicht. Meine Finger krallen sich an den größten Felsen, um mich hochzuziehen. Ich bin von Kopf bis Fuß im Nebel. Ich kann vor und neben mir nichts sehen, hinter mir erst recht nichts. Alles ist verschwommen. Das erinnert mich an das Pokalspiel, als sich mein Sichtfeld eingeschränkt hat, und an den September, vor dem Event bei Euronews. Die Sicht ist eingeschränkt, die düsteren Gedanken und die Angst kommen hoch. Ich sehe nichts mehr. Ich bin in dichtem Nebel und kann mich nicht mehr orientieren. Ich setze mich ein paar Minuten hin, atme durch und denke nach: *Weitergehen oder abrutschen lassen?* Mein Kopf findet plötzlich tausend Gründe, sich den Hang runterrutschen zu lassen. Der innere Schweinehund hat das erste Wort. »*Wozu raufsteigen, Marine? Überall Wolken, du wirst nichts sehen. Außerdem geht die Sonne bald unter. Du wirst nicht rechtzeitig am nächsten Campingplatz ankommen.*« Einen Moment denke ich, dass ich es nicht schaffen werde. Aber dann, ich weiß nicht, wie, werden mir meine Gedanken bewusst, und ich raste aus: »*Rosy, das machst du nicht zum dritten Mal mit mir! Zweimal

## Körper

*hast du mir die Sicht genommen, aber diesmal werde ich nicht hier bleiben, nur weil ich nichts sehen kann! Du kletterst jetzt mit mir auf diesen Vulkan! Du kletterst nicht nur rauf, sondern du wirfst alle Rosen der Welt in den Krater!«* In einem Bruchteil einer Sekunde bekomme ich eine unglaubliche innere Kraft. Ich schreie vor Wut und ziehe mich wieder hoch. Ich richte mich auf einen verschwommenen Punkt in der Ferne aus, und wir klettern beide zusammen. Ich weiß nicht, wohin ich klettere und woran ich mich orientieren soll, noch dazu ist es ganz schön gefährlich. Egal. *»Los, Rosy, wir schaffen das. Uns kann nichts aufhalten, los geht's!«* Ich habe Kraft, aber sie kommt von all den MS-lern, die mich seit dem Beginn meiner Reise unterstützen. Ich denke immer wieder an alle, die bei der Gemeinschaftskasse mitgemacht haben, an jedes Wort dieser Community. Diese Zuneigung, diese Stütze, diese Hilfe und alle Gespräche verleihen mir Flügel. Man schafft es sowieso nie allein. Meine Arme ziehen mich, meine Beine schieben mich, meine Augen richten mich aus, und meine Seele schreit: Merci! Dank dieser unsichtbaren Kraft, die ich von all diesen Leuten bekommen habe, klettert mein Körper wie eine Maschine. Ich spüre keinen Schmerz mehr. Meine Seele bringt mich voran, mehr als mein Körper. Ich merke nicht einmal, dass ich aus dem Nebel herauskomme. Ich sehe Schnee auf einem blutroten Felsen. Wunderschön. Ich atme kaum, und ich schaue weiter nach oben. *»Komm, Rosy, wir sind fast da.«* Nach diesem ersten schneebedeckten Hang kommt noch ein steiler Anstieg, wo man jeden Moment damit rechnen muss, dass ein anderer Wanderer schreit: »Rooooccccckkkkkssssss«, um zu warnen, dass sich ein Stein unter den Füßen gelöst hat.
Mehrmals muss ich fast außer Atem rufen, weil der ein oder andere Brocken sich löst. Ich sehe den Kraterrand von Weitem, meine Beine tun weh und meine Waden auch. Meine Arme schaffen es, mich die letzten Meter hochzuziehen. Ich liege mit dem Bauch auf dem Kraterrand, und mein Körper schafft es nach einiger Zeit, sich aufzurichten.

## Letzte Schritte in Neuseeland

Es dauert eine Zeit lang, bis ich verstehe, dass ich auf dem Gipfel bin. Ich sehe so viele Farben, wie ich Empfindungen in mir habe. Ich bin überwältigt und breche in Tränen aus, dass ich es geschafft habe, auf diesen Vulkan zu klettern, wovon mir nicht nur einer abgeraten hat. Ich sammele so viele Steine wie möglich und werfe sie in den Krater. Symbolisch habe ich alle Rosys in diesen Vulkan geworfen, das gibt ein gutes Kompott. Bei jedem Stein, den ich hineinwerfe, fühle ich mich leichter. Ich halte einen Moment inne und bestaune diese Schönheit, die ich nicht beschreiben kann. Dieses starke Licht, das durch die Wolken bricht. Ich glaube, ich habe nicht die Worte, es so zu beschreiben, wie es ist. Ich sehe diese Berge, den Vulkan, den smaragdgrünen See, den blauen Himmel hinter den kräftigen Farben der Steine, auf denen ich sitze – und meine Tränen fließen. Ich muss sie verteilen, die Gefühle mit der gesamten Community teilen, die seit den ersten Tagen so stark, so präsent ist. Meine Seele muss rauslassen, was dieser Aufstieg in mir bewirkt hat. Alle Gefühle kommen gleichzeitig hoch. Ich habe das Gefühl, das ganze Geröll unter meinen Füßen in den Krater geworfen zu haben, als ob alle unsere düsteren Gedanken, unsere Ängste, unsere Sorgen im Feuer des Vulkans verdampft sind.

Ich sehe mir die Landschaft bis in das kleinste Detail an, dann muss ich den Abstieg machen, damit ich die Tour weitergehen kann, die noch lange nicht zu Ende ist. Der Abstieg ist eine Rollbahn. Meine Schuhe rutschen von selbst auf dem Lavageröll. Ich spüre die aufsteigende Wärme an meinen Knöcheln, der Vulkan ist aktiv, es dringt Rauch durch die Steine.

Ich habe noch nie eine vergleichbare Landschaft gesehen, eine Mischung aus Märchen und Weltuntergang. Lavageröll überall, Rauch kommt aus dem Boden, aber in der Ferne smaragdgrüne Seen, die eine karge Landschaft sanfter machen. Ich stürze mich in den Abstieg. Ich merke zunächst gar nicht, wie schnell ich über das Geröll surfe. Ich halte nicht an und springe und rutsche, als ob ich das

## Körper

mein Leben lang gemacht hätte. Ich fahre Ski ohne Schnee, mit meinen Wanderschuhen an den Füßen. In kürzester Zeit bin ich unten und setze meinen Rucksack wieder auf, um die Tour weiterzugehen. Ich bin noch immer beeindruckt von der Höhe des Vulkans und dass ich dort oben war. Ich strahle vor Freude, und Rosy ist stolz, dass sie mich nicht im Stich gelassen hat. Ich muss mich ganz schön zusammennehmen um weiterzugehen. Die Ankunft am Campingplatz ist jedes Mal eine Befreiung. Die letzte Anstrengung: vor dem Abendessen das Zelt aufbauen. Es zeigt sich, dass die Hütte keinen Strom hat. Ich finde es aufregend, an einem unbekannten abgelegenen Ort zu sein. Ich genieße meine Tomatensuppe und wärme mich damit für die Kilometer am nächsten Morgen auf. Mein Zelt steht mit Blick auf die Berge und den Sonnenuntergang. Der Vulkan Ngauruhoe liegt in der Ferne hinter mir und wird von den letzten Sonnenstrahlen beleuchtet. Ich bin stolz und glücklich. Ich hätte mich geärgert, wenn ich nicht dort oben gewesen wäre und jetzt zu seinen Füßen schlafen würde. Die Berge als Zuschauer und ein Wasserfall als Nachbar: fantastisch. Das ist erst der erste Campingplatz. Ich frage mich, wie die beiden anderen wohl sein werden. Heute Abend kein Strom in der Hütte zum Kochen, alle sitzen wir mit Stirnlampe da, damit wir sehen, was wir essen. Man sieht komisch aus mit einer Stirnlampe. Erst findet man sich nicht im Dunklen, dann muss man die Augen zukneifen, wenn man miteinander reden will, weil die Stirnlampe des anderen blendet. Wir sehen alle zehn Jahre älter aus.

### Zweiter Tag

Am nächsten Tag steht die zweite Tour in einer Mondlandschaft an. Ich mache diese Tour irgendwie für alle Rosen, die mir folgen, und auch für die, die mich nicht kennen. Ich habe noch Brot in meinem Rucksack, zwei Thunfischdosen und Müsliriegel. Um 7 Uhr morgens wird es mir schon empfindlich kalt. Ich habe mich mit Mütze,

## Letzte Schritte in Neuseeland

Handschuhen, Strumpfhose, Strümpfen und Hose schlafen gelegt, das Thermometer zeigt −4 °C. Die Nacht verlief super, ich habe mich eingerollt und von dieser ersten Tour geträumt. Aber beim Aufwachen wird mir durch und durch kalt, und ich habe kein heißes Getränk, um mich aufzuwärmen. Da bleibt nur Wandern. Sportlich gesehen war der zweite Tag am leichtesten, aber innerlich nehme ich meinen Körper stark wahr, und die Kommunikation zwischen ihm und mir ist sehr intensiv.

### Dritter Tag

Die Wettervorhersage für den nächsten Tag ist gar nicht gut. Es wird sich zuziehen, Nebel und Regen warten auf mich. Die ersten beiden Tage waren mehr als perfekt, ein bisschen Unwetter gehört auch dazu. Letzter Tag. Der Wind bläst, und es regnet in Strömen. Die letzten Kilometer sind schwer, fünf Stunden in Nebel, Regen und Wind. Meine Schuhe sind sehr bald durchnässt und meine Hose glitschig. Es weht ein starker Wind, und mein Rucksack ist immer noch genauso schwer. Ich habe nicht das Gefühl, dass er leichter geworden ist. Mit nassen Socken rutsche ich in meinen Schuhen herum. Ich falle ab und zu hin, muss durch Flüsse, über Berge und durch Wälder und bin schließlich fast angekommen. Ich sehe das Schild und im Hintergrund das Dorf, von dem aus ich losgegangen bin. Unglaublich, was man fühlt, wenn man fast am Ziel ist. Man ist stolz und überwältigt, es ist ein Kompott aus vielen verschiedenen Zutaten.

Ich schlurfe die letzten Schritte und breche vor dem Schild Tongariro zusammen. Lächeln und Erleichterung sind genauso da wie feuchte Augen. Stolz, es geschafft zu haben. Merci, lieber Jules, dass du mich an diesem letzten Regentag in meiner miesen Stimmung unterstützt hast. Danke allen, denen ich unterwegs begegnet bin, und meinen Blasen, meinen Waden und meiner Rosy − allen, die diese Tour mit mir geklettert, gesprungen und gerannt sind. Merci,

## Körper

Schönheit der Natur, die ich entdeckt habe. Ich hätte nie gedacht, dass ich es einmal schaffen würde, zehn Stunden an einem Tag zu wandern. Ich habe gebrüllt, geweint, gelacht, gesungen – während der drei Tage hat man Zeit. Ich bin an smaragdgrünen Seen, an kargen Wüstenflächen, an märchenhaften Landschaften, an Felsen und Flüssen vorbeigekommen. Alle 10 Kilometer hat sich die Umgebung unter meinen Füßen verwandelt! Die letzten Stunden Weg waren sehr schwer, aber anzukommen ist stärker als alles andere.

Ich kann mich eine Nacht auf einem Bett ausruhen. Am nächsten Tag treffe ich meinen Kumpel Antoine, den ich bei meiner Ankunft auf der Insel kennengelernt habe. Er arbeitet in einem Restaurant in Coromandel, an der Ostküste der Nordinsel. Es ist die einzige Gegend, wo ich noch nicht war.

# 20
## Coromandel

Es fällt nicht leicht, sich zum Trampen zu motivieren, wenn man drei Tage gewandert ist. Es sind schon vier Stunden vergangen, ich warte auf das letzte Auto, das mich in Coromandel absetzt. Ein etwas dreckiger Geländewagen hält an, am Steuer sitzt ein ungefähr 60-jähriger Mann. Mit Mütze in der Stirn und Zigarette im Mund sieht er mich an. Ich registriere das, öffne die Heckklappe, um meinen Rucksack unterzubringen, und da liegt ein totes Reh vor meiner Nase. Ich werde stocksteif und habe Gänsehaut am ganzen Körper.

Er beobachtet mich mit einem Lächeln; ich lächele kein bisschen. Ich stelle meinen Rucksack also in den Fußraum vom Vordersitz. Ich steige trotzdem ein; ich weiß nicht, mein Instinkt sagt mir: Einsteigen. Und da, nächster Schock, das Gewehr liegt zwischen uns.

# Coromandel

Und der Fahrer hat Blutflecken an den Fingern. Ich versuche, so gut wie möglich ruhig zu bleiben ...»*Das ist normal, Marine. Er ist Jäger, das Blut stammt von dem Reh, das hinten liegt.*« Ich merke, in was für eine verrückte Lage ich mich gebracht habe. Der Jäger ist eher zurückhaltend und sagt nicht viel, er fährt und schaut mich aus dem Augenwinkel an. Das beruhigt mich nicht gerade. Er spürt meine Anspannung und beruhigt mich mit seiner ziemlich gebrochenen Stimme: Er würde mich nicht auffressen, seine Frau würde ihm einen guten Rehbraten zubereiten, haha! Das entspannt mich, aber nicht vollkommen. Der Kopf kann zu einem Radar werden, der jedes kleinste Signal wahrnimmt; man überlegt wie verrückt und analysiert die Situation ganz unbewusst. Wie man herauskommen, weglaufen, die Tür so schnell wie möglich aufmachen könnte. Kleiner unnötiger Adrenalinstoß, an der nächsten Biegung lacht man darüber. Er bietet mir ein Stück Wildfleisch an, aber ich bin schon beladen genug und kann es nicht annehmen. Ich steige aus und sehe ein letztes Mal dieses riesige Reh, das mit offenem Maul im Fond seines Autos liegt.

## Vorbereitung auf den Geist

Ich gehe einige Meter zu Fuß, genieße es und lande in einem kleinen Stück Paradies. Ich erfahre, dass der Restaurantbetreiber, bei dem Antoine arbeitet, ein Meditationszentrum leitet. Das trifft sich gut: mit dem Körper abschließen und schon vor Myanmar einen Schritt in Richtung Geist gehen. Total unwahrscheinlich, hier auf so etwas zu treffen, und dann auch noch, wenn ich vorhabe, in das buddhistischste Land der Welt zu fliegen. Das Meditationszentrum liegt auf einem Hügel mitten in der Landschaft, der die gesamte Halbinsel Coromandel überragt. Es ist ein Holzhaus, durch die riesigen Fenster sieht man das Meer und die Landschaft.

Das Haus ist mit Holzterrassen umgeben, und drinnen riecht es nach Kerzen und Weihrauch. Eine sehr entspannende Musik läuft

## Körper

im Hintergrund. Eindrucksvoll. Ich will es mir anschauen und eine erste Meditationserfahrung machen. Ich bin aufgeregt und vorsichtig, ich möchte viele Fragen stellen: Wie läuft das ab? Wie geht das? Was muss ich machen und wie? Er sagt mir nichts, vor allem erklärt er mir überhaupt nicht, wie es ablaufen wird. »Wirst du sehen«, antwortet er mir auf meine ersten Fragen. Wir gehen in den Wald und kommen an eine Stelle, die für die Abendmeditation vorbereitet ist. Ich schaue mich um, als ob es ein Versteck wäre, das niemand entdecken darf. Das ist aber gar nicht so, es ist einfach nur dunkel. Es geht einige Stufen hinunter, und ich stehe vor einem riesigen Baum. Alles ist still, der Wind bewegt sachte die Blätter dieses natürlichen Riesen. Menschen stehen rund um den Baum und haben die Hände vor der Brust zusammengelegt: Nein, es ist keine Sekte, keine Sorge! Ich sehe mir das alles an wie ein Kind, das in einen Zeichentrickfilm hineingerät. Die Atmosphäre ist sehr rein und tief. Ich spüre eine große Energie. Ich habe keine Ahnung von solchen Sachen, aber das hätte jeder gespürt. Niemand spricht, alle stehen mit einem Lächeln um diesen großen Baum. Plötzlich tritt eine Frau vor, äußerst elegant und dezent. Sie nimmt einen abgerundeten Stock, der in der Rinde des Baums versteckt war, und schlägt sachte auf eine Kupferscheibe, die von einem der Äste herunterhängt. Es entsteht ein ruhiger und angenehmer Klang. Danach beginnt eine lange Zeit der Stille, für meinen Geschmack ein bisschen zu lang. Ich weiß nicht, was ich machen soll, ich schaue vorsichtig nach rechts und links, um zu sehen, was die anderen machen. Sie machen eigentlich nichts, also höre ich auf zu gucken. Plötzlich fangen alle an, sich mit den zusammengefalteten Händen vor der Brust gegenseitig zu begrüßen. Das ist sehr seltsam, ich muss beinahe anfangen zu lachen, andererseits finde ich das Gefühl einzigartig und würde es gerne verstehen. Um den Baum herum wird ein Lied angestimmt. Da ist eine Kraft spürbar, die Stimmen sind erhaben und sprechen davon, die Natur zu achten, die uns atmen lässt. Gewaltig.

## Coromandel

Der Gesang bewegt mich. Ich nehme den Rhythmus auf, alle gehen im Gänsemarsch barfuß durch den Garten und von dort aus in den Meditationsraum. Es klingt etwas komisch, wenn man es so erzählt, ist aber tatsächlich sehr bewegend. Ich bin noch nie mit fremden Leuten, zusammengelegten Händen und barfuß im Gänsemarsch durch die Natur gegangen. Aber es passiert wirklich etwas Unbeschreibliches unter unseren Füßen. Nach diesem kurzen Weg kommen wir in den Meditationsraum. Der Geruch? Die Atmosphäre? Alles ist angenehm und entspannend. Ich weiß überhaupt nicht, was ich da mache oder wie oder wo ich mich hinsetzen soll. Ich überlasse es dem Zufall. Mist, den Zufall gibt es nicht: Ich sitze neben dem Meditationsleiter. Als Erste links von ihm müsste ich die Rituale kennen, damit ich den Tee und so an den Nächsten links von mir weitergeben kann. Ich habe aber keine Ahnung, und mehr als einer muss lachen. Die Meditation beginnt, ich fühle mich gut. Ich kann es nur so beschreiben. Es ist ein einfaches Glück, rein, ich brauche sonst nichts. Wir sitzen im Schneidersitz am Boden, die Augen geschlossen. Sobald meine Augen geschlossen sind, schießen mir pausenlos die Gedanken kreuz und quer durch den Kopf. Es ist eine ganz besondere Atmosphäre, eine Einfachheit und eine tiefe Entspannung. Nach Minuten der Stille erklingt ein Gesang; es ist wunderbar. Alle fangen an zu singen, ich fange an zu weinen, weil ich die Kraft spüre, die von dieser Musik ausgeht. Ich weiß nicht, was los ist, ich kann nicht aufhören, kann mich nicht zusammenreißen. Es ist mir sehr unangenehm, in dieser Stille zu schluchzen. Alle lächeln und singen, es ist erhebend. Ich kann diese Tränenflut nicht aufhalten. Nach diesem etwas peinlichen Gefühlsausbruch stehe ich auf, bringe mein Kissen zum Eingang und weiß nicht so recht, was ich sagen soll. Ich glaube, dass dieser Moment für immer im Gedächtnis eingegraben bleibt, bei jedem, der zum ersten Mal eine Meditationserfahrung macht. Ich gehe schlafen und breche am nächsten Morgen nach Auckland auf.

*Körper*

Diese erste Erfahrung hat mich total umgehauen. Ich werde bald nach Myanmar fliegen. Es fügt sich alles. Wie hoch war die Wahrscheinlichkeit, dass ich dieses erste Kapitel Körper mit einer Meditation an einem der schönsten Orte Neuseelands abschließen würde? Nach dieser Meditationserfahrung fühle ich mich schon sehr wohl in meiner Haut. Ich merke, dass es Zeit ist, den Geist zu entdecken und all diese unverständlichen Botschaften. Ich verstehe noch nichts von dem, was ich tun werde, aber das Unbekannte zieht mich an. Es ist Zeit für den nächsten Schritt. Diese erste Erfahrung hat mir Lust gemacht weiterzugehen.

# 21
# Auckland

Es ist Zeit, von Coromandel Abschied zu nehmen. Ich nehme die Straße in Richtung Auckland, 191 letzte Kilometer liegen vor mir. Ich bin gut gelaunt, aber auch emotional. Ich halte ein letztes Mal auf diesem unglaublichen Boden meinen Daumen raus. Vor dem Aufbruch bekomme ich eine Nachricht. Das Mädchen mit dem schönen Auto, die vor vielem Angst hatte, erzählt mir, dass sie ihr Auto abgestellt hat und versuchen will zu trampen. Die Nachricht freut mich sehr, besonders weil es für mich nun die letzten Kilometer sind. Sie hatte Angst vor Männern, vor anderen und vor allem vor sich selbst und geht jetzt trampen. Es ist unglaublich, was für eine Kraft in jedem von uns verborgen ist. Ein Auto wendet. Auf den letzten Kilometern bringt mich ein Argentinier voran. Was für ein Glück! Er nimmt mich bis nach Auckland mit und setzt mich vor der Herberge ab. Zurück in der Stadt nach drei Monaten Ausflug in die Natur. Ich bin glücklich, dass ich gesund am Ausgangspunkt ankomme und keine Probleme hatte. Aber kaum bin ich in der Stadt, fühle ich mich sehr verloren.

# Auckland

Es ist hektisch. Ich habe mich daran gewöhnt, Stunden, ohne dass etwas passiert, zu warten, nur Berge, Vögel oder Schafe als Begleiter. Jetzt treffe ich Leute, die sich selbst überholen. Ich suche mir eine Herberge außerhalb der Stadt, wo ich eine Matratze und eine warme Dusche genießen kann. Ist das schön! Der große Moment kommt, aber in den beiden Tagen in Auckland lerne ich erst einmal unglaubliche Leute kennen. Wir lachen viel, die letzten Tage sind gefüllt mit Lachanfällen und tollen Gesprächen. Unglaublich, was für eine Nähe in kürzester Zeit entsteht. Ich fühle mich diesen Menschen so nahe, als ob ich sie ewig kennen würde. Wenn man weit von seiner gewohnten Umgebung entfernt ist, ist man viel offener, vor allem hört man den anderen wirklich zu. Das ist unglaublich. Ich verlasse diese fantastische Herberge, in der ich mich wie zu Hause gefühlt habe. Meine Freunde begleiten mich bis zur Straße Richtung Flughafen. Ich will diese Menschen alle irgendwann irgendwo auf dieser Welt wiedersehen, vor allem aber mit jedem Einzelnen Kontakt halten.

Ich bin ganz erfüllt von diesem ersten Kapitel. Alles war wertvoll, lauter unglaubliche Erfahrungen. Mein Körper ist erschüttert, ich glaube, er hat sich zum ersten Mal in seinem Leben verstanden gefühlt. Nach 22 Jahren Arbeit Beachtung zu bekommen ist schon ein Schock. Jetzt hat er das Recht, sich zu beschweren. Ich bin sehr glücklich, 6686 Kilometer zurückgelegt zu haben. Tausend Begegnungen und eine Rose, die kräftiger geworden ist. Neuseeland endet hier in Auckland, wo es angefangen hat. Vor drei Monaten bin ich hier gelandet, mehr als unglaublich ... Dank all der unvergesslichen Begegnungen, der unbeschreiblichen Wanderungen, der unerklärlichen Gefühle unterwegs kann ich dieses erste Kapitel abschließen.

# Geist

Also, noch ein paar Minuten, dann muss ich meinen Rucksack im Meditationszentrum abgeben ... Die fünf ersten Tage werden hart sein, und ich glaube, sie werden mir den letzten Nerv rauben ...

*Ich möchte, dass meine Familie weiß, wie sehr ich brauche, dass sie an mich denken ...*

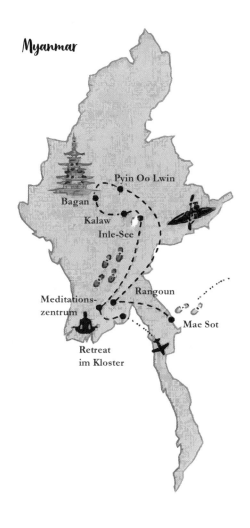

Bedeutungsvolles Schweigen

# Geist

Wie schön, ich hebe ab, meine Seele auch. Am liebsten würde ich meine Nachbarin umarmen. Der Abflug nach Kuala Lumpur steht kurz bevor, im Moment habe ich keine Ahnung, wo es genau hingeht. Ich freue mich darauf, den Geist *Myanmars* zu entdecken, aber ich habe das Gefühl, einen Teil von mir selbst auf dieser Insel zu lassen, die ich ganz durchquert habe. Ich erinnere mich an den Kloß im Hals, als ich mich von meinen Lieben verabschiedet habe, um diese lange Reise anzutreten. Ich fliege nach Bangkok, um meinen myanmarischen und mongolischen Reisebericht zu schreiben.

*Eigenartig, wenn die Erinnerungen plötzlich auf einen einstürmen, die Entwicklung, die ich bereits spüren kann. All die Begegnungen, Gespräche, Ängste, Freuden, Eindrücke sind gewaltig und sehr tief. Sie öffnen mir die Türen zum Geist. Ich erinnere mich noch an die ersten Nächte in meinem Zelt, wo ich mich nicht getraut habe, auf die Toilette zu gehen aus Angst, eine Spinne könnte mich auffressen. Was für eine Entwicklung! Mein Kopf ist übervoll, und meine Waden werden sich ewig daran erinnern, obwohl es mich schon anfing zu nerven, Wassermelonen statt Waden zu haben. Merci, Neuseeland, dass du mir einen neuen Blick auf meinen Körper geschenkt hast und die Kraft, diese Rose zu beschneiden, die ich auf deinem Boden als solche erkannt habe. Ich danke deinen Landschaften, die meine körperliche Hülle geformt, sie umarmt und ihr die Geheimnisse deiner Kraft erschlossen haben.*

*Ich lehne mich zum Flugzeugfenster, meine Erinnerungen kommen hoch ... schon ein Jahr ist es her, man kann die Zeit nicht aufhalten.*

*Um diese Zeit war ich im Krankenhaus und lernte das hässliche Wort Sklerose kennen. Nun darf ich in drei Stufen dieses Wort in meinem Herzen und meinen Adern verdauen. Merci.*

*Ich danke dieser Natur, die uns anregt, über uns hinauszugehen, die uns umhaut und uns berührt, die uns staunen lässt, die uns erst Mut macht zu gehen und uns dann ein paar Meter weiter zu Boden wirft. Ein interessantes Ballett zwischen den Kräften, die uns fördern, und den Kräften, die uns bremsen. Ihr einziges inoffizielles Ziel: mir beizubringen, mich zu lieben, in einem Körper,* der Probleme hat voranzukommen. Wie ein natürliches Medikament, das jeder bekommen kann. Sie war jeden Tag da. Nah. Still! Die unsichtbare Kraft der Schönheit, die uns dazu einlädt, über uns hinauszuwachsen. Erstaunlich, was für Gefühle die Natur in mir hervorruft. Mal Hass, wenn ich meine Waden wegen der Stiche der Sandflies nicht wiedererkenne oder weil der Wind mein Zelt wegzuwehen droht; aber deshalb schätze ich die 90 Prozent Glück noch mehr, die sie mir schenkt. Nah in den guten wie in den schlechten Momenten. Ohne sie, wer bin ich? Alles bekomme ich von ihr. Sie ernährt mich jeden Tag, und wie sie bin ich einfach eine Blume mit einem vergänglichen Leben. Ich falle in meinen Sitz zurück. Meine Emotionen sind stärker als mein Wille. Ich wende mich ab, um meine Tränen nicht zu zeigen. Es ist kein Zufall, dass das Leben gut gemacht ist. Die Antwort liegt gleich neben uns. Merci, mein Herz, dass du mich geführt hast, und danke an mich selbst, dass ich darauf gehört habe.

Eine Stunde später dringt ein leckerer Curryduft in meine Nase. Ich hatte vor dem Abflug keine Zeit mehr, etwas zu essen, und mir knurrt der Magen. Ich freue mich und bereite mich auf das Festmahl vor. Ich klappe mein kleines Tablett herunter und verstaue meine Sachen unter dem Sitz. Ich bekomme kein Besteck, aber das macht nichts. Die Stewardessen kommen und halten mir die Teller unter die Nase, aber stellen kein Essen auf mein Tablett. Fast alle bekommen etwas, nur ich nicht. Ich frage nach, warum das so ist. Die Stewardess kommt, schaut auf ihre Liste, sieht mich lächelnd an und sagt:

»Es tut mir leid, Sie haben kein Essen bestellt.« Meine beiden Nachbarinnen bekommen ihr Essen, es duftet herrlich. Wenn ich Hunger habe, riecht für mich alles superlecker. Selbst das Essen im Krankenhaus. Ich sehe sie an und verstehe nicht: »Wie? Man muss es bestellen, ist das nicht im Ticket inbegriffen?« »Nein, man muss es extra zahlen. Wenn Sie möchten, zeige ich Ihnen die Karte, und Sie bezahlen hier.« Genervt schaue ich mir die Karte an. 30 Dollar für ein kleines

Fertiggericht, nein, danke, ich warte, bis wir ankommen – ohne daran zu denken, dass es noch acht Stunden sind. Curryduft erfüllt das Flugzeug. Ich habe so was von Hunger. Ich versuche einzuschlafen, damit ich meiner Nachbarin nicht das Brot oder den Käse stibitze.

Bei der Ankunft – ich weiß nicht, warum – aber zum ersten Mal seit meiner Reise fühle ich mich wirklich allein. Ich hätte gerne jemanden zum Reden, aber da ist nur mein Rucksack und mein Kaffee. Bei diesem Zwischenstopp werden nur Kebabs und pikante Reisgerichte angeboten. Es ist 5 Uhr morgens, und ich will meinem Magen keine scharfen Gewürze zumuten, die einem nachher wieder hochkommen! Die Umstellung auf eine andere Kultur ist brutal. Ich träume noch von meinen Bergen, und mein Zelt wird mir wirklich fehlen. Ich möchte mich nicht davon trennen, aber ich werde es nach Frankreich zurückschicken müssen. Mich in Myanmar damit abzuschleppen ist sinnlos, weil ich dort nicht campen werde. Mein Rucksack wiegt 24 Kilo; leichter ist besser. Ich werde nur das Kochgeschirr und die Nahrungsmittel für die Mongolei behalten.
Jetzt noch ein Flug nach Bangkok, wo ich mich um meine Visa und Papiere kümmern muss, damit ich nach Myanmar und in die Mongolei reisen kann. Danach gehe ich zu Fuß in Mae Sot über die Grenze nach *Myanmar*. Das ist der Plan.

# 22

# Bangkok

Bei meiner Ankunft um 9 Uhr morgens bin ich echt am Ende. Ich habe nur einen Wunsch: mich auszuruhen, und erst dann lasse ich mich auf diese total quirlige Stadt ein und gehe die Sache mit den Visa an.

# Bangkok

Lustig: Wenn man seinen Koffer am Flughafen abholen will, stellt man sich immer ganz vorne ans Gepäckband, wo das Gepäck rauskommt, als ob es darum geht, wer seinen Koffer als Erstes hat. Es dauert. Ich sehe meinen Rucksack und stürze mich darauf. Ich schnalle ihn mir auf die Schulter – gefehlt hat er mir nicht. Nächstes Ziel: ein Geldautomat. Ich habe keine Kohle mehr, und ich muss bestimmt ein Taxi nehmen ... noch dazu werde ich um den Preis feilschen müssen, dazu habe ich kein bisschen Lust. Ich bin erschlagen von den 14 Stunden Flug. Ich will gar nichts machen. Ich frage den nächsten Flughafenangestellten nach einem Geldautomaten. Er erklärt mir den Weg. Ich gehe los, kann mich aber gar nicht mehr erinnern, was er gesagt hat. Kurz darauf stehe ich vor einer Wechselstube ... Ich funktioniere, aber habe keine Kraft mehr. Ich kann kaum noch die Augen aufhalten. Bevor ich merke, dass ich nicht an der richtigen Adresse bin, tippt mir jemand auf die Schulter: *»Excuse me?«* Noch ein Taxifahrer, der mir seine Dienste anbieten will ... Ich drehe mich etwas genervt um, die Augen halb geschlossen. Eine halbe Sekunde später reiße ich die Augen auf, ich stehe mit offenem Mund da und bringe vor Emotionen keinen Ton raus. Ich lasse meine Hände und meinen Rucksack fallen. Ich kann nicht glauben, was ich sehe. Vor mir steht, als wäre es das Normalste der Welt: Max. Unmöglich. Was für ein Schock. Ich brauche bestimmt drei, vier, fünf Sekunden, um zu begreifen, dass er es wirklich ist. Er ist ebenfalls durcheinander. Auch für ihn bleibt die Zeit stehen.

Ich habe das Gefühl, dass er genauso überrascht ist wie ich, hier in Thailand zu sein, während er vor zwei Tagen noch vorhatte, mit einer Fähre von Frankreich nach England zu fahren. Ich verstehe nicht, was los ist ... ich falle ihm in die Arme, aufgewühlt, erleichtert, schockiert. Ich trete mehrmals zurück, um mich zu vergewissern, dass ich mich nicht geirrt habe oder ihn mit jemand anderem verwechsele. Nein, er ist es wirklich, in Bangkok. Ich habe viele

# Geist

Fragen, aber keine Kraft mehr, auch nur eine zu stellen. Er drückt mich ebenfalls an sich, um sich zu vergewissern, dass ich es wirklich bin. Ich stehe total unter Schock. Wir sagen beide kein Wort. Max nimmt meine Hand, zieht mich aus dem Flughafen und bestellt ein Taxi. Offensichtlich hat er alles gut vorbereitet. In diesem Moment sehen wir uns endlich an und werden uns bewusst, dass wir zusammen in Bangkok in einem Taxi sitzen. »Verdammt, was ist hier los?« Das sind meine ersten Worte. Ich lache und weine gleichzeitig. Die Fragen überstürzen sich. Ich habe den Eindruck, dass er selbst nicht genau weiß, warum er da ist. Er wusste, dass ich in Bangkok Aufenthalt habe, um die Papiere zu besorgen. Er wollte mich einfach zwischen den beiden Etappen wiedersehen. Das ist verrückt. »*Woher wusstest du, wann ich ankomme?*« »*Ich habe dein Ticket bekommen, Marine, das hast du zufällig geschickt, und ich habe alles notiert.*« »*Aber wann bist du angekommen?*« »*Gestern. Ich habe bei Studienkollegen von dir hier in Bangkok übernachtet. Sie haben mich gestern Abend aufgenommen.*« Ich kann es nicht fassen … Ich habe das Gefühl, dass ich gleich aufwachen werde. Das ist abgefahren, mein Freund hier in Bangkooooooookkkkkk! Nach diesen beiden Fragen bin ich so erschöpft und unter Schock, dass ich in seinen Armen einschlafe. Es beruhigt mich, dass Max bei meinem Aufenthalt in Bangkok bei mir ist.

Ein paar Tage später kann ich es immer noch kaum fassen. Ich bin in einer anderen Welt. Der Countdown läuft. Ich habe nicht geplant, in Bangkok zu bleiben. Ich muss die Papiere organisieren. Dabei kann ich ein bisschen runterkommen. Es ist schon erstaunlich, wie viel Kraft es mir gibt, aber es ist auch schwierig, mit jemand anderem in einen Rhythmus zu kommen. Ich war so in meiner Seifenblase mit meinem Zelt, meinem Tagebuch, meinen kleinen Artikeln und meinen Videos. Ich bin vollkommen durch den Wind. In die Freude und Begeisterung des Wiedersehens mischt sich ein eigenartiges Gefühl aus Furcht und Angst. Ich war so drin in mei-

# Bangkok

nem Projekt, das ich genau geplant habe, und plötzlich wird es infrage gestellt, weil mein Freund angekommen ist. Ich kann mich nur schwer an einen anderen Rhythmus gewöhnen ... Myanmar rückt näher, aber leider ist es das Projekt Mongolei, das mich aufhält. Ich muss eine Woche auf mein Visum für dieses letzte Land warten. Wir beschließen, in den Norden Thailands zu reisen, bis der Papierkram fertig ist.

## Begegnungen der dritten Art

Nach 15 Stunden Zugfahrt und dem Weg zu unserer Unterkunft kommen wir ausgehungert dort an, und es gibt kein Restaurant. Macht nichts. Wir leihen uns ein paar Meter daneben einen Roller, damit wir uns etwas gegen unseren größer werdenden Hunger suchen können. Ich steige auf, wir starten erfolgreich. 15 Meter weiter ist die Fahrt zu Ende. Ein Platten. Auf dem Rückweg sehen wir rechts ein wenig einladendes Restaurant. Das Dach sieht aus, als wollte es auf die Teller fallen. Wir wagen es, der Hunger ist zu groß, und der Platten hat uns den Rest gegeben. Wir bestellen, plötzlich setzen sich vier Leute mit an unseren runden Tisch, obwohl genug Platz im Restaurant ist. Warum setzen sie sich an unseren Tisch? Wir lächeln sie an und heißen sie willkommen, es sind Franzosen. Wir reden über belanglose Dinge. Einer der Überraschungsgäste, der uns gegenübersitzt, sieht mich ständig an. Sein Blick wird eindringlicher, er scheint mich etwas fragen zu wollen, ohne es zu sagen ... und plötzlich sagt er drei Worte, und mir bleibt der Mund offen stehen: »*Ich habe MS*«, sagt er zwischen zwei Bissen. Wie, in diesem Restaurant, versteckt am Fuß eines Berges im Norden von Thailand, setzt sich ein Franzose an meinen Tisch und sagt mir, dass er ebenfalls MS hat?

Ich kann es kaum fassen. Aber ich weiß, dass diese Begegnung einen Sinn hat und dass ich auf dem richtigen Weg bin. Ich sehe Max mit

## Geist

strahlenden Augen an. Als ob ich ihm einen Teil der Gefühle vermitteln wollte, die ich in diesen drei Monaten angesammelt habe. Er ist auch gerührt. Ich gehe auf meinen MS-ler zu, und wir fallen uns in die Arme. Was fällt uns ein? Diese unerwartete und unpassende Umarmung, noch dazu vor Max, ist wie eine Entladung. Nicht einfach für ihn, in so unkontrollierte Emotionen mit hineingezogen zu werden. Ich kann mir vorstellen, dass dieser Moment für ihn schwierig ist. Die Situation scheint ihn zu überfordern, er weiß nicht so recht, was er sagen soll. Mein neuer MS-Kumpel sieht mich wie gebannt an. Er wundert sich, dass ich so jung bin, und ich erkläre ihm mein Projekt. Wir stellen uns viele Fragen und kommen zum gleichen Schluss: **Wir müssen auf uns hören, bevor wir entscheiden, was andere für uns tun sollen.** Er nimmt keine Medikamente und hat beschlossen, sich auf sich selbst zu besinnen und erst dann auf Empfehlungen zu hören. Am Ende dieses Abends bin ich wie betäubt. Was für ein Schock, aber vor allem, was ist der Sinn dieser Fügungen, die uns bewegen und bestärken. Merci, unbekannter MS-ler ...

Max versteht nach und nach, was diese Kilometer bewirkt haben, die ich hinter mir habe. Ich glaube, es tut ihm gut zu verstehen, was bei mir passiert. Für mich ist es sehr schwer, es in Worte zu fassen. Am nächsten Morgen frühstücken wir, bevor wir nach Bangkok zurückfahren, um meine Visa abzuholen. Ein Mädchen steht mit ihrem Freund hinter uns. Ich weiß nicht, warum, aber ich frage sie, ob sie Meditationszentren in der Gegend kennen. Das Mädchen kommt auf mich zu und beantwortet meine Frage. Ich bedanke mich, aber sie bleibt bei mir stehen. Zuerst verstehe ich das nicht. Sie nimmt einen Stuhl und setzt sich direkt neben mich, als ob wir reden sollten. Sie beginnt das Gespräch und stellt uns Fragen zu unserer Reise und so.

Wir erklären schnell, dass wir keine gemeinsame Reise machen. Wir erzählen von Max' Überraschung und von unseren ersten

# Bangkok

Tagen in Thailand. Rosy tritt ganz in den Hintergrund, ich erwähne sie nicht. Dann erwähne ich, dass ich in ein paar Tagen nach Myanmar reise. Sie fängt an, mir von ihren Meditationstagen zu berichten, die sie im Norden von Thailand gemacht hat, in der kleinen Stadt Pai. Ich horche auf, weil ich in einigen Tagen in Myanmar ebenfalls Einkehrtage machen möchte. Und dann sieht sie mich an und spricht von gesundheitlichen Problemen, die sie gehabt hat. Bei mir macht es Klick, als ich Max ansehe. Ich sage: *»Das ist jetzt nicht wahr. Sag mir nicht, dass du multiple* ...« Ich bringe meinen Satz nicht zu Ende. Sie ergänzt: *»Sklerose«*. Ich fasse es nicht ... bin sprachlos ... verstehe es nicht, bin durcheinander, irgendwie ist es einfach zu krass, um wahr zu sein. Ich treffe innerhalb von 48 Stunden zwei Menschen, die mir spontan von ihrer MS erzählen. Nicht unbedingt das typische Gesprächsthema auf Reisen. Das Irre daran ist, dass sich beide einfach so neben mich setzen. Ich fasse es nicht. Sie lassen mich die Krankheit in einem anderen Licht sehen. Das ist eine große Hilfe. Sie werden mir über den Weg geschickt, damit etwas geschieht, das ist sicher. Voll krass. Max haut es noch mal aus den Socken. Durch den Schock muss er lachen und weinen. Ich bin im hintersten Winkel von Thailand, total ab vom Schuss, und treffe einen Rosengärtner nach dem anderen. Das ist für uns beide zu viel. Ich falle ihm in die Arme, und Max ist genauso aufgelöst wie ich. Alle drei sind wir ordentlich durcheinander.

Keine Ahnung, aber ich habe sofort die Idee, ein kleines Interview über ihr Leben zu machen, weil ihr Zeugnis vielen helfen könnte, ihre Angst und ihre Schwäche zu überwinden. Ich habe nur mein Handy, um kleine Videos zu drehen und Artikel zu schreiben. Sie leiht mir ein Mikro und ein Stativ für mein Handy, und wir machen ein etwas professionelleres Interview; das wird eine coole Sache für meine MS-ler.

# Geist

Mit 24 Jahren als frischgebackene Anwältin hat diese Frau beschlossen, ein Jahr durch Asien zu reisen. Der einzige Grund dafür ist die Meditation. Ausführlich erklärt sie mir, wie Meditation ihr geholfen hat, mit ihrer MS zu leben. Durch Meditation hat sich ihr Leben seit zwei Jahren völlig verändert. Sie hat keine Angst mehr und kann ihre Krankheit annehmen. Sie ist damit versöhnt. Das haut mich um. Was für eine Begegnung! Was für ein Geschenk. Auch für sie sind unsere Gemeinsamkeiten unglaublich. Ihr fallen die Augen aus dem Kopf, als ich ihr von meinem Projekt erzähle und ihr meine Rosy vorstelle, nachdem sie mir von ihrer erzählt hat. Wir umarmen uns und können uns nicht mehr loslassen. Ich weine. Sie auch. Darf ich vorstellen: Helionor. Sie reist mit ihrem argentinischen Freund. Danke für dein Lächeln, dein Ohr, deine Weisheit. Jede von uns hat eine Rosy, aber wir versuchen, damit zurechtzukommen und daran zu wachsen, uns unseren Ängsten und Schwächen zu stellen. Fangen wir damit an, uns selbst zu lieben. Das ist für Gärtner der erste Schritt im Umgang mit Rosen.

Ohne es zu wissen, lade ich meine Batterien bereits für den bevorstehenden großen Aufbruch auf, in Richtung Meditation. Für mich ein unbezwingbarer Berg. Ein völlig unbekanntes Terrain, total abstrakt, ich fürchte mich ein bisschen davor. Myanmar klopft an meine Tür. Doch ich habe jetzt keine Angst mehr, die Tür aufzumachen – was für eine Fügung! Rosy zeigt mir den Schlüssel zur Angstfreiheit, als ich schon fast zumachen wollte vor dem Unbekannten. Das sind diese wahrhaftigen Augenblicke, die ich mitnehmen möchte, die Blicke, das Lächeln! Ich bin bewegt und zufrieden, am liebsten möchte ich meine Gefühle rausschreien. Warum soll man sich immer zurückhalten ... warum die Liebe zum Leben für sich behalten, wenn sie sich doch mitteilen will? Seit dem Beginn meiner Reise multiplizieren sich die unwahrscheinlichen Begegnungen. Ich rufe sie mir alle noch einmal ins Gedächtnis, eine genauso bemerkenswert wie die andere.

Worte sind einfach zu schwach, um die Kraft auszudrücken, die in der Begegnung mit einem Menschen steckt, der von demselben Pestizid betroffen ist. Mich macht dieser echte und einfache Austausch glücklich, Max verwirrt er. Ihm wird bewusst, wie schwer es ist, diese unerwarteten Begegnungen in Worte zu fassen.

Die Trennung kommt näher, aber wir gehen mit einem anderen Bewusstsein auseinander als vor einigen Monaten. Ich möchte mein Projekt alleine weitermachen. Er versteht es, aber es fällt ihm schwer, seine Freundin alleine mit Rucksack an einen Ort gehen zu lassen, den sie selbst nicht kennt. Angst habe ich auch, aber der Wunsch, es zu tun, ist stärker als alles andere. Wie soll man ein gutes Heilmittel finden, wenn man die Wurzeln seines eigenen Wesens nicht kennt? Die Kraft, alleine weiterzumachen, ist zu stark, ich zögere keinen Moment. Trotzdem ist es schwer, sich ein zweites Mal von einem Menschen zu trennen. Wenn man mittendrin ist, ist es leichter, aber wenn man vor dem Unbekannten steht und sich trennen muss, ist es nicht einfach. Seine Überraschung hat mich total gefreut. Es ist unglaublich. Was für ein Glück, dass er für diesen Übergang bei mir ist.

# 23
## Zurück in Bangkok

Wir fahren 15 Stunden Zug, um meine Visa für Myanmar und die Mongolei abzuholen. Dieser Stopp in Thailand war für mich ein guter Übergang von Neuseeland nach Asien. Was für ein Kontrast! In den neuseeländischen Bergen sehe ich kilometerlang nur Schafe und keine Menschenseele, und jetzt wecken kilometerlange Staus in Thailand meinen Durst nach Stille und Meditation.

# Geist

Atmen mit Schutzmaske, Straßen entlanglaufen, wo sich ohne Daumen-Raus 15 Tuk-Tuks darum reißen, dich mitnehmen zu dürfen. Bangkok ist anstrengend, aber notwendig, um in Asien anzukommen.

Seit meiner Ankunft in dieser Metropole treibt mich eine Frage um. Sie scheint zu schnell gewachsen zu sein und wirkt entstellt. Nach der Ruhe im Norden Thailands mit Lächeln und herzlicher Aufnahme sehe ich hier im Süden verschlossene und traurige Gesichter: Was ist zwischen diesen beiden Regionen passiert? Warum zeigt sich der wirtschaftliche Fortschritt, der im Süden offensichtlich ist, nicht auch in einem größeren Glück? Ich stelle mir viele Fragen zu dieser schnellen Verwestlichung. Wer profitiert wirklich davon? Im Norden ist die buddhistische Kultur prägend. Ich frage mich mehrmals, ob den Menschen bewusst ist, dass sie ihre Ursprünglichkeit durch diese Geschwindigkeit verlieren. Sind sie wirklich glücklich mit dieser ganzen Entwicklung? Ich weiß es nicht.

Komm runter, Marine, du musst aufbrechen, und vor allem musst du Max sagen, wie du nach Myanmar reisen willst. Ich erkläre ihm, dass ich zu Fuß über die Grenze gehen möchte. Ich merke, dass es ihm lieber wäre, wenn ich rüberfliege. Das wäre das Normale. Ich weiß nicht, warum, aber ich möchte wirklich zu Fuß über diese Grenze gehen. Ich finde das viel passender. Ich bestehe darauf. Er kennt mich und weiß, dass ich nicht so leicht umzustimmen bin. Ich versuche, mich vorzubereiten. Ich erkundige mich an der Botschaft nach näheren Einzelheiten. Man nennt mir nur drei Städte an der Grenze und dass ich ein Papier-Visum brauche. Sonst nichts. Ich beschließe trotzdem, meinem Instinkt zu folgen und zu Fuß nach Myanmar zu gehen.
Max freut sich für mich, kann seine Sorge aber nicht gut verbergen. Er begleitet mich bis zu der Stadt, die am nächsten an der Grenze liegt: Mae Sot.

## Auf dem Weg nach Mae Sot

Ich genieße jede Sekunde dieser letzten Momente mit ihm, weil ich weiß, dass die beiden anderen Kapitel Geist und Seele für unsere Beziehung sehr viel stiller sein werden. Erst ein Schweige-Retreat in einem Kloster und dann die mongolischen Steppen, es wird sehr wenig Kommunikation geben. Wir werden eine Weile die Luft anhalten müssen, ohne Klingeltöne, ohne Anruf, ohne Lebenszeichen. Die Spannung steigt. Die Angst setzt sich durch. Wir fangen an, uns über Kleinigkeiten aufzuregen, bis wir merken, dass wir eigentlich nur Angst vor dieser erneuten Trennung haben, die schwerer ist als die erste, weil sie umfassender ist.

## 24
## Auf dem Weg nach Mae Sot

Die letzte Nacht vor dem Aufbruch haben wir eine kleine Herberge gefunden, bei der ich den Eindruck habe, dass schon lange kein Gast mehr hier war. Ich denke: Egal, hier in der Gegend gibt's sonst nichts. Wir kommen erschöpft an. Der Wecker klingelt sehr früh und trifft uns wie ein Schlag. Man hat mir empfohlen, bei Sonnenaufgang über die Grenze zu gehen, ich weiß nicht wirklich, warum. Ich halte mich an den Rat. Ich packe meine Sachen, habe einen Kloß im Hals, aber bin entschlossen.

Wir trampen, um so nah wie möglich an die Grenzkontrolle zu kommen. Max hat ebenfalls seine Sachen gepackt, um nach Bangkok zurückzufahren. Am nächsten Morgen hat er einen Flug nach Frankreich gebucht. Eine Frau nimmt mich auf ihrem Roller bis zur Grenze mit und fährt zurück, um Max zu holen. Risiko. Wir haben kein Handy, um uns kurzzuschließen, und ich werde unruhig. Es wäre schrecklich, wenn ich ihn vor dem Aufbruch nicht mehr

## Geist

sehen würde ... Kann ich dieser Frau vertrauen? Kommt sie wirklich mit Max zurück? Ich bin im Nirgendwo und kann ihn nicht erreichen. Ich warte geschlagene 25 Minuten, bis ich den Roller in dem Wahnsinnsverkehr entdecke. Uff!

Ein lustiger Anblick, wie Max mit seinen langen Beinen die Straße fegt. Er ist da, bei mir, aber mit seinem Kopf woanders. Er macht sich Sorgen. Er schaut auf die Brücke im Hintergrund, aber was auf der anderen Seite ist, kann man nicht sehen. Ich werde unsicher. Wie soll ich damit umgehen? Ich spreche es nicht an, damit die Sorge nicht unsere letzten Gespräche bestimmt. Wir sehen uns an und sagen nichts. Unsere Augen sprechen. Sie sind schwer und traurig. Von allen Seiten kommen Händler an. Ich muss aufbrechen. Ich habe einen dicken Kloß im Hals und bekomme keinen Ton raus. Max geht es genauso. Wir verabschieden uns so zärtlich, wie die Welt es noch nicht gesehen hat. Ich sehe ihm so fest in die Augen, als wollte ich seine ganze Kraft daraus ziehen und ihm meine schenken. Wir sagen beide kein Wort. Dann beruhigt er mich, küsst mich noch ein letztes Mal, ich muss gehen. Ich gehe los, ohne mich umzudrehen. Ich möchte nicht vor ihm losheulen und hebe mir meine Tränen lieber für die Brücke auf, die ich vor mir sehe. Ich nehme mich zusammen, drehe mich noch einmal um, er hat eine Zigarette im Mund – wie immer, wenn er unruhig ist. Ich spüre, wie er mir in die Augen sieht. Er gibt mir ein letztes Lächeln aus dem Mundwinkel. Ich merke, dass auch er kurz davor ist, in Tränen auszubrechen. Er reißt sich zusammen. Ich höre nichts mehr um mich herum. Kein Empfang mehr.

*»Wir müssen es schaffen. Es geht nicht anders. Ich muss los und weitermachen. Nur noch ein paar Minuten, und ich bin in Myanmar. Los, Marine. Dreh dich nicht mehr um.«*

## 25

## Die Grenze

### Erste Kontrolle

Diese Grenze ist erst seit drei Jahren für Touristen geöffnet, und ich habe vor, zu Fuß über diese Grenze zu gehen. Ein komisches Gefühl.

Ich komme an die erste Grenzkontrolle. Die Geschichte der beiden Länder ist spürbar, das Verhältnis ist nach wie vor angespannt. Bevor ich bei dem Posten bin, ertönt plötzlich Musik, und alles stoppt abrupt. Keiner bewegt sich. Alle bleiben wie angewurzelt an ihrem Platz stehen. Ich weiß nicht, was ich machen soll. Ich weiß nicht, was los ist. Ich stehe in der Schlange und schaue wie gebannt auf diese Szene. Selbst der Beamte an seinem Schreibtisch bewegt sich nicht mehr. Ich bin kurz davor loszulachen, aber ich merke schnell, dass das hier ernst ist. Ich habe mein Handy in der rechten Hand und fange an, diese unglaubliche Szene zu filmen. Da höre ich einen lauten Schlag mit einem Stock auf den Tisch direkt vor mir. Ich habe offensichtlich einen Beamten gezwungen zu reagieren. Mit einem wütenden Blick befiehlt er mir, das Filmen zu unterlassen. Das ist mir jetzt peinlich. Die Musik hört auf, und alles setzt sich wieder in Bewegung. Das ist kein Spiel und kein Traum, sondern Wirklichkeit. Ich unterdrücke ein Lachen, damit ich an der Grenze nicht zurückgewiesen werde. Ich stelle keine Fragen. Das wäre unpassend. Ich bin nicht einmal am ersten Posten vorbei und bin schon aufgefallen. Meine Fragen hebe ich mir auf. Ich bin offensichtlich die erste Ausländerin heute Morgen, und in dieser Schlange wartet kein anderer Tourist. Ich höre also auf zu denken und versuche, mich auf das zu konzentrieren, wofür ich nach Myanmar reise. Ich bin dran und stehe vor dem Polizisten, den ich gerade gestört habe.

# Geist

Na, toll! Zwei Worte: *»not possible«*. Erstaunt zeige ich ihm mein Visum und meine Papiere. Er spricht Thailändisch und versteht mich nicht. Ich bekomme Panik. Habe ich etwas vergessen? Habe ich nicht das richtige Visum? Ich kann ihn nicht verstehen. Nach langem Gestikulieren zeigt er mir schließlich eine Broschüre. Da verstehe ich endlich, dass ich einfach nur vergessen habe, das Formular auszufüllen. Die Panik verschwindet so schnell, wie sie gekommen ist. Ich fülle das Sesam-Öffne-Dich aus und gehe wieder zu ihm. Er schaut mich skeptisch an und fragt mich, warum ich nach Myanmar reisen möchte.

Ich nenne ihm die Gründe für meine Reise, obwohl ich weiß, dass er mich nicht versteht. Er gibt mir ein Zeichen, zur Brücke zu gehen. Erste Kontrolle hinter mir.

## Die Brücke

Ich habe noch ein paar Meter bis zur Brücke. Ich drehe mich um und sehe Max hinter dem Zaun, die Hände am Stacheldraht. Ich gehe zu ihm und erzähle ihm kurz, was ich für Schwierigkeiten hatte, und muss dann über meine Ängstlichkeit lachen. Wir winken uns noch einmal. Ich entferne mich schnell vom Zaun, schaue aber zurück, als ob ich mich vergewissern wollte, dass er auf der anderen Seite auf mich wartet. Ich spüre mein Herz klopfen. Ich gehe weiter und lasse meine Tränen fließen. **Auf Wiedersehen, mon amour.** Ich gehe auf der Brücke ein paar Schritte weiter, sie ist von Stacheldraht umgeben, meine Tränen werden zu Tränen der Freiheit. Ich habe es geschafft! Max wird mir furchtbar fehlen, aber ich fühle mich erstaunlich gut. Ich bin glücklich, auf mich gehört zu haben. Hingehen zu können, wohin und wann ich will, von niemandem als sich selbst abhängig zu sein ist wirklich stimulierend. Es macht erst einmal Angst, klar, aber wenn man sie besiegt, merkt man schnell, dass man selbst sein bester Ratgeber ist. Ich bin wahn-

## Die Grenze

sinnig gut drauf. Ich weiß, dass wir uns bald wiedersehen werden. »Jetzt geht es erst mal los, Rosy!« Es ist sehr beeindruckend, zu Fuß über die Grenze zu gehen. Rund um die Brücke liegt Stacheldraht. Ich nehme die Stimmung über meine Füße wahr, das ist viel intensiver als in einem Flugzeug. In diesen wenigen Schritten liegen zwei Länder, zwei Geschichten, Konflikte, Schreie und sicherlich viele Tränen. Ich gehe und weine. Die Steine der Brücke sprechen. Sie sind lebendig unter meinen Füßen. Sie haben mir so viel zu erzählen. Ich kann das Ende der Brücke sehen.

### Zweite Kontrolle

Meine Aufregung lässt die Tränen versiegen. Wie wird die zweite Kontrolle ablaufen? Ein Beamter winkt mich heran. Er reicht mir ein weißes Blatt Papier und sagt mir, dass ich meinen Vornamen, meinen Namen und meine Passnummer aufschreiben soll. Er sagt mir außerdem, dass ich heute die erste Touristin bin. Ich weiß nicht, warum, aber ich freue mich so über diese Nachricht, dass ich einen Luftsprung mache, am liebsten hätte ich noch einen Faustcheck mit dem Beamten gemacht. Für den Rest der Kontrolle nehme ich mich aber zusammen. »*Marine, das sind nicht deine Kumpel, mach halblang!*« »*Du bist hier an der Grenze zwischen Thailand und Myanmar!*« Ich versuche, wieder ernst zu werden.

Man schnappt mich schon vor dem Schlagbaum. Ich komme in ein Büro. Vor mir sitzen fünf Beamte, das Hemd halb offen und den Bauch auf den Tisch gestützt. Sie sitzen tief in ihren Sesseln und schauen mich misstrauisch an. Mir ist nicht mehr zum Lachen. Ich setze mich auf einen wackeligen Hocker und beobachte die Szene. Die Ventilatoren trocknen die Schweißperlen auf der Stirn der Beamten. Ich würde die Ventilatoren gerne auf mein Gesicht lenken, aber das käme jetzt nicht so gut. Alle dreißig Sekunden wische ich mir den Schweiß ab. Das Verhör beginnt. Auch sie sagen mir,

# Geist

dass ich die erste Touristin bin, die heute zu Fuß über die Grenze kommt. Sie scheinen erstaunt, ein bisschen überrascht zu sein, dass ich alleine über die Grenze gehe. *»Sie haben keine Begleitung?«*, fragt mich einer in burmesischem Englisch. Ich schüttele den Kopf und sage, dass ich keine habe. Seltsam, ich werde von vorne und von der Seite vor der Wand fotografiert, zwischen den Tischen und den Zigarettenstummeln, die aus den Aschenbechern quellen. Ich fühle mich wie in einem Film oder wie jemand, der als illegaler Einwanderer festgenommen wird. Ich antworte auf alle ihre Fragen und schaue mir genau die Ausreisedaten und das Ausreiseverfahren an. Ich will sicherstellen, dass ich bei der Ausreise keine Schwierigkeiten bekomme. Ich verstehe nicht alles und sage mir, dass ich später darüber nachdenken werde. Ich bin alleine mit fünf Soldaten in einer Wolke aus Zigarettenqualm. Der Beamte vor mir hat den Stempel in der Hand. Er ruft seinen vier Kollegen an ihren Schreibtischen auf Burmesisch etwas zu. Ich schaue wie gebannt auf diesen wertvollen Stempel in dieser Hand, die ihn immer noch nicht auf meinen Pass drückt. Der Beamte scheint sehr kleinlich zu sein. Ein paar Minuten später kommt die Erlösung. Der Soldat schlägt energisch meinen Pass auf und haut den dicken Stempel mit einem schnellen Ruck auf meinen Pass. Meine Einreisegenehmigung. Mein Sesam-Öffne-Dich. Innerlich jubele ich und rufe: »Yalla! Merci! Buddhas, zu mir!« Ich habe ein Lächeln von einem Ohr bis zum anderen. Endlich bin ich beruhigt. Ich gehe durch die Tür, verabschiede mich von allen und stürze mich ins Getümmel.

## Markt

Hunderte Händler preisen ihre Schnäppchen und Fahrgelegenheiten an. Ich bin in einer anderen Welt. Aber egal. Ich fühle mich wohl. Die Menschenmenge spiegelt meine innere Freude wider. Alle reißen sich um mich. Ganz anders als in Neuseeland, als mein Arm schon mal schwer wurde vom Daumen-Raushalten. Alle sehen

## Die Grenze

mich mit großen erstaunten Augen und einem breiten Lächeln an, wenn ich ihnen mit meinem riesigen Rucksack entgegenkomme. Schon zehn Leute wollten mir etwas verkaufen, von Bananen bis zur SIM-Karte, vom Waschmittel bis zum Taxi. Alle reden Burmesisch. Die Szene ist irre. Lkws, Vans, Fahrräder, überall Mopeds, man brüllt das Reiseziel.

Mein erstes Ziel: Geld wechseln. Aber wo? In diesem bunten und lauten Gewimmel ist das wie die Suche nach der Stecknadel im Heuhaufen.

Die Wechselstuben scheinen draußen auf dem Bürgersteig zu sein, und man ist dabei umringt von 50 Zuschauern. Ich kenne nicht einmal den Wechselkurs. Ich beschließe, mich ein paar Minuten hinzusetzen, damit ich nicht mitgerissen werde in dem Wahnsinnsgedränge. Ich muss Luft holen. Ich schaue mich um. Keine Wechselstube ...

Ich setze den Rucksack ab und hocke mich auf den Bürgersteig, um mir das Ganze anzusehen. Die Passanten gehen barfuß, und es ist schrecklich heiß. Die Händler tragen ihre Kisten, und entlang der Hauptstraße sitzen Frauen an kleinen verschiedenfarbigen Tischen. Sie verkaufen Lebensmittel und SIM-Karten. Und mit der Zeit stelle ich fest, dass sie die Wechselstuben sind. Vielseitig, die Mädels! Es ist ein Markt, ein schöner Markt. Als ich mit dem ersten Myanmaren spreche, erschrecke ich, er hat den Mund voller Blut. Eine knallrote Flüssigkeit läuft ihm aus dem Mund. Ich habe das Gefühl, dass er mir gleich einen Backenzahn ins Gesicht spucken wird. Ein paar Minuten später stelle ich auf meinem Beobachtungsposten fest, dass fast allen Männern diese rote Spucke aus dem Mund läuft. Ich weiß immer noch nicht, warum, aber ich sage mir, dass das dort wohl so üblich ist.

Nach einigen Minuten befreit mich ein Myanmare aus meinem Beobachtungsstatus. Er spricht gut Englisch, und ich habe Vertrauen zu ihm. Er erklärt mir, wo ich Geld wechseln soll, damit ich nicht ausgenommen werde. Ich weiß nicht, ob es stimmt, aber ich beschließe, ihm zu glauben. Mir bleibt nicht viel anderes übrig. Ich bin alleine und genieße meine Freiheit, hier zu sein, in einer anderen Kultur. Ich wechsele etwas Geld für eine Flasche Wasser und die ersten Ausgaben in Myanmar.

# 26
## Auf dem Weg nach Yangon

Ich muss ein Auto finden, das mich nach Yangon mitnimmt. Ich frage mit meinem Taschenwörterbuch nach den Reisezielen. Auf sechs Seiten wird beschrieben, was man fragen muss. Alle, die ich frage, ob sie mich nach Yangon mitnehmen, sagen »Ja«. Ich habe die Qual der Wahl. Hätte ich als Ziel Tahiti angegeben, hätten sie mir wohl auch »Ja« geantwortet. Das burmesische Ja gilt für alle Reiseziele. Ich bin wie in Trance. Jedes Gespräch bringt mich zum Lachen. Ich freue mich so, hier zu sein. Ich bin ängstlich und glücklich gleichzeitig.

## Zauberbus

Ich gehe zu einem Kleinbus und bitte den Fahrer, mich nach Yangon mitzunehmen. Ich weiß weder, wohin es geht, noch wie. Etwas skeptisch setze ich mich in den Bus. Nachdem ich meinen Rucksack abgelegt habe, fangen sie an, die Rücksitze auszubauen. Was geht hier vor? Ich bin der erste Passagier und brauche keine vier Sitzplätze. Man teilt mir mit, dass der Bus in 40 Minuten abfährt. Ich vergewissere mich, dass er nach Yangon fährt, und obwohl ich nichts verstehe, grinse ich von einem Ohr zum anderen. Ich bin so froh, endlich auf diesem Boden zu sein. 40 Minuten lang wird der Bus mit Menschen beladen und mit Koffern, die in die Luft

## Auf dem Weg nach Yangon

geworfen werden und verschwinden. Ich beginne zu verstehen, warum die Sitze ausgebaut wurden. Niemand spricht Englisch. Ich kommuniziere, indem ich auf alles mit einem Lächeln antworte. Es macht mir Spaß, nichts zu verstehen. Ich sitze im Bus, und plötzlich prallt mein Kopf gegen die Scheibe. Ich stehe sofort auf und steige aus, um herauszufinden, warum der Bus so hin und her geschaukelt wird.

Ich schaue am Bus hoch und sehe fünf Männer, die gerade einen Kühlschrank und ein Moped auf die Koffer packen. Der Anblick macht mich sprachlos. Wo bin ich hier bloß gelandet? Diese Reise hält immer wieder schöne Überraschungen für mich bereit. Der Bus wächst immer weiter in die Höhe. Ich betrachte das chaotische Monstrum, mit dem ich reisen werde, und kann in dem Moment keine einzige Frage stellen.

Meine Lektion Myanmar hat begonnen. Ich bin hierhergekommen, um meinen Kopf arbeiten zu lassen, und habe jetzt das Gefühl, dass man von mir verlangt, ihn auszuschalten. Erstaunlich, wie man sich an Situationen gewöhnen kann, die man nicht versteht. Ich weiß immer noch nicht, ob sie meinen Zielort richtig verstanden haben, und versuche mich zu vergewissern. Ans Fenster gedrückt kann ich gerade noch so mit beiden Pobacken auf dem letzten Platz sitzen. Wir sind mit 14 Personen in einem Bus für sieben. Es ist kein Quadratzentimeter Platz übrig. Ich stelle fest, dass alle eine Plastiktüte haben, die Erwachsenen in der Hand und die Kinder um den Hals gehängt. Ein paar Kurven später verstehe ich, warum. Die Hälfte der Passagiere hängt über ihren Tüten. Es ist ein gut einstudiertes Ritual, man kotzt kontrolliert. Auf meiner linken Schulter liegt der Kopf von einem Säugling, seine Mama teilt mit mir den Sitz. Vor mir liegen 20 Stunden Fahrt. Eine heftige Dosis für jemanden, der noch nie eine besondere Schwäche für Babys hatte. Diese abgefahrene Situation bringt mich zum Lachen, ich kann nicht anders. Ich lache vor mich hin. Meine erste myanmarische Lektion: Überraschungen lieben und ihre Botschaft entschlüsseln. In diesem Bus bekomme ich auch sehr bald die Antwort auf die Frage nach der roten Brühe im Mund der Männer. Sie kommt von der Betelnuss, die sie lange kauen, dadurch wird der rote Farbstoff freigesetzt. Einer spuckt mehr als der andere.

Ich bin erst am Anfang der Fahrt. Ich werde noch mehr Überraschungen erleben. Ein paar Kilometer weiter hält der Bus abrupt an. Die Türen werden aufgerissen, und zwei Polizisten schauen misstrauisch in den Bus. Sie sehen sich alle Passagiere genau an und entdecken, ans Fenster gedrückt, mich. Sie zeigen auf mich. Der Polizist fängt an zu reden, und alle antworten ihm. Ich erstarre. Der ganze Bus redet auf mich ein. Sie machen mir unverständliche Zeichen. Die beiden Polizisten mit ihren Gewehren auf dem Rücken sehen so aus, als wollten sie mich aus dem Bus holen. In Panik suche ich nach meinem kleinen Wörterbuch, um etwas sagen zu können. Ich kann es nicht finden. Ich bekomme noch mehr Panik. Ich habe Angst. *Werden sie mich nach Thailand zurückschicken?* Die Beamten verklickern mir schließlich, dass ich mein Visum vorzeigen soll. Pech, das ist in meinem Rucksack, und der liegt unter einem Haufen Zeug im Kofferraum. Ich steige aus und lasse die Bustür offen. Jeder könnte sich meine wichtigsten Sachen einfach so schnappen. Ich bin wie gelähmt. Wie ferngesteuert gehe ich zum Kofferraum, mit dem Busfahrer, der mir beim Ausräumen helfen soll. Nach langen Minuten finde ich mein Gepäck, zeige den Beamten mein Visum, während am Bus ständig Fahrräder und Mopeds vorbeifahren und meine persönlichen Sachen sichtbar daliegen. Jeder könnte sie sich einfach so nehmen. Ich habe Panik. Ich kann mich nicht bewegen. Ich warte zitternd, bis der Beamte mein Visum geprüft hat. Endlose, unerträgliche Minuten. Der Polizist gibt mir das Visum zurück, und ich renne zur Bustür.

## Auf dem Weg nach Yangon

Meine Tasche ist noch da. Uff! Ich klettere in den Bus, es ist mir unangenehm, dass ich alle aufgehalten habe. Alle sehen mich an. Und lächeln freundlich. Es ist mir peinlich, diesen Aufstand verursacht zu haben.

»*Sorry, sorry, sorry*«, sage ich auf dem Weg zu meinem Platz. Das war die erste Kontrolle. Insgesamt werden es drei sein. Dreimal werde ich aussteigen.

Ich fühle mich wie ein illegaler Einwanderer, der von 14 Personen in einem Bus geschmuggelt wird. Ich bin die einzige Ausländerin und blond noch dazu.

Nach drei Stunden Fahrt wieder ein Halt, diesmal zum Essen und um den Motor und die Reifen abkühlen zu lassen. Der Bus qualmt. Der Fahrer begießt die Motorhaube und die Reifen mit reichlich Wasser aus einem Schlauch. Das erlebe ich auch zum ersten Mal. Ich stelle mir dieses Schauspiel bei einer Tankstelle auf der französischen Autoroute A6 vor. Ich überlasse meinen Rucksack seinem Schicksal, nehme aber meine Tasche mit, ich bin misstrauisch. Jedes Mal, wenn ich aussteige, steigt ein lächerliches Misstrauen in mir auf. Es wird mir bewusst, wie absurd mein Misstrauen ist, wenn ich sehe, dass diese Bevölkerung solche Sorgen nicht kennt. Alle paar Minuten schaue ich nach, ob mein Handy, mein Portemonnaie und meine anderen Sachen noch in der Tasche sind. Ich dachte, ich würde nicht an Dingen hängen … und stelle fest, dass ich sehr abhängig bin. Seltsam. Ich habe den Eindruck, dass mich die Dinge im Griff haben, sie fesseln mich. Ich entspanne mich ein bisschen und stelle plötzlich den Unterschied zwischen ihnen und mir fest. Sie scheinen frei zu sein, ich nicht. Ich bin an meine Sachen gebunden. Ich muss wieder lachen, als ich feststelle, wie lächerlich ich mich verhalte.

Mein Magen meldet sich. Eine Frau am Straßenrand bietet mir ihr Menü an. Ich bestelle Reis. Sie besteht darauf, mir ein bisschen

# Geist

Fischcurry dazuzugeben. Ich gebe nach und probiere ein bisschen. Drei Sekunden später kündigt sich ein Tsunami an. Ich muss schnell auf Toilette, aber wo?! Ich sehe keine. Ohne zu überlegen, klopfe ich neben dem Straßenrestaurant an eine Tür und hoffe, dass man mich reinlässt. »*Toilet, toilet, toilet!*«, rufe ich meine Bitte. Eine alte Frau öffnet die Tür und bittet mich herein. Ich bin gerettet. Ich renne durch das Miniwohnzimmer und lande in der Toilette mit Minimalausstattung: kein Sitz, kein Papier, nur ein Eimer Wasser.

Mitten in dieser Erleichterung stelle ich fest, dass ich in der Eile alle meine Sachen in dem Straßenrestaurant gelassen habe. Erstaunlicherweise lächle ich in diesem kurzen Moment des Alleinseins. »Ich fange an mich zu lösen«, sage ich mir. Die Erlösung ist körperlich und seelisch! Innerlich strahle ich vor Freude. Dort, wo ich meine Sachen in der Eile stehen gelassen habe, finde ich sie wieder.

Als ich zum Bus komme, stelle ich fest, dass ich die Letzte bin, die einsteigt. Alle warten auf mich. Ich weiß nicht, wo ich hingucken soll, noch dazu sieht man mir an, dass ich ein Problem habe. Zwei Stunden später muss ich schon wieder rennen. Chili und Fisch melden sich noch einmal. Ich werde es nicht halten können, ich muss raus aus dem Bus. Keine Kommunikation möglich. Ich rede mit Händen und Füßen. Ich zeige ihnen, wie dringend sie anhalten müssen. Es scheint den Fahrer zu amüsieren, und er kommt meiner Bitte nach. Diesmal lasse ich alle meine Sachen im Bus, springe raus und suche eine Toilette. In Frankreich wäre mir nie eingefallen, bei jemand Wildfremdem reinzugehen und zu sagen: »*Sorry, wo ist Ihre Toilette, bitte.*« Krass! Aber genau das habe ich gerade gemacht. Alle meine Sachen und mein Pass sind in diesem Bus, und ich bin in einer der unangenehmsten Lagen bei wildfremden Leuten. Als ich herauskomme, ist der Bus noch da. Ich renne darauf zu. Alle schauen aus dem Fenster zu, wie ich heranspurte. Der Fahrer fährt aber los und beschleunigt. Ich rufe und gestikuliere in Panik, und

## Auf dem Weg nach Yangon

der ganze Bus fängt an zu lachen. Sie sind nicht nur nett und verständnisvoll, die Leute haben auch noch Humor. Tausend Dank.

Eine Stunde später wieder ein Halt. Diesmal ist nicht mein Magen schuld, sondern wir liefern etwas ab. Ein Kühlschrank, der auf dem Dach dem Wind getrotzt hatte, wird abgeladen. Alle steigen aus, um das Gepäck abzuladen. Und ein paar Minuten später ziehen wir alle in ein kleines Haus ein. Drinnen sind einige Männer dabei, die Wände zu streichen. Wenige Minuten später haben alle Passagiere einen Pinsel in der Hand und streichen dem glücklichen Mieter oder Besitzer die Wohnung. Ich wollte eigentlich nach Yangon und streiche bei einem Wildfremden unterwegs die Wohnung. Ich verstehe nicht, warum, aber mache gerne mit. Nach 40 Minuten Malerarbeiten sehen die Wände wie neu aus. Die Waren werden geliefert, und ich weiß immer noch nicht, wo ich bin. Macht nichts. Ich kann total loslassen. Ich stelle mir keine Fragen mehr. Ich werde Myanmarin. Wir steigen wieder ein.

Zwei Stunden später noch ein Halt. Bei einem etwa 40-Jährigen wird ein Moped eingetauscht. Dann wird einige Kilometer später ein großer Sack Reis am Straßenrand abgeladen, und eine alte Frau nimmt ihn in Empfang. Ich versuche nicht mehr, es zu verstehen. Der Akku ist leer, und ich weiß nicht, wo ich bin. Ein- oder zweimal habe ich den Fahrer gefragt: »Yangon?« Er sieht mich mit einem breiten Lächeln an und macht die Geste »Daumen hoch«. Ich gebe mich damit zufrieden und drücke mein Gesicht nach jedem Halt wieder ans Fenster. Nicht lange. Ein paar Minuten später hält der Bus in einem kleinen Dorf. Wenn man nicht reden kann, beobachtet man mehr. Man nimmt mehr wahr als sonst. Als ich aussteige, werde ich von einem Dutzend Kinder umringt, die mich anstrahlen. Das ist sehr bewegend. Ich bin ganz verlegen. Eine Frau kommt von irgendwo her und legt mir ihr Baby in die Arme. *»What?«* Aber

## Geist

warum mir? Ich kann mit Kindern nicht umgehen! Es sieht mich mit großen runden Augen an. Die anderen Passagiere machen sich aus dem Staub. Und ich stehe hier mit einem Baby auf dem Arm in einer Gasse mit fremden Kindern, von denen die Hälfte nackt ist oder ein Tuch statt Höschen anhat. Dann sehe ich plötzlich den Kopf der Mama, die mir aus einem Haus zuwinkt. Ich weiß nicht, ob ich hingehen oder beim Bus bleiben soll.

Ich gehe in das Haus, und man bietet mir zu essen, zu trinken oder eine Toilette an. Ich setze mich am Eingang auf einen kleinen Hocker und habe das Baby noch auf dem Arm. Ich sehe, wie sich meine Busnachbarin mit der Bewohnerin des Hauses unterhält. Freundinnen. Plötzlich wird gerufen, meine Nachbarin macht mir Zeichen, die Frau nimmt ihr Baby zurück, und wir rennen Hand in Hand zurück zum Bus. Ich steige lächelnd ein und freue mich, diese kleine Familie kennengelernt zu haben, mit den lächelnden Kindern, die einem das Herz aufgehen lassen.
In weniger als einer Minute schlafe ich wie ein Baby. Ich bin so erschöpft, der Bus kann hüpfen und abheben bei den Schlaglöchern, ich schlafe fest. Es wird schon dunkel nach 14 Stunden Fahrt. Es wird Zeit, dass wir ankommen. Eine Stunde später halten wir an, um irgendwem irgendwas zu liefern. Nach diesen vielen Überraschungen reißt mich eigentlich nichts mehr vom Hocker, aber diesmal sind es meine Ohren, die sich wundern und mich aus dem Schlaf holen. Stellt euch vor: Der Bus bremst urplötzlich, mitten in der Nacht. Aus dem Fenster sehe ich einen kleinen Platz, auf dem einige Musiker ein improvisiertes Konzert geben. Ich taumele aus dem Bus und öffne vorsichtig die Augen ... Wo bin ich? Die Myanmaren tanzen, und die Musik weckt meine Beine auf. Ich bin mittendrin und springe, wirbele und gestikuliere wild herum. Ich verstehe noch nicht so ganz, was gerade passiert. Diese Fahrt ist voller Überraschungen. Die kleine Musikpause gefällt mir gut.

## Auf dem Weg nach Yangon

Aber die Nacht bricht an, und ich weiß immer noch nicht, wann ich in Yangon ankomme. Alle schlafen oder unterhalten sich mit dem Fahrer. Ich habe den Eindruck, dass sie sich schon lange kennen. Aber das ist nur ein Eindruck.

Mit der Zeit wird der Bus immer leerer. Ich sehe immer noch keine Stadt, nur Landschaft. Dann halten wir wieder plötzlich an. Eine Familie mit Säuglingen und Kindern steigt ein, und ich muss aussteigen! Ich weiß nicht, was los ist. Es ist dunkel, und meine Stirnlampe ist ganz unten in meinem Rucksack. Ohje! Alle meine Sachen sind im Bus.

Wird mitten in der Nacht alles umgepackt? Scheint alles normal zu sein. Ich lade ein und weiß gar nicht, was ich alles in der Hand habe. Wir fahren sehr schnell weiter. Mir kommt die Angst, dass mir etwas runtergefallen ist und ich es nicht bemerkt habe. Ich hoffe, dass alle meine Sachen dabei sind. Die Passagiere vorne fangen an, mir etwas zu sagen. Ich bin verwirrt. Ich bekomme es mit der Angst zu tun. Es ist Nacht, mein Akku ist leer, ich bin irgendwo kurz vor Yangon und muss irgendwie zu Blandine finden, einer ehemaligen Nachbarin aus meiner Heimatstadt Garches. Sie hat mir angeboten, dass ich bei meiner Ankunft in Myanmar bei ihr übernachten kann. Ich weiß noch nicht, wo ihre Wohnung ist; und plötzlich hält der Bus an. Der Fahrer öffnet die Türen an einer Nationalstraße, wo die Autos wie auf einer Autobahn fahren. Er erklärt mir, dass ich aussteigen muss. Ich erfahre, dass er mich nicht nach Yangon fahren kann und ich mit dem Taxi weiterfahren muss. Ich finde es unheimlich, alleine im Dunkeln an dieser Nationalstraße zu sein. Ich kann nichts sehen und von den Autos nicht gesehen werden, weil ich kein Licht habe. Der Fahrer hilft mir über die Straße, auf der es keine Geschwindigkeitsbegrenzung gibt. Das ist, als ob du in Paris die Ringautobahn überqueren wolltest. Er versucht, auf dieser mörderischen Straße ein Taxi für mich zu finden. Keiner hält an. Er sagt mir, dass ich stehen bleiben soll, und erkundigt sich in der

# Geist

Umgebung. Ich weiß nicht, wie mir geschieht. Das ist der absolute Stress. »*Mit wem werde ich fahren? Wie? Was wird das kosten? Wer spricht hier bitte Englisch?*« Plötzlich hält ein Auto an. Ist das ein Taxi? Keine Ahnung, es steht nichts dran. Die Fahrer sprechen miteinander. Ich steige ein, schließe die Augen und vertraue. Alles wird gut gehen. »*Alles wird gut gehen*«, versuche ich mein geschocktes Gehirn zu beruhigen. Der »Taxi«-Fahrer spricht Burmesisch mit mir, ich kann das immer noch weder sprechen noch verstehen. Ich bin am Ende ... Ich habe noch nie eine so lange Fahrt gemacht. Ich zähle die Stunden nicht mehr. Ich denke an alles, was passiert ist, und bekomme einen nervösen Lachanfall. Verrückt!

Eineinhalb Stunden fahre ich mit zwei weiteren Myanmaren und kann kein Auge zumachen, obwohl ich todmüde bin. Im Dunkeln taucht Yangon auf mit seinen bunten Lichtern. Ich bin da. Also fast. Man setzt mich in einer Straße ab, aber das ist nicht die richtige. Ein paar Minuten später und nach einigem Herumsuchen komme ich schließlich bei der Adresse an, die ich auf ein Stück Papier gekritzelt habe. Die Expedition ist beendet, nach etwa 18 Stunden Geschichten, Überraschungen, Panik, Warten, Kontrollen, Angst und Zweifeln. Es waren alle Gefühle vertreten auf dieser außergewöhnlichen Fahrt. Sie war kurios, risikoreich und rücksichtsvoll. Im Moment habe ich nicht den Kopf, um darüber zu reden. Ich begrüße meine Gastgeberin. Merci, Blandine, für das Bett und die Aufnahme. Ich muss schlafen. Ich bin todmüde.

## Yangon

Ich bleibe nicht lange in Yangon. Ich bereite mich auf den Norden vor. Ich habe einen Brief an das Kloster geschrieben, wo ich zehn Tage lang ein Schweige-Retreat machen möchte. Ich habe ihnen meine Telefonnummer und meine E-Mail-Adresse gegeben. Diese Etappe sehe ich etwas skeptisch, aber mein Vertrauen ist stärker als alles andere. Die Zeit, in der ich auf eine Antwort vom Kloster auf meine Anfrage warte, möchte ich im Norden Myanmars verbringen. Ich möchte diese Kultur kennenlernen, die mich immer schon fasziniert hat, ohne zu wissen warum. Ich weiß nichts oder so gut wie nichts über dieses Land, aber ich möchte unbedingt seine Riten und Traditionen kennenlernen.

## 27
## Nord-Myanmar

Die Abfahrt ist am Tag nach meiner Ankunft, und es warten 13 Stunden Busfahrt auf mich.
Erst einmal entdecke ich Myanmar mit den Augen von französischen Auswanderern. Heute Abend gehe ich mit Franzosen essen, die in Yangon arbeiten, im Alter zwischen 25 und 40 Jahren. Das Ambiente ist sehr schick, die Karte enthält mein Lieblingsgericht, und Jazz-Musiker bringen meinen Magen in Schwung. Der Ort lädt zum Entspannen ein, die Atmosphäre stößt mich aber ab. Ich habe auf diesen paar Quadratmetern das Gefühl, mitten in Paris zu sein. Eine andere Einrichtung, und die Atmosphäre ist total anders. Ich bin in einem Universum gelandet, in dem ich mich nicht zurechtfinde. Der Kulturschock wird mir in wenigen Sekunden bewusst. Die Franzosen, die um den Tisch sitzen, trösten sich gegenseitig wegen des ganzen Elends hier. Je härter die Kritik an diesem Land, das sie aufnimmt und von dem sie profitieren, ausfällt, desto besser. Wer seine Verachtung am besten ausdrücken kann, hat gewonnen. Es ist kein Austausch. Was will ich hier? Ich fühle mich nicht wohl. Ich will am liebsten meine Beine in die Hand nehmen und meine Lachsnudeln stehen lassen. Mir vergeht der Appetit bei so vielen negativen Energien und Gedanken. Ich bemühe mich zu lächeln,

## Geist

aber ich bin innerlich abwesend. Ich träume von meinem Topf mit Tomatensuppe und meinem Zelt. Ich habe das Bedürfnis, allein zu sein. Nach diesen harten Worten am Abend sitze ich im Taxi und will einfach nur alles Gehörte so schnell wie möglich vergessen.

Am nächsten Morgen bin ich aufgelöst. Als ob ich diese ganzen selbstgerechten Worte loswerden müsste. Mein Herz rebelliert dagegen. Ich habe Angst, mich zu verlieren, mich nicht wiederzufinden, nicht mehr ich selbst zu sein, wenn ich mit den Leuten zusammen bin, deren Kommunikation einzig aus Kritik besteht. Der Kloß im Hals ist eine Billardkugel, die verrückt spielt. Es geht mir schlecht. Meine Nerven reißen, ich weine hemmungslos. Ich versuche, mich zu beruhigen. Diese Krise kommt sicher daher, dass ich in zehn Tagen diese Schweigetage machen will, denen ich mit gemischten Gefühlen gegenüberstehe, und vor der Reise in den Norden habe ich ebenfalls Schiss. Es geht mir so schlecht wie noch nie auf meiner Reise.

Ich habe nichts mehr im Griff. Und ich weiß nicht, warum. Ich sehe nur das Negative und leide, weil niemand mir zur Seite steht. *»Beruhige dich, Marine, atme durch. Bleib am Boden und mach dir keinen Kopf.«* Ich sehe mir erst einmal an, was ich vorbereitet habe. Das ist auch dringend notwendig: Ich habe nichts vorbereitet. Ich bekomme noch mehr Angst. Ich schreie innerlich: *»Scheiße, so bin ich doch nicht! Das passt doch gar nicht zu mir! Was ist los?«* Ich bin gerade angekommen, habe kein Ziel, keine Richtung, niemanden, nur Fremde, um dieses zweite Kapitel zu beginnen. Diese andere Kultur macht mir wahrscheinlich Angst, obwohl ich es kaum erwarten kann, in den Norden zu kommen und die Bevölkerung aus einem anderen Blickwinkel zu erleben. Dass ich keine Antwort aus dem Kloster bekomme, macht die Leere um mich herum noch größer nach der erlebnisreichsten Fahrt meines Lebens. Ich bin voll verpeilt. Ich warte, dass es Nacht wird, und beruhige mich: *»Morgen geht's besser!«*

# Nord-Myanmar

Ich gehe schlafen, benommen und beruhigt. Der Schlaf hat eine aufbauende Wirkung. Am nächsten Tag um 13 Uhr geht's los.

## Pyin Oo Lwin

Um 5.30 Uhr morgens werde ich in Pyin Oo Lwin ankommen, in einer kleinen Stadt. Ich steige aus. Nach meinen und Blandines Berechnungen habe ich 50 Minuten Weg bis zur Herberge. Ich gehe durch die verschlafene Stadt, schaue rechts und links und freue mich, dass ich in diesem neuen Land angekommen bin. Ich beobachte, wie die Stadt erwacht: Die kleinen Läden werden geöffnet, die Tiere schlafen noch auf der Straße, die Kühe und Schafe werden wach, überall sind Hunde und Katzen. Wie schön, diese Gassen am frühen Morgen zu erleben, wenn die Händler langsam an die Arbeit gehen. Ich bin barfuß, weil meine Flipflops den Geist aufgegeben haben.
Aber das Leben ist großzügig. Ich finde ein paar Minuten später ein neues Paar Schuhe. Ich schlendere dahin. Das ist angenehm. Mein Rucksack ist ohne Zelt leichter, sehr bequem zu tragen.
Eine Stunde später sehe ich von Weitem einen Mann im Anzug. Er kommt mir auf dem gegenüberliegenden Bürgersteig mit festem Schritt entgegen. Er sieht mich. Ich lächele ihn an und verbeuge mich zum Gruß. Er lacht schallend, kommt, ohne zu zögern, über die Straße auf mich zu und zeigt mir mit einer Handbewegung, dass ich ihm folgen soll. Ich weiß nicht, auf was ich mich da einlasse, aber ich folge ihm. Sein freundliches Lächeln und seine strahlenden Augen ziehen mich an.

Ein paar Minuten später stehe ich vor der Tür einer Kirche, bestimmt die einzige in der ganzen Region. Er macht die Tür auf und bittet mich einzutreten. Ich weiß nicht, worum es geht, aber ich lasse mich auf seine Aufforderung ein und gehe mit in die Kirche. Unglaubliche Szene! Ich komme mitten in eine myanmarische

# Geist

Hochzeitsfeier mit wunderschönen Gesängen – himmlisch. Der Mann lächelt mir zu, als wäre ich seine Tochter und würde auf dem roten Teppich zum Altar schreiten. Ich gehe mit großen Augen und meinem großen Rucksack hinein, den Rucksack stelle ich leise hinten ab. Ich setze mich und erlebe das Ende der Zeremonie mit kräftigem und schönem Gesang. Als ich mich von ihm verabschieden und weiter zu meiner Herberge gehen will, werde ich daran gehindert. Mein Reiseführer, der Brautvater, besteht darauf, dass ich zum Empfang bleibe. Ich traue mich nicht und lehne ab, gebe aber ihrem Drängen schließlich nach. Und ein paar Minuten später, nach 13 Stunden Busfahrt, sitze ich in den letzten Klamotten (genauer gesagt im Schlafanzug) bei den Brautleuten am Tisch. Ich hatte schon kompliziertere Empfänge. In wenigen Sekunden springen alle um mich herum und bedienen mich. Sie fragen, ob ich Hunger habe oder Durst. Sie nehmen mir meinen Rucksack ab. Ich kenne niemanden, habe aber das Gefühl, bereits zur Familie zu gehören. Ein Mann, der Englisch spricht, unterhält sich ein bisschen mit mir. Er setzt sich neben mich. Ich fühle mich wie die Braut. Ihre Freundlichkeit ist umwerfend.

Ich denke fast, es müsste irgendwo eine versteckte Kamera sein. Das übersteigt jede Fantasie. Was für eine Ausstrahlung und vor allem wie natürlich! Ja, es gibt ihn, DEN Menschen, ich habe ihn kennengelernt. Den guten, den wohlwollenden, den gütigen, den echten – es gibt ihn. Und er ist Myanmare! Ich werde eingeladen, mich auszuruhen und den ganzen Tag zu bleiben. Gefangen in der Denkweise einer jungen Europäerin, lehne ich ab und gebe vor, Vorbereitungen machen zu müssen. Drei Stunden genieße ich ihre Art zu sein, zu leben, ich genieße ihre Blicke, die Güte, die aus ihren Augen strahlt und wärmt wie ein Feuer im Winter. Ich verabschiede mich und bedanke mich herzlich bei allen. Sie geben mir ihre Telefonnummer, damit ich mich bei ihnen melden kann, und der Fami-

## Nord-Myanmar

lienvater bietet mir seine Hilfe an, falls ich irgendein Problem habe. Ich habe das Gefühl, einen myanmarischen Papa zu haben. Mein Rucksack ist interessant. Seine Größe schockiert sie. Alle wollen ihn einmal auf den Rücken nehmen. Alle Frauen machen sich daran, ihn unter endlosem Gelächter auf ihre Schultern zu hieven. Nach vielen Umarmungen verschwinde ich und lasse sie weiterfeiern, ich habe innerlich aufgetankt und bin verlegen. Merci!

*Wieder alleine am Straßenrand merke ich, was diese Menschen mir für eine Kraft gegeben haben. Die Kraft dieser unlösbaren Verbindung in der Familie, mit all den Werten wie Teilen, Wohlwollen, Solidarität. Warum habe ich mich nicht getraut, ihre Einladung anzunehmen? Warum habe ich die ausgestreckte Hand nicht ergriffen? Auf der Straße stürzen diese Fragen auf mich ein. Bin ich wirklich so offen wie ich denke? Ich bin doch gewohnt, anderen gegenüber offen zu sein. Bin ich im Grunde viel verschlossener, als ich vorgebe oder als ich nach außen zeigen möchte? Man begeistert sich häufig für die Dinge, die man selbst nicht tut, oder? Hier ist es selbstverständlich, mit anderen, mit einem Fremden zu teilen. Ich habe so etwas in Europa oder zumindest in Frankreich nie erlebt. Diese Begegnung hat meine Grundsätze infrage gestellt. Eine solche Großzügigkeit und Freundlichkeit lässt mich egozentrisch und egoistisch dastehen. In dieser Familie wird genauso viel geredet wie gelächelt. Einem Menschen auf der Straße ein Lächeln zu schenken kann ein Leben verändern. Und wie ist das bei uns?*

*Man wird misstrauisch, wenn jemand lächelt. So weit ist es in unserer sogenannten zivilisierten Gesellschaft gekommen. Als ob man das Glück nicht teilen könnte. Warum ist es so kompliziert, unser Glück zu zeigen? Warum fällt es mir so schwer, das eigene Glück zum Ausdruck zu bringen? Wir kontrollieren alles. So gründlich, dass wir sogar das kontrollieren, was wir gerne mit den anderen teilen möchten. Ich gehe und bin mit den Gedanken woanders ... Diese Familie hat mich total umgehauen, ein solches Glück stellt einen echt infrage.*

Geist

## Good news

40 Minuten später komme ich schließlich bei meiner Herberge an. Die Zimmer sind nicht fertig. Macht nichts. Ich lege den Rucksack ab und die ganzen Klamotten, die gewaschen werden müssen. Ich leihe mir ein Fahrrad und besichtige die Stadt. Ich besuche den Botanischen Garten, von dem man mir erzählt hat, und bestelle mittags an einem See Sushi. Ich bin alleine, als hätte ich nicht schon genug Alleinsein gehabt, als ob ich mich auf diese Isolation vorbereiten will, die ich in ein paar Tagen erleben werde. In dem kleinen Restaurant beobachte und analysiere ich. Ist das schön, so zu reisen! Mein Handy meldet eine Nachricht. Ich lese sie. Das Kloster bestätigt meine zehn Einkehrtage. Ich bin erleichtert, freue mich und lächle. Ich fühle mich in dieser Stadt wohl, so wohl, dass ich am liebsten hier mit den Einkehrtagen beginnen würde. Aber genießen wir erst einmal den Moment. Ich merke, dass ich die Gefühle in den Griff bekommen muss, die zu stark sind. Dieses Land hat etwas Magisches. Etwas, das ich nicht beschreiben kann. Ein merkwürdiges Gefühl. Ich habe bei den Myanmaren eine unglaublich große Hilfsbereitschaft erlebt. Das erkenne ich gleich, wenn ich an einem Ort ankomme. Als ich den Botanischen Garten gesucht habe, sind fünf Leute stehen geblieben, um mir den Weg zu zeigen, und wollten nichts dafür haben. Diese freiwillige Hilfsbereitschaft überwältigt mich.

Ich stehe erst am Anfang. Nach dieser Pause gehe ich wieder in die Herberge, um mich etwas auszuruhen. Ich lege mich hin und schlafe bis zum nächsten Morgen.

## Anisakan-Fälle

Bei der Hochzeit hatte mir eine junge Frau gesagt, ich soll mir unbedingt die Wasserfälle ansehen. Blandine hatte mir auch davon erzählt. Sie sind vom Hotel mit dem Roller in 20 Minuten zu erreichen. Ich finde einen Myanmaren, der mir anbietet, mich hin-

## Nord-Myanmar

zufahren. Bei der Ankunft will ich bezahlen, aber er lehnt ab und wünscht mir einen schönen Tag. Ich bleibe mit meinen Scheinen in der Hand zwei geschlagene Minuten stehen und sehe ihm nach. Wo bin ich? Ich stecke das Geld wieder in meinen Rucksack und steige zu den Wasserfällen hinunter. Der Weg ist wunderschön und schlängelt sich durch die Berge. Der Boden ist sehr steinig und rutschig. Ich komme an einer Baustelle vorbei, wo bei 40 °C gearbeitet wird. Alle hören auf zu arbeiten und sehen mich neugierig an, wie ich mit meinem kleinen Rucksack vorbeikomme. Sie fragen sich sicher, was ich hier so alleine mache ...

Es wächst Farnkraut, das mich an manche Wege in Neuseeland erinnert. Nach einer Stunde kann ich die Wasserfälle bereits hören. Ich werde schneller, damit ich dieses soundsovielte Naturwunder erlebe. Noch ein Hügel, und ich werde von einem unendlich majestätischen Anblick überwältigt. Wasser stürzt in unerschöpflichen und gewaltigen Strömen von den grauen Felswänden hinab und wird von den Sonnenstrahlen durchdrungen – eine wundervolle Ton- und Lichtshow. Ich bin allein, zumindest im Moment. Als ich weitergehe, sehe ich drei junge Leute, die auf den Felsen sitzen und sich die belebenden Luftsprünge der Natur ansehen. Auf der gegenüberliegenden Seite der Wasserfälle steht eine kleine Pagode. Eine was? Ich wusste das noch nicht, aber eine Pagode ist ein Ort für Meditation und Einkehr, den man für Buddha aufstellt. Wunderbar.
Ich bleibe ein bisschen auf den Felsen stehen und bewundere die Wasserfälle. Ich ziehe meine Schuhe aus, um meine Füße einzutauchen. Plötzlich sind die jungen Leute auf den Felsen verschwunden. Sie sind hinter mir. Einer von ihnen spricht mich auf Englisch an, so gut er kann. Er fragt mich, wie ich heiße und ob es mir gut geht. Es ist angenehm, wenn dich jemand als Erstes fragt, wie du dich fühlst, und nicht, was du beruflich machst. Sie schlagen mir

# Geist

vor, baden zu gehen. Ich nicke begeistert, aber sie sagen mir, dass sie nicht gut schwimmen können. Sie fragen mich, ob ich schwimmen kann. »Ja, ganz gut«, antworte ich. Da gehen sie plötzlich weg und kommen einen Augenblick später mit einem Schwimmreifen zurück. »Nimm den, und wir helfen dir wieder raus, wenn du nicht zurechtkommst.« Ich nehme den Ring und bedanke mich. Ich gehe ein Stück weg, um meinen Badeanzug anzuziehen, da höre ich sie lachen. Einer von ihnen erklärt mir, dass man hier mit Kleidung baden geht. Mehr braucht es nicht. Ich überlege keine Sekunde und springe mit allen meinen Klamotten mitten in das türkisblaue Wasser, in das sich die Wasserfälle stürzen. Eine wahnsinnige Kraft und Freiheit! Dieses Wasser, das auf meinen Kopf prasselt, tut mir unglaublich gut. Ich kugele mich vor Lachen und die anderen auch. Ich merke, dass sie auch gerne baden möchten. Eine kurze Überlegung, und sie sind mit dem Schwimmring im Wasser, und ich mache die Bademeisterin. Dieses Baden und Lachen tut mir unwahrscheinlich gut.

Wir stellen uns im Wasser einander vor. Sie leben in Yangon und kommen so oft wie möglich hierher, um Kraft zu schöpfen. Es ist ihr kleines Paradies. Der eine ist Koch, der andere ist noch Student, und der Dritte arbeitet in Yangon, aber ich weiß nicht, in welchem Beruf. Nach dem Baden schlagen sie mir vor, etwas weiter in den Bergen essen zu gehen. Ich folge ihnen, und wir kommen zu einer kleinen Hütte – an einer Stelle, wo man es nicht erwartet. Ich bestelle Reis, weil ich ihnen eine solche Geschichte wie im Bus nicht zumuten möchte, als ich ständig zur Toilette rennen musste. Das erspare ich ihnen lieber.

Sie bestellen mir eine Cola und einen Nachtisch. Ein paar Minuten später stehe ich auf, um zu bezahlen. Alles schon erledigt. Ich fasse es nicht ... Sie haben mir sogar eine Flasche Wasser für den Rückweg gekauft. Sie denken an alles, aus reiner Großzügigkeit.

# Nord-Myanmar

Das sieht man, das spürt man. Sie geben, ohne etwas zu erwarten. Seltsam, so etwas zu erleben. Am seltsamsten ist, dass ich es seltsam finde. Ich bin offensichtlich noch lange nicht so weit, ohne Hintergedanken schenken zu können. Sie erwarten nichts. Auf dem Rückweg wird mir das bewusst, als ich sie frage: *»Kennt ihr hier in der Gegend ein Meditationszentrum? Ich mag diesen Ort sehr!«* Bei diesen Worten bleiben alle drei abrupt stehen und schauen mich mit großen Augen an. *»Du interessierst dich für den Buddhismus?!«* *»Genau, ich möchte dieses Land kennenlernen, weil es von dieser Philosophie oder diesem Glauben besonders geprägt ist. Ich weiß nicht, wie ich es nennen soll. Mich interessiert diese Meditationstechnik, und ich würde sie gerne kennenlernen.«* Die drei unterhalten sich daraufhin auf Burmesisch, als ob sie für mich einen Schlachtplan zurechtlegen. Plötzlich haben sie ein Leuchten in den Augen. Einer übersetzt mir ihr Gespräch. Sie haben schon vier Klöster im Sinn und fragen mich, ob sie mich mit dem Roller hinfahren sollen, damit wir fragen können, ob mich eines von ihnen aufnimmt.

Sie sind begeistert von der Idee, dass ich ein paar Tage in einem Kloster in ihrer Region verbringe. Sie nehmen sich den ganzen Nachmittag Zeit, um mir die Klöster in der Gegend zu zeigen. Ich bin in einer christlichen Familie aufgewachsen, aber ich bin nicht sicher, ob ich nur für meine Familie glaube oder für mich. Ich glaube nicht, dass ich einen ganzen Nachmittag damit verbringen könnte, Kirchen zu besuchen, um den besten Gottesdienst zu finden. Es gibt mir zu denken, wenn ich sehe, mit welchem Einsatz diese 24-jährigen Jungs mir Lust auf ihren Glauben machen wollen. Ich folge ihnen, ihre Begeisterung ist rührend. Sie wollen mich alle begleiten und sind supermotiviert. Ich sage:

*»Gebt mir die Adressen, ich gehe sie mir alleine anschauen.«* Sie schauen mich an, und einer sagt:

# Geist

*»Wenn jemand die Liebe zu sich selbst und zu Buddha kennenlernen möchte, müssen wir ihm das möglich machen. Es hat unser eigenes Leben verändert.«* Da sage ich mir innerlich: *»Jetzt übertreibst du aber ein bisschen, Brüderchen!«* Als ob er mich verstanden hätte, sieht er mich mit einem großen Lächeln an und sagt: *»Wir sprechen uns noch.«* Ich lächele und komme mit.

Wir nehmen drei Roller für unsere Erkundungstour. Ich hocke mich hinter einen der Jungs, bei einem anderen kommt die Freundin noch mit, und ab geht's auf den Straßen von Pyin Oo Lwin auf die Suche nach einem Express-Retreat! Erstes Kloster, zweites, drittes, viertes. Wir waren überall. Sie nehmen nur gebuchte Gäste auf, oder die Retreats für Anfänger haben bereits begonnen. Sie sind enttäuschter als ich. Aber mein Wunsch, es zu machen, ist durch sie doppelt so stark geworden. Ich ziehe die Adresse des Klosters heraus, das ich schon im Süden kontaktiert habe. Einer von ihnen kennt dieses Zentrum und beschließt, dort anzurufen. Nach einem kurzen Gespräch bestätigt er mir, dass ich für zwölf Tage einen Platz habe, zehn davon in völligem Schweigen. Er legt auf, und sie umarmen mich fest und sagen mir, dass alles okay ist für das in Yangon.

Ich bin sehr gerührt und begeistert, diesen Nachmittag mit ihnen verbracht zu haben. Sie setzen mich bei meiner Herberge ab. Wir tauschen Telefonnummern aus, damit wir uns in Yangon wiedersehen können. Ich bin sprachlos, wie sie sich alle vier und die Freundin des einen dafür eingesetzt haben, dass ich die Meditation entdecken kann. Beim Abschied wiederholen sie zigmal, dass ich in Myanmar herzlich willkommen bin, und bestehen darauf, dass ich mich melde, wenn ich irgendeine Frage oder ein Problem habe. Sie haben nichts. Ich habe scheinbar alles, und sie geben mir noch etwas dazu.

## Nord-Myanmar

*In der Herberge lege ich mich auf mein Bett und denke mit offenen Augen eine gute Stunde darüber nach, was ich gerade erlebt habe. Alles geht mir durch den Kopf. Wie ich bin, wie ich war, wie ich sein werde mit den Menschen, die mich umgeben ... Wie bin ich? Mir wird bewusst, dass ich längst nicht so altruistisch bin und längst nicht so bereit, anderen zu helfen. Ich denke, dass ich noch viel zu sehr auf mich ausgerichtet bin – auf mein Leben, meine Probleme und was sie mit mir machen. Ich verstehe nur Bahnhof. Ich dachte, ich wäre offen, aber diese Menschlichkeit, die ich bisher noch nie erlebt habe, stellt mich infrage. Diese Freundlichkeit, diese geschenkten Lächeln. Die Hand, die sie ihren Nächsten entgegenstrecken, ob Fremder oder Nachbar ... Diese Lebensphilosophie hatte ich vergessen, verloren. Wir werden von allen Seiten mit Infos zugeschüttet über Individualität und Selbstbestimmung, dass wir das vergessen, was uns so glücklich macht: Gutes tun. Der Mensch ist tausendmal glücklicher, wenn er ein Lächeln und Liebe schenken kann, ohne etwas dafür zu erwarten, als wenn er ein Lächeln gegen ein anderes tauscht. Diese Kraft ist unerschöpflich. Dieses Mitgefühl ist verwirrend, zu aufdringlich für mich. Ich rede mit mir selbst auf diesem Bett, das bei jeder Bewegung nach rechts oder links knarrt. Ich kann kein Auge zumachen. So viel Liebe auf einmal an einem Nachmittag zu bekommen, ohne dass eine Gegenleistung erwartet wird, ist wirklich seltsam. Ich bin 22 Jahre alt und habe das noch nie erlebt. Vielleicht weil ich noch nie auf die richtige Weise geschenkt habe. Ich weiß es nicht. Ich bin gerührt, glücklich, verwirrt, ängstlich, erfüllt ... ein Melting Pot voller unerklärlicher Gefühle.*

Es ist schon Abend, ich habe kein bisschen Hunger. Ich werde schlafen gehen, weil ich mich morgen auf den Weg nach Bagan mache, eine der touristischsten Städte Myanmars. Ich habe noch eine Woche Zeit, um zu dem Meditationszentrum zu fahren, auf das ich mich schon von Anfang meiner Reise an vorbereite. Ich wusste, dass ich das machen wollte, obwohl ich nichts im Voraus reserviert habe. Dafür bin ich hergekommen. Ich denke, dass ich bereit bin, aber jeden Tag wird mir bewusst, dass es wichtig ist,

# Geist

was mich erwartet – auch wenn ich nicht weiß, was in diesen zehn Tagen Schweigen passieren wird.

## Fata Morgana Bagan

In Bagan bleibe ich eine Nacht. Märchenhaft, diese Pagoden mitten in der Wüste. Pagoden, so weit das Auge reicht, sie strahlen eine große Ruhe aus. Mehr als 10.000 Tempel und Bauwerke wurden in der Blütezeit des Königreichs Bagan vom 11. bis zum 13. Jahrhundert errichtet. Traumhaft. Eine Landschaft wie im Film. Aber seltsam, es fehlt etwas.

Ich habe einen Roller gemietet und fahre frühmorgens los, damit alles noch so still wie möglich ist, aber vor allem, um bei Sonnenaufgang bei einer Pagode zu sein. Manche Pagoden darf man nicht betreten. Mit einem Myanmaren, den ich auf der Straße getroffen habe, habe ich mir gestern Abend eine Liste davon gemacht, damit ich keine Probleme bekomme. Diese Bauwerke sind beeindruckend. Wenn man davor steht, fühlt man sich ganz klein. Diese Pagoden sind Gaben an Buddha. Stätten des Gebets und der Meditation, um zu sich selbst zu finden. Die Umgebung ist ungewöhnlich. Nur Sand, wenig Vegetation, wie eine staubtrockene Wüste mit 1000 mehr oder weniger großen Pagoden.

Ich besichtige zwei Tage intensiv und mache dann eine kleine Schleife zum Inle-See, bevor ich zum Meditationszentrum aufbreche.

*Was ich empfinde, ist merkwürdig. Ich finde diesen Ort unglaublich, aber etwas stört mich. Als ob die Öffnung des Landes für den internationalen Tourismus den myanmarischen Geist bereits zerstört hätte. Hier scheinen die Myanmaren ihr Lächeln verloren zu haben. Warum? Diese Oase des Friedens ist eine Raststätte für Touristen geworden. Sie wird immer touristischer und landet in den Reiseführern. Als ob der Fremdenverkehr das Lächeln und die Natürlichkeit ausgelöscht hätte, die mich bis dahin so beeindruckt haben. Ich weiß es nicht.*

# Nord-Myanmar

*Ich finde keine Antworten auf meine Fragen. Ich stelle es fest, das ist alles. Und es macht mich traurig. Wer hilft wem? Wer profitiert vom Fremdenverkehr? Die Touristen oder die Myanmaren? Wer profitiert von wem? Wer benutzt wen? In meinem Kopf sind nur Warums, Feststellungen, die Fragen aufwerfen, Veränderungen, die betroffen machen. Dieses Land braucht den Tourismus nicht zum Leben, es hat bereits alles. Unter welchem Entwicklungsvorwand wollen wir die Mentalität dieser Menschen verderben? An diesem Abend ergreift mich eine Mischung aus Wut und Traurigkeit. Sollte es etwa schon wieder der Import unseres westlichen Modells sein, das die Herzen und Blicke verändert? In wessen Namen, frage ich mich. Werden wir unsere Sichtweise der Welt, der Wirtschaft und der Entwicklung einem Land aufzwingen, dessen Reichtum womöglich woanders liegt? In jedem Fall scheinen die Myanmaren, die hier »touristisiert« werden, ihre kindliche Seele zu verlieren.*

## Kalaw

Sechs Stunden Wanderung liegen vor mir. Ich mache eine dreitägige Trekking-Tour in den myanmarischen Bergen. In Kalaw angekommen finde ich den etwa 30-jährigen Ko Saw. Er wird drei Tage lang mein Reiseleiter sein, besser gesagt unser Reiseleiter. Eine junge Frau hat sich uns angeschlossen, die zu Fuß zum Inle-See wandern möchte. Sie heißt Eva. Wir verstehen uns sofort. Manchmal weiß man sehr schnell, dass man an die richtige Person geraten ist. Ein Blick reicht. Ein paar Augenblicke später stelle ich fest, dass sie aus Deutschland kommt. Ich lächele in mich hinein. Anscheinend haben die Deutschen mir wirklich etwas zu sagen oder beizubringen. Letzter Einkauf vor der Tour: ein Hut. Das empfiehlt uns Ko Saw als dringend notwendig. Ich nutze die Gelegenheit und gehe auf den Markt. Ich finde einen myanmarischen Fischerhut aus Bambus. Perfekt, das tut's.

Letzte Nacht vor dem großen Tag. Ich bin in einer Herberge am Rande von Kalaw, mitten in der Pampa. Als ich mich schlafen lege,

# Geist

höre ich unter meinem Bett Geräusche. Es krabbelt etwas. Automatisch ziehe ich meine Beine an. Ich lasse keinen Zeh herausschauen. Ich beuge mich links aus meinem Bett, um nachzusehen, woher dieses Geräusch kommt. Mir bleibt der Mund vor Schreck offen stehen, als ich eine Armee Kakerlaken munter umherkrabbeln sehe. Ich schreie: *»Oh my God!«* Ich sehe zwei riesige und traue mich nicht, noch weiter unters Bett zu gucken. Ich bin wie erstarrt. Es ist schon Mitternacht, alle schlafen. Ein Albtraum, ich kann kein Auge mehr zumachen! Ich denke mir einen Angriffsplan aus und überlege, wie ich die Eindringlinge bekämpfen kann ... erst mal ohne den Boden zu berühren, ins Bad kommen. Komisch, wenn ich Angst habe, kann ich mir die schrecklichsten Dinge ausmalen. Ziel: Hoffentlich irgendein Mittel neben den Toiletten oder in einem Schrank zu finden. Das Bad ist zwei Meter entfernt, die Kakerlaken sind unter meinem Bett, ich plane einen olympiareifen Sprung ... Ich schaue mich überall um und habe das Gefühl, dass sie alle an mir hoch und in meine Schlafanzughose krabbeln werden. Ich weiß nicht, warum, aber wenn ich Angst habe, fallen mir auch noch die unwahrscheinlichsten Sachen ein. Krass. Ich muss mich beruhigen, sonst schlafe ich nie, und morgen muss ich um 5 Uhr raus, das schaffe ich sonst nicht. Ich finde ein altes Spray unter dem Waschbecken, es steht etwas auf Burmesisch drauf. Macht nichts, es ist zumindest eine Art Waffe ... Ich sprühe wild drauflos, ohne zu wissen, was das für ein Zeug ist. Der ganze Raum riecht danach. Nach ein paar Sekunden lebe ich noch und hoffe, dass die Kakerlaken tot sind. Ich fühle mich wie im Krieg mit einer Granate in der Hand, und die Feinde verstecken sich in den Schützengräben. Es ist lächerlich, ich springe zwischen Boden und Bett hin und her. Immer noch höre ich die Viecher unter meinem Bett herumkrabbeln. Ich finde diese Insekten ganz besonders ekelhaft. Ich denke an den Markt in Thailand, wo viele sie auf ihren Grills geröstet haben.

## Nord-Myanmar

Ich versuche mich so gut wie möglich zu beruhigen und sage mir, wenn Menschen sie essen, können sie nicht so ekelhaft sein. Ich springe in mein Bett und mache Augen und Ohren so fest wie möglich zu. Ich bin in meine Decke eingemummelt. Ich stecke die Kopfhörer in die Ohren, damit ich sie nicht im Zimmer krabbeln höre. Das Sprühzeug scheint nicht viel geholfen zu haben. Ich zwinge mich, die Augen zuzumachen, und schlafe nach 40 Minuten ein. Am nächsten Morgen klingelt der Wecker. Erster Reflex: Ich ziehe die Decke ruckartig weg, als hätte ich nie geschlafen, und schaue nach, ob sich nicht eine von ihnen über Nacht bei mir angekuschelt hat. Erst einmal nichts zu sehen. Als ich den Kopf hebe, sehe ich eine ENORM große direkt hinter meinem Kopf an der Wand. Ich hüpfe nach vorne. Ihr großer glänzender Körper und die Beine erschrecken mich: Sie bewegen sich wie kleine Krieger. Ich ziehe mich schnell an und hoffe, dass keine in meinem Rucksack ist. Zur Vorsicht fange ich an, alles auszuräumen, als ich eine aus meinem Wanderschuh krabbeln sehe.

»*What the fuck!*« Ich lasse einen Schrei los und versuche, mich wieder zu beruhigen. Ich muss mich zusammenreißen. Ich leere meinen Rucksack vollständig aus, lege alles neu zusammen und packe es wieder ein. Ich muss mich beeilen. Ko Saw wartet auf uns. Ich springe unter die Dusche. Erst in vier Tagen werde ich wieder eine Dusche haben. Ich ziehe mich an, und als ich gerade den zweiten Schuh anziehen will, sehe ich eine Kakerlake außen an der Sohle. Ich hüpfe zum zweiten Mal. Ich schüttele den Schuh, so fest wie ich kann, damit ich sicher sein kann, dass ich beim Anziehen nicht doch noch auf eine stoße. Nichts. Erleichtert nehme ich meinen Rucksack, schaue nach, ob ich nichts vergessen habe, und sehe, wie die Tierchen mir unter meinem Lattenrost eine lange Nase machen. Ich kriege noch mal Gänsehaut. Ich schlage die Tür zu, gehe zum Frühstück und dann zu Fuß zu Ko Saw. Was für eine Nacht!

# Geist

## Tour zum Inle-See

Vor dem Aufbruch deponiere ich meinen großen Rucksack bei einem Freund von Ko Saw, damit er ihn mir mit dem Auto direkt zum Inle-See bringt. Unterwegs habe ich nur meinen kleinen Rucksack. Eine Regenjacke, ein Stock und ein Paar Shorts reichen für drei Tage. Bis zum Aufbruch überlege ich, ob ich die Tour absage. Die schreckliche Nacht, die ich hinter mir habe, und der Regen, der auf uns niederprasselt, motivieren nicht gerade. Ich sehe Eva an, wir wissen, dass wir genau dasselbe denken. Ich warte auf ihre Reaktion als Antriebshilfe. Schließlich, ohne darüber zu sprechen, sagen wir: *»Let's go.«* Wir nehmen unseren Stab und fangen an zu gehen. *»Los, Ko Saw, wir sind bereit. Lass uns losgehen, bevor wir es uns anders überlegen, haha!«* Wir wandern in den myanmarischen Hügeln. Bei jedem Schritt entdecken wir etwas Neues. Von den ersten Minuten an wärmen mich die Farben auf.

**Erster Tag**. Als Erstes müssen wir zu Fuß aus Kalaw heraus. Es ist 6.30 Uhr. Der Regen klatscht auf unsere Schultern, aber es wird auch bereits warm. Wir gehen auf schlammigen Wegen durch einen Wald. In der Ferne kann ich bald saftig-grüne Felder sehen. Großartig. Ko Saw erklärt uns, dass wir an den Feldern entlanggehen werden, bis wir zum nächsten Dorf kommen. Ich freue mich darauf, an den ersten Bauernhöfen und Feldern vorbeizukommen. Bei jedem Schritt entdecke ich neue Farben. Es ist unglaublich, ich schaue wie gebannt und sage kein Wort. In jedem Fall merke ich, dass ich mich bei dieser Wanderung bereits in die Meditation einüben kann. Eva ist ebenfalls beeindruckt von der Landschaft, das merke ich, ohne dass sie etwas sagt. Die Landschaft wird immer schöner. Als wir die ersten Frauen sehen, die barfuß in den Feldern Früchte ernten und in einen vor den Bauch geschnallten Bambuskorb legen, hört der Regen auf, und die Sonne kommt innerhalb eines Bruchteils einer Sekunde durch.

# Nord-Myanmar

Herrlich. Sie haben noch den Regen im Gesicht, und die Sonne strahlt auf ihr Lächeln. Ich bekomme Gänsehaut.

Auf der Wanderung begegnen uns immer mehr Bauern und Menschen, die auf den Feldern arbeiten. Sie scheinen mir sehr schüchtern, sie sehen uns nicht in die Augen und trauen sich nicht, näher zu kommen, als Ko Saw sie dazu auffordert. Ich bitte Ko Saw, sie in Ruhe zu lassen. Ich fühle mich sicher, aber irgendwie fehl am Platz. Ich möchte sie nicht bei ihrer Arbeit stören oder einschüchtern. Die Frauen sehen uns sehr erstaunt an. Mir scheint, sie sind es nicht gewohnt, Touristen zu sehen. Ko Saw erklärt mir, dass immer mehr Touristen diesen Weg zum Inle-See gehen und sich die Arbeiter allmählich daran gewöhnen, dass sie durch ihre Felder gehen.

Wir sehen auch Büffel, die aber auf Abstand gehen, sie gewöhnen sich offenbar nicht an diese Nicht-Einheimischen. Warum hat das Tier einen feineren Instinkt dafür, wer fremd ist auf diesem Boden? Sind sie göttlich? Jedes Mal, wenn wir an welchen vorbeikommen, beobachten sie uns argwöhnisch. Wir kommen an ein Feld, das wir überqueren müssen. Einige Büffel sind mit ihrem Herrn dabei, das Feld zu pflügen. Ich habe so etwas in Geschichtsbüchern gesehen. Plötzlich spürt der Büffel, dass wir näher kommen, dreht sich um und schnauft unwillig. Wir sind hier noch immer nicht willkommen, das ist klar. Bei dieser Wanderung akzeptiert uns kein einziger Büffel als dazugehörig. Mit den Myanmaren sind sie sehr sanft und gehorchen aufs Wort. Hier ist ein Tier heilig, aber dieses Tier besonders. Ko Saw erklärt mir, dass er seinen Büffel verkaufen musste, um zur Schule gehen und Englisch lernen zu können, damit er seinen Lebensunterhalt verdienen kann. Ich fühle mich ganz klein, wenn ich daran denke, dass ich Ausreden gefunden habe, um Stunden zu schwänzen.

Wir wandern 23 Kilometer in diesen Hügeln und einer postkartenreifen Landschaft. Wir werden in einem Dorf von einer Familie aufgenommen, bei der an der Wand Fotos von Aung San Suu Kyi

# Geist

hängen, der Widerstandskämpferin, die eine eindrucksvolle weibliche Leitfigur für ganz Myanmar ist. Sie ist einer der Gründe für meine Reise in dieses Land. Mich beeindruckt diese psychische, geistige und körperliche Kraft sehr, die sie bewiesen hat. Ich werde mich nicht mit ihrer Geschichte aufhalten, aber ich habe einen tiefen Respekt vor dieser Frau, und sie interessiert mich sehr. Ich erinnere mich an die Artikel, die ich über sie gelesen habe. Und da stehe ich vor ihrem Foto bei einer myanmarischen Familie, die Unterdrückung und Krieg erlebt und mit der Angst gelebt hat, nie frei von der Militärdiktatur leben zu können. Ich bin in der Wirklichkeit, nicht auf der Terrasse eines Cafés bei einer Tasse Kaffee und einem Zeitungsartikel. Die Familie sieht, wie ich auf das Bild starre, und spricht mich auf Burmesisch an. Ich verstehe sie leider nicht. Ko Saw übersetzt. Er erklärt, dass sie jeden Morgen vor diesem Bild beten, um ihr zu danken und ihr ihre Liebe und ihre Unterstützung zu senden. Sie bieten uns den großen Raum an, wo Teppiche ausgebreitet sind, dort dürfen wir übernachten. Unsere Nachbarn weiter unten auf der Etage sind zwei Büffel, und über uns ist eine Luke für Kleinvögel. Sie bereiten uns ein sehr reichhaltiges Abendessen. Ich bin beschämt, was sie uns alles anbieten. Ich habe gut gegessen und lege mich mit einer Decke auf meinen kleinen Teppich. Ich schaue an die Decke, höre die Büffel schnaufen und muss plötzlich lachen. Diese andere Art zu leben ist so angenehm, und es macht Spaß zu entdecken, wie sie funktioniert.

*Normalerweise rege ich mich auf, wenn ich den Wasserhahn tropfen höre beim Schlafen, aber hier beruhigen und begeistern mich die natürlichen Geräusche. Ich muss lächeln und stelle fest, dass ich mich über Lappalien aufrege und ich mich wirklich ändern muss. Im Moment habe ich leider keine Idee, wie ich das ändern kann. Warum nicht? Ich habe keine Antwort.*

*Das Glück ist nicht dort, wo ich es erwarte, und schon gar nicht in meiner Komfortzone. Wenn ich mich nicht austausche, zuhöre, gebe, werde ich nie glücklich sein.*

## Nord-Myanmar

Nach dem Essen spreche ich ein bisschen mit Ko Saw. Er erzählt mir, dass wir hier bei Freunden seiner Mutter sind. Ich sage ihm leise, dass er eine angenehme Ausstrahlung hat. Er strahlt Wohlwollen, Freundlichkeit und Güte aus. Sein Gesicht würde jeden entwaffnen, weil es Vertrauen einflößt. In dieser Gelassenheit liegt eine solche Kraft ... Sie überträgt sich ohne Worte.
Es wird dunkel, und meine Augen fallen von selbst zu. Ich rufe mir die Farben des Tages in Erinnerung und gehe beim Einschlafen noch einmal durch die grünen Felder. Zwei Minuten später bin ich schon weit weg und spaziere durch traumhafte Kulissen.

**Zweiter Tag.** Früh aufstehen, der Tag beginnt früh. Wir folgen unserem Guide, der die ausgetretenen Pfade verlässt. Ein Weg ist immer weniger zu erkennen, das ist ganz schön aufregend, man taucht immer tiefer in die Vegetation ein ... Es ist wundervoll. Mittags machen wir Rast an einem Bahnhof mitten in den Bergen. Erstaunlich! Den ganzen Vormittag sind wir nämlich durch Dörfer gekommen, die noch nicht mal Strom haben. Und jetzt, nach vielen Kilometern durch die Berge, diese Überraschung: eine Eisenbahn. Viele Myanmaren, die hier stehen, warten bestimmt auf den Zug. Ich bin in einer anderen Welt, ich glaube, ich halluziniere.

Ich setze mich auf einen kleinen Hocker, um mich auszuruhen und mir das Schauspiel anzusehen. Ko Saw bringt mir eine Creme und empfiehlt mir, sie auf meine Haut aufzutragen, eine Art Sonnencreme. Thanaka. Das ist nicht der Name eines myanmarischen Kämpfers oder Kriegers, sondern einfach der Name dieser Creme. Ko Saw erklärt mir, was es damit auf sich hat. Die Myanmarinnen schämen sich, wenn ihre Haut durch die Arbeit auf den Feldern gebräunt ist.
Sie schützen ihr Gesicht mit dieser Paste, damit sie ihr weibliches Aussehen behalten. Ich nehme sie. Sie ist undurchsichtig und gelb.

# Geist

Ko Saw findet es lustig. Die Myanmaren stehen um mich herum, und freuen sich, dass ich ihr Mittel auftrage. Wir können noch immer nicht kommunizieren, aber wir freuen uns über diesen gemeinsamen Moment. Alle bemühen sich, mich richtig einzucremen. Ich fühle mich wie im Schönheitssalon. Die Jungs sind schüchtern, sie trauen sich nicht, mich anzusehen. Ein paar Minuten später kommen drei Frauen von irgendwo her und bringen mir drei volle Behälter Thanaka für den Rest meiner Reise. Ich bin verlegen und gerührt, dass sie mich so lieb versorgen. Ich lächle und bedanke mich sehr herzlich.

Dann höre ich plötzlich eine Glocke läuten – der Zug fährt ein. Links von mir sitzen Hunderte Myanmaren auf den Gleisen und warten, dass der Zug einfährt. Sobald er zu sehen ist, wird in alle Richtungen gerufen und Frauen kommen angelaufen, um ihr Essen, ihre Blumen oder anderes durch die Fenster zu verkaufen. Der Zug hält an, Gesichter und Lächeln ohne Ende. Jeder, dem ich in die Augen sehe, grüßt mich, wirft mir einen Kuss zu oder winkt mir, um mich willkommen zu heißen. Ich werde ohne Worte mit Liebe überschüttet. Das ist unglaublich. In wenigen Minuten reichen alle Passagiere ihre Hände durch die Scheiben und kaufen etwas zum Essen oder Trinken. Um uns herum Berge. Es ist wie im Film, die Myanmaren sind wundervoll. Ich bin in einer anderen Welt. So etwas habe ich noch nie gesehen. In einiger Entfernung sehe ich ein Dutzend Kindermönche, die barfuß, mit rasiertem Kopf und mit zusammengelegten Händen einen Hügel herunterkommen. Ein wundervoller Anblick. Ich habe den Eindruck, dass ich immer dasselbe Vokabular verwende, aber mir fällt kein besseres Wort ein, um es zu beschreiben. Es ist wie ein Gemälde; das Braun ihrer Gewänder bewegt sich vor dem Grün der Felder. Ko Saw muss mich bestimmt fünfmal rufen, bis ich von meinem kleinen Hocker aufstehe.

## Nord-Myanmar

Mein Kopf ist ausgeschaltet, ich nehme nur über die Augen wahr. In diesem Moment ist nichts anderes wichtig. Die Welt bleibt stehen, niemand dringt zu mir durch.

*Ich denke an die vielen Dörfer ohne Strom oder ohne Trinkwasser. Der Kontrast zwischen unserem Land – das unter der Weihnachtsdekoration fast zusammenbricht und in dem rund um die Uhr die Schaufenster beleuchtet sind – und ihnen, deren Bewohner froh sind, wenn sie genug Kerzen als Lichtquelle haben, ist schockierend. Es macht mir bewusst, was ich für ein Glück habe, aber vor allem lässt es mich immer besser erkennen, was wirklich wichtig ist. Aber eine Frage stelle ich mir: Kann ich mir ein Leben lang bewusst bleiben, was ich für ein Glück habe, nicht im Krieg aufgewachsen zu sein oder ohne Trinkwasser? Ist es überhaupt möglich, in diesem Wohlstand aufzuwachsen und dieses Bewusstsein zu haben? Wie können wir relativieren und die Schönheit unseres Landes wirklich schätzen lernen und das Glück, dort zu leben? Muss man im Elend sein, um vergleichen und wertschätzen zu können? Ist der Mensch so? Oder wird er so? Ich weiß es nicht. Alle diese Fragen kommen wie Eisenbahnwaggons, eine nach der anderen …*

Plötzlich tippt mir jemand auf die Schulter. Ein Myanmare zeigt auf Ko Saw, der darauf wartet, dass ich aufstehe und mitkomme. Ich war so tief in meine Gedanken versunken. Ich nehme einen Schluck Wasser, und weiter geht's.

Letzte Nacht bei Einheimischen, bevor wir zum Inle-See kommen. Ich möchte den letzten Abend in der Küche der Familie verbringen. Sie schämen sich, uns einzuladen. Macht nichts, ich gehe hin. Ich finde das angenehmer zum Reden. Es ist eine super Erfahrung. Eva ist auch dabei. Ich habe mich seit Beginn der Wanderung sehr mit ihr angefreundet, vor allem sind wir auf einer Wellenlänge. Sie erzählt mir von ihrem Leben und ich ihr von meinem, und ich lerne viel von ihr.

Sie ist sehr groß, blond, mit großen blauen Augen, außerdem ist sie interessiert, sensibel und kann gut zuhören. Sie versetzt sich in

## Geist

andere hinein und urteilt nicht über sie. Es tut unglaublich gut, Leute zu treffen, die andere so annehmen, wie sie sind.
Das Abendessen ist reichhaltig und vielfältig. Die Leute haben keinen Strom, also machen sie eine Tischdekoration aus Kerzen in Sardinendosen, damit wir Licht haben. Das ist hübsch. Ich setze mich mit Ko Saw ans Feuer, damit wir reden können. Er erzählt mir von seinem Leben, von seiner Familie. Das ist spannend. Ein chaotisches Privatleben, keine einfache Situation, aber eine unglaubliche Lebendigkeit und Lebensfreude. Es geht ihm gut, es fehlt ihm nichts, er verlangt nichts und sagt nichts, um etwas zu bekommen. Er ist ehrlich und möchte nur, dass man in seinem Land glücklich ist, das jahrelang Unterdrückung erlebt hat. Frei zu sein ist sein einziger Wunsch. Ko Saw erzählt mir schließlich von der Kraft des Buddhismus und wie er selbst Kraft daraus zieht. Reinheit, Loslassen von materiellen Dingen und Mitgefühl, in das er sich jeden Tag einübt. Er fordert mich auf, mir mein Leben ohne Mitgefühl vorzustellen. Und mir dann das Gegenteil vorzustellen ...
Er wünscht mir eine gute Nacht und geht schlafen. Ich sitze am Feuer und denke intensiv über diesen letzten Satz nach. Ich denke noch einmal an die Familien, die ich unterwegs kennengelernt habe, die Gespräche – die meisten davon ohne Worte, nur mit Blicken und Lächeln. Lächeln, das dich berührt, das den Wunsch entstehen lässt, jeden Tag mehr zu lieben. Es passiert etwas in diesem Land und mit dieser Bevölkerung. Ein unerklärlicher Austausch und der Wunsch, ohne Berechnung und Bewertung zu lieben. Ich habe so etwas früher nie empfunden, nie.
Regentropfen auf meinem Kopf rufen mich in die Wirklichkeit zurück. Mein Bett wartet. Wir liegen alle im Hauptraum auf Decken, die als Matratzen dienen. Ich krieche in meinen Schlafsack.
Beim Einschlafen tropft der Regen auf meine Stirn. Ich komme nicht mehr dazu zu merken, dass ich nass werde, ich schlafe wie ein Baby ...

# Nord-Myanmar

**Dritter Tag.** Am nächsten Tag gehe ich vor dem Aufbruch spazieren, um das Dorf ein bisschen kennenzulernen. Man hatte mir von einer Pagode in den Bergen erzählt. Ich würde sie gerne vor dieser dritten Tour aufsuchen. Ich gehe in die entsprechende Richtung und sehe hinter mir Eva, die hinterherkommt. Ein Roller fährt an mir vorbei. Er hält an, ich überlege nicht, sondern steige auf, ohne zu fragen. Ich weiß nicht, warum. Ein Impuls. **Kommunikation über ein Lächeln geht manchmal schneller als höfliche Worte.** Kein Reiseziel, Vertrauen, Lächeln, und los geht's. Ich drehe mich auf dem Roller um und mache Eva ein Zeichen. Sie kommt angerannt und steigt hinter mir auf. Wir sitzen zu dritt auf dem Zweirad. Der Fahrer spricht kein Wort Englisch, startet, und wir fahren über die Hügel zu einem unbekannten Ziel. Eva fragt mich mehrmals: »*Was machst du bloß, haha! Warum bin ich eigentlich mitgekommen?*« Ich lache mich schief und antworte: »*Don't worry, das geht schon alles gut!*« Ich bin total glücklich.

Wir kommen oben auf einem Hügel an und haben eine umwerfende Aussicht. Man sieht die ganzen Felder ... Wir sagen beide kein Wort und staunen einfach nur, was wir dort sehen. Ich war losgegangen, um eine Pagode zu finden, jetzt stehe ich hier mit Eva und einem fremden Myanmaren auf einem Hügel, eine Aussicht wie auf einer Postkarte, niemand weit und breit, nur Büffel und schöne Myanmarinnen, die auf den Feldern arbeiten, und ich bestaune alles wie ein Kind. Warum haben ihre Gesichter etwas, was ich noch nie gesehen habe? Es ist nichts Böses darin, das Lächeln ist uneigennützig, ihre Gesten nicht verstellt. Sie sind einfach noch viel zu rein für meinen viel zu formatierten Geist. Dass mir das überhaupt bewusst wird, zeigt schon, dass mit meiner Denkweise etwas nicht stimmt.

Nach ein paar Minuten fällt mir ein, dass wir die Pagode suchen sollten, damit sich Ko Saw keine Sorgen machen muss.

## Geist

Der Rollerfahrer merkt, dass ich überhaupt nicht weiß, wo wir sind. Wir lachen alle drei, und er fordert uns auf, noch einmal auf seinen Roller zu steigen. Ich habe verstanden, dass er in das Dorf von heute Morgen zurückfahren muss, um zu tanken. Wir steigen auf und fahren wieder Richtung Dorf. Ich bin barfuß. Es ist angenehm, keine Schuhe zu tragen. Schließlich hält er in der Nähe der Pagode an. Wir steigen ab und umarmen ihn herzlich. Das ist ungewöhnlich, denn die Myanmaren sind sonst sehr schüchtern und distanziert. Nach einigen Minuten Anstieg erreichen wir die Pagode. Wir wollen gerade hinaufsteigen, als Kinder ankommen. Vier Kinder, im Alter zwischen drei und neun Jahren. Sie sind total erstaunt, uns dort zu sehen. Zum Glück habe ich mein Schreibheft dabei. Ich reiße ein paar Seiten heraus und verwandele die Stufen in eine Malwerkstatt. Sie malen alle zusammen ein Bild, das ist total beeindruckend. Wir versuchen, ihre Vornamen zu lernen. Sie ziehen mit ihren Werken wieder ab. Für sie war es, als hätte ich ihnen eine Wohnung geschenkt. Sie haben nichts anzuziehen, aber ein viel größeres Herz als ich. Ich habe eine Kleine auf dem Arm, sie hängt an meinem Hals und schaut mir in die Augen. Ich kann sie fast nicht loslassen, aber wir müssen zu Ko Saw zurück. Nach dieser bunten und künstlerischen Begegnung bringen wir unseren Ausflug zum Abschluss. Wir müssen zurückgehen, unsere Sachen packen und uns auf den Weg machen. Ich bin glücklich über diese einzigartigen Momente mit den Familien. Dort erfahre ich wirklich, wo und wie sie leben. Wie machen sie es nur, dass sie beten und alles teilen, was sie haben, sogar ihr Bett? Wie kann ein Volk so gastfreundlich sein?

Als wir zu Ko Saw zurückkommen, um die dritte Etappe zu beginnen, wird mir bewusst, dass es schon das Ende der Tour ist. 23 Kilometer am ersten Tag, 20 am zweiten und 17 heute. Ich bleibe bei meinem Guide. Ich denke, dass ich von ihm viel über das Leben und die Geschichte der Myanmaren lernen kann. Wie man

## Nord-Myanmar

seiner Seele näher sein kann und dem Wesen der Dinge, die uns umgeben. Ich gehe fast die ganze Strecke neben ihm, um von ihm zu lernen und mit ihm zu reden. Seine Mutter muss ins Krankenhaus, sie ist schwer krank. Mir wird bewusst, was für ein Glück ich habe, dass ich in Frankreich geboren bin und meine Rosy in Paris behandeln lassen kann. Dank unserer Medizin können wir leichter als in anderen Ländern mit Krankheiten umgehen, die schwer zu heilen sind. Das vergisst man so schnell.

*Aber warum ist es so schwer, eine Balance zwischen Behandlung, zu viel Behandlung, Angst vor zu wenig Behandlung, Folgen der Behandlung und Angst vor falscher Behandlung zu finden? Man kommt von einem Extrem ins andere. Wie findet man die Mitte?*

Da wir gerade von Krankheit sprechen, was macht meine Rosy? Ich habe ihr noch nie so viel zugetraut. Mein Körper ist in Topform. Ich stelle fest, dass ich zum ersten Mal auf meiner Reise meine Notfalltasche nicht dabeihabe. Darin habe ich ein Medikament, das ich notfalls bei einem Schub nehmen kann. Meine Notfalltasche ist in Kalaw geblieben, drei Tage zu Fuß von hier. Das fällt mir ein, als ich mit Ko Saw rede, und ich höre abrupt auf zu sprechen. Ich bin woanders, und es erfüllt mich ein großartiges Gefühl der Freiheit. Ich möchte am liebsten vor Freude weinen. Ko Saw sieht mich mit einem großen Lächeln an, er hat gemerkt, dass etwas bei mir passiert. Er legt seine Hand auf meine Schulter, lächelt mich an und geht weiter. Noch vor wenigen Wochen gab es keinen Tag, an dem ich nicht überprüft habe, ob sie da ist, nicht unter meinen Sachen zerdrückt wurde, gut verstaut und geschützt ist. Und heute, mitten in der Landschaft, drei Tagestouren von dieser Tasche entfernt, lächle ich und freue mich über den Schritt, den ich gemacht habe. Ich bin frei. Diese Erkenntnis schenkt mir eine tiefe Stille.

*Eine Stunde lang gehe ich alleine und sage nichts, meine Augen auf meine Schuhe gerichtet. Mir wird klar, dass ich auf dem richtigen Weg bin. Jeder*

## Geist

*Schritt ist ein Sieg, und zu sehen, wie sich meine Füße bewegen, erhebt mich und schenkt mir eine riesige Freude. Ich möchte rufen: »Ich habe es geschafft!« »Komm runter, Rosy! Du hast noch gar nichts geschafft, meine Liebe!« Es tut mir gut, zu verstehen und zu wissen, dass diese Reise das Beste ist, was ich seit 22 Jahren getan habe. Ich bin total glücklich, hier zu sein, und mir wird nach und nach bewusst, wie wichtig es ist, einen Schritt nach dem anderen zu machen – konkret und im übertragenen Sinn. Ich lasse meine Füße nicht aus den Augen, die entschlossen weitergehen.*

Die Erholungspause holt mich aus meinen Gedanken und in die Wirklichkeit zurück. Es ist heiß, und ich habe Durst. Wir rasten bei einem Büffel, auf dem fünf Kinder sitzen, als wäre es ein Schaukelpferd. Aber es ist ein Büffel, ein echter – drei Tonnen Muskeln.

*Diese Wanderungen entwickeln sich zu Meditationen, und dieser Nachmittag war eine Lektion für mich. Meine Füße haben mir beigebracht, dass mein Kopf häufig durchgedreht hat, weil er zu viele völlig unverständliche Befehle bekommen hat. Warum denk ich das auf einem 30 Zentimeter breiten Weg? Manchmal wachsen Stress und Sorgen in mir schwer kontrollierbar an, und dann lasse ich das an dem Nächstbesten aus, der mir über den Weg läuft. Ich kann zickig sein, und ich weiß noch nicht, woher das kommt. Ich möchte gerne verstehen, wovor ich Angst habe und warum ich nicht ruhig sein kann und mich nicht von dem lösen kann, was mich umgibt, solange ich es nicht kontrolliere oder bestimme. Das ist in der Beziehung zu meinem Freund und in meinen anderen Beziehungen so, ich will das letzte Wort haben. Manchmal ist das konstruktiv, aber ab und zu ist das für mich und für die Leute um mich herum destruktiv. Es ist schwer, das festzustellen und niemanden in der Nähe zu haben, mit dem ich auf Französisch darüber reden kann – eine Freundin oder jemanden, der mich kennt. Ich bin allein auf dem Weg mit all diesen Gedanken, die hochkommen und auf die ich keine richtigen Antworten habe. Warum stelle ich mir ständig Fragen? Warum hört mein Kopf nicht auf nachzudenken? Wo ist das Kabel, damit ich den Stecker ziehen kann?*

53 Kilometer bin ich gegangen, bis zum Ziel sind es noch sieben Kilometer.

# Nord-Myanmar

Ich will endlich ankommen und den berühmten See sehen oder genauer gesagt diese sagenhafte Weite. Seitdem ich das Projekt plane, habe ich das Bild der Fischer an diesem See im Kopf. Im Moment gehe ich noch neben Ko Saw und genieße unsere letzten Gespräche. In den drei Tagen ist er ein Freund geworden. Wie kommt es, dass bei dieser Begegnung sehr reine und einfache Gefühle zwischen zwei sehr verschiedenen Menschen entstehen können? Sie sind nicht gesteuert, nicht geplant und folgen keiner Norm. Das Herz spricht vor dem Kopf. Als ob wir in ein Tierstadium zurückkehren, in dem der Instinkt stärker ist als der Verstand. Ich würde sogar sagen, dass es eine natürliche energetische Reaktion ist, die zwischen zwei fremden Menschen abläuft. Mich bringt eine solche Offenheit und Großzügigkeit aus dem Gleichgewicht; ich selbst kann nicht einmal ein Hundertstel von dem geben, was er mir schenkt.

Der Abschied ist gekommen. Ko Saw begleitet uns bis zum See und zeigt uns einen Einbaum, mit dem wir den See überqueren und zu der Stadt auf der gegenüberliegenden Seite gelangen können. Bevor wir in das Boot steigen, umarmen wir ihn fest und schenken ihm ein Bild, das Eva und ich gemalt haben. Es ist ein Porträt von ihm mit seinem Hut und seinem Pilgerstab. Wir steigen in das Boot mit Motor, das ein Freund von ihm fährt. Er bleibt allein am Ufer. Er ist gerührt und wir auch. Auf Wiedersehen, großer myanmarischer Bruder, ich werde mich immer an dich erinnern! Am anderen Ufer muss ich mich von Eva verabschieden. Ich bin es zwar gewohnt, alleine zu reisen, aber jedes Mal versetzt es meinem Herzen auch einen Stich, wenn ich mich von jemandem trenne, mit dem ich ein Stück Weg gegangen bin.

## Erste Erfahrung mit dem Schweigen

Mein Kloster kommt mit großen Schritten auf mich zu, und seit meiner Rückkehr auf die Nordinsel ist alles eine Vorbereitung

## Geist

darauf. Ich fühle mich immer bereiter und verstehe immer besser, was mich erwartet. Aber eines muss ich noch erledigen.
Für das zweite Masterjahr habe ich das Glück, einen Studienaustausch mit Argentinien machen zu können. Ich muss noch eine mündliche Spanischprüfung dafür ablegen. Mitten in Myanmar passt das natürlich hervorragend. Toll, ich spreche seit drei Monaten Englisch und soll Spanischvokabeln lernen. Ich habe alles vergessen. Ich gehe in ein Hotel, damit ich Internet habe. Ich lege meine mündliche Spanischprüfung in der Eingangshalle eines myanmarischen Hotels ab, in dem ich nicht einmal Gast bin. Ich habe Zeit, Sätze auf ein Stück Papier zu schreiben. Ich mache die Prüfung mit einem Lächeln und lasse es auf mich zukommen. Kein Stress! Zumindest ist das abgehakt, und ich brauche im Kloster nicht mehr daran zu denken. Ich bin sowieso ständig am Nachdenken. Es tut mir gut, wenn ich etwas aus dem Kopf habe.
Bei dieser Tour zum Inle-See habe ich viele Menschen kennengelernt. Ich scheine langsam süchtig danach zu werden, andere und ihre Geschichte kennenzulernen. Begegnungen beruhigen und stimulieren mich. Am Vorabend habe ich Leute kennengelernt, die mir für heute eine Fahrt in einem Einbaum vorgeschlagen haben. Ich habe zugesagt und gehe mit ihnen los. Diese Fahrt wird eine der ersten schweigenden sein – sehr untypisch. Uns bezaubert die Landschaft, die Schönheit der Fischer, die vorne auf ihren Booten stehen und mit den Beinen die Ruder bewegen; die Vögel, die um das Boot fliegen, und die vielfältigen Blumen und Pflanzen, die das Ufer säumen. Aber vor allem diese vielen, vielen lachenden Gesichter. Die Fahrt dauert den ganzen Nachmittag.
Ich habe sehr viel gesehen, aber ich bin innerlich noch zu voll von den Eindrücken der ersten Tour im Norden von Myanmar. Ich wollte ein bisschen das Land und die Einheimischen kennenlernen, und das ist mir gelungen. Ich wollte – und will – vor allem die Liebe zur Meditation verstehen, die alle Myanmaren haben

und ausstrahlen. Dieses letzte Ziel habe ich noch nicht erreicht, aber ich bin zutiefst davon überzeugt, dass die Kraft und die Ausgeglichenheit, die sie haben und ausstrahlen, davon kommt.

Die ersten Etappen in Myanmar waren die Gelegenheit, in diese Wirklichkeit hineinzukommen, ohne etwas darüber zu wissen. Ich halte das für notwendig – als Vorbereitung auf das, was kommt. Die nächste Etappe beginnt in zwei Tagen. Ich habe das Gefühl, dass ich gut vorbereitet bin. Ich weiß jetzt noch nicht, ob ich durchhalten werde, aber ich denke, dass ich alles in der richtigen Reihenfolge gemacht habe. 48 Stunden später muss ich den Bus nach Süden nehmen, zurück nach Yangon. Es sind 13 Stunden Fahrt.

# 28

## Erstes Kloster

Es ist der 6. Juni. Bevor ich in das Taxi zum Zentrum steige, klingelt mein Handy. Erstaunt gehe ich ran. Und als ich höre, wer dran ist, bin ich noch erstaunter. Meine myanmarischen Freunde, die ich in Pyin Oo Lwin bei den Wasserfällen kennengelernt habe, denken daran, dass ich heute ins Kloster gehe. Sie machen mir Mut, die Sache anzupacken und vor allem durchzuhalten. Dieser Anruf haut mich um. Sie wissen gar nicht, wie viel Kraft sie mir dadurch gegeben haben. »*Sie haben an mich gedacht! Sie haben sich gemerkt, dass ich heute ins Kloster gehe.*« Es ist unglaublich. Was für ein Geschenk! Ich steige ins Taxi und meditiere über dieses letzte Gespräch. Ich freue mich auf das Unbekannte, bin aber auch unsicher. »*Wie viele Leute werden da sein? Werde ich ständig allein in meinem Zimmer sein? Werde ich gleich an den ersten Tagen in Tränen ausbrechen? Wie schafft man es, still zu sitzen? Scheiße, stopp, Marine! Du wirst schon sehen.*«

# Geist

## Eintritt

Das Taxi setzt mich ab. Ich lese das Schild »Dhamma Joti Vipassana Meditation Centre«. Ich bin da. Ich drücke die Tür auf und komme in einen kleinen Hof. Ich sehe mich um, als wäre ich auf einem anderen Planeten gelandet. Es dringt kein Geräusch zu mir, und ich begegne niemandem. Ich folge der Beschilderung zum Empfang. Dort angekommen sehe ich Myanmaren an Schreibtischen sitzen und Leute, die Fragebögen ausfüllen. Ich weiß nicht genau, wo ich hier gelandet bin und was ich machen soll. Ein Anfang-20-Jähriger sagt mir, dass ich an der Seite warten soll. Zehn Minuten später bin ich an der Reihe. Ich setze mich und versuche mich zu konzentrieren, als wäre ich bei einem Vorstellungsgespräch. Er gibt mir ein Blatt mit Fragen: warum ich gekommen bin, wie ich von dem Zentrum erfahren habe, mit wem ich Kontakt aufgenommen habe usw. Ich schreibe also auf, dass Rosy bei mir eingedrungen ist und dass ich schon lange diese buddhistische Kultur und die Freude der Meditation kennenlernen wollte. Ich gebe den Fragebogen zurück, zeige meinen Pass, und er prüft mein Visum.

Er erklärt mir in unsicherem Englisch, dass ich als Meditationsanfängerin ein Gespräch mit dem Leiter des Zentrums führen muss. Sofort denke ich, dass ich etwas vergessen oder falsch gemacht habe. Wenig später stelle ich fest, dass alle Anfänger zuerst ins Büro des Verantwortlichen gehen müssen, um sicherzustellen, dass sie die Regeln kennen und wirklich bereit sind, auf Bequemlichkeit und Sprechen zu verzichten. Ein paar Minuten später sitze ich vor ihm. Er stellt mir einige Fragen zu meiner Motivation und meinem Wunsch, die Meditation kennenzulernen. Ich antworte, dass ich mich psychologisch darauf vorbereitet habe. Er reitet in einem ernsten und misstrauischen Ton genau darauf herum, womit ich nicht gerechnet hatte oder was ich zumindest nicht hören wollte: »Sind Sie bereit, das Zentrum bis zum zwölften Tag nicht

## Erstes Kloster

zu verlassen?« Ich brauche bestimmt fünf Sekunden, bis ich ein entschlossenes »Ja« herausbringe, innerlich habe ich aber Panik. Er legt mit ernster Stimme nach: *»Wissen Sie, dass viele Touristen vorzeitig abbrechen? Werden Sie das auch tun?«* Warum fragt er mich das? Ist es wirklich so hart? Ich werde unsicher.

*»Nein, ich verspreche Ihnen, dass ich mich bemühen werde.«* Er fordert mich auf, ihm von Angesicht zu Angesicht zu versprechen, dass ich bis zum Schluss durchhalte. Ich verspreche es ihm also von Angesicht zu Angesicht. Ich will ihm zeigen, dass ich wirklich entschlossen bin und nicht als Touristin komme. Er erklärt mir, dass er es nicht unterstützt, wenn Leute hierherkommen und das Zentrum nicht ernst nehmen oder als Entspannungsort missverstehen und dann nach zwei Tagen wieder gehen. Mir wird also klar, dass diese Übung nicht einfach wird. Ich versuche, nicht daran zu denken und mich darauf zu konzentrieren, wie ich damit umgehen will. Ich lächle ihn noch einmal an. Er sieht mich an und lächelt um einiges freundlicher und offener zurück als bei seinen ersten Worten. Ich reiche ihm die Hand, um mein Versprechen zu bekräftigen. Ich wusste nicht, dass die Meister hier nicht berührt werden dürfen. Überrascht sieht er mich prüfend an und gibt mir dann die Hand. Beide müssen wir lachen und lächeln dann. Überstanden. Ich weiß, dass das nur ein Papier ist und ich im Ernstfall zu jedem Zeitpunkt meines Aufenthalts gehen kann, aber es ruft die Anfänger zur Verantwortung und vor allem die Touristen, die meditieren lernen möchten. Dieses Zentrum ist völlig kostenlos. Man kann die ganze Zeit hier wohnen und essen, aber es ist kein Hotel und kein Ort, um Geld zu sparen. Am Ende des Aufenthalts hat man Gelegenheit, eine Spende zu geben.

Ich bin ziemlich angeschlagen von diesem recht brutalen Gespräch in den ersten Minuten hier. Eine Hausverwalterin bittet mich, ihr zu folgen. Ich bekomme eine Decke und ein Moskitonetz. Ich sehe

# Geist

weiter hinten einstöckige Gebäude. Es sind Zimmer im Erdgeschoss und im ersten Stock mit einer Holztür davor. Ich hoffe auf ein Zimmer im ersten Stock. Ich weiß nicht, warum, aber ich würde mich sicherer fühlen. Wir gehen hinein, und sie zeigt mir mein Zimmer. *»Yes! Es ist oben.«* Ich soll mich einrichten, aber meine persönlichen Sachen dann in mein Fach am Empfang bringen. Dort werden sie während der zehn Tage aufbewahrt. Nichts darf ich behalten, kein Heft, keinen Stift, keine Unterhaltungslektüre, kein Foto, nicht einmal ein Lesezeichen. Ich habe zwei Meditationsgewänder, ich behalte fünf Unterhosen, das ist alles. Sie verabschiedet sich und lässt mich allein.

Als ich in mein Zimmer komme, überwältigen mich die Emotionen. In diesem Zimmer werde ich zwölf Tage schlafen und leben, an sechs Tagen im völligen Schweigen ohne jede Ablenkung. Die Freude, diese Etappe erreicht zu haben, mischt sich mit der Angst vor Entbehrung, aber vor allem mit der Kraft und dem Wunsch, es durchzuziehen. Der Cocktail aus Emotionen ist viel zu stark. Ich breche in Tränen aus, lege mich auf mein Bett und sehe mir alle Winkel meines Zimmers an, das eher eine Zelle ist. Die Wände sind staubig, das Bett und der Boden ebenfalls. Das Moskitonetz hat Löcher, und ich höre den Wasserhahn tropfen – meine Augen tropfen auch. Ich stehe auf, um mir die Toilette anzusehen, und sehe einen Ameisenhaufen dahinter und ein Fenster darüber, das man nicht schließen kann. Im Bad finde ich nichts außer Fliesen, einen Wasseranschluss zum Duschen und ein wackeliges Waschbecken, in das es tropft. An der Decke hängt ein Ventilator, der wie ein Hubschrauber aufheult, wenn man ihn einschaltet. Mir geht es richtig schlecht, ich sehe alle hässlichen Details und kann mir nicht vorstellen, es hier lange auszuhalten. Die Fenster haben keine Glasscheibe, sondern einen Stoffvorhang, der für etwas Durchzug sorgt und dessen Löcher mit Tesafilm geflickt sind. Ich bin voller Angst,

# Erstes Kloster

aber auch voller Entschlossenheit, es zu schaffen. Ein totaler Widerspruch. Ich weiß, dass ich auf dem richtigen Weg bin und dass ich bleiben muss, dass ich es tun muss. Aber ich fühle Angst und Schrecken. Ich motiviere mich.

*»Marine, du wirst sehen, es ist die richtige Lösung, davon bin ich überzeugt.«* Ich erinnere mich daran, dass ich das auf meinem Sofa in Paris geschrieben habe, und mir kommen die Tränen, und sie fließen hemmungslos: Ich bin in diesem Kloster, ich bin wirklich da. Ich bin in diesem Meditationszentrum mit meiner Rosy und meinem Rucksack, wie geplant. Ich hatte das so geplant, und ich bin den Weg gegangen und habe nicht gekniffen.

*Ich freue mich, dass Rosy mich bis hierhin begleitet hat. Ich denke plötzlich wieder an die ganzen Gespräche vor ein paar Tagen mit meiner Familie und meinen Freunden.*

*Ich erinnere mich an ihre Worte, ihre Ermutigungen, ihr Vertrauen und ihre Kraft, mit der sie mich unterstützen. Ich schlage ein letztes Mal mein Heft auf, um zu schreiben und meine Tränen rauszulassen, bevor ich es in mein Fach am Empfang lege. Mein Stift zittert, meine Beine auch. Ich fühle mich dir sehr nahe, Rosy. Sehr nahe, ich habe den Eindruck, dich zu hören, dass du auch weißt, warum wir hier sind. Du weißt genau, dass ich für dich hier bin und es vielleicht dir zu verdanken habe, dass ich hier bin. »Verdanken?« Das werde ich nachher wissen. Ohne dich wäre ich nicht bis hierher gekommen. Ich beginne ein sehr intensives Gespräch mit ihr. Ich sitze auf dem Boden und schaue an die Decke, ich habe einen Kloß im Hals und feuchte Augen, aber ich fühle mich immer stärker. Es ist notwendig, dass ich heule. Ich denke, dass ich mit wenig zurechtkomme, kalt duschen kann und auf dem Boden schlafen. Aber in diesem Moment ist die Angst stärker als alles andere, keine Ahnung, was das ist. Angst über die Dinge im Zimmer, die mich erschrecken, Angst, mit dem absoluten Minimum nicht zurechtzukommen. Die Angst, mit meinen Schwächen konfrontiert zu werden und mit niemandem reden zu können. Ich schreibe allen meinen Lieben letzte Zeilen und bitte sie, an mich zu denken und mir gute Gedanken für die nächsten zehn Tage zu schicken. Ich möchte,*

# Geist

*dass meine Familie erfährt, wie sehr ich ihre guten Gedanken brauchen werde, und ich möchte meiner kleinen Schwester, meiner Maman und meinem Papou meine ganze Liebe schicken ... Merkwürdig, das so zu sagen, als ob ich sterben würde ... Aber so fühle ich mich.*

»Liebe Freunde, ihr seid sicher sehr beschäftigt, aber es wäre schön, wenn ihr an mich denken und mir Kraft schicken würdet, weil es schwierig werden könnte, das spüre ich jetzt schon ...«

Es wird mir unglaublich guttun, ganz leer zu werden, aber ich habe keine Ahnung, wie ich so lange irgendwo sitzen soll, ohne mich zu bewegen. Ohne einen Krampf zu kriegen oder mit meiner Zimmernachbarin reden zu wollen. Okay, das alles werde ich bald herausfinden. Horror, echt krass. Ich fange an, meine Tasche für das Schließfach am Eingang des Klosters zu packen.

»Macht's gut ... Was sind schon zehn Tage in einem Leben ... Scheiße, los, Rosy, los. Los! Reiß dich zusammen ... bis in zehn Tagen.«

## Tag 1

Heute ist er da, der erste Tag. Ich werde nach der ersten Meditation mit dem Sprechen aufhören. Ich habe noch einen Nachmittag, um mich einzurichten und das Zentrum zu erkunden. Ich habe meine Leute vorgewarnt, dass sie nichts von mir hören werden. Ich gehe mit meinen Sachen auf dem Rücken aus meinem Zimmer. Im Empfang gebe ich sie ab und gehe nur mit der Tunika zurück. Ich lege mich auf mein Bett, um mich ein paar Minuten von dem Schock zu erholen. Ich brauche den ganzen Nachmittag.

Den einzigen Moment, in dem ich mit anderen Teilnehmern hätte reden können, schlafe ich auf meinem Bett den Schock aus. Beim Aufwachen stelle ich fest, dass die erste Sitzung in fünf Minuten anfängt und danach die zehn Tage Schweigen kommen. Beim Runtergehen sehe ich wie die anderen ihre Gespräche beenden. Ich fange ein Gespräch an, aber wir haben kaum Zeit, uns

## Erstes Kloster

unsere Vornamen zu sagen. Ich bin traurig, dass ich diesen Austausch verpasst habe, es überwältigt mich. Eine Myanmarin zeigt uns den Weg zum Meditationsraum, zur Dhamma Hall. Ich gehe hin und weiß nicht genau, was uns erwartet. Wir gehen im Gänsemarsch, vor der Tür werden alle Teilnehmerinnen nach Alter in absteigender Reihenfolge mit ihrem Vornamen aufgerufen. Die Ältesten haben ihren Platz in der ersten Reihe, am nächsten bei der Meditationsleiterin. Mir ist anfangs alles schleierhaft. Warum wird man mit Namen und nach Alter aufgerufen? Warum stellt man sich hintereinander auf? Ich lasse mich darauf ein. Ich bin eine der Letzten, die hineingehen. Mein Platz ist mit einem Etikett gekennzeichnet, auf dem mein Name und mein Vorname stehen. An meinem Platz liegt ein blaues rechteckiges Kissen.
Vor mir sitzen 90 Prozent myanmarische Frauen jeden Alters im Schneidersitz. Der Raum ist zweigeteilt: Die Frauen sitzen auf einer Seite, und rechts von mir ist die gleiche Anordnung für Männer.
Es beginnt mit einer Meditationssitzung. Am Anfang weiß ich nicht genau, was ich machen soll. Alle um mich herum sitzen im Schneidersitz, die Augen geschlossen. Ich mache es nach, lasse aber ein Auge offen, damit ich sehen kann, ob ich auch nichts falsch mache. Es ist ein bisschen wie ein Spiel, das wir bei Kindergeburtstagen gespielt haben, so ähnlich wie »Bello, Bello, dein Knochen ist weg«, und dann hat man mit einem Auge gelunzt, wer den Knochen holt. Es ertönt Musik. Anscheinend fängt die Meditation jetzt an. Was das genau bedeutet, weiß ich nicht wirklich. Ich muss es selbst herausfinden, bisher hat uns niemand erklärt, wie es geht. Ich kann mich kein bisschen konzentrieren. Ich schaue mehr meine Nachbarinnen an, als ruhig und mit geschlossenen Augen dazusitzen. Ich sitze im Schneidersitz mit zusammengelegten Händen. Ich finde diese Haltung seltsam, aber vor allem fange ich an mich zu fragen: *»Werde ich wirklich eine Stunde in dieser Haltung bleiben? Oh Sch..., das kann ich noch lange nicht.«* Es schießen alle möglichen Fragen durch

## Geist

meinen Kopf. Die erste Stunde ist rum, aber mein Geist ist nicht zu bändigen. Sobald ich die Augen schließe, kommen mir tausend Gedanken: Ich denke an die Eidechse, die mir vorhin über den Weg gelaufen ist, an meinen Freund, an mein Darlehen oder daran, dass ich Kopfschmerzen habe oder dass ich vergessen habe, Shampoo mitzunehmen, und es jetzt zu spät ist ... An all das denke ich in weniger als einer Minute. Dann könnt ihr euch vorstellen, was mir in einer Stunde alles durch den Kopf geht. Ich ahne langsam, dass die nächsten Tage die Hölle werden. Als die Stunde um ist, ertönt Gesang. Später verstehe ich, dass das das Ende der Meditation ist. Die erste Meditation ist zu Ende, das Schweigen beginnt. Wie werde ich das zehn Tage lang aushalten? Wie schaffe ich das? Ich spreche schließlich sogar mit meinen Schuhen. Ich verlasse den Raum, alle gehen nebeneinander, ohne sich anzusehen. Das ist die erste Bedingung bei der Übung. Sich weiter auf sich selbst zu konzentrieren. Es ist sehr ungewöhnlich, neben einer Frau zu gehen, die dasselbe Ziel hat wie ich, und nicht einmal einen Blick wechseln zu dürfen. Damit fühle ich mich gar nicht wohl. Es gelingt mir nicht, das auszublenden.

Als wir bei dem Wohngebäude ankommen, kriecht vor den Zimmern im Erdgeschoss, direkt vor meiner Nase, eine Schlange. Das Reptil ist dünn, aber mehr als 1,30 Meter lang und schlängelt sich. Ich lasse einen Schrei los. Alle haben das Tier gesehen, aber keiner außer mir reagiert. Keiner sieht mich an, keiner sagt etwas. Das Schweigen hat gerade erst begonnen, und ich bin die Erste, die es bricht. Ich konnte meinen Schreck nicht kontrollieren. Der Gedanke, die Schlange könnte in mein Zimmer kommen, jagt mir Angst ein. Oben angekommen schaue ich in jeden Winkel meines kleinen Zimmers. Ich sehe eine Eidechse und bekomme Panik, sage mir dann aber, dass sie sich nicht in eine Schlange verwandeln wird. In jedem Fall sitzt sie so hoch, dass ich sie nicht verjagen kann.

## Erstes Kloster

Dann kommt das Weckerproblem. Wie soll ich um 4 Uhr aufstehen ohne einen Wecker? Ich werde die Glocke bestimmt nicht hören. Auf keinen Fall. Ich lege mich auf mein Bambusbett unter mein löchriges Moskitonetz. Ich sehe mir noch einmal die Fenster über meinem Kopf an, die ebenfalls Löcher haben, und bete, dass der Tesafilm dafür sorgt, dass die fiese Schlange nicht durch die Löcher hereinkriechen kann. Ich habe Glück, die Emotionen haben mich vollkommen geschafft, und ich falle in einen tiefen Schlaf. Ich träume, dass ich gegen die Schlange kämpfe, wenn es ihr einfallen sollte, unter mein Bett zu kriechen.

**Tag 2**
4 Uhr früh, ich schlafe tief in meinem Bett, weit weg von Schlangen, Eidechsen, Ameisen. Ich höre, wie meine Zimmertür aufgeht: Eine Teilnehmerin kommt mich wecken, sie heißt Geneviève.
Eine der wenigen, die ich kennenlernen konnte, bevor das Schweigen anfing. Sie spricht nicht, sondern weckt mich mit verrückten Gesten auf. Nicht so einfach, jemanden zu wecken, wenn man nicht reden, kein Geräusch machen und nicht in die Augen sehen darf. Ich lache laut los und sage: »*Oh Scheiße!*« Sie macht mir hektisch Zeichen, nicht zu reden, mit einem Finger vor dem Mund und halb geschlossenen Augen. Als Antwort sage ich noch mal: »*Oh Scheiße, ich darf nicht ...*« Ich bin noch nicht daran gewöhnt ... Stellt euch vor, ihr werdet von einem auf den anderen Tag in eine Welt der Stille gebracht. Ihr seht eine Schlange und dürft nicht reagieren, und man weckt euch um 4 Uhr morgens mit chaotischen Gesten wie ein Betrunkener, der nach einer durchzechten Nacht nach Hause kommt. Und als sie wieder rausgeht, stößt sie sich den Kopf an meiner Zimmertür. Das war zu viel, mein Lachen zerreißt die Stille des Klosters. Ich kann mich nicht zurückhalten. Sie dreht sich noch einmal um, um mir Zeichen zu machen, dass ich keinen Krach machen soll. Die Situation ist einfach zu komisch. Ich gehe so schnell wie

# Geist

möglich aus meinem Zimmer und in die Dhamma Hall. Die Szene geht mir andauernd wieder durch den Kopf. Mein Drang zu lachen wird durch die Situation nur stärker, weil ich nicht reden darf und keine Möglichkeit habe, es loszuwerden. *»Marine, reiß dich zusammen, du darfst nicht auffallen! Hör sofort auf!«* Unmöglich, ich pruste los. Es ist 4.30 Uhr, ich bin im Meditationsraum, und entsetzte Gesichter drehen sich zu mir um. Im Schneidersitz mit zusammengebissenen Zähnen sehe ich wieder vor mir, wie Geneviève versucht, mich mit Gesten aufzuwecken und wie sie sich den Kopf an der Tür stößt. Selbst nach einer Minute Konzentration geht mir schon wieder ihr Gesicht durch den Kopf. Schrecklich ... Der Tag fängt gut an ... 13 Stunden Meditation pro Tag ... ich bin erst bei der ersten Minute.

Am Vorabend vor dem Schlafengehen habe ich einen Zettel mit dem Tagesablauf für die nächsten neun Tage bekommen. 13 Stunden Meditation pro Tag, Aufstehen um 4 Uhr, zwei Mahlzeiten: Frühstück um 6 Uhr, Mittagessen um 11 Uhr und den restlichen Tag keine Mahlzeit mehr. Schlafengehen: spätestens um 21 Uhr. Als Frühstücksfan kann ich kaum erwarten zu sehen, was es zu essen gibt. Als ich im Speisesaal ankomme, ist Schluss mit lustig. Ich weiß nicht, wie ich Stille beschreiben soll, mit welchen Worten. Ich verstehe überhaupt nichts mehr. Ich lese, wie mein Tischnachbar gegenüber heißt ... nein, an der Wand sagt ein Stück angeklebtes Papier, wie ich heiße und wie alt ich bin. Jeder von uns hat eine Blechschüssel, und man schöpft sich nacheinander aus riesigen Behältern Reis, Nudeln oder etwas Ähnliches darauf. Die erste Mahlzeit ist schrecklich. Es wird immer unangenehmer, nicht zu wissen, was passiert. Ich habe das Gefühl, dass ich verrückt werde, wenn ich bis zum letzten Tag bleibe. Ich verstehe einfach nicht, warum das Sprechverbot so extrem sein muss. Als ich an der Reihe bin, mich zu bedienen, wird mir zum ersten Mal bewusst, dass es absolutes Schweigen sein wird. Zweimal bedanke ich mich

## Erstes Kloster

aus Versehen, als man mir die Kelle reicht, um mir zu nehmen. Keiner sieht mich an und keiner antwortet. Nicht einmal »Pardon« oder »Merci«, das ist verunsichernd. Was ich fühle, ist einfach: Ich bin durchsichtig. Ich existiere nicht. Als ob mich niemand beachtet oder sieht. Zum Glück schmeckt das Essen hervorragend, aber ich kann mich nicht damit abfinden, vor einer Wand zu sitzen. Ich glaube, ich habe noch nie an einem Tisch gesessen, der vor einer Wand stand und wo niemand mich ansah und niemand mit mir sprach. Alleine essen ist eine Sache, aber alleine essen und nur auf eine weiße Wand zu starren ist eine andere Sache. Es schockiert mich nicht zu existieren, durch Gleichgültigkeit isoliert zu sein. Meine Nachbarinnen sehen mich ebenfalls nicht an. Das drückt in dem Moment gewaltig auf meine Stimmung. Ich muss noch zehn Tage durchhalten. Nach dem Essen können wir vor der Morgenmeditation eine Stunde spazieren oder in unsere Zimmer gehen. Ich verlasse den Speisesaal und renne in mein Zimmer, um ein bisschen zur Besinnung zu kommen.

*Ein Tsunami von Fragen und Sorgen bricht über mich herein. Ich habe Angst, keine weiteren zehn Tage zu schaffen. Ich stelle mir viele Fragen, die mich daran hindern, die Übungen richtig zu machen. Ich bin unruhig und gestresst. Werde ich mich in den zehn Tagen verändern? Werde ich noch dieselbe sein? Tut mir das hier wirklich gut? Die Myanmaren sind das gewohnt, aber ich nicht! Warum bin ich überhaupt hier?*

Letzte Mikrowanderung vor der letzten Meditationssitzung des Tages. Ich suche verzweifelt nach einem Lächeln oder einem Blick. Ich bin wie besessen davon. Ich lächle drauflos wie eine Verrückte und hoffe, dass irgendeiner mein Lächeln auffängt. Ich möchte mich austauschen, positiv oder negativ, aber ich möchte menschlichen Kontakt. Nichts. Ich weiß nicht, was passiert, aber ich bekomme Angst. Angst durchzudrehen … Ich erinnere mich, dass man in äußersten Notfällen mit der Meditationsleiterin sprechen kann … Ich sehe mich in einem solchen Notfall. Ich habe weniger

## Geist

als 24 Stunden gebraucht, um die Alarmglocke zu läuten. Ich schäme mich, aber es ist notwendig. Ich gehe nach der Abendsitzung zu ihr und sage: *»Entschuldigen Sie bitte, aber ich habe Angst, dass ich nach zehn Tagen Schweigen nicht mehr derselbe Mensch bin.«* Ich konnte es nicht direkter, einfacher und genauer ausdrücken. Sie lässt einen Moment der Stille, sieht mich an und lacht laut los. Seltsam, diese ruhige Frau auf ihrem Stuhl über etwas lachen zu sehen, was für mich ultraernst ist. Ich sitze im Schneidersitz vor ihr und bin geschockt, dass sie so über meine Sorge lacht. *»Macht sie sich über mich lustig, oder habe ich wirklich etwas Dummes gesagt?«* Dann antwortet sie mir mit einem Satz: *»Aber, Marine, Sie werden dieses Zentrum nicht als Buddha verlassen. Die Veränderung geschieht im Laufe eines Lebens, nicht in zehn Tagen.«* Ohne es mir zu erklären, lässt mich dieser Satz wieder lächeln. Ich bin beruhigt, aber vor allem habe ich den ersten Blick des Tages bekommen. Sie sieht mich nicht nur an, sondern lächelt mich an und lacht vor mir. Ich habe neue Kraft, bin wieder auf der Spur und kann vertrauen. Gut, dass ich zu ihr gegangen bin.

Nach diesem Gespräch lache ich über die Dummheit meiner Frage, bin aber froh, sie gestellt zu haben. Ich gehe wieder an meinen Platz für die letzte Meditation vor dem Schlafengehen.

## Tag 3

Zusätzlich zu den Meditationen müssen wir im Laufe des Tages Übungen machen. An den ersten Tagen besteht die Übung darin, sich nur auf den Bereich zwischen unserer Oberlippe und unseren Nasenlöchern zu konzentrieren. *»Wie? Wozu soll das gut sein?«* Das Ziel der ersten drei Tage ist es, an dieser kleinen Stelle des Körpers empfindsam zu werden. *»Warum?«* Einfach um zu versuchen, unsere Gedanken zu ordnen. Wenn sie kreuz und quer durch den Kopf schießen, muss man sich ausschließlich auf die Atmung konzentrieren, damit sie nicht im Kopf bleiben, sondern weiterziehen, also verschwinden. Für mich ist das viel komplexer, weil

## Erstes Kloster

meine Gedanken in alle Richtungen gehen, sobald ich die Augen schließe und es für mich sehr kompliziert ist, mich auf eine Stelle des Körpers zu konzentrieren. Ich muss zuerst meine Atmung wahrnehmen und meinen Atem gehen und kommen spüren. Eine seltsame Übung, ich habe das noch nie gemacht, außer beim Arzt, wenn er die Lunge abhört und ich ein- und ausatmen soll. Plötzlich wird mir bewusst, dass meine Gedanken unbezähmbar sind. Ich kann sie nicht ordnen, ich kann sie nicht stoppen – sie herrschen über mich. Sie diktieren mein ganzes Leben, meine Gefühle, meine Ängste, meine Wünsche. Das Ziel ist, nicht mehr darauf zu reagieren ... sie ziehen zu lassen. *»Aber was, wie, womit ziehen lassen? Ich kapiere das nicht.«*

Ab dem ersten Tag ist für alle Teilnehmer von 18 bis 19 Uhr Gelegenheit, sich einen Vortrag anzuhören. Es sind Anleitungen und Hilfestellungen für den nächsten Tag. Der Vortragende ist nicht anwesend, sondern auf Myanmarisch wird durchgesagt, dass die Zeit für den Vortrag gekommen ist.

Eine Teilnehmerin gibt mir Zeichen, dass ich meine Kopfhörer aufsetzen soll, um den Vortrag anzuhören. Ich bekomme die französische Übersetzung. Unglaublich! Ich freue mich total, meine Sprache zu hören. Eine Männerstimme spricht. Ich habe das Gefühl, dass ein Freund am anderen Ende der Leitung ist. Vor allem ist es der erste Ton, den ich seit dem Beginn des Tages höre, und das erste Wort, das seit vier Tagen an meine Ohren dringt. Ich fühle mich sofort besser, erleichtert, ich fühle mich geführt und gehört, obwohl ich nicht reden, sondern nur über meine Kopfhörer zuhören kann. Er erklärt noch einmal den Ablauf der Woche. Er erklärt, wie wichtig es ist, pünktlich zu sein, damit der Ablauf der zehn Tage nicht gestört wird. Mir kommt die Szene mit Geneviève wieder in den Sinn. Ich beiße mir auf die Lippen, damit ich nicht noch einen Lachanfall bekomme. Ich habe das Gefühl, mit dieser Stimme in meinem Ohr zu reden. Er erklärt als Erstes, welche Empfindungen man anfangs haben kann. Das ist beeindruckend. Ich sauge seine Worte auf, als wäre er in meinem Körper und wüsste, welche Empfindungen dort sind. Befürchtungen, Angst, Unruhe, Orientierungslosigkeit, Analysieren und und und ... Es ist ein Monolog, aber es trifft genau zu. Sein Vorname: S. N. Goenka. Ich weiß immer noch nicht, wer er ist, aber was er sagt, passt von Anfang bis Ende auf mich.

*»Ich habe es wieder nicht geschafft, mich auf meine Atmung zu konzentrieren.« Das habe ich mir jede Sekunde der 13 Stunden gesagt. Ich konnte mich nicht auf diese kleine Stelle in meinem Gesicht konzentrieren. Nach zwei Atemzügen sind meine Gedanken woanders. Mein Geist lässt sich ablenken, er haut ab. Warum kann der Geist nicht achtsam sein und sich nicht mehr als fünf Minuten konzentrieren? Achtsam sein, ohne zu handeln. Achtsamkeit ohne Aktion. Wir sind es gewohnt, auf alles zu reagieren, was uns umgibt. Summt eine Fliege, verscheuchen wir sie; es juckt, wir kratzen; es wird kühl, wir ziehen uns etwas über; ein Gefühl der Angst, wir schützen uns; wir reagieren auf alle guten und schlechten Empfindungen. Unser Denken ist auf ständige Reaktion aufgebaut.*

*Es gibt keinen Moment in meinem Leben, wo ich es geschafft habe, nicht zu reagieren ... Abstand zu nehmen und einfach nur wahrzunehmen. Aber wozu sollte das schließlich auch gut sein? Warum ist es schlecht, ständig zu reagieren? Ich erinnere mich an ein Bild, das S. N. Goenka mir in dem Vortrag gegeben hat. »Stellen wir uns einen Fluss vor. Wir sitzen am Ufer und sehen, wie das Wasser fließt. Lassen wir unsere Gedanken fließen und halten wir sie nicht fest, seien sie positiv oder negativ.« Aber mein Geist hält die Gedanken fest und versucht, sie zu analysieren. Wenn der Gedanke positiv ist, tut es mir gut; wenn er negativ ist, bin ich beunruhigt oder nervös. Ich reagiere auf alles. Ruhe und Achtsamkeit sind nicht jedem geschenkt, ich jedenfalls bin weit von dieser Ausgeglichenheit entfernt. Wenn es mir nicht gelingt, bin ich genervt, weil mein Geist schon zum hundertsten Mal abschweift. Ich reagiere immer noch. Ich könnte ja damit anfangen zu akzeptieren, dass er abschweift. Wenn ich akzeptiere, dass mein Geist woanders ist, kommt er von selbst wieder zurück. Er kommt viel*

## Erstes Kloster

*leichter zurück, als wenn ich mich aufrege und mich ständig frage, warum er sich nicht konzentrieren kann. Wann und warum schweift er ab? Es sind unzählige Themen. Ich kann sie nicht zählen.*

Der Geist kann nur in zwei Richtungen abschweifen. In die Vergangenheit oder in die Zukunft. Erst macht er eine Reise in die Zukunft, um beim nächsten Gedanken wieder in der Vergangenheit zu wühlen. Funktioniert mein Geist so? Weigert er sich, in der Gegenwart zu leben? Wie kann man immer in der Vergangenheit oder in der Zukunft leben? Ich schaffe es nicht, im Jetzt zu leben. Meine Atmung hilft mir, das zu verstehen. Angenehme oder unangenehme Erinnerungen, angenehme oder unangenehme Zukunft, es sind diese beiden Arten von Gedanken. Jedes Mal, wenn man auf etwas Angenehmes stößt, reagiert man; der Wunsch kommt, und man hält daran fest. Man merkt nicht einmal mehr, dass unser Geist nicht im Gleichgewicht ist. Es muss uns immer wieder passieren. Bei einem unangenehmen Gedanken sagt man sich gleich, das mag ich nicht, und schnell verwandelt man den Gedanken in Hass oder Ablehnung.

Und wieder hat man das Gleichgewicht verloren und ist sofort aufgeregt. Alles geht mir durch den Kopf, ich verstehe nichts, ich muss meine eigene Erfahrung machen und daran arbeiten, dass alles klarer wird.

S. N. Goenka erklärt mir, dass man die Ursache suchen muss. Man verwendet dabei einen Mechanismus, der nicht unbedingt gut sein muss. Man merkt, dass sich etwas in einem verändert. Daran muss man hart arbeiten; als Hilfe hier die Ratschläge des ersten Tags: »Es ist ein sehr großer Eingriff. Eine Operation am eigenen Geist. Sobald man eingreift, können sehr tief liegende Probleme an die Oberfläche kommen. Es ist ganz natürlich, dass Eiter austritt, wenn man eine Wunde aufschneidet. Der Prozess besteht zum Teil darin, die Wunde aufzuschneiden – und das ist etwas Unangenehmes, dem wir uns stellen müssen.« Das ist eine abgedrehte Metapher. Ich

# Geist

muss also diese Wunde aufschneiden. »Das Unangenehme daran gehört dazu.« Die Wunde ist aufgeschnitten, der Eiter beginnt zu fließen, dem muss man sich stellen. Aber versuchen, es mit einem Lächeln zu tun. Ohne dass irgendeine Vorstellung daran beteiligt ist, wird mir meine Atmung bewusst. Ich bleibe gleichmütig, gebe mich damit zufrieden, diesen Moment wahrzunehmen, in dem mein Geist sich der Wirklichkeit bewusst wird, ohne Wunsch, ohne Ablehnung. Dieser Moment ist wunderbar. »Ein Teil unseres Geistes ist sehr rein. Die Unreinheit und das Negative sind aber immer noch da. Es fühlt sich an wie eine enorme Explosion, ein Vulkanausbruch, mit Schmerzen im Bein, im Kopf oder im Rücken. Dann kommen die Gedanken, die uns dazu bringen wollen wegzugehen. Wenn man einen chirurgischen Eingriff vornehmen lässt, operiert uns jemand anderes, man wird betäubt, man spürt keinen Schmerz, aber hier muss man die Operation selbst durchführen. Es gibt keine Betäubung, und man muss sich allem stellen, was dabei herauskommt. So beginnt man, die Funktionsweise des Geistes zu ändern. Diese Fähigkeit ist es, die wir entwickeln müssen.« Wir wurden gerade in ein Krankenhaus aufgenommen. Wir müssen die Vorstellung akzeptieren, dass wir unseren Geist reinigen müssen.

Man muss also alle Regeln beachten. Ich kann das Zentrum nicht verlassen, ich kann nicht rausgehen. Ich verstehe, wie wichtig es ist, nicht nachzugeben. Und ich verstehe, warum der Meister anfangs so hartnäckig gefragt hat: *»Bis du bereit, Marine? Bist du bereit?«* Und trotzdem wird mir bewusst, dass es nach dem ersten Tag schon schwierig ist. Ich möchte schon wieder gehen. Ich sage mir: *»Ich komme später wieder.«* Oder: *»Das ist nichts für mich. Ich bin nicht bereit.«* Man muss sich mutig stellen. Ich muss alle Unreinheit an die Oberfläche bringen. Klar ist das nicht angenehm, aber es ist gut für mich, ich muss mich dem stellen. Wenn ich ins Krankenhaus gehe, flüchte ich nicht mittendrin und komme später wieder. Folgender fester Entschluss: Ich haue nicht ab. S. N. Goenka nennt weitere Regeln,

## Erstes Kloster

die in diesem Meditationszentrum zu beachten sind: Es ist wichtig, **die Zeiten zu respektieren.** Jede Minute ist sehr wichtig. Die Meditationsstunden müssen ein weiterer fester Vorsatz sein. Man darf sich nicht in seinem Zimmer hinlegen oder zumindest nicht länger als fünf Minuten. Als Anfänger muss man erst einmal immer länger drinnen in sitzender Haltung meditieren. Wenn man sich in diesem Stadium draußen hinsetzt, wird man von einem Windstoß oder irgendetwas anderem daran gehindert zu meditieren. Selbst mit geschlossenen Augen schafft man es dann nicht, in die Tiefe zu gehen. Ein weiterer Punkt, der angesprochen wird: **kein Abendessen**. Um meditieren zu können, muss man fit sein. Ein Viertel unseres Magens muss immer leer bleiben. Ich lächle und erinnere mich daran, dass ich mir in den ersten Tagen zweimal Nachschlag genommen habe, aus Angst, abends Hunger zu bekommen. Letzter Punkt: **das Schweigen**. Unser Geist hört nicht auf zu reden, aber untereinander darf es keine Kommunikation durch Blicke oder Gesten geben. Wir sind unser ganzes Leben lang extrovertiert. Wenn wir anfangen, mit einem anderen Teilnehmer zu reden, werden unsere eigenen Fragen noch drängender. Die Gedanken unserer Gespräche und die Gedanken unseres Geistes vermischen sich. »*Nicht reden, völliges Schweigen. Ihr werdet später merken, was das Gutes bewirkt.*« Die Stille ist auch aus anderen Gründen wichtig. **Sich nichts vormachen.** Wenn man diese Regel nicht beherzigt, verliert die Meditation an Kraft.

»*Mischt nichts in diese Technik hinein; nach diesen zehn Tagen werdet ihr euer eigener Meister; aber vermischt nichts. Ich habe da etwas gelesen ... Das habe ich mal gehört, oder ich denke, so ist es besser ... Man könnte es doch mit ein bisschen Dies und ein bisschen Das probieren ...*« Es ist gefährlich zu mischen, sehr gefährlich, sagt er. »*Arbeitet genau so, wie man es euch sagt. Es gibt Fälle, bei denen man durch Unwissenheit in eine Lage gerät, wo selbst der Leiter nicht mehr helfen kann.*«

# Geist

Bereits bei den ersten Zweifeln wieder in die Spur zu kommen, das brauchte ich. Ich gehe schweigend schlafen. Ich habe diese Worte wie noch keine anderen zuvor gehört und analysiert. Die einzigen Worte des Tages, die ich jeden Tag haben werde, sind direkt vor der letzten Meditation am Abend. 50 Minuten mit meinen Kopfhörern. Ein Mensch, dessen Gesicht ich nicht kenne, spricht und erklärt mir den Ablauf des heutigen Tages und den Beginn des nächsten Tages, damit ich Anleitung habe und vorankommen kann. Ich höre ihm nicht nur zu, ich habe das Gefühl, jedes einzelne Wort zu leben und zu kauen.

Beim Hinausgehen aus der Dhamma Hall – es ist dunkel, keine Ahnung, wie ich darauf komme – nehme ich zehn Kieselsteine mit. In meinem Zimmer lege ich sie neben mein Bett. Interessanterweise sind sie alle verschieden; Farben, Form und Unebenheiten, von ganz dunkel bis ganz hell, von ganz groß bis ganz klein. Ich habe sie nicht bewusst gewählt, aber der größte ist am dunkelsten und der kleinste am hellsten. Sie stehen dafür, wie sich meine Veränderung entwickelt, während ich diese Reinigungstechnik lerne. Sie werden mir helfen, die Challenge, die ich gerade gegen mich, gegen meine Gedanken, gegen meine Wünsche anstelle, greifbar zu machen. Die Steine werden mir helfen durchzuhalten, das Ziel nicht aus den Augen zu verlieren. Ich lege sie in eine Reihe, einen neben den anderen. Jeden Abend ist es dasselbe Ritual. Ich rede mit dem Kiesel des Tages, der meine ganzen Zweifel, Ängste, Schwächen und Sorgen dieses Tages wegnehmen soll. Dann nehme ich ihn aus der Reihe heraus als Symbol für einen Tag, der vergangen ist, und eine Meditationsübung, die ich gemeistert habe, so schmerzhaft und schwierig sie auch war.

Das macht mir dann morgens Mut, wenn ich sehe, dass die Steinreihe kürzer geworden ist und die Zielgerade näher rückt. Ich schiebe die Steinchen einen nach dem anderen unter das Bett. Dann verschwinden sie aus der Reihe, und ich beginne den nächsten Tag leichter. Es werden lauter Siege über mich selbst sein. Sie erinnern an die Dunkelheit und den Schmerz der ersten Tage, bis ich zu dem leichtesten, hellsten und reinsten Kieselstein komme. Dieses Ritual hilft mir enorm durchzuhalten. Ich empfinde es, wie wenn ich einen Rucksack voller Steine ausleere, die mich nur schwer vorankommen lassen. Verrückt, woran man sich klammert in solchen Situationen, um den Abgrund der Stille zu überbrücken. Sie sprechen mit mir, hören mir zu. Sie nehmen meine Schmerzen und Leiden, meine Zweifel, aber auch mein Lachen, meine Freude und meine Witze mit, über die sonst niemand lacht. Sie werden für mich zu Persönlichkeiten. Außerdem sind sie mein Kalender, meine einzigen Anhaltspunkte. Diese Kiesel werden für mich Kompass, Guide und Fans sein. Mir ist bewusst, dass das komisch ist, so von Kieselsteinen zu reden, aber ich bin wirklich froh darüber. Jeden Abend kann ich einem Steinchen sagen, dass seine Mission beendet ist. Eine Last, die abfällt, auch eine Emotion. Meine Kiesel helfen mir zu bleiben, das weiß ich.

## Tag 4

Zweiter Tag, dritter Tag, es funktioniert. Vierter Tag, erste Veränderung: Ab jetzt ist es verboten, die Haltung während der Meditation zu ändern.
Trotz der Kiesel – das schaffe ich nicht. Ich breche ab, im wahrsten Sinne des Wortes. Ich muss raus aus der Dhamma Hall, damit ich die anderen nicht störe. Wir sind wie Zombies. Man sieht sich nicht an und redet nicht miteinander. Das ist immer noch genauso verunsichernd. Ich will ausrasten. Ich gehe Luft schnappen und versuche, meinen Kopf freizukriegen. Ich bin zu aufgewühlt, und die Erkenntnisse über mich selbst nehmen mich sehr mit. Ich kann nicht mehr steuern, was mit mir passiert.
Es ist schwierig, mit den Selbstzweifeln alleine zu sein, aber ich sehe ein, dass mich das weiter bringt, als wenn ich jetzt eine Freundin an-

# Geist

rufen könnte und mit ihr nach Lösungen suchen würde. Manchmal findet man die Lösung für bestimmte Probleme in uns selbst, aber man möchte lieber reden und reden, um das nicht wahrzunehmen. Also bei mir ist das zumindest immer so abgelaufen. Das Schweigen hilft zu verstehen, aber vor allem, sich mit sich selbst zu konfrontieren und nicht ausweichen zu können. Das ist schmerzhaft. Ich gehe spazieren, um ruhig zu werden und die Meditationssitzung wie die anderen weitermachen zu können. Unmöglich: Nach einer Viertelstunde gehe ich wieder an meinen Platz, aber ich kann mich nicht fokussieren, ich muss wieder raus. Die Sitzung beginnt wieder, aber ich gehe in meinen Tränen unter. Ich gehe zehn Minuten vor der Pause wieder rein für das Ende der Meditation. Ich gehe die beiden einzigen Alleen, auf denen wir uns die Beine vertreten dürfen, hin und her. Bestimmt 50-mal. Die Allee ist knapp 60 Meter lang.

Ich gehe auf mein Zimmer. Direkt vor der Tür auf meinem Stuhl liegt eine weiße Blume. Kein Wort, kein Name. Nur eine Blume. Ich nehme sie und spüre körperlich, wie mich eine Dosis Liebe erfüllt. Diese schöne kleine Blume, die da einfach liegt, gibt mir eine unglaubliche Kraft. Mich berührt die Wirkung dieser unscheinbaren Geste. Ich drehe mich um und hoffe, eine Frau zu sehen, die mir zulächelt. Aber nein, nichts. Einfach so. **Diese Geste sagt viel mehr als Worte.** Diese Person hat wohl gesehen, dass ich nicht mehr konnte. Sie konnte nicht mit mir reden, also **hat ihr das Schweigen den besten Trost gezeigt.** Einfach eine schöne weiße Blume. In meinem Alleinsein in der Stille habe ich das Gefühl, die Frauen um mich herum zu kennen, obwohl ich noch nie mit ihnen gesprochen habe. Achtsamkeit lernt man an keiner Hochschule, weder in wirtschaftlichen noch in technischen Fachbereichen oder in irgendeiner anderen Schule. Den Menschen wahrzunehmen. Damit fange ich erst hier an. Diese Achtsamkeit bewirkt Wunder in uns. Unser Körper spricht mehr als unser Kopf; zumindest ist unser Körper sehr, sehr stark.

## Erstes Kloster

Ich nehme diese Blume wie ein Baby auf den Arm, möchte sie am liebsten an mich drücken, als wäre sie meine Liebesspritze für den Tag. Ich lege sie auf meine Bettkante. Die nächste Meditationssitzung läuft tausendmal besser als gedacht. Hier gibt es kein tröstendes Wort, keinen beruhigenden Blick, keine ermutigende Geste. Nichts. Der Mensch kennt den anderen tausendmal besser durch Wahrnehmung als durch Reden. Das ist wundervoll. Das habe ich noch nie in meinem Leben bemerkt. Ich kann sagen, wenn meine Nachbarin schüchtern ist oder zurückhaltend, ich analysiere die Gesten, die Art zu gehen, sich zu bewegen, aufzustehen; Dinge, die im alltäglichen Leben schwachsinnig erscheinen, aber sie sagen viel über das Wesen einer Person aus. Nach diesem sehr bewegten Tag komme ich in mein Zimmer und nehme meinen schwer beladenen Kieselstein in die Hand. Ich sehe ihn an. Ihn hat die Zeit poliert, und er hat die Form eines menschlichen Organs mit schwarzen Adern. Dieses Organ könnte fast ein Herz sein.

Auch der Schlaf bringt viele Dinge zutage. Ich habe im Leben noch nie so gut und so tief geschlafen. Ich wache ohne Wecker gut gelaunt um 4 Uhr morgens auf. Geneviève muss keine Grimassen mehr schneiden wie am ersten Morgen. Um 21 Uhr lege ich mich auf meine Bambusmatratze, ich fühle mich gut, als ob mein Kopf ebenfalls wüsste, dass Erholung die Basis für die Meditation ist. Er lässt mich also gehen, und ich schlafe wie ein Baby, die ganze Nacht ohne Albträume.

## Tag 5

Am fünften Tag komme ich in die Dhamma Hall und stelle fest, dass das blaue Kissen vor mir leer ist. Meine Vorderfrau ist nicht da. Ich weiß nicht, was passiert ist. Seltsam, aber für mich ist das wirklich eigenartig, sie nicht vor mir zu haben. Ich sitze hinten und kann alle Frauen vor mir sehen.

# Geist

Beim Frühstück ist sie immer noch nicht da. Ich frage mich ernsthaft, wo sie wohl ist. Den ganzen Tag ist sie nicht zu sehen. Schließlich wird mir klar, dass sie am Ende des vierten Tags gegangen ist. Sie konnte damit nicht umgehen. Es schien ihr so gut zu gehen. Ich hatte mich daran gewöhnt, dass sie morgens bei der Meditation vor mir sitzt. Wenn man die Sprache ausschaltet, werden die Menschen eigenartigerweise viel wichtiger für uns. Man baut eine Beziehung zueinander auf, als ob die Nähe des anderen uns hilft durchzuhalten. Später erfahre ich, dass dafür gesorgt wird, dass es niemand mitbekommt, wenn jemand das Zentrum verlassen möchte.

Ich stelle mir sowieso schon viel zu viele Fragen und überlege nicht, ob ich gesehen habe, wie sie mit ihrem Rucksack weggegangen ist. Nach der letzten Meditationssitzung ist ihr Zimmer leer. Am nächsten Tag bricht eine Zweite das Abenteuer ab. Auf meinem Gang verschwinden zwei. Das ist merkwürdig. Man muss sich auf sich selbst konzentrieren und stark bleiben, damit man nicht daran denkt. Diese beiden Abreisen schwächen mich. In der Meditationspause am Vormittag haben wir knapp zehn Minuten, um auf Toilette zu gehen, ein paar Minuten die Beine zu vertreten und uns dann ins Zimmer zurückzuziehen. Ich setze mich kurz auf mein Bett und frage mich, ob ich noch fünf Tage durchhalten kann.

Plötzlich setzt sich ein kleiner Vogel vor mein Zimmer. Er ist total süß und sehr neugierig. Ich mache das oft so, dass ich meine Bestimmung in eine solche Begebenheit lege und eine etwas schwachsinnige Wette abschließe: Zum Beispiel: »*Wenn er gleichzeitig mit mir über die Straße geht, heißt das ...*« usw. »*Wenn du in mein Zimmer kommst, bleibe ich ...*« Er setzt sich direkt vor mich. Ich lächle, nehme einen Schluck Wasser und gehe wieder in die Dhamma Hall. Erstaunlich. Am Nachmittag und an allen anderen Tagen sehe ich denselben kleinen Vogel vor meinem Zimmer.

## Erstes Kloster

Mich beeindruckt eine Teilnehmerin in der ersten Reihe. Sie ist die Älteste, eine 89-jährige Myanmarin. Sie hält es stundenlang im Sitzen aus, ohne sich zu bewegen. Ich würde ihr gerne viele Fragen stellen. Ich würde gerne wissen, was sie versteht, was sie spürt und warum sie das in ihrem Alter weiterhin macht. Sobald ich in den Knien, in den Beinen oder im Rücken Schmerzen bekomme, denke ich fest an sie, die sich keinen Millimeter bewegt. Erstaunlich … Stundenlang wie erstarrt … Für mich ist das mehr als eine Herausforderung, eine körperliche und seelische Qual. Mein Spitzname Taz gibt eine Vorstellung davon, auf was für einer Baustelle ich hier bin. Eine Stunde lang sich nicht zu bewegen, dann zwei, dann drei, das ist Folter. An den ersten drei Tagen war es erlaubt, sich zu bewegen, die Beine zum Beispiel oder die ganze Haltung zu ändern, wenn ein Körperteil uns quälte. Vom vierten Tag an war Schluss mit Rumprobieren: völlige Regungslosigkeit. Die ersten Meditationen sind schwierig, ich versuche, brav auszusehen, mache aber mal das eine, mal das andere Auge auf, um zu sehen, ob die Luft rein ist, damit ich mich schnell umsetzen kann. Bloß nicht erwischen lassen! Lächerlich! Mir wird schnell bewusst, wie fehl am Platz das ist. Innerlich muss ich lachen. Meditieren und mogeln passt nicht wirklich zusammen. Ich merke, dass es nichts bringt, zu versuchen mich zu bewegen, ohne dass es jemand merkt. Ich muss herausfinden, warum das so streng ist. Wenn ich es nicht tue, werde ich es nicht verstehen. Ich halte eine Stunde durch, dann zwei, drei, vier … Stunden … Es geht immer besser, aber ich schaffe es bei den Meditationen nicht, mich überhaupt nicht zu bewegen. Normal, mein Geist ist so unruhig. Ich sehe mich als jemand sehr Aktives, und meine Unruhe ist die Stärke, die ich an mir besonders mag. Man muss nicht mit mir sprechen, um zu wissen, dass mein Geist mein Leben beherrscht. Aber ich begreife, dass es sehr wichtig ist, ruhiger, gelassener, nachdenklicher zu sein, damit man keine übereilten Entscheidungen trifft, ohne auf sich zu hören.

## Geist

Zu lernen, langsamer zu werden, bedeutet nicht, dass sich dein Wesen verändert, sondern, dass man beurteilen kann, was notwendig ist und was Stress und unnötige Aktionen.

Ich setze mich nach dem Mittagessen gerne auf meinen Stuhl vor meinem Zimmer und schaue auf einen großen Baum, der direkt vor unseren Zimmern steht. Die Blätter streifen die Terrasse im ersten Stock. Ich versuche jeden Mittag, die Blätter zu zählen, und komme immer auf eine Zahl zwischen 218 und 222. Es tut mir unglaublich gut, alleine vor diesem Baum zu sitzen und zu sehen, wie er sich bewegt. Ich habe wirklich den Eindruck, dass er lebt. Eigenartig, was ich hier alles wahrnehme. Meine Empfindungen multiplizieren sich von einem Tag auf den anderen, und mein Geist wird immer ruhiger. Er ist immer weniger rastlos und immer konzentrierter auf meine Atmung und auf das Hier und Jetzt. Dämlich, vorher konnte ich keine Meditationssitzung machen, ohne an die nächste zu denken oder an den nächsten Tag. Vom fünften Tag an ist mein Geist schon weiter und fokussierter auf das, was vor sich geht. Er kann sich auf das konzentrieren, was ich gerade erlebe, und auf den Atem, wie er ausströmt und einströmt. Das ist sehr ruhevoll.

*Die Stille bringt mir alles bei oder fast alles. Sie öffnet mir die Augen für meine Umgebung, meinen Raum. In vier Tagen hat sie mir bereits beigebracht, Dinge zu sehen, die ich mein ganzes Leben noch nicht gesehen habe, und sie anders zu sehen und nach anderen Kriterien zu bewerten. Die Stille haucht den Dingen Leben ein und den Lebewesen. Es wimmelt in dem Gehirn einer Meditationsanfängerin. Die Megaparty! In wenigen Tagen hat mir die gefürchtete Stille Sprachen geschenkt, die meine Augen verstehen können. Sie hat mein Gehirn für den Wahnsinn geöffnet und meiner Fantasie einen Freifahrtschein gegeben. Abgefahren! Ich spreche mit Kieselsteinen, diskutiere mit einem Baum und seinen 222 Blättern. Die Stille selbst spricht zu mir. Mit ihr werde ich lebendig.*

## Erstes Kloster

Ich stelle fest, dass ich häufiger am Tag fröhlich bin, als mit hängendem Kopf ohne Lächeln dazusitzen. Vielleicht dürfen wir nicht lachen. Ich kann es mir nicht erklären, aber mir gibt es Kraft. Selbst wenn ich in mich hineinlächle. Manchmal sehen mich zwei Teilnehmerinnen an und lächeln, wenn ich ihnen begegne. Wow! Sie schenken mir in dem Moment ein unglaubliches Glück. Das ist eine einfache, freiwillige, schnelle Geste und erzeugt ein tausendmal stärkeres Gefühl. Ich erinnere mich an lustige Begebenheiten mit meinen Lieben, oder ich erzähle mir selbst einen Witz. Es passiert mir häufig im Kloster, dass ich plötzlich loslache in meinem Zimmer oder auf einem Minispaziergang, den wir machen dürfen. Das tut mir besser als alles andere. Damit ich nicht Trübsal blase, habe ich mir in meinem Zimmer eine eigene Welt geschaffen. Der Besen wird zu einem Gefährten, mit dem ich tanze; ich rede auf ihn ein, wenn ich sehe, wie er steif und traurig an der Wand lehnt, als ob er derjenige wäre, der leidet. *»Mir scheint, du hast einen miesen Tag hinter dir, mein Freund!«* Oder ich singe *Allumer le feu* mit seinen Borsten als Mikrofon. Ich lache mit meinen neuen Zellengenossen, den Eidechsen und Ameisen, die mit ihren komischen Bewegungen durch mein Zimmer laufen. Alles bekommt eine eigene Gestalt, ist Austausch und bringt Freude. Ich habe Spaß. Merkwürdig, über Kleinigkeiten zu lachen, aber es tut total gut. Das setzt in unserem Geist eine Kraft frei. Das kann man sehen und spüren. Das Lachen ist eine der besten Medikamente für vieles; ja, man kann über alles lachen, solange man den Respekt vor dem anderen nicht verliert. Lachen ist Symbol des Glücks.

## Tag 6

Die Operation geht immer tiefer. Bei dem Vortrag am fünften Tag ging es um das Leiden, obwohl ich trotzdem ständig am Lachen war. »Leiden?« Dieses Wort kommt mir heute Morgen wieder in den Sinn. Ich fühle mich schwächer, und mir kommt wieder der Gedanke abzuhauen.

# Geist

Während der Meditation steht der Schmerz als Leiden im Vordergrund. Schon nach 40 Minuten im Schneidersitz habe ich Schmerzen. Meine Beine brennen, meine Knie stechen. Es wird zur Qual. Nach einer Stunde will ich am liebsten wütend werden auf die Meditationsleiterinnen. Ich sehe, wie sie ruhig und ohne Schmerzen dasitzen. *»Wie machen sie das bloß?«* Im Vortrag hieß es »das Leiden wahrnehmen«. *»Was heißt das? Hallo, Schmerz, wie ist es?!«* Wenn man wahrnimmt, ohne zu reagieren, wird er Wirklichkeit. Das ist hart, aber mit der Zeit sehe ich, was es bringt. Das funktioniert durch »Gleichmut«. *»Was bedeutet das?«* Gleichmütig bleiben bedeutet neutral, ausgeglichen sein gegenüber Neuem und negativen sowie positiven Gedanken, um zur Wurzel der Probleme vorzudringen. Man sät schöne Samen, damit Mitgefühl statt Ablehnung entsteht. Bei dem Leiden, das ich spüre, fällt es schwer, an die Kraft zu glauben, die dadurch entsteht, dass ich nicht auf meine immer schmerzhafteren Empfindungen reagiere. Ich halte durch und komme an die Wurzel der Dinge, die mein Gehirn und ich manchmal beiseitegeschoben haben und vergessen wollten. Bei dieser Übung läuft es anders. Ich werde dazu aufgefordert, **dieses Leiden anzunehmen**.

*»Etwas Schweres, Schmerzhaftes annehmen? Wie bitte? Ich verstehe nicht.«* *»Die verborgenen Unreinheiten sind wie schlafende Vulkane.«* Ich verstehe plötzlich, dass diese Technik nichts mit Optimismus zu tun hat, sondern mit Arbeit und vor allem das Gegenteil von dem Pessimismus ist, den ich während des Vortrags gestern Abend empfunden habe. Ich setze mich zur letzten Meditationsstunde hin. Ich weiß nicht, was ich spüre, aber ich spüre in meinem ganzen Inneren einen großen Frieden. Zum ersten Mal akzeptiere ich dieses Leiden. *»Nehmt das Leiden nicht an, weil ich es sage, sondern macht selbst die Erfahrung. Wenn ihr es lebt, könnt ihr es annehmen.«* Mit diesen letzten Worten gehe ich schlafen.

## Erstes Kloster

## Tag 7
Ich sehe und begreife es als mächtige und wichtige Befreiung, das Leiden anzunehmen. Ich bin nicht mehr erfüllt von Hass oder Ablehnung. Vieles wird klarer. Ich verstehe immer besser, was ich gerade tue, aber vor allem, warum es notwendig ist. Es ist kein Ritus und keine religiöse Zeremonie. Bevor ich es selbst gemacht habe, hatte ich auch solche Gedanken und Vorbehalte gegenüber der Meditation. Ich kann euch beruhigen, das ist ganz und gar nicht so. Es nimmt euch niemand diese Arbeit ab. Jeder muss selbst hart daran arbeiten, in die Tiefen des Geistes vorzudringen und die eigenen Leiden auszureißen, die sonst immer größer und stärker werden.
Am siebten Tag, neue Übung: **meditativ sein**. Das bedeutet konkret: **die ganze Zeit meditieren** – beim Gehen, beim Essen und beim Schlafen. Ja, beim Schlafen. Das geht. Alles bewusst wahrnehmen, was wir tun. Beim Schlafen alle Bewegungen des Körpers wahrnehmen. Wir sind mit jeder kleinsten Empfindung unseres Körpers verbunden, aber der Geist reagiert nicht darauf. Das Bewusstsein ist trotzdem da. Es ist heftig. Es ist hart. Aber ich spüre Dinge, die ich mir früher nicht hätte vorstellen können. Ich entdecke meinen Körper mit ausgeglichenen Gedanken, die sich nicht aufregen und immer ruhiger werden.

## Tag 8
Mein Geist wird immer wachsamer, immer sensibler ...

## Tag 9
*Um uns herum sind lauter Empfindungen, aber keine Empfindung ist dauerhaft. Wenn wir verstehen, dass alles vorbeigeht und nichts so bleibt, das tut uns irre gut. Alles verändert sich, entwickelt sich, verwandelt sich. Vor allem die Empfindungen. Aber wie schafft man es, sich bewusst zu machen, dass sich jede Empfindung verändert und nicht so bleibt? Die Übung erscheint einfach, aber sie führt zu einer völlig neuen Entdeckung. Es geht um Achtsamkeit. In*

# Geist

*unserem Alltag müssen wir immer aufmerksam sein und reagieren. Darauf darf man sich nicht konzentrieren, diesen Gefühlen keine Bedeutung beimessen. Man wird immer freier. Nicht handeln bedeutet, sich nicht auf die Stelle zu konzentrieren, an der der Schmerz auftritt. Den Schmerz als etwas sehen, das in Bewegung ist, vorläufig und dieses Unvorhergesehene als etwas Vorübergehendes ansehen, als Wasser, das fließt, oder als Sand, der vom Wind weggetragen wird. Okay, was die schmerzhaften Empfindungen angeht, aber was ist mit den angenehmen? Soll man nichts mehr aus seinem Leben machen? Ganz und gar nicht, im Gegenteil, aber unser Gehirn und unsere Gedanken sind ständig dabei, etwas zu wollen. Wir versteifen uns darauf und die unangenehme Empfindung erhält viel mehr Bedeutung, weil wir ständig darauf, warten, dass sie endlich wieder dem Gefühl der Ausgeglichenheit Platz macht. Alles ist Bewegung, also was nützt das ganze Festhalten?*

Nach diesem sehr beunruhigenden Vortrag über das Festhalten komme ich aus der Hall, und mein erster Gedanke ist: *»Wo sind meine Schuhe, meine Flasche usw.?«* Ich merke schnell, dass man diese Worte gut verstehen kann, aber nur schwer umsetzen. Verstehen geht nur über den Kopf, weil ich es noch nicht geschafft habe, in der Tiefe zu verstehen, was diese Veränderung bewirken könnte. Ich gehe in mein Zimmer und lege mich schlafen.

Als ich mich hinlege, sehe ich meine beiden Mitbewohner, Eidechse Gaston und Eidechse Lagaffe. Ich habe ihnen Kosenamen gegeben. Gaston Lagaffe ist mein Spitzname, den mir meine besten Freundinnen gegeben haben. Sie sind meine beiden Helfer. Okay, nachts machen sie ein bisschen Krach. Lustig, am Anfang wollte ich nämlich eine umbringen, die hinter der Toilette saß. Ich hatte Angst bekommen und sofort nach dem Besen gegriffen, um sie zu erschlagen. Am Ende habe ich sie nach draußen gesetzt, aber ursprünglich wollte ich sie erschlagen. Ich habe mit sehr viel Hass reagiert. Diese Angst, die viel schneller reagiert als alles andere. Es ist beunruhigend, wie einem die Stille viele Sachen bewusst macht, und dabei rede ich nur von dem, was ich in Worte fassen kann.

## Erstes Kloster

*Es ist nicht so, dass ich mich nicht entwickeln kann, nur weil ich seit 22 Jahren so auf Unvorhergesehenes reagiere. Das stimmt nicht; ich kann mich verändern. Alles kann sich ändern. In jedem Moment verwandelt sich alles mit großer Geschwindigkeit. Nichts bleibt gleich, nichts ... Die Möbel altern, die Blumen wachsen, Stoffe tragen sich ab, Wünsche verändern sich, und Ängste werden größer oder verschwinden. Ich bin beispielsweise immer gestresst, wenn ich ein Event organisieren muss, oder ich streite mich mit meinem Freund wegen Lappalien, aber ich sage mir: »Das macht nichts, das habe ich schon immer so gemacht.« Ich akzeptiere den Stress und die Angst und vereinbare sie mit meinem Gewissen, weil die Dinge seit 22 Jahren so abgelaufen sind und meine Beziehungen im Grunde auch. Sobald ich das Wort »Organisation« höre, sucht mein Geist nach der vorprogrammierten Reaktion. Diesen Mechanismus muss ich stoppen. Es ist Zeit, diese Funktionsweisen zu ändern und nicht mehr in meinen eigenen Gedanken gefangen zu sein. Sobald man das wirklich ausprobiert, merkt man sofort einen großen Unterschied.*

Heute Morgen habe ich eine unglaubliche Meditation erlebt, ich spüre in meinem gesamten Körper etwas, es war sehr angenehm. Am Nachmittag habe ich schreckliche Schmerzen im Rücken und in den Beinen, und alles wird unbequem.
Schrecklich! Ich möchte mich bewegen, laufen. Ich hoffe auf genau diese Gefühle. Fehler ... *»Hör auf, etwas zu erwarten, Marine!«* Sobald ich diesen Vorgang der Erwartung abbreche, kommt alles wieder in den Normalzustand. Verblüffend, wie man mit dem Geist sofort Reaktionen auslösen kann. *»Hör auf, an die Schmerzen zu denken, und lass sie ziehen. Man muss tief im Geist nach dieser Möglichkeit suchen.«*
Die Wirklichkeit wird immer verzerrt sein, wenn man diese Erfahrung nicht macht.
S. N. Goenka sagt uns: »*Was ist dieser umherstreifende unbeständige Geist, schwach, unruhig, friedlos, ruhelos? Er ist wie ein Affe, der sich von Ast zu Ast schwingt. Von einem Thema zum nächsten. Wie ein wilder Stier. Sobald er gezähmt ist, stellt er seine ganze Kraft in den Dienst der Gesellschaft.*

# Geist

*Die Kraft wird zu einem Vorteil für die menschliche Gesellschaft. Solange unser Geist nicht gezähmt ist, bleibt er sehr gefährlich. Niemand kann uns mehr schaden als unser eigener Geist. Wir wollen alles sofort kontrollieren ... Geduld ... Man muss sehr geduldig arbeiten. Der Geist will nicht gehorchen, aber man muss daran arbeiten. Keiner kann das für mich tun. Wer es geschafft hat, dass ihm der Geist gehorcht, wer zu einem meditativen Menschen geworden ist, kann euch den Weg zeigen. Den Weg aber müssen wir selbst gehen, damit wir das Ziel erreichen. Niemand kann den anderen auf die Schultern nehmen. Jeder muss selbst arbeiten.«*

Wir erwarten immer etwas von den anderen, aber um sich zu entwickeln, muss man sich auf sich selbst konzentrieren. Ich muss meine Medizin selbst einnehmen. Wir erwarten immer eine Erkenntnis von außen oder dass etwas passiert. Dabei vergessen wir oft, dass wir uns selbst anleiten müssen. Wenn man sich nicht selbst entwickelt, findet man die Lösung nicht bei den anderen. Ich muss jeden Schritt selbst gehen. Ich sehe genau, wie ich bin, wenn ich Probleme auf die anderen schiebe. Mein Herz rast, mein Magen verkrampft sich, ich atme hektisch, meine Ängste lähmen mich.
Schrecklich. Ich selbst muss darunter leiden. Ich bin unglücklich, und es geht mir schlecht. Wir sind selbst die ersten Opfer unserer schlechten Taten.
Die Wahrheit liegt in uns selbst. Es ändert sich mit der Zeit alles von selbst. Wir schenken nur den Dingen um uns herum Beachtung. Wir kennen uns selbst nicht. Wenn man meditiert, wird das immer deutlicher. Worte sind die größten Waffen auf dieser Welt. Man kann mit Worten töten. Wenn ich daran denke, was oder wie ich manchmal anderen in meiner Familie oder anderen Nahestehenden etwas gesagt habe, spüre ich die ganze Aggressivität sehr deutlich – als ob ich alles noch einmal andersherum durchmachen muss, damit ich es loswerde. Meine Worte werden mir entgegen-

## Erstes Kloster

geschleudert, mein Hass und meine Tränen verzehnfachen sich. In der Dhamma Hall versuche ich, mich zusammenzunehmen, aber der Kampf ist schmerzhaft ... so schmerzhaft, dass ich im Bauch eine große Hitze verspüre. Ich versuche, nicht bei dieser Empfindung stehen zu bleiben, sondern diese sehr schwere Übung mit den äußeren Empfindungen zu machen. Der Kampf dauert lange Stunden. In 13 Stunden Meditation pro Tag habe ich Zeit zu kämpfen ... Sobald man auf sich achtet, stellt man fest, dass man oft schlimmer ist als die, die man kritisiert. Das ist schwer zu verkraften, aber notwendig, um weiterzukommen. Man muss im Dunkeln sein, um handeln und sich ändern zu können. Man muss den Kopf tief ins Klo stecken, um zu merken, dass das Leben im Grunde schön ist und dass wir die Augen aufmachen müssen und sehen können, dass noch nichts zu spät ist. Man kann viel Zeit damit verbringen, sich zu beklagen und Trübsal zu blasen, aber es ist besser, das Herz aufzumachen und zu gucken, was man daraus machen kann. Es ist viel stimulierender zu sehen, was wir Schönes haben. Aber erst wenn wir etwas oder jemanden verlieren, wird uns bewusst, was wir für ein Glück haben. Das Leben geht so schnell vorbei, man muss es nutzen und den anderen Lust darauf machen, es zu lieben.

Es ist aufwendig, den eigenen Geist anzuleiten, aber es geht – wenn wir unseren Geist mit echter Anstrengung und den richtigen Übungen auf die Reinheit ausrichten. Ich weiß das, und es wird uns jeden Abend in dem genau 50 Minuten langen Vortrag wiederholt. Wenn euer Körper schwach ist, zeigt euch jemand eine Übung, aber wenn es euer Geist ist, der krank ist, was macht man dann? Unsere Gedanken sind viel kränker als unser Körper; meistens sind sie es, die sich auf den Rest auswirken. »Rosy, hast du gehört?« Ich zähle noch einmal die Übungen des berühmten S. N. Goenka auf. Es gibt vier Arten von Übungen:

# Geist

1. Sein Gewissen erforschen. Ich habe diesen und jenen Fehler, ich verjage alle diese Fehler.
   *»Gut, das ist schon viel Arbeit, womit fange ich an?«*
2. Überall nachsehen und die Türen schließen, wo es in unserem Geist keine Unreinheit gibt. *»Okay! Ich schiebe einen Bulldozer davor.«*
3. Diese und jene Stärke ansehen. Ich muss versuchen, sie zu bewahren, zu pflegen, und vor allem, sie zu vermehren.
4. Erkennen, welche Stärken nicht vorhanden sind und die hineinkommen sollen.

Ein waches Bewusstsein, ein Bewusstsein für den Moment; das Bewusstsein gehört nicht zur Vergangenheit; das Gedächtnis, die Erinnerung gehören zur Vergangenheit. Das ist nicht der richtige Ansatz. Das Bewusstsein gehört nicht zur Zukunft. Das echte Bewusstsein ist das der Wirklichkeit, der Gegenwart. Es fällt mir schwer, das zu verstehen, aber mit der Zeit kann ich meinen Geist ein bisschen erziehen, wenn ich mich auf eine kleine Stelle meines Körpers konzentriere. Ich hindere ihn daran auszuweichen und versuche, mich weiter auf diese kleine Stelle zu konzentrieren.

Mit dem Atem kann man noch viel tiefere Erfahrungen machen. Nehmt eure Empfindungen wahr: Juckreiz, Hitze, Kühle usw., aber achtet nicht darauf. Es juckt etwas: Wenn man darauf reagiert, ist man darauf ausgerichtet, dass der Juckreiz verschwindet. Dann wird er schlimmer, sonst geht er weg.

Keine Empfindung dauert unbegrenzt an. Ihr empfindet zum Beispiel ein Jucken oder ein Ziehen oder einen Schmerz, ein Taub- oder Feuchtwerden; überlasst es der Natur. Egal welcher Zustand, unsere Arbeit besteht lediglich darin wahrzunehmen, ohne zu reagieren. Egal was kommt, man nimmt es wahr und nimmt es an. Es ist nicht nötig, die Empfindung zu benennen, ihr ein Etikett zu verpassen. Das ist die Technik.

## Erstes Kloster

Damit es uns besser geht, erwarten wir etwas viel Komplexeres als eine einfache Achtsamkeitstechnik. Sie ist aber gar nicht so einfach; sie ist schwer umzusetzen, kann jedoch sehr viele Probleme heilen. Wenn nichts anderes hochkommt, achte ich wieder auf die Atmung. Ohne sie könnte ich nicht in die Tiefe gehen. Ignorieren, nicht beachten. Alles, was oberhalb meiner Nasenlöcher geschieht, muss ich ignorieren, dadurch wird der Geist immer mehr geschärft. Es ist keine Einbildung und keine Fantasie. In diesem Moment nehmt ihr die Wirklichkeit ganz bewusst wahr und danach jeden einzelnen Moment, ohne Unterbrechung. Ich hatte häufig das Bedürfnis, über die Probleme zu reden, die ich mit bestimmten Leuten hatte. Es für sich zu behalten ist keine Lösung, da bin ich sicher. Aber manchmal ist es notwendig, die eigenen Probleme, das Ego, den Wunsch, recht zu behalten, beiseitezuschieben. Man muss versuchen, flexibler mit sich selbst umzugehen, die Leiden an ihrer Wurzel anzugehen, dort, wo sie entstehen und wo sie sich vermehren. Sie müssen an die Oberfläche kommen, damit wir sie herausziehen können. Aber dafür muss man sie bei sich suchen und nicht beim Nachbarn.

## Tag 10

Der zehnte Schweigetag beginnt, und ich warte nicht mehr so darauf wie am Anfang. Ich bin im Rhythmus und sehr ausgeglichen. Ich kann kaum glauben, dass es meine letzte Nacht ist. Ich betrachte meinen letzten Kieselstein: weiß, klein, rein. Ich drücke ihn an mich und lege ihn neben mein Kopfkissen. Ich habe den Eindruck, viel über mich gelernt zu haben, aber ich kann es nicht in Worte fassen. Zum letzten Mal stehe ich um 4 Uhr auf. Ich ziehe mich an und gehe zur letzten Meditationssitzung. Sie ist sehr intensiv und sehr schnell. Ich nehme meine Atmung ganz bewusst wahr, meine Sitzhaltung und meine Präsenz im Hier und Jetzt. Dann ist das letzte Frühstück, und danach wird das Schweigen aufgehoben.

## Geist

Sobald wir aus der Tür des Speisesaals sind, dürfen wir miteinander reden. Ich gehe in Richtung Wohngebäude und bringe keinen einzigen Ton heraus. Ich gehe auf einem Steinweg zwischen anderen Frauen, und keine spricht ein Wort. Je weiter wir gehen, desto aufgewühlter bin ich. Ich drehe mich zu einer von ihnen, sie sagt einen Ton … Ich bin geschockt, ihre Stimme zu hören … und falle ihr um den Hals. Ich musste unbedingt jemanden umarmen. Ich stürze mich regelrecht in die Arme dieser Frau. Dann umarme ich Geneviève im gleichen Zustand. Ich verstehe nicht wirklich, was gerade passiert. Ins Gespräch zu kommen dauert länger als gedacht. Nach zehn Tagen Schweigen ist der Wunsch zu reden nicht da. Natürlich freue ich mich, mit meiner Freundin Geneviève reden zu können, vor allem bin ich begeistert, einige Frauen kennenzulernen, die ich in diesen zehn Tagen wahrgenommen habe. Ich habe mehr das Bedürfnis, sie in den Arm zu nehmen, als mit ihnen zu reden. Ich habe das Bedürfnis, ihnen zu danken. Sie haben mir sehr geholfen durchzuhalten.
Ich merke, wie sehr ich auf Menschen bezogen bin und wie sehr mir diese Meditation bewusst gemacht hat, dass ich mein Leben liebe und alles, was ich durchgemacht habe.

Mir wird bewusst, dass der Humor einer meiner Lebenspfeiler ist – ohne ihn könnte ich nicht vorankommen. Ich beende diese zehn Tage mit einem Lächeln und einer Befreiung, die ich noch nie erlebt habe – und ich bin nicht die Einzige. Das ganze Zentrum lächelt, das ganze Zentrum lebt und tauscht sich aus. Wunderbar, was für ein Glück jeder von uns in sich gefunden hat. Die Männer sehen auch sehr ausgeglichen aus. Es herrscht eine große, unbeschreibliche Kraft. Sie ist heute greifbar, das ist stark. Bevor ich das Zentrum verlasse, hole ich meine Sachen ab, die die Meditationsleiterinnen am Empfang aufbewahrt haben, gehe in mein Zimmer und lege mich einen Augenblick auf mein Bett. Ich möchte den Ameisen im

# Erstes Kloster

Bad und Gaston und Lagaffe an der Wand Tschüss sagen. Meine Steine liegen unterm Bett. Ich hole sie raus und stecke sie in meinen Rucksack. Die nehme ich unbedingt mit. Ich setze meinen Rucksack auf, drehe mich einen Moment um und schaue mir ein letztes Mal dieses Zimmer an, in dem ich geatmet, geredet, aber vor allem unglaublich intensive Dinge erlebt habe. Ich bin gerührt und weine, weil ich durchgehalten habe, aber diesmal liegt darin Vertrauen und Hoffnung auf das, was mich erwartet. Ich habe keine Ahnung, wie ich es schaffen soll, das, was ich gelernt habe, im Alltag anzuwenden, aber wir werden sehen.

*Wie soll ich diese Selbstbeobachtung in Worte fassen, die ich so tief bisher noch nie gemacht habe? Schon das Schreiben selbst bewegt mich. Meine Seele ist verwirrend leicht. Ich möchte euch allen zurufen und jeden Einzelnen von euch umarmen und euch sagen, wie gut der Mensch ist und dass wir nie böse auf die Welt kommen. Unsere Gedanken sind so schön und so stark. Wenn jeder versuchen würde, sich selbst etwas tiefer zu kennen, könnten wir auf dieser Erde vieles zum Guten verändern. Wir wachsen mit einer oberflächlichen Kenntnis unserer eigenen Seele auf. Die Liebe, zu der sie fähig ist, ist unermesslich. Ich habe mich noch nie innerlich so ausgeglichen und leicht gefühlt. Es sind heftige Dinge hochgekommen, Verhaltensweisen, Lügen, Ängste, Sorgen, Verrat, Scheitern, Verlust, Berechnung, Bewertung – alles ist zutage getreten.*

*Schmerzhafte und vergessene Erfahrungen aus der Kindheit, belastende Bilder und unerklärliche Gefühle. Ich kann nur weitergeben, dass es wichtig ist, sich selbst zu finden, damit man besser mit anderen zurechtkommen kann. Diese Ruhe, dieses Hören, diese Stille sind im Grunde die schönsten Dinge, die ich in meinem Leben gemacht habe. Da bin ich sicher. Wenn wir unseren Geist ausruhen lassen, wird deutlich, wozu wir da sind: Ich möchte mich nützlich fühlen. Ich möchte mich für eine gute Sache einsetzen. Ich möchte dem Sinn geben, was ich tue. Ich möchte nicht auf die Autobahn des Lebens zurückkehren und zusehen, wie alle mit 200 Sachen dahinrasen, weil sie nur an morgen oder gestern denken.*

*Ich fahre mit einer lahmen Ente auf einer Landstraße, und ich nehme mir die Zeit, auf die Blätter am Straßenrand zu achten, auf die Wolken und den Wind. Das ist für mich das Leben! Ich weiß nicht, warum, aber ich kann nicht aufhören zu weinen, weil ich merke, dass ich den Schlüssel zum Glücklichsein gefunden habe, den Schlüssel zum Gesundsein im Kopf und zur Gelassenheit gegenüber meiner Umgebung. Ich habe eine Antwort auf meine Warums und auf die bedrückende Angst in mir gefunden. Das habe ich dieser Technik zu verdanken, die im Grunde universell ist. Eine Technik, die für jeden anders und für jeden geeignet ist, egal welche Religion jemand hat. Sie löscht keineswegs eure bisherigen Überzeugungen, aber sie stärkt das Vertrauen in euch selbst, das ist sicher. Das ist das Einzige, was sie grundlegend verändern kann. Meditieren ist keine Religion, sondern eine Philosophie. Ich bin davon überzeugt, dass ich die Meditation in mein Leben einbauen muss, wenn ich wieder in Paris bin. Das brauche ich für Rosy. Ich weiß, dass es erst richtig schwer wird, wenn ich draußen bin.*

# 29
## Rückkehr in die Wirklichkeit

In einer Herberge in Yangon angekommen, muss ich erst mal allein sein, muss Bilanz aus allem ziehen, was ich gerade erlebt habe. Mir fällt der Tag ein, an dem die Meditation total schwer war, als ich nichts weiterziehen lassen konnte und die Angst und der Wunsch davonzurennen übermächtig wurden. Die Angst wovor? Die Kontrolle über meinen Geist, über meine Gedanken zu verlieren? Nichts mehr zu kontrollieren – das habe ich bisher in meinem Leben immer gemacht. Ich habe auch entdeckt, wie viel Sancara in uns steckt: So bezeichnet man die negativen Gedanken, die sehr tief in uns eingedrungen sind und die bei jeder unangenehmen oder angenehmen Empfindung reagieren. Also das ist jetzt nicht verständlich ausgedrückt,

Alleine in meinem Zelt, in der Pampa von Neuseeland, strömender Regen. Hoffentlich werde ich nicht überflutet!

Nicolas hat mir gerade diese Muschel geschenkt, die wie ein Ring ausgewaschen ist

Der Wind peitscht mir das Gesicht, die Sonne wärmt mir die Nasenspitze. Die Aussicht ist zum Weinen schön ...

**Das Gärtnern ist echt eine Entdeckung für mich, die ich nicht vergessen werde.**

↑ Kartoffel? Nein. Tomate? Nein. Unkraut? Ja. Merci!

Ziel: 250 km
Mein Daumen, Rosy und ich …

**Noch 100 km!**

Auf einem Autozug im Auto trampen.
Wie krass ist das denn!

Das ist top: das Wetter ist schön, und ich bin wahnsinnig gut drauf.

Keine Ahnung, warum, aber ich möchte auf diesem Schiff laut rumschreien, wie sehr ich das Leben liebe.

Yallah, meine Krankheit hat sich in Rosy verwandelt!!

← Hier ist Rosy geboren.

Danke, Jungs!!!
Ich schau mir euer Spiel an.

- Isomatte
- Handschuhe
- Mütze
- Zelt
- Wasser
- Strümpfe
- ?

Scheiße, ich hab nichts zu essen mit!!!

Der Mount Ngauruhoe (2291 Meter).
»Achtung, ich komme mit Rosy.«

*Da oben war ich!
Rosenkompott für 16 Uhr
geplant ... Attacke!*

An alle MS-1er: Eure Rosen kochen
gerade in diesem Krater ...
Wir haben es geschafft!!!

Mathias Piano Man
Queenstown, 19 Uhr. Völlig in
Musik aufgehen, das geht …
Eine Ruhepause, eine Melodie,
neue Kraft für meine Rosy.
Ich schließe die Augen.

Mit Gehörschutz bin ich in meiner Rasenmähwelt und lasse meiner Fantasie freien Lauf. Es dringt nicht in mein Bewusstsein vor, dass mein Chef wenige Meter daneben unruhig meinen ganzen Unsinn beobachtet.

»Los, Rosy, wir
schaffen das.

Uns kann nichts
aufhalten,
los geht's!«

Meine Ausraster!!!!
»Hört ihr mich???!!«

↙ *Meine Ausraster II*

**What the fuck!**

Heute Abend kein Strom in der Hütte zum Kochen, alle sitzen wir mit Stirnlampe da, damit wir sehen, was wir essen.

Es ist frustrierend, wenn niemand anhält ... Verrückterweise ist das ganz schön bereichernd.

Man lernt unbewusst, geduldig zu sein und zu akzeptieren, dass man nicht alles sofort haben kann.

... Ich habe gerade die Grenze nach Myanmar überschritten. Oh, là là, ich bin noch total durcheinander, aufgewühlt, müde, die Erlebnisse stecken mir in den Knochen ...

Ich freue mich darauf, an den ersten Bauernhöfen und Feldern vorbeizukommen. Bei jedem Schritt entdecke ich neue Farben.

Ein Wasserfall,
drei Myanmaren,
ein Rettungsring, aber vor allem
eine Tour zu vielen Klöstern!!

Ko Saw und sein Cousin.

Ich denke, dass ich von ihm viel über das Leben und die Geschichte der Myanmaren lernen kann. Wie man seiner Seele näher sein kann und dem Wesen der Dinge, die uns umgeben.

60 km,
los geht's, Rosy!

Den ganzen Vormittag sind wir durch Dörfer gekommen, die noch nicht mal Strom haben.

Und jetzt, nach vielen Kilometern durch die Berge, diese Überraschung: eine Eisenbahn.

Wie soll man sich nicht bewegen, nicht reden, nicht gucken, nicht lesen, nicht schreiben?

... Los, Rosy, Rosy, Rosy!! Bis in zehn Tagen ...

Tag 1          Tag 2          Tag 3          Tag 4          Tag 5

Ich hätte nie gedacht, dass ich einmal mit Nonnen so viel Spaß haben würde.

*Voll merkwürdig dieser Satz!!*

Ich komme in eine Klasse mit 50 Kindernonnen. Waisenkinder, mit rasierten Köpfen und rosafarbener Tunika.

Aber das Stärkste ist: Sie zeichnen alle eine Rose.

Tag 6   Tag 7   Tag 8   Tag 9   Tag 10

Unter meinem Kopfkissen finde ich dieses Stück Papier. Linsey, ich weiß nicht, ob dir bewusst ist, wie viel Kraft in dieser Zeichnung steckt.

Seele → Mongolei.

Oooh yes! Ich bin da. Das ist kein Traum. Wir heben ab, Rosy, wir heben aaaaaaaaaaaab!!!!!

Ich möchte am liebsten losbrüllen und losheulen gleichzeitig …

»Hallo, ich bin der Herr dieses Tals.« Das ist mein lieber Ikbath, man schreibt ihn Enkbath, wenn ich mich nicht irre.

Morgen bringe ich seiner Tochter Englisch bei. Mal sehen, ob er sich morgen (nach der Wodkaparty) noch daran erinnert.

Stutenmelken – Wow, diese vergorene Stutenmilch ist mega- stark. Ich dachte nicht, dass da so viel Alkohol drin ist!

Gerüche,
Werte, Familie,
Respekt, Natur

Meine Adoptivbrüder
Tengis und Tamra

Los »Seper« (MS-1er), sei bitte cool ... Hörst du? Morgen geht's zusammen los.

Gerade angekommen bei den Tsaatan. Ich bin todmüde. Mein Hintern ist durchgeritten.

Der Sohn von Mooji

Dolgor vor der
Veranstaltung in
der Turnhalle

Mooji und ich bei den Rentiernomaden: Ich bin bei einem der ältesten Völker der Mongolei angekommen. Ich weiß nicht, wie ich es beschreiben und ausdrücken soll, was ich angesichts dieser Schönheit empfinde.

Chillen mit meinem Ren: Ich bin mitten in der Herde, sie lassen sich in den Arm nehmen, und andere knabbern schon an meinen Haaren. Das ist fantastisch, ich kann es nicht glauben – sie sind gar nicht wild.

Die Obos auf den Bergen haben eine solche Kraft! Ich bekomme total die Gänsehaut, wenn ich diese ganzen Stoffstreifen im Wind wehen sehe. Der Berg spricht, die Natur drückt sich aus ...

## Rückkehr in die Wirklichkeit

man muss es leben, man muss es machen. Mir ist auch bewusst geworden, wie sehr ich durch mein Projekt direkt mit meinen Gefühlen und meinen Meinungen konfrontiert bin. Ich habe keinen Panzer mehr und bin total transparent und ehrlich mit mir selbst. Es ist ein großes Glück und eine große Kraft, ganz man selbst zu sein. Mir war es früher viel zu wichtig, was die anderen dachten. Ich könnte stundenlang weitererzählen, so einzigartig und perfekt finde ich diese Technik.

Am schwierigsten war es, sich auf sich selbst zu konzentrieren und von den anderen kein Lächeln und keinen Blick zu bekommen; selbst wenn ich das bekam, war das nichts im Vergleich zur Realität. Ich lache total gerne, ich liebe es. Es ist verrückt, wie lustig diese zehn Tage für mich waren. Allein in meinem Zimmer habe ich über alles Mögliche gelacht. Über meine Erinnerungen, meine Freunde, meine endlosen Monologe, mein unmögliches Verhalten, meine verrückten Gedanken – mir ist bewusst geworden, wie sehr ich das Leben liebe. Ich habe es selbst in der Hand und sonst niemand – ich alleine. Für meine Entscheidungen bin ich allein verantwortlich. Mir wird bewusst, wie sehr ich meine Freunde liebe und wie sie mir diese letzten Jahre Kraft gegeben haben. Diese Kraft der Liebe, die zwischen mir und meinen Lieben besteht, ist wirklich wertvoll.

Ich habe mich noch nie schlecht behandelt oder von jemandem verraten gefühlt. Es ist schön zu lieben. Aber vor allem ist es schön, die anderen einfach so zu lieben. Ich muss eine Arbeit finden, bei der ich Kontakt zu anderen habe, ein anderes Leben ist für mich nicht möglich. Ich würde am Leben vorbeilaufen. Das ist unbedingt notwendig, damit ich mich mit Rosy entwickeln kann. Wenn ich gerade von ihr rede: Sie war in diesen zehn Tagen nicht unbedingt präsenter als sonst. Ich hatte heftige Momente mit ihr, aber nicht so, wie ich gedacht hatte. Ich dachte, ich würde während der zehn Tage Schweigen ständig mit Rosy konfrontiert werden. Ich dachte,

# Geist

es würde alles hochkommen, aber nein. Als wäre schon alles hoch- und rausgekommen. Rosy war eine Stärke und kein Hindernis für die langen Stunden des Nachdenkens. Ich hätte mir das Schlimmste vorstellen und mir Sorgen machen können, habe ich aber nicht. Ich habe kaum daran gedacht, es kam keinerlei Angst auf, keine Angst hat mich gelähmt, ich war total gelassen. Ich habe nie wegen ihr geweint, obwohl ich sicherlich wegen ihr hergekommen bin. Wenn ich zurückdenke, war sie für mich schön und fing an zu blühen – ich lächle und bin sofort beruhigt.

Ausraster gab es genug, aber sie hatten nichts mit Rosy zu tun. Vielleicht hat sie deshalb darauf bestanden, dass ich bleibe. Sie war langsam erschöpft von den anderen chaotischen, gestressten und schlecht organisierten Mitbewohnern. Ich bin schon lange an diesen Empfindungen und dieser reinen Liebe achtlos vorbeigegangen, an dieser einfachen, gesunden Liebe. Da habe ich sie plötzlich in einer Meditation gespürt. Das war sehr heftig. Ich habe mein ganzes Leben noch nicht so viel geweint, glaube ich. Es war intensiv und schön, und mein unbeugsamer Geist meldete sich umgehend, um alles zu kontrollieren, Mistkerl! Ich habe das Gefühl, etwas gefunden zu haben, das ich teilen muss oder um mich herum verteilen muss, ich kann es nicht für mich behalten.

Ich weiß, dass meine Behandlung in diesem universellen Gesetz des Glücks liegt. In diesen Stunden der Meditation hatte ich einen sehr großen Wunsch, Dinge zu tun, die ich in einer Liste festhalten muss, sonst werde ich die Hälfte davon vergessen.

Gut, erst einmal kaufe ich ein paar Blätter Papier, damit ich diese Meditation aufschreiben und teilen kann. Briefe – das ist mein erstes Projekt. Das nehme ich mir fest vor. Ich werde Papier kaufen und allen Personen auf der Liste einen Brief schreiben. Ich muss schreiben, um ganz frei zu werden, ich muss mich bei einigen Personen entschuldigen. Es ist so leicht, anderen Vorhaltungen zu

## Zweites Kloster

machen und nicht auf sich selbst zu schauen. Das habe ich viel zu oft gemacht. Ich muss viele Briefmarken aufkleben. Schreiben und ehrlich um Verzeihung bitten. Ich bin jetzt zwei Tage zurück in der realen Welt. Es ist schon interessant, wie man sich wieder an die Fehler und Launen der anderen gewöhnt, aber auch an die Bedürfnisse, die ständig da sind und immer größer werden. Erstaunlich, wie glücklich und ausgeglichen ich bin. Ich habe mich noch nie in meinem Leben so gefühlt. Ich weiß nicht, wie es kommt, aber ich fühle mich von allen Ängsten und Schwächen befreit, auch wenn ich weiß, dass sie möglicherweise bald wieder auftauchen werden. Ich weiß wieder nicht, wie ich es sagen soll, aber diese zehn Tage Schweigen haben mir die Augen geöffnet in Bezug auf viele Dinge des Lebens, die ich beiseitegeschoben oder ignoriert habe. *»Hör auf, Marine, es wird langweilig!«*
Ich mache mich morgen auf den Weg in ein anderes Kloster im Süden von Yangon. Geneviève möchte auch mitkommen. Perfekt, sie ist eine kleine, quirlige und fröhliche Kanadierin. *Let's go!*

## 30

### Zweites Kloster

Am Kloster angekommen, stellen wir fest, dass es ein kleines Dorf ist. Wir gehen auf das Schild »Empfang« zu, um Informationen zu bekommen. Ich habe vorher telefonisch angefragt, und sie haben zugesagt, dass ich so bald wie möglich kommen und mithelfen kann.

Wir kommen ins Kloster und stehen vor einer Nonne in einem rosafarbenen Gewand mit einem strahlenden Lächeln. Sie heißt uns willkommen und gibt uns Laken für unsere Betten. Wir kommen in unser Zimmer, ein Schlafraum mit acht Betten. Genial! Beim

… Geist

Einräumen frage ich die anderen in unserem Schlafraum, wie der Ablauf in diesem Kloster ist. Ich erfahre, dass um 5 Uhr morgens Meditationssitzungen sind und dass man mithilft, wo man kann, um das Kloster am Laufen zu halten. Viele Kranke, alte Menschen und Ruheständler kommen hierher. Als wesentliches Element ihrer Heilung suchen sie die Meditation. Ihre Lebensläufe und ihre Lebenslagen sind unterschiedlich. Eine Frau hat gerade ihren Mann verloren, eine andere leidet an einer Krankheit, oder ein Mann hat beschlossen, seine Arbeit aufzugeben … Man trifft auf alles Mögliche. Jeder wird kostenlos aufgenommen. Das Kloster lebt ausschließlich von Spenden. Ich mache schnell mein Bett, weil ich es kaum erwarten kann, selbst zu entdecken, wie alles abläuft und wie dieses Kloster funktioniert, in dem gepflegt und geheilt wird.

## Doc Marine

Ich gehe eine der Alleen entlang, und aus einem Lieferwagen spricht uns jemand an. Ich bleibe stehen. *»Helft uns, wir brauchen Verstärkung, um im Krankenhaus Essen auszuteilen!«* Ich sehe die beiden anderen Mädchen an, die ich vor knapp zwei Minuten kennengelernt habe. Unbedarft springe ich in den Wagen und fordere die anderen auch auf – sie zögern … steigen ebenfalls ein, sind aber unruhig. Der Fahrer gibt jedem von uns einen Mundschutz. Ich frage mich, wozu ich ihn brauche. Ich sitze in einem Krankenwagen mit Behältern voller Reis und einem Mundschutz vor der Nase. Wir sehen uns an und wissen nicht, wohin es geht. Eines der Mädchen lebt hier schon zwei Wochen, sie kennt das Zentrum ein bisschen und sagt mir, dass sie nicht weiß, wo wir hinfahren. Sie war seit ihrer Ankunft noch nie im Krankenhaus. Wir sind da, und ich nehme einen Eimer Reis. Als wir durch die Tür gehen, werde ich aufgefordert, meinen Mundschutz festzuziehen. Ich finde das seltsam, tu es aber, ohne zu wissen, warum. Das ist alles, nur kein Krankenhaus. Überall halb

# Zweites Kloster

kaputte Betten, Menschen auf dem Boden, andere in ihren Betten, auf den Gängen ... Ich habe keine Ahnung, wo ich gelandet bin. Ich muss zu jedem Kranken gehen und ihm eine Schale Reis reichen. Ich erfahre nachher, dass es der Reis ist, den das Kloster übrig hat und der dem Krankenhaus nebenan gebracht wird. Ein Mann nimmt meine Hand, als ich ihm den Reis in seine Schale gebe; sein durchdringender Blick, seine heißen Hände, seine glänzenden Augen werden in mein Gedächtnis eingegraben bleiben ... Er hat mir nichts gesagt außer »Danke« und hat gelächelt. Sein Lächeln ... seine Augen ... ich fühle mich ganz klein. Wo bin ich hier? Ich gehe durch mehrere Räume voller Patienten, die geduldig auf ihre Schale Reis warten, und dann in ein anderes Gebäude für Sterbende. In einem kleinen Raum sind zwei Mönche. Einer ist voller Fliegen. Habt ihr schon einmal einen Körper voller Fliegen gesehen?! Ich noch nie. Seine blutgetränkte Einlage muss gewechselt werden. Ich kann nicht zusehen, ich gehe geschockt raus, die anderen auch.

Eines der Mädchen ist sehr besorgt und hat Angst, sich anzustecken, sie will nichts anfassen. Sie sagt mir eindringlich: »*Nicht berühren, Marine!*« Es stimmt, daran hatte ich nicht gedacht, so blauäugig, wie ich bin. Ich sage mir immer: »*Wenn du einem Armen hilfst, passiert dir nichts.*« Sie rät mir dringend, es zu lassen. Am Ende der Runde drücke ich trotzdem mehreren Patienten die Hand, um ihnen auf Wiedersehen zu sagen. Wahrscheinlich ist das unvernünftig, ich weiß es nicht ... Ich frage den Mann, der uns gerufen hat, ob er Krankenpfleger oder Arzt ist. Keineswegs, er wohnt einfach nur in der nächsten Stadt. Er schenkt freiwillig seine Zeit und wechselt Verbände, gibt bestimmte Spritzen, wechselt Einlagen und teilt Essen aus ... Das ist beeindruckend. Ich bin fassungslos über das, was ich sehe. »*Hey, meine Liebe, komm aus deinem Märchenschloss, du weißt überhaupt nicht, was um dich herum los ist.*«

Ich setze mich einen Augenblick hin, um zur Besinnung zu kommen, als uns der improvisierte Sanitäter sagt: »*Wir bringen jemanden*

# Geist

*nach Hause!«* Ich sage mir direkt: *»Oh yes, dann geht es ihm besser. Genial!«* Als ich vor dem Krankenwagen stehe, verstehe ich nicht, warum die Sitze verschoben werden und eine Trage in die Mitte gestellt wird. Ich steige verwundert ein. Alle setzen sich auf einen Sitz. Und dann sehe ich den Rollstuhl herankommen ... ein total abgemagerter Mann ohne Haare, er sieht so aus, als wäre er um die 27 Jahre alt. Man legt ihn auf die Trage, und seine ganze Familie ist um ihn. Mit der Zeit begreife ich, dass er sehr bald sterben wird und sie ihn zu Hause haben möchten, bevor er stirbt. Plötzlich kann ich die Tränen nicht zurückhalten. Da liegt ein junger Mann zu meinen Füßen in einem Krankenwagen, und seine Familie hält ihm die Hand. Auf seinem Gesicht sitzen Fliegen, es stinkt erbärmlich. Ich heule, ich kann mich nicht beherrschen, ich habe es versucht. Der Fahrer hat uns gesagt, dass wir den Mundschutz aufbehalten sollen. Ich schäme mich, wie ein Chinese auszusehen, der Paris besichtigt, und mit der ganzen Familie im Krankenwagen zu sitzen, die einen jungen Mann zum Sterben nach Hause holt. Der Vater legt seine Hand auf das Herz seines Kindes, um sich zu vergewissern, dass es noch schlägt. Ich weine. Zum Glück sieht man meine Tränen unter dem Mundschutz nicht. Die Familie ist so gefasst, ich habe nicht das Recht ... Die Fliegen setzen sich auf das Gesicht dieses Unbekannten, es juckt mich in den Fingern, ich scheuche sie weg und durch den Bus. Seine Augen bewegen sich nicht mehr, sein Mund steht offen, seine Hände fallen herunter, er stirbt. Das kann ich nicht mit ansehen. Ich bin nicht stark genug, ich muss raus aus dem Bus. Der Krankenwagen hält abrupt an, die Familie steigt aus und trägt den Körper, dessen Arme auf beiden Seiten herunterhängen. Sie schlagen die Türen zu. Ich bin in Tränen aufgelöst und halte die Hand meiner rechten Nachbarin, die nicht so betroffen ist. Vielleicht hat sie mehr Erfahrung oder ist stärker, ich weiß es nicht. Ich kann sonst nichts sagen ...

# Zweites Kloster

In meinem Herzen ist ein eigenartiges Gefühl, eine Mischung aus Hass, Unverständnis, Hinterfragen, Negativem, Schmerz und Liebe ...

Ich habe den Tod noch nie so nah erlebt. Ich glaube, ich war nicht darauf vorbereitet, aber im Grund ist man nie wirklich darauf vorbereitet. Es ist schrecklich, wie ohnmächtig wir gegenüber dem Tod sind. Ich bin schockiert, das zu erleben, ich hatte nicht damit gerechnet. Ich kann nichts tun und schließe meine Augen, bis wir ankommen. Auf Wiedersehen, schöner Unbekannter. Ich habe mich wirklich gefühlt wie ein Hampelmann in einem Zoo, der nichts tun kann. Außer wie eine Bekloppte zu lächeln, um so zu tun, als wäre das normal für uns. Ich bin so traurig, so aufgewühlt, das mitzuerleben. In meinen Kopf schießen so viel Hass und Wut, so viel Traurigkeit ...

## Küchenchef Marine

Bei der Rückkehr gehe ich in den Schlafraum, um mich ein paar Minuten hinzulegen. Ich denke noch einmal an meine Tränen vor dieser Familie, die ihren Sohn vor Unbekannten sterben sieht. Nach diesem schweren Moment weiß ich nicht mehr, wohin ich gehen und was ich machen soll. Man ruft mich in die Küche. Ich gehe hin. Ich helfe beim Reiswaschen vor dem Abendessen. Diese kleine Aufgabe lässt den Blick dieses Mannes nicht verschwinden, der sich in mein Gedächtnis eingegraben hat, aber es rüttelt mich etwas wach.

In der Küche geht es lustig zu, alle sind barfuß und watscheln im Wasser auf dem Beton. Die Nonnen kochen den Fisch, und die Mönche kümmern sich um den Reis. Tonnenweise Reis muss für das Abendessen gewaschen und gekocht werden. Alle Nahrungsmittel, die wir haben, sind Spenden. Das ist umwerfend. Unglaublich, dass diese arme Bevölkerung den Mönchen so viele Nahrungsmittel spendet. Nachdem wir den Reis in großen Stahlschüsseln gewaschen haben – eine ziemlich lustige Angelegenheit –, versuche ich, eine kleine Wasserschlacht in Gang zu setzen. Am letzten Tag bekomme ich von den Mönchen eine ganze Schüssel Wasser ab.

Wenn diese Arbeit fertig ist, müssen manchmal Fischstücke sortiert oder der Boden gereinigt werden, auf dem häufig viel Müll herumliegt. Alle füllen also Schüsseln mit Wasser, um zu putzen. Diese Putzpartys sind sehr straff organisiert, es muss schnell gehen. Viele Leute müssen Essen bekommen. Man kann nicht mit der Nachbarin Small Talk machen. Man muss schnell putzen, das ist kein Spaß!

## Läuse-Story

Als ich zurückkomme, stelle ich fest, dass Geneviève sich irgendwo Läuse eingefangen hat. So große Läuse, dass man sie übereinanderkrabbeln sehen kann – der Horror! Wir gehen mit einem der Mädchen, Marion, die wir aus unserem Schlafraum kennen, in die Innenstadt, um ein Wundermittel zu kaufen. Sie ist mit ihrem Freund Antoine unterwegs und macht eine Weltreise mit dem Fahrrad. Alle drei sind wir in einem Geschäft, wo alles Mögliche verkauft wird, und suchen ein Mittel gegen Läuse. Zu komisch. Ich höre nicht auf zu lachen. Nicht so cool für die arme Geneviève, aber die Situation ist einfach komisch. Wir befürchten, dass es so etwas nicht gibt. Wir kaufen also Essig, Zwiebel, Mayonnaise und Öl, damit sie sich selbst behandeln kann. Es ist nicht einfach für sie, aber wir haben trotzdem zusammen viel Spaß. Sie packt sich die Mischung auf den Kopf. Nach dieser Reinigungssitzung gehen wir alle schlafen. Ich schlafe wie jeden Abend, das Moskitonetz rundum gut geschlossen, und mit meinen Minikäfern, die darauf bestehen, neben mir zu schlafen, und einigen Ameisen, die sich an den Seiten reinschleichen ... Ich bin daran gewöhnt.

# Zweites Kloster

## Die Zukunft wird es weisen

Am nächsten Morgen gehe ich durch die Dhamma Hall, wo alle Kranken, Alten oder Behinderten untergebracht sind. Sie sind hier alle zusammen, auf Bambusbetten, ein Bett neben dem anderen. Ich fange an, durch die Gänge zu gehen und hier ein Lächeln zu schenken oder da ein bisschen zu reden, obwohl die Sprachbarriere sehr spürbar ist. Ich richte mir einen Tagesablauf ein. Jeden Tag komme ich guten Tag sagen und fahre die herum, die es möchten. Mit einem Mann habe ich mich angefreundet und ihm den Spitznamen Grincheux (Griesgram) gegeben. Er sieht so aus, ist aber eine Seele von Mensch. Er ist gelähmt und kann sich nicht so bewegen, wie er möchte. Er kann nicht richtig aufstehen und nicht ohne Hilfe gehen. Er liegt immer auf seinem Bett, zeichnet oder spielt Gitarre. Er spricht etwas Englisch. Als ich ihn kennenlerne, nimmt er meine Hand und bittet mich, jeden Tag zur selben Zeit zu kommen. Ich komme also am nächsten Tag um 16 Uhr wieder. Ich setze mich auf sein Bett, und wir fangen an zu reden. Wir verstehen uns sofort. Wir sind gleich am Lachen.
Daneben liegt ein Myanmare, der eine schwere Krankheit hat, ich weiß nicht, welche, mein Bekannter weiß es auch nicht genau. Er starrt uns jedes Mal an, wenn wir miteinander reden. Er erklärt mir, dass er handlesen kann und mir unbedingt wahrsagen möchte. Ich glaube keine Sekunde an so etwas, aber weil ich sehe, dass es ihm eine Freude machen würde, sage ich Ja. Ich komme am nächsten Tag zur festgesetzten Zeit. Er ist sehr herrisch, das bringt mich zum Lachen. Ich mag Leute, die erst einmal sehr barsch auftreten, im Grunde aber gutmütig und sanft sind. Ich komme also am nächsten Morgen um 11 Uhr zu ihm. Er hat alles vorbereitet: ein Blatt Papier, einen Stift, damit ich mir alles aufschreiben kann, was er sagt, und er hat zwei große Bücher über Sterne und Planeten herausgeholt. Es ist sehr lustig, er nimmt seine Brille, die nur noch ein Glas hat. Er setzt sie sich auf die Nase, als wäre er ein Physiker.

# Geist

*Wenn ich von ihm rede, bin ich sehr gerührt. Ich möchte ihn in den Arm nehmen. Sein Lächeln, seine Gitarre, sein Lachen und sein Blick fehlen mir sehr. Die Zeit mit ihm jeden Tag war sehr schön. Ich schweife ab, tut mir leid, aber es zerreißt mir gerade das Herz, diese Zeilen zu schreiben. Es geht mir gut in meinem Land, und er ist immer noch dort. Ich habe das Gefühl, ihm nicht wirklich geholfen zu haben, außer ihn anzulächeln und meine Zeit mit ihm zu teilen. Wie kann man Dinge ändern, wenn man so jung ist wie ich und wenig Mittel hat … Ich weiß nicht, ich möchte ihm so viel Liebe wie möglich geben, aber ich fühle mich schuldig, wenn ich über ihn schreibe. Zum Glück schreibe ich das in meinem Haus in der Bretagne und werde alles los, was ich auf dem Herzen habe, denn das ist viel zu klein, um das alles auf diese Entfernung in Erinnerung zu rufen.*

Ich berichte jetzt weiter. Ich sitze vor ihm mit seiner Brille, sein Auftreten gleicht dem eines Politikers. Ich nehme eine ebenso seriöse Haltung an, ziehe die Augenbrauen zusammen, um ihm ein bisschen Angst einzujagen. Er lächelt und konzentriert sich dann wieder. In der linken Hand hat er einen Stift, und er nimmt meine rechte Hand, um die Linien zu interpretieren. Ich bin kurz davor zu lachen, aber ich respektiere seine Ernsthaftigkeit. Ich schreibe alles auf, ein Regenguss auf dem Rückweg gibt dem Blatt Papier aber den Rest. Mir bleiben nur die letzten sechs Punkte in meinem Heft. »*Marine, sieh mich an, ich meine es ernst, Marine.*« »*Ja, ja*«, antworte ich, muss aber etwas grinsen. »*Du wirst ein sehr tatkräftiges Leben haben, glücklich, aber pass auf, Marine, pass auf …*« »*Haha, ja, was wird passieren?*« »*Es werden mehr oder weniger große Zweifel aufkommen, das sagen die Planeten. Du wirst in manchen Momenten stark sein müssen. Dein Planet ist die Venus. Im Jahr 2020 bis 2021 darfst du die Zweifel nicht aufkommen lassen, du musst zu 100 Prozent auf dich selbst vertrauen!*« »*Uh, là là, was sagt er mir da?*« Er schaut mich an und wiederholt: »*2020 bis 2021, hab Vertrauen.*« Für das Wahrsagen der Gegenwart zieht er seine Brille ab und drückt mir fest die Hand: »*Zwischen 2016 und 2017 wirst du an fünf verschiedenen Orten leben, Marine.*« Er sieht mir jedes Mal fest in die Augen, wenn er mir etwas sagt.

## Zweites Kloster

Es ist sehr intensiv, aber auch sehr lustig. Er weiß nichts von meiner Reise, und ich war schon an drei Orten: Frankreich, Neuseeland, Myanmar, es fehlt noch die Mongolei. Wohin werde ich 2017 als fünften Ort noch gehen? Ich mag diese Wahrsagung sehr! Ich lache und verstehe es als siebten Sinn, obwohl es mich doch ein kleines bisschen beunruhigt. Er setzt seine Brille wieder auf, schaut lange auf meine Handfläche, dann in sein Buch und dann in meine Augen »*2019 bis 2020 wird man dir einen Heiratsantrag machen.*« »*Whaaaatttt? Oh Schreck, dazu bin ich nicht bereit.*« Er lacht laut auf. »*Marine, konzentrier dich.*« Ich lache auch los. Dann zeigt er mir meine Zahlen, es sind die 2, die 4 und die 7; meine Farben sind Grün, Rot und Weiß; aber das Witzigste ist sein letzter Satz: »*Marine, du wirst berühmt werden.*« »*Jetzt ist aber gut!*« Es ist wirklich ein komisches Gespräch. Ich fange mit einer Myanmarin neben mir an zu lachen. Er nimmt meine Hand und sagt mir, dass ich das Blatt gut aufheben soll, auf dem alles steht. Er meint es sehr ernst, ich höre aufmerksam zu. Und als krönender Abschluss dieses Handlesens reißt meine Hose direkt am Gesäß auf, als ich aus dem Schneidersitz aufstehe. Ein großer Riss. Er kringelt sich vor Lachen, mir ist es ein bisschen peinlich, aber ich lache auch los.

In dem Moment kommt eine junge Myanmarin auf uns zu, sie ist 20 Jahre alt und hat keine Eltern mehr. Sie ist verantwortlich für einen Teil der Dhamma Hall. Ich begegne ihr immer wieder, seitdem ich hier angekommen bin, und mag dieses Mädchen sehr. Sie hat ein Lächeln wie ein Engel. Sie sagt mir, dass ich ihr meine Hose geben soll. »*Ich kann hier doch nicht in Unterhose sitzen!*«, sage ich ihr. Sie leiht mir eine Hose. Alle lachen sich kaputt. Ich finde es total lustig, wie sie sich alle kringeln vor Lachen. Das tut mir gut. Zwei Minuten später ist sie mit meiner geflickten Hose wieder da. Was für eine spontane Großzügigkeit! Auf dem Weg zurück treffe ich eine Frau, die spazieren geht, und sie steckt mir eine rote Blüte hinters Ohr – einfach so, sie will nichts dafür haben. Ich kenne sie nicht einmal. Einfach so. Sie spricht nicht einmal Englisch, sondern sieht mich mit zusammengelegten Händen vor der Brust an, grüßt und geht weiter. Das sind solche Momente, wo man wie angewurzelt stehen bleibt, diese kleine Geste macht den ganzen Tag heller. **Anderen solche kleinen Aufmerksamkeiten zu schenken, das ist das wahre Glück. Danke, dass ich neu lieben lerne.** Dieses Kloster ist eine Lebensschule in jeder Hinsicht. Ich erlebe so viel Zärtlichkeit, und das Lächeln aller ist so echt. Tief in meinem Herzen spüre ich etwas wie eine Flamme, die jeden Tag ein bisschen größer wird.

## Rosys Atelier

An einem Morgen nach meiner Tour durch die Dhamma Hall treffe ich ein Mädchen, Linsey, die myanmarische Waisenkinder unterrichtet. Ich frage sie, ob ich ihr helfen und sie bei ihrer Arbeit begleiten kann. Sie nimmt mein Angebot mit einem großen Lächeln an und sagt mir, dass ich direkt nach dem Mittagessen kommen soll. Wir sind also in einer sehr wenig besuchten Schule, wo 50 kleine Myanmarinnen sitzen, die ohne ihre Eltern aufwachsen, weil sie ausgesetzt wurden, die Eltern gestorben sind oder zu arm. Ich lerne den Ort mit der Zeit kennen, den Schulhof; alles ist sehr schlicht. Es gibt nichts zum Spielen oder Spaßhaben. Nur ein paar Lehrer, die ihnen beibringen, was sie selbst können. Linsey ist seit ein paar Wochen da und gibt ihnen Malunterricht, um ihnen Freude zu machen. Sie haben kein Mäppchen und kein Heft. Wir bringen ihnen also weiße Blätter und Stifte. Sie sind außer Rand und Band. Jedes Kind darf sich einen Buntstift aussuchen und damit das Bild abmalen, das Linsey an die Tafel hängt, während ich die Stifte austeile. Als ich fertig bin und mich umdrehe, schnürt es mir die Kehle zu. Die kleinen Myanmarinnen haben alle ein rosafarbenes Gewand an, und ihre Köpfe sind rasiert. Sie nehmen ihren Stift in die Hand,

## Zweites Kloster

beugen sich über ihr Blatt Papier und fangen an, die Blume von der Tafel abzuzeichnen: eine Rose.
Linsey hat die schönste Rose gezeichnet, die ich je gesehen habe. Ich sitze hinten in der Klasse, lehne mich an die Wand und bin geschockt bei dem Anblick dieser schönen Rose, die Linsey an die Tafel gehängt hat. Und alle diese kleinen Mädchen zeichnen sie ab und rufen mich, um zu gucken, ob sie schön zeichnen ... Es ist heftig, diese Mädchen in Rosa zu sehen, die diese Blume malen, die für mich eine solche Bedeutung hat. Rosy ist heute sehr präsent. Ich habe niemanden darum gebeten und bin in einem Klassenraum, in dem das Motto »Rose« ausgegeben wurde. Ich lerne also, sie zu zeichnen, obwohl ich nicht gut zeichnen kann. Ich setze mich neben die Kinder und lerne, meine Rosy zu zeichnen. Das ist ein magischer Moment. Ich habe meinen Platz unter all diesen gemalten Rosen und dieser Farbe. Rosy dürfte begeistert sein, so viel Gesellschaft zu haben. Sie hat schon lange keine mehr, und außerdem ist es immer gut, mit Leuten unterwegs zu sein, die man kennt. Linsey versteht meine Begeisterung für ihre Zeichnung und die kleinen myanmarischen Mädchen nicht so ganz. Sie wird es später verstehen ...

Nach dieser intensiven Malstunde rennen wir draußen herum und improvisieren Spiele ohne Ball oder anderes Spielzeug. Wir spielen »eins, zwei, drei, vier, Ochs am Berg« – genial. Wir haben Spaß. Die Kleinen sind so lieb. Warum haben die Mönche und Nonnen alle einen kahl rasierten Kopf? Keine Sorge, das ist nicht wegen der Läuse. Es geht lediglich darum, sich von der äußeren Erscheinung zu lösen, sich von allem zu lösen, sich nicht durch die Frisur oder Ähnlichem von den anderen abzuheben. Die Pause und die Malstunde sind vorbei, und ich muss bald zum *rice washing* in die Klosterküche. Vorher gehe ich noch bei meinem Freund in der Dhamma Hall vorbei und treffe eine Frau, die spazieren gehen möchte.

# Geist

Ich nehme sie mit ins Dorf. Es ist nett, wir sprechen nicht dieselbe Sprache, aber wir verstehen uns über Blicke. Ich gehe mit ihr zur Pagode. Sie möchte sich dort zurückziehen, kann aber nicht alleine hingehen. Ich schiebe ihren Rollstuhl, und wir meditieren ein paar Minuten in der Pagode. Ich bringe sie wieder zurück auf ihr Bett und renne zum *rice washing*.

## Spenden sammeln

Nach diesem sehr ausgefüllten Tag schlafe ich wie ein Baby. Am nächsten Morgen fahre ich mit den Nonnen Nahrungsmittel sammeln. In allen Klöstern gehen die Mönche und Nonnen morgens Spenden einsammeln. Die Myanmaren schenken dem Kloster Nahrungsmittel oder Geld für den Lebensunterhalt. Ich kenne noch nicht genau die Bedeutung dieses Rituals, sitze aber in einem Bus mit neun bis 70 Jahre alten Nonnen in rosafarbenen Gewändern. Sie stellen sich in den Straßen in einer Reihe auf. Sie machen auf sich aufmerksam, indem die Vorderste mit einem Megafon einen Gesang anstimmt und die anderen mitsingen. Wunderschön. Es regnet Bindfäden, als wir in Yangon ankommen, trotzdem ziehen wir durch alle Straßen, um die Gaben der Leute einzusammeln. Das ist beeindruckend. Es werden Geldscheine aus dem Fenster geworfen, alles ist für das Einsammeln der Spenden organisiert ... unglaublich. An jeder Wohnung in einem höheren Stockwerk ist eine Schnur befestigt, am oberen Ende ist eine Sicherheitsnadel für Geldscheine, die man dann nach unten wirft. Alles ist gut organisiert. Die Leute kommen raus, um Nahrungsmittel zu bringen. Ihre Bescheidenheit ist befremdlich.

Am nächsten Tag gehe ich mit den Mönchen los. Szenenwechsel. Wir gehen barfuß, wir gehen über Land, im Dreck, dann in der Stadt, ebenfalls im Dreck. Wir gehen in Viertel, die sehr wenig entwickelt sind, aber die Leute stehen vor ihren Wohnungen, aus Respekt ebenfalls barfuß. Sie neigen den Kopf, damit der Mönch

## Zweites Kloster

die Nahrungsmittel segnet, bevor sie mitgenommen werden. Ich sammle ein. In einem großen Sack sammle ich, was ich kann, laufe zum Bus, leere den Sack aus und komme wieder zurück. Die Mönche bekommen kiloweise Nahrungsmittel, das ist beeindruckend. Die Myanmaren respektieren die Mönche so sehr, sie würden ihnen alles geben. Ich fühle mich so klein angesichts solcher Großzügigkeit. Die ganze Bevölkerung gibt eher, als zu nehmen, sogar ohne etwas dafür zu erwarten.

Ist eine solche tägliche Großzügigkeit für uns vorstellbar? Die Mönche kommen schließlich jeden Morgen, sie haben selbst kein Eigentum, sie sind bedürfnislos und nehmen, was man ihnen gibt. Mir steigen die Tränen wieder in die Augen, wenn ich sehe, dass diese armen Leute Nahrungsmittel spenden, Kleidung ... Die ganze Stadt ist für die Mönche organisiert. Es hängen Schnüre aus den Fenstern, damit das Spenden möglichst schnell geht. Es wird eine Glocke für die Einsammler, also für mich, geläutet, wenn etwas heruntergeworfen wird; ich renne also hin und nehme Geld oder Nahrungsmittel entgegen. Was ich erlebe, ist echt abgefahren. Ich laufe im Regen barfuß durch Yangon und sammle mit myanmarischen Mönchen Nahrungsmittel ein. Auf der Rückfahrt bieten mir die Mönche als Dankeschön Obst an. Alles, was wir gesammelt haben, wird an das gesamte Kloster verteilt.

Die Vormittage haben mich völlig umgekrempelt, und am Abend bei der Meditation verstehe ich langsam, wie und warum. In meinem Herzen und meinem Kopf wird alles klar. Es wird offensichtlich. Ich erkenne, wie verschlossen ich war. Und ich erkenne jetzt, wie ich mich daraus befreien kann. Es zu verstehen ist eine Sache, es in die Tat umzusetzen eine andere. Am Abend nach der Meditationssitzung haben wir einen Abendkurs bei einem unglaublichen Mönch. Nach und nach dringt mir einiges ins Bewusstsein. Seine Reinheit wird fast greifbar. Sein Gesicht ist sehr schön – gelassen,

# Geist

lächelnd und friedvoll. Ein Gesicht voller Frieden und Liebe. Es tut mir schon gut, ihn einfach nur anzusehen. Aber als er anfängt zu reden – ich weiß nicht, wie ich es ausdrücken soll, es ist erhebend. Sein Vorname: Oo Zinn Revata Nanda. Jetzt wisst ihr, warum ich mir nicht alle Vornamen merken kann. Abends ist Meditation und dann ein Austausch mit ihm. Ich freue mich und habe Glück, denn er spricht Englisch.

Nach zehn Tagen Vipassana-Meditation im Schweigen habe ich viele Fragen, und es ist immer schön, sich mit jemandem austauschen zu können und die Meditation durch Gespräche abzurunden. Es hilft mir sehr, diese beiden Meditationsformen ausprobiert zu haben – und in dieser Reihenfolge. Es hätte sonst länger gedauert, bis ich verstanden hätte, wie wichtig es ist, zu schweigen und die Gedanken zu ordnen, um die mächtigen Mechanismen zu stoppen, die unsere Handlungen und Gefühle steuern. Oo Zinn Revata Nanda gibt uns einen richtigen Kurs über diese Technik. Über seinen Wunsch, Mönch zu werden, und die wissenschaftlichen Erkenntnisse, dass Meditieren einen inneren Frieden schenkt, spricht er so, als würden wir auf der Terrasse eines Cafés sitzen. Er lehrt uns mehrere Meditationsformen im Sitzen und im Stehen und lässt uns dann viel Zeit, unsere Fragen zu stellen. Man merkt bald, dass die Fragen der westlichen Menschen alle in die gleiche Richtung gehen. Wir wollen alles sofort. Dieses intellektuelle und ungeduldige Bedürfnis zu verstehen ist erstaunlich. Wir schaffen es nicht, uns auf etwas einzulassen, ohne es zu steuern. Ausgeglichenheit und Ruhe sind uns sehr fern, und es fällt schwer, sie in unserem Alltag zu finden. Nach diesem reichhaltigen und vielfältigen Austausch mit ihm sind alle Samen gesät, an mir ist es jetzt, sie zu gießen. Ich habe viel zu entdecken und zu lernen. Es ist erst der Anfang. Ich beschließe, Revata Nanda zu interviewen, aber auch Mya Mya, die für uns Freiwillige zuständig ist und uns in die Meditation einführt. Sie haben uns sehr viel zu geben, da bin ich sicher. Diese Meditationserfah-

## Zweites Kloster

rung hat sich unauslöschlich in meinen Geist eingegraben, aber vor allem hoffe ich, dass es für mich erst der Anfang auf einem Weg zu innerem Frieden und Glück ist.

### Bilanz

Ich bin unruhig, weil ich am nächsten Abend abreise und in die reale Welt zurückkehre. Ich nehme mir vor, einem Mönch unter vier Augen einige Fragen zu stellen.

Ich wusste nicht, wie ich es schaffen soll, diese Erkenntnisse, diese Reinheit in meinem Herzen in einer anderen Umgebung zu erhalten. *»Meister, wie kann ich alle diese Erkenntnisse mit nach Hause nehmen und umsetzen?«* *»Marine, du weißt, dass ihr häufig die Tendenz habt, alles sofort haben zu wollen, ihr erkennt etwas, und das muss sich sofort in eurem Leben verwirklichen. Das geht so nicht. Aber deswegen brauchst du dir keine Sorgen zu machen. Das ist schon eine sehr große Erkenntnis. Du musst es mit deinen Möglichkeiten reifen lassen. Ich gebe dir ein Beispiel: Nehmen wir an, du bist früher aus einem bestimmten Grund mit 100 Prozent Wahrscheinlichkeit jedes Mal ausgerastet; jetzt reduzierst du das auf 98 Prozent und so weiter. Du kannst nicht von 100 Prozent auf null Prozent kommen, das ist nicht möglich.«* *»Ich verstehe, was Sie meinen, aber wie kann die Meditation Teil meines Lebens bleiben?«* *»Du wirst sehen, dass das nicht geht, wenn du nicht jeden Tag meditierst. Das wird kompliziert sein, aber vergiss nicht, dass du den Wunsch, den du hast, aufblühen lassen musst. Ich bin sicher, dass das ein langer Weg sein wird. Achte weiter darauf, wohin dich dein Herz lenkt, und die Meditation wird mitgehen. Erwarte nichts von ihr und erwarte nichts von deiner Umgebung, du musst deine Entscheidungen selbst treffen. Zieh dich genug zurück, damit das reifen kann, was du gelernt hast. Es braucht seine Zeit ... und wer weiß, vielleicht besuchst du uns mal wieder?«* *»Danke, Meister.«* Ich weiß nicht, was ich sagen soll. Er hat genau auf meine Sorge geantwortet und mir das gesagt, was ich brauchte. Ich gehe mit einem beruhigten Geist in meinen Schlafraum. Die Nacht ist schnell vorbei. Kaum habe ich mich hingelegt, fängt mein letzter Tag schon an.

# Geist

Bevor ich das Zentrum verlasse, möchte ich zweihundert Rosen kaufen, um so vielen Kranken wie möglich eine zu schenken. Die Rose ist eine so schöne Blume und bedeutet den Myanmaren auch sehr viel. Ganz zu schweigen von mir. Ich gehe mit einer ausgewanderten Französin auf den Markt, die fließend Myanmarisch spricht. Sie hilft mir, die Blumen zu tragen, so kommen wir wieder zum Kloster. Ich gebe jedem, der uns helfen kann, einen Strauß Blumen, um sie zu verteilen. Alle gehen mit ihrem Strauß Rosen bis in die hintersten Winkel des Klosters, um ein bisschen Farbe und Lächeln zu schenken. Das ist total ergreifend, sie bekommen nie etwas, und eine Blume zu bekommen ist unglaublich wertvoll. Ich habe das Gefühl, tausendmal mehr zu bekommen, als was wir ihnen gerade schenken.

*Ich merke, dass der Abschied und die Mongolei näher kommen. Ich weiß nicht, was ich für die Menschen hier getan habe. Ich weiß nicht, was ihnen mein Aufenthalt gebracht hat; aber sie haben mich sehr viel gelehrt und mir vieles unter die Nase gehalten: das Teilen, die Reinheit des Herzens, die Unschuld, den Wunsch zu helfen, ohne etwas dafür zu erwarten, diese uneigennützige Liebe, aber vor allem den Wunsch, das Leben noch mehr zu lieben. Ja, das alles haben sie mir geschenkt. Ich habe dieses Kloster kennengelernt, in dem die Meditation ein wesentlicher Teil der Heilung ist ... sich und seine Seele durch den eigenen Geist heilen ... ich bin einfach erstaunt über den inneren Frieden und die Schönheit der Mönche, aber vor allem über die Lehre, die sie allen Alten, Kranken, Behinderten und Unglücklichen geben. Wenn es doch bei uns wenigstens ein bisschen was davon gäbe ... Ich sage nicht, dass die Krankheit hier verschwindet oder dass es sie nicht mehr gibt, aber die Kraft des Geistes ist tausendmal stärker als alles andere. Man vergisst, wie sehr er uns retten kann, unser Geist kann uns tragen und uns Dinge ermöglichen, die wir uns nie hätten vorstellen können. Ja, wir haben alle eine unermessliche Kraft in uns. Wir wissen nicht, was wir vollbringen können, und bei uns wird das immer mehr vergessen. Seltsam? Man nimmt uns jede Verantwortung ab, wir werden abhängig von Produkten, wir hängen an Äußerlichkeiten. Wo ist unsere Freiheit zu denken, zu leben, so zu sein, wie wir wirklich sind? Diese Freiheit ist uns schon lange abhandengekommen. Dieses Volk ist viel freier als wir, obwohl es in Unterdrückung gelebt hat.* Ich verlasse dieses Kloster und vermeide es, Menschen zu begegnen. Das Verabschieden würde mir viel zu schwer fallen. Merci! Meine Rosy ist gewachsen, und ich werde diesen Weg weitergehen, den ich angefangen habe; die Saat begießen ... Ich werde bald wiederkommen, da bin ich sicher. Ich sage euch allen »Bis bald«. Als ich mein Bett mache, finde ich darauf ein Bild ... eine Rose, die Linsey auf ein Stück Papier gezeichnet hat. Das Blatt fängt in meinen Händen an zu zittern. Es ist eine wunderschöne Rose.

## 31
## Letzte Momente in Myanmar

Ich habe einen Kloß im Hals. Ich schalte mein Handy nicht sofort wieder ein. In meinem Hotel in Yangon muss ich allein sein und in den letzten beiden Tagen vor meinem Abflug nach Ulan-Bator meine Gedanken auf Papier bringen. Vor allem aber muss ich loswerden, was ich alles erkannt habe.

Ich gehe joggen, um Dampf abzulassen. Als ich zurückkomme, gehe ich zum ersten Mal nach vielen Wochen Stille online. Ich stelle fest, dass auf der Website von ARSEP, einer der größten französischen Vereinigungen für multiple Sklerose, ein Artikel veröffentlicht wurde. Es schockiert mich. Ich begreife nicht, dass mein Gesicht da zu sehen ist und man in dem Artikel über mich spricht und über diese Reise, die vor wenigen Monaten noch ein bisschen verrückt erschien ... Ich bekomme immer mehr Nachrichten von Leuten, die sich Sorgen machen – das ist total menschlich und normal. Aber ich habe dafür keine Lösung. Ich sehe, dass meine kleine Facebook-Seite immer mehr Fans hat, und finde das eher cool. Ich möchte dieses Abenteuer

# Geist

mit möglichst vielen Leuten teilen, aber mir wird auch bewusst, dass dabei viele Ängste wieder in mir hochkommen. Ich bekomme viele Nachrichten von Unbekannten, denen es sehr schlecht geht und die meinen, mir zu helfen, es aber nicht unbedingt tun. Ich habe Angst, allen diesen Menschen zu begegnen, bei denen das Leiden alles andere überschattet. Negatives lässt sich so leicht weitergeben, es ist so ansteckend. Ich schaffe es, etwas Abstand zu gewinnen, aber ich habe nur kleine Schultern, die nicht unbedingt alles tragen können. Ich muss lernen, damit umzugehen.

Ich verstehe nicht, wie es kommt, dass mir so viele Leute auf Facebook folgen. Ich rede mehr von »Kacka« als von »Buddha« in meinen Videos. Meine kleinen Berichte enthalten mehr Fehler als Wörter. Ich kann es nicht verstehen, aber gebe mich damit zufrieden, es nicht zu verstehen. Diese Seite hilft mir, einen Fuß vor den anderen zu setzen. Ich lege mein Herz hinein, und meine Füße ziehen mit. Ich fühle mich mit dieser Community verbunden, sie ist stark und urteilt nicht. Ich kenne nur zehn Prozent der Leute, aber ich habe das Gefühl, eine zweite Mama oder Freunde zu haben, die mich schon immer unterstützen. Bei vielen Nachrichten, bei denen ich schon beim ersten Wort in Tränen ausbreche, möchte ich die- oder denjenigen über meinen Bildschirm ansehen und sagen: *»Du kannst auch durchstarten.«* Dieser Wunsch, zu teilen und zu zeigen, dass jeder sein etwas verrücktes Projekt realisieren kann, treibt mich an, bewegt mich, ist stark. Ich fühle so viel Wärme in mir, die ich denen schenken möchte, die mir geschrieben haben. Ich sitze auf meinem Stuhl und möchte schreien: *»Das kannst du auch!!! Starte durch!!!«* Manchmal schreie ich es plötzlich raus und kann mich nicht beherrschen. Ich tue nichts Besonderes; vor ihren Bildschirmen haben die Leute den Eindruck, dass es unglaublich ist, aber nein. Jeder kann es tun.

Ich stelle auch fest, dass ich durch die Reise offener geworden bin und mich weniger schütze. Ich bin offener meinen Gedanken gegenüber, meinen Empfindungen. Manchmal ist es nicht leicht,

## Letzte Momente in Myanmar

mit den negativen Gefühlen von außen umzugehen, weil eben kein Schutz da ist. Aber dann sage ich mir: *»Jetzt musst du das anwenden, was du in den beiden Klöstern gelernt hast.«*

Ich versuche, nicht zu reagieren und die Kritik nicht an mich ranzulassen. Ich akzeptiere die gratis Bosheit nicht. Wenn ich die Entwicklung meiner Facebook-Seite sehe, freue ich mich, aber ich habe auch Angst, dass ich die Erwartungen nicht erfüllen kann. Unglaublich, diese Angst bleibt zwei Sekunden in meinem Geist, ich glaube, früher hätte sie es sich dort gemütlich gemacht. **Man selbst zu bleiben ist das Wichtigste.** Ich habe nichts verändert, und ich denke nicht einmal an die Leute, sondern mehr an das, was ich hier und jetzt empfinde. Ich abstrahiere das, was um mich herum passiert oder gesagt wird. Ich möchte rufen: *»Ich bin keine Heldin, ich bin so wie ihr auch!«* Ich versuche einfach zurechtzukommen und mit dieser Nachricht zu leben, die mein Leben in einen Albtraum hätte verwandeln können. Meine Texte kommen aus der Tiefe meines Herzens, und erst einmal erscheint es mir komisch, dass ich so ehrlich bin, so ohne Panzer vor so vielen wildfremden Menschen. Wenn ich die Augen schließe, weiß ich, dass ich glücklich bin, ich zu sein und niemand anderes. Das ist alles. Ich schließe die Augen und schlafe ein, bereit zum Abflug in die Mongolei.

*Ich hätte nicht gedacht, dass ich mit diesem Projekt so viele Antworten auf meine inneren Fragen finden würde, aber vor allem so viele Antworten auf das, was mein Leben infrage stellt. Wir müssen uns selbst leiten und unser Leiden annehmen. Das Menschsein ist wirklich schön und reich. Die Unterschiede zwischen den Menschen müssen dazu genutzt werden, dass die Völker zueinanderfinden. Wir müssen uns einen Weg zum Glück bahnen. Ich belasse es nicht bei Worten, wie ich es bisher immer gemacht habe. Ich werde jetzt handeln, das ist sicher. Das ist der Schlüssel zum Glück. Etwas wirklich in die Tat umsetzen. Ich weiß nicht, warum ich in meinem Herzen diese Kraft spüre, während ich aus dem Flugzeugfenster schaue.*

# Seele

Empfindung – Freude – sein –
vorankommen – hören – die Dinge –
schweigen – Ego – staunen –
kämpfen – loslassen – urteilen –
Wünsche – Motivation –
zusammenschweißen – Anicca
(Vergänglichkeit) – Ruhe –
Großzügigkeit – reagieren –
nutzen – beten –
Sanskara (Nachwirkung)

Oooh yes! Ich bin da.
Das ist kein Traum. Wir
heben ab, Rosy, wir heben
aaaaaaaaaaaab!!!!!

Steppe by Steppe

# Seele

In Peking steige ich um nach Ulan-Bator, und ihr könnt euch nicht vorstellen, was passiert! Es ist einfach unglaublich, wie das Leben manchmal läuft. Es gibt keinen Zufall. Eines ist klar: Seit ich diese Reise mache, glaube ich nicht mehr an Zufall. Er ist unsere eigene Erfindung. Neben mir im Flugzeug sitzen zwei unglaubliche Leute. Wir reden über allgemeine Sachen, und dann erzählt mir einer von ihnen von seinem Projekt, also über seine Arbeit: Er heilt Patienten mithilfe von Energiearbeit. Ich stelle ihm weitere Fragen, bis ich die Worte »multiple Sklerose« höre, neben anderen Krankheiten, die er behandelt. Ich sitze neben ihm, spreche ihn nicht einmal darauf an, und er sagt auf Englisch: *»multiple sclerosis«*. Schon verrückt, wie man die richtigen Personen im richtigen Moment trifft. Ich komme aus Myanmar in ein vollkommen unbekanntes Land. Ich bin auf der dritten Etappe dieser Reise, während der ich von Anfang an absolut verrückte Erlebnisse habe. Zwei Monate Selbstbeobachtung in einer ruhigen und beruhigenden myanmarischen Umgebung liegen hinter mir. Ich lehne mich nachdenklich und emotional ans Flugzeugfenster und sehe ab und zu Jurten, aber vor allem Dächer in tausend verschiedenen Farben. Ich fliege über weite Landschaften, und nach und nach erscheint diese kleine bunte Stadt zwischen Flachland und Bergen. Erst jetzt wird mir richtig klar, dass ich in wenigen Minuten die dritte Etappe meiner Reise beginne. Ich werde der Natur so nah wie möglich sein, den Energien meines Körpers, aber vor allem werde ich diese Reise mit meiner Seele abschließen, in der Körper und Geist verschmelzen.

Ich spüre eine große Wärme, als die Räder ausgefahren werden, ich sehe meinen Nachbarn ziemlich aufgewühlt an, und er schenkt mir ein großes Lächeln; meine Augen strahlen. Das Flugzeug sinkt immer tiefer. Ich bin fast da. Ich habe das Gefühl, meinen Kampf gegen Rosy gewonnen zu haben. Ich weiß, dass für die Mongolei noch nichts steht und ich alles erst mal entdecken muss. Aber

## Seele

ich habe mein Ziel erreicht. Ich bin in diesem ursprünglichen und weiten Land angekommen, von dem ich seit Jahren träume. Ich komme in Begleitung. Ich spüre keine Stacheln mehr. Ich spüre nur Glück und eine große Liebe zu ihr. Ich greife meinen Sicherheitsgurt und sage ihr: »*Rosy, wir sind da. Du wirst jetzt durch diese Steppen und Wälder galoppieren und deine Stacheln abwerfen.*«
Die Räder setzen auf, ich werde ein bisschen durchgeschüttelt und lächle. Ich starre durch das Fenster, ich bin in Ulan-Bator. Abschnallen, Tasche einräumen, meine Gedanken sind noch im Höhenflug. Ich habe ein riesiges Lächeln im Gesicht. Ich habe nichts reserviert, nichts geplant, alles in der Schwebe, aber ich bin sicher, dass sich etwas ergeben wird. Es ist herrlich, die Sorgen beiseitezuschieben und ohne Plan loszugehen, Augen und Ohren offen zu halten und die Dinge auf sich zukommen zu lassen. Im selben Augenblick, als ich gerade wie blöd lächle, gibt mir meine Nachbarin eine Telefonnummer, und nicht irgendeine: »Ich gebe Ihnen meine Nummer, ich kenne nämlich die Tochter des größten mongolischen Viehzüchters sehr gut, das könnte Ihnen helfen.« Das ist unglaublich! Seit ein paar Monaten habe ich aufgehört zu planen, um das »Aquaplaning des Lebens« kennenzulernen. Das lenkt einen immer in die richtige Richtung, wenn man sich nicht dagegen wehrt. Ich lächle das Stück Papier an, ich wundere mich über nichts mehr. Dabei berührt es mich aber nicht so sehr, diese Nummer zu haben, sondern die Aufmerksamkeit, diesen Kontakt zu bekommen. Ich fühle mich geführt, egal welcher Weg es sein wird. Vielleicht führt diese Telefonnummer nicht auf den richtigen Weg, das macht aber nichts. Diese kleine Geste lädt mich ein, weiter zu vertrauen und im Hier und Jetzt zu leben. Ich spreche noch ein paar Minuten mit meinen beiden Nachbarn, bevor wir auseinandergehen. Der erste erklärt mir am Ende, dass ich die Energien meines Körpers wahrnehmen muss, um sie zu analysieren, sie zu verstehen und mit ihnen zu leben.

# Seele

Er sagt mir auch, dass der Arzt, der nach dieser Methode behandelt und berät, in der Mongolei lebt. Er empfiehlt mir, ihn aufzusuchen, und gibt mir seine eigene Telefonnummer. In nicht einmal fünf Minuten bekomme ich zwei Handynummern! Ich komme mir bei meiner Ankunft in der Mongolei vor, als hätte ich beim Lotto einen Sechser nach dem anderen.

## 32
## Ulan-Bator

Kurz bevor wir auseinandergehen, erzählt mir der Mann etwas von Wasser aus Kristallen. Ich habe das nicht so richtig verstanden. »Unser Körper besteht zu 80 Prozent aus Wasser«, (das wusste ich schon) sagt er mir und sieht mich fest an. »Aus diesem Grund haben wir etwas, das Krankheiten heilen kann, und zwar sind das Kristalle. Es ist eine Therapie durch Wasserkristalle.« Ich bin nicht sicher, ob ich das richtig verstanden habe. Aber diese Begegnung wird mir bestimmt etwas bringen. Es interessiert mich, und ich will morgen mit ihm zu einem Test gehen, der mir zunächst etwas schräg erscheint. Wir holen unser Gepäck, und ich quartiere mich in der nächstbesten Herberge ein. Ich schlafe sofort ein. Ich knacke bis zum nächsten Morgen und treffe meine spleenigen Mitreisenden vom Flug Peking–Ulan-Bator. Wir treffen uns in einer Wohnung in der Innenstadt.

### Energiebilanz

Ein paar Minuten später lege ich meine Hand auf eine Platte, die alle Energien entschlüsseln soll, die von meinem Körper ausgehen – und lasse eine Energiebilanz meines Körpers machen. Da haben wir's: 24 Stunden nach meiner Ankunft in der Mongolei kümmert man sich um mich und meine Energien.

# Ulan-Bator

Ich liebe es. Meine Energiebilanz fällt erstaunlich präzise aus: »Hast du Schmerzen am linken Backenzahn und in der linken Fußwölbung, aber auch am Bauch?«, fragt mich die Frau sehr bestimmt. Das sind auf den Millimeter genau die Stellen, wo ich Schmerzen habe. Ich bin baff. Der linke Backenzahn tut mir seit drei Tagen weh, die linke Fußsohle tut ebenfalls weh, und es sticht ab und zu in meinem Bauch. Das Kapitel Mongolei fängt gut an, ich bin in der Sprechstunde der Chefin dieser neuen Energiemethode. Sie gibt mir Ernährungstipps und vor allem ein paar Übungen, die ich machen soll. Damit verschwinden meine Schmerzen einige Tage später.

Zur Herberge zurück will ich zu Fuß gehen. Ich gehe durch ganz Ulan-Bator. Erstaunlich. Man hat das Gefühl, dass alles sehr schnell und ziemlich planlos hochgezogen wurde: eine eigenartige Zusammenstellung, wie ein unfertiges Puzzle. Seltsames Gefühl ... in den Autos das Lenkrad mal links, mal rechts auf derselben Straße, rotes Ampellicht mal oben, mal unten. Mir kommt es vor wie ein halb fertiges Modell. Ich bin in einem riesigen Legoland, und es wurden noch nicht alle Steine eingebaut. In meiner Herberge reserviere ich ein paar Tage, damit ich Zeit habe, mich zu organisieren. Mich hat es in die siebte Etage eines riesigen Turms verschlagen, Symbol einer Zeit, die sich keine Zeit nimmt beim Bauen. Es ist eher eine Wohnung als eine Herberge.

Der Hausherr ist Franzose und legt alle typisch französischen negativen Eigenschaften an den Tag: Minutenlang hält er mir einen aggressiven Monolog und macht alles schlecht, um mir klarzumachen, dass ich nicht dazu in der Lage bin, so zu leben, wie die Mongolen hier leben. Ich verstehe nichts, ich sage nichts ... ich höre ihm zu. Er scheint Übung darin zu haben. Ich lasse mich nicht unterkriegen und werde laut, um diesen Traumzerstörer in seine Schranken zu weisen. Ich bin müde, ich habe mir gerade 18 Stunden

# Seele

Reise gegeben, und ich bin nicht in der Lage, mir so sinnlose und ungerechte Äußerungen anzuhören.

Unglaublicher Widerspruch – ich komme aus zweieinhalb Monaten großer Stille, und da muss ich an einen Franzosen geraten, bei dem mir die Sicherung durchbrennt und ich laut werde. Ich gehe genervt in mein Zimmer und breche in Tränen aus. Ich erkenne mich nicht wieder. Diese negative Energie hat offensichtlich aus Versehen bei mir einen empfindlichen Nerv getroffen. Ich habe noch an mir zu arbeiten. Ich bin kaum angekommen und habe schon keine Lust mehr, länger in dieser Herberge zu bleiben. Ich gehe schlafen, um den inneren Druck und die Sorgen loszuwerden; mir wird klar, dass ich die Energien der anderen immer stärker wahrnehme. Ich bin zwar an die Decke gegangen, aber ich bin dem Franzosen trotzdem dankbar für die Lektion. Dieses unfreundliche Gespräch wird mir helfen, Antikörper zu entwickeln, damit ich die Schwierigkeiten, die ich in der Mongolei haben werde, ohne Zwischenfälle meistern kann. Ich bin in einem Strudel von Ich-weiß-nicht-was und in einer unbekannten Umgebung. Ich bin gerade in einem Land gelandet, das ich nicht kenne, ich habe null organisiert, weil ich die Mongolei so authentisch wie möglich kennenlernen und entdecken möchte; als Tourist 1000 Euro für eine Woche Jurte auszugeben kommt nicht infrage.

Am nächsten Tag werde ich aktiv und nehme Kontakt zu den Leuten auf, von denen ich im Flugzeug gehört habe. Mehrere Mongolen haben mir Côme empfohlen. Er ist einer der ältesten französischen Auswanderer in die Mongolei und mit einer Mongolin verheiratet: Gerel. Ich beschließe, sie aufzusuchen und zu sehen, ob wir vielleicht etwas zusammen machen können.

## Beim Steppen-Gringo

Ich komme bei ihnen in Gachuurt an, am Stadtrand von Ulan-Bator. Wir kommen darüber ins Gespräch, was ich in der Mongolei

## Ulan-Bator

suche. Ich erzähle Côme direkt von den Tsaatan, die ich kennenlernen möchte. Er antwortet sofort:
»Das ist die völlig falsche Jahreszeit, viel zu viele Moskitos, es ist sumpfig und sehr schwer zu erreichen.« Er geht dort lieber im Winter hin. Den Weg kennt er gut. Er hat keine Lust, Touristen wie mir einen Gefallen zu tun, die irgendwelchen Träumen nachjagen. Wenn er mit ihnen etwas macht, dann nur, wenn es ihm auch Spaß macht. Ich erkenne langsam, was er für ein Mensch ist, und es gefällt mir. Er passt sich nicht an Prinzessinnen an, die ankommen und alles auf einmal sehen wollen. Oder ungeduldige Touristen. Er macht sein Ding, nach dem Motto: *Du machst mit oder lässt es bleiben.* Ich mag diese Mentalität. Er schlägt mir ein Projekt vor, an das ich überhaupt nicht gedacht habe: eine Transhumanz. Wie soll das aussehen? Es geht darum, eine Herde Pferde zum Ausgangspunkt einer Tour zu bringen. In zwei Wochen wird eine Gruppe Touristen erwartet. Die Pferde müssen also zu dem Ort gebracht werden, wo deren Reise anfängt. Die Idee gefällt mir sofort. Das übertrifft meine Erwartungen. Ich weiß nicht, warum, aber der Funke springt sofort über. Für genau so etwas bin ich hergekommen. Ich weiß, dass ich mit den richtigen Leuten am richtigen Ort bin. Die Steppen nicht auf dem Rücken von einem, sondern von sieben Pferden zu erleben ist mehr als traumhaft. Das wird mich ganz schön durchschütteln, aber ich werde es genießen. Nachdem ich für mich entschieden habe, mit ihnen zu gehen, kommen wir auf die Hauptstadt zu sprechen. Wir reden ein bisschen über meine ersten Eindrücke von Ulan-Bator. Ich erzähle, dass es mir wie ein Puzzle vorkam. Côme erklärt mir, dass er die Mongolei 1996 kennengelernt hat und Ulan-Bator sich in viel zu kurzer Zeit stark verändert hat. Damals gab es keine Ampeln, keine Straßenbeleuchtung, die modernen Gebäude standen noch nicht. Alles kam sehr schnell, und die Gebäude werden heute immer schneller hochgezogen. Ich würde den beiden gerne viele Fragen stellen. Fragen zur Kultur, am liebsten hätte ich

## Seele

schon vor unserer gemeinsamen Reise einen Vorgeschmack. Ich merke bald, dass meine Fragen nicht willkommen sind, sondern ich lernen muss, Geduld zu haben und alles nach und nach zu entdecken. Nicht den zweiten Schritt vor dem ersten ... Häufig bekomme ich zur Antwort: »Wirst du sehen.«

Ich halte mich also zurück. Ich will sie nicht nerven, das ist mir wichtig. Die touristische Ungeduld wird in mongolische Gelassenheit verwandelt. Ich trinke mein schönes kühles Bier aus, das ich gekauft habe, bevor ich zu ihnen gegangen bin, und sage ihnen, dass ich in ein paar Tagen wiederkomme, um die Transhumanz mitzumachen. Sie sehen mich an und sagen nichts. Ich lächle sie an, und wir stoßen alle drei auf diese Abmachung an. Innerlich bebe ich vor Freude. Bevor ich gehe, sagt mir Gerel, was ich alles brauche. Ich höre gut zu und schreibe mir eine Liste der Sachen, die ich für diese Tour besorgen muss. Mir fehlt einiges ... ein großes dichtes Regencape, aber vor allem warme Kleidung, weil es nachts recht kalt wird.

Als ich in meine Herberge komme, begrüßt mich der Hausherr mit einem Lächeln. Das freut mich. Er fragt mich, was ich bei meiner Tagestour in Erfahrung gebracht habe, und wundert sich, wo ich direkt nach meiner Ankunft schon überall unterwegs bin. Ich erzähle ihm von dem Angebot, das ich bekommen habe.

»Du hast viel Glück«, sagt er überrascht und fast ein bisschen neidisch.

»Das wäre mein Traum«, ergänzt er. Ich biete ihm ein Bier an, um das zu feiern. Wir stoßen miteinander an, und ich bedanke mich bei ihm, dass er mich am ersten Tag aufgerüttelt hat. Das Kräftemessen ist vorbei, wir reden auf Augenhöhe. Uff! Er rät mir, die fehlenden Klamotten auf einem Markt zu kaufen, und nennt mir einen. Ich flitze los, um die letzten Einkäufe zu machen. Vorher weist er mich noch einmal darauf hin, dass auf diesem Markt besonders viel geklaut wird. Ohne dass man es merkt, wird einem der Rucksack ab-

geschnitten und die Taschen geleert. Ich nehme also nichts mit außer etwas Bargeld, das ich zwischen Hose und Unterhose verstecke.
Ich komme auf einen riesigen Markt, der Black Market heißt. Er ist beeindruckend, es gibt alles, was man braucht. Ich finde ein Cape für sehr starken Regen, aber vor allem eine Mütze und einen Wollpullover.
Ich kann gute Preise aushandeln, dieses Spiel macht mir Spaß. Als ich mit meinen Sachen zur Herberge zurückkomme, treffe ich viele Leute – Paare und Freunde, die als Gruppe reisen. Alle haben den gleichen Wunsch, das Volk und seine jahrtausendealten Lebensformen kennenzulernen. Es ist eine herzliche Atmosphäre, ich fühle mich wie zu Hause. Ist es die Mongolei, die bereits eine solche Wärme und ein solches Glück ausstrahlt? Wir kommen aus aller Herren Länder, und wir haben uns tolle Geschichten zu erzählen. Beeindruckend, was man alles von anderen lernen und erfahren kann. Ich bleibe noch eine Nacht in dieser Herberge und treffe dann die Familie von Côme und Gerel.

# 33
## Abreise für die Transhumanz

### Gachuurt

Hier spricht niemand wirklich gut Englisch, und die Wegweiser sind noch nicht übersetzt. Ich versuche, unterwegs Leute zu finden, die mir weiterhelfen können.
Das ist der erste Bruch mit all dem, was ich in Myanmar erlebt habe. Der mongolische Unterschied. Aber was bedeutet das für mich? Im Moment weiß ich es nicht; aber ich hänge in der Luft und habe niemanden, der mir sagen kann, wo's langgeht. Die Menschen haben offensichtlich Vorbehalte gegen Leute aus dem Westen. Ich sehe

## Seele

darin eine Stärke und möglicherweise Stolz. Ich finde auch sehr hilfsbereite Leute, aber es ist anders – zwischen ihrer Kultur und dem Tourismus gibt es eine Distanz. Ich nehme zunächst den Bus und dann schließlich ein Taxi, weil ich schon sehr nahe dran bin.

Taxis sind leicht zu finden, kein Uber, keine Beschriftung »Taxi«, jeder Fahrer eines Autos kann einen mitnehmen. Man muss einfach nur den Arm heben. Ich fahre also mit einem Mongolen, der mich in Gachuurt absetzt. Es ist superlustig. Er spricht kein Wort Englisch, ich nehme mein Wörterbuch und versuche, meine erste mongolische Konversation zu machen. Zu meiner großen Überraschung komme ich offensichtlich ganz gut zurecht. Er antwortet auf alle meine Fragen, und ich signalisiere, dass ich es verstanden habe. Ich verstehe zwar in Wahrheit kein Wort, aber zumindest gibt es Kommunikation, und wir sitzen nicht stumm nebeneinander. Am Ziel angekommen, verabschiede ich mich von dem Mann, der mich hierhergebracht hat, und er sagt mir, dass ich hier möglichst nicht alleine herumlaufen soll, weil es streunende Hunde gibt, die einen anfallen können. Ich öffne das Tor und stehe wenige Meter vor Cômes Zuhause. Sie haben drei große Hunde, die ich schon laut bellen höre, weil sie meine Stimme hinter dem großen Tor gehört haben. Ich sehe einen jungen Mann, der sich über das Tor beugt, um mir aufzumachen. Ich staune bei jedem Schritt. Ich komme in den Garten und sehe links eine Jurte stehen. Dann lerne ich die beiden Kinder kennen, Tengis und Tamra, 17 und 15 Jahre alt. Sie sind sehr verschieden. Ich achte auf jedes Geräusch und jedes Gespräch. Sie sind recht schüchtern. Tamra, der Jüngere, wirkt wie ein gelangweilter Jugendlicher, der keine Lust hat, fremde Leute zu grüßen und mit ihnen zu reden. Tengis ist total aktiv, er sägt und schraubt und klebt alle möglichen Sachen zusammen. Côme ist so ein Typ, der kein Wort zu viel sagt. Am Anfang fühle ich mich sehr unsicher. Ich komme zu ihnen und weiß überhaupt nicht, was mich

## Abreise für die Transhumanz

erwartet, aber ich weiß, dass ich mich mit meinen Fragen zurückhalten muss. Das ist auch eine gute Übung für mich, zu vertrauen und mal wieder loszulassen. Nur so kann ich es genießen und mich wohlfühlen.

Ich werde drei Wochen lang mit ihnen eine Transhumanz machen, und danach möchte ich immer noch zu den Tsaatan gehen, obwohl ich absolut keine Ahnung habe, wie ich das hinbekommen soll. Ich möchte dorthin, aber erst einmal denke ich nicht daran und konzentriere mich darauf, ihnen bei den Vorbereitungen zu helfen. Sie sind gerade dabei, die Ausrüstung zu sichten. Nach einer knappen Stunde setzen wir uns an einen großen Tisch im Garten mit Blick auf die Berge am Rand von Ulan-Bator. Wir trinken ein Bierchen und lernen uns ein bisschen kennen. Ze-ze Ze, der Côme und Gerel bei ihrem Hausbau und bei vielen anderen Dingen geholfen hat, sitzt auch mit uns am Tisch. Unglaublich, wie anders die Ausstrahlung bei jedem Menschen ist. Dieser Mann hat mich von Anfang an beeindruckt. Er hat ein sehr beruhigendes Gesicht. Ein weiser Mann, sehr ruhig und mit einem ansteckenden Lächeln. Man fühlt sich wohl, ohne mit ihm gesprochen zu haben. Ich stelle ein paar Fragen, ohne meine Gastgeber damit zu erschlagen, und erfahre die Geschichte dieses Hauses und vor allem, wie Côme hier auf diesen Boden gekommen ist, der ganz anders ist als seine Heimat. Er kommt aus den Vogesen und ist Zirkusartist (Trapezkünstler). Als junger Mann war er in der Mongolei für ein »Zurück-zu-den-Quellen«. Damit hat es angefangen. Nach mehreren Reisen von Frankreich nach Ulan-Bator hatte er den Wunsch, die reiche und geheimnisvolle Geschichte dieser Kultur zu erforschen. Ein paar Jahre später war seine Zirkustruppe zu einem Empfang beim ersten französischen Botschafter in der Mongolei eingeladen. Er lernt Gerel kennen, eine Mongolin. Sie eroberte sein Herz, und er blieb. Ein Elsässer, der die Natur und die Weite liebt. Die Mongolei

## Seele

ist wie geschaffen für ihn. Es war die Gelegenheit, zu bleiben und die verborgenen Schätze des Landes zu entdecken. Die unendliche Weite faszinierte ihn, und sein Abenteuergeist war stärker als alles andere.

Nachdem ich mit eher oberflächlichen Fragen das Eis gebrochen hatte, wollte ich eigentlich über die Pferde reden. Wie sind sie? Wie reitet man hier? Im Sitzen, im Stehen, im Liegen?! Mit oder ohne Sattel? Wie lange? Alle diese Fragen habe ich im Kopf, aber die einzige dämliche und völlig abwegige Frage, die ich rausbringe, lässt mich als dümmste Touristin dastehen: *»Was ist das Lieblingsgericht der Mongolen?«* Noch bevor ich den Satz fertig habe, weiß ich, dass die Frage total daneben ist. Der Blick von Côme bestätigt es.

Das ist genau die Art von Frage, auf die er nicht antworten möchte. Es ist krass; uns beiden ist klar, dass es nicht die richtige Frage zur richtigen Zeit war. Er lächelt mich an, und ich lache schallend. Ich schiebe sofort eine andere Frage nach: *»Kaufen wir noch mal Bier?«* Peinlichkeit überwunden. Ich erkenne selbst, dass ich aufhören muss, etwas wissen zu wollen. Ich werde schon sehen, wie es laufen wird. Es fällt eine Last von mir ab, und ich fühle mich gleich tausendmal leichter. Als hätte mein Kopf bei einem Wildfremden Ballast abgeladen. Diese Loslassübung war notwendig, damit ich die Kraft dieses Augenblicks begreifen konnte. Eigenartig – bei allem, was in meinem Leben tagtäglich passiert, kann ich auf meine Erfahrung in Myanmar zurückgreifen. Ich kann es damit vergleichen und das umsetzen, was ich in den zwei spirituellen Monaten in Myanmar gelernt habe. Alle meine kleinen Momente der Anspannung und wie ich da wieder herauskomme, haben einen Bezug zu Myanmar. Ich merke, wie mich meine Erfahrung in Myanmar bereichert hat und wie ich nun anderen Menschen heute mit mehr Leichtigkeit und Ehrlichkeit begegnen kann.

## Abreise für die Transhumanz

Am nächsten Morgen gehen wir zu dem Viehzüchter, dem Côme seine Pferde anvertraut hat. Hier gibt es keinen Small Talk über das Wetter oder so. Es ist echt interessant, diese Lebensweise kennenzulernen. Ich bin dabei, und zum Glück ist Gerel Mongolin, denn für den Elsässer ist die Sache nicht so einfach. Für ihn ist es ein regelrechter Zermürbungskrieg. Hier ist mongolisches Revier, und man muss Mongole sein, um respektiert zu werden. Beim Geschäft sind sie unerbittlich. Er hat sich seinen Platz in diesem kleinen Dorf Gachuurt hart erarbeitet, aber er muss wachsam sein, wenn er seine Pferdeherde einem neuen Züchter anvertraut. Mehrmals wurden ihm schon seine Pferde oder seine Kamele gestohlen. Es ist ein Glücksspiel. Es kommt vor, dass seine Tiere verkauft oder misshandelt werden, er findet seine Pferde tot auf, oder die Kamele sind weg – die Liste ist lang. Côme muss mit allem rechnen. Und nachher ist es schwer, die Sache aufzuklären und zu wissen, was passiert ist. Er muss sich allein durchschlagen. Diesmal hat er einen Viehzüchter gefunden, zu dem er Vertrauen hat. Ich drücke die Tür zu dessen Haus auf.

Der Züchter liegt auf seiner kleinen Bank und begrüßt uns superlaut mit »Sain sain baina uu!«. Ich setze mich auf eine Hockerkante und beobachte die Szene. Der Geruch von Käse und geröstetem Brot steigt mir in die Nase. Es ist ein starker Geruch, aber ganz und gar nicht unangenehm. Die Frau des Züchters setzt Joghurt an, die Kinder spielen mit Schnüren in den Händen. Es ist die erste mongolische Familie, die ich kennenlerne. Erstaunlich, wenn man in den Hauptraum kommt, spielt sich alles dort ab, aber vor allem fällt mir auf, dass die Kinder mehr Erde als Kleider an sich haben ... ihre Wangen sind rosa und ihre Finger schwarz. Sie wirken irgendwie erwachsen, obwohl sie erst fünf Jahre alt sind. Die Mama bietet mir Tee mit Milch an und fängt an, mit Côme und Gerel Mongolisch zu reden. Ich verstehe natürlich überhaupt nichts. Ich

## Seele

bleibe unauffällig an meinem Platz. Ich mag es, dass sie sich nicht um mich bemühen, sie tun nicht so, als würden sie sich für mich interessieren. Niemand fragt mich etwas. Es ist komisch, man merkt deutlich, dass sie keinen Wunsch haben, auf Fremde zuzugehen, das liegt ihnen nicht. Und wenn sie mit dir sprechen, weißt du, dass es nicht aufgesetzt ist. Ich habe den Eindruck, dass die beiden Männer humorvoll miteinander umgehen. Sie sticheln sich gegenseitig an. Nach diesem ersten Gespräch ist Côme jedoch verärgert. »Wir bekommen die Pferde erst einen Tag später«, sagt er mir. Ich verkneife mir Fragen. Sie brauchen einen weiteren Tag, um die Pferde von den Weiden zusammenzuholen. Es ist schon spät, es wird langsam dunkel, und ich werde müde.

### MS-1er-Feeling

Schon so viele Begegnungen, neue Gesichter, neue Situationen, in denen ich bin und die auf mich warten – mein Gehirn möchte nicht mehr. Es ist auf Standby. Es wird dunkel, es wird Zeit, zu Côme und Gerel zurückzugehen.

Es beginnt die erste Nacht bei ihnen, und mir kommen Fragen. Ich habe alles angezogen, was ich dabeihabe. Mir wird trotzdem nicht warm. Mir ist eiskalt. Die Müdigkeit trägt ihren Teil dazu bei, dass ich sehr empfindlich auf die Temperaturveränderung reagiere. Hier gibt es kein Schlafzimmer. Der Vorteil ist, dass die Kinder schlafen können, wo sie wollen. Mir stehen zwar die Haare zu Berge, aber ich habe noch das Glück, in einem massiven Gebäude schlafen zu können, an dem Côme seit fünf Jahren baut. Ein paar Meter daneben steht seine Jurte, in der seine Kinder bei −40 °C geboren sind. Wie kommen sie in diesen harten Wintern zurecht? Aus was besteht ihre Haut? Woraus bestehen sie? Mit meinen Kamelhaarstrümpfen, meinen dicken mongolischen Pullis und meiner Daunenjacke schaffe ich es nicht, warm zu werden – und dabei ist

## Abreise für die Transhumanz

Sommer. Werde ich mithalten können? Diese Fragen kommen, aber ich bleibe gelassen; ich weiß, dass alles gut gehen wird. Ich weiß nicht, warum ich so friere. Aber ich bereue nicht, dass ich meinem Instinkt gefolgt bin. Ich werde mit diesen Leuten losziehen, die ich nicht kenne, aber ich spüre absolutes Vertrauen. Zweifel sind nicht eingeplant, ich hatte einfach gleich ein gutes Gefühl. Jetzt muss ich vertrauen und aufhören zu hoffen und zu wünschen. Seit ein paar Tagen merke ich, wie wichtig es ist, damit aufzuhören, im Kopf der anderen sein zu wollen. Ich stelle trotzdem fest, dass es mir immer noch nicht egal ist, was die anderen von mir denken. Diese Denkblase ist zwar geplatzt, aber noch nicht leer. Unter meinen Decken denke ich an die ganzen Gespräche, mit denen ich mich absichern und sie beruhigen wollte. Aber im Grunde habe nur ich mir Sorgen gemacht. Sie machten einfach ihr Ding, und keiner machte sich um mich Sorgen.

Côme hatte mir so ungefähr angegeben, wo ich schlafen kann; da lege ich mich jetzt hin. Hier in der Mongolei schläft man irgendwo und in jeder Position. Jeder hat seinen Quadratmeter Schlafzimmer. Ich lege mich etwas unterkühlt hin, da bekomme ich plötzlich ein Schuldgefühl.

*»Scheiße, ich hab niemandem gute Nacht gesagt.«* Ich stehe wieder auf, ziehe meine Schuhe an und gehe zum anderen Gebäude, um ihnen eine gute Nacht zu wünschen. Ich öffne die Tür, alle schlafen schon, bis auf die Büffelkuh. Ich schließe die Tür wieder und rede laut mit mir: *»Marine, warum denkst du ständig viel zu viel nach? Scheiße, wenn ich schlafen will, schlafe ich. Wenn ich gute Nacht sagen will, tu ich das. Wenn ich etwas tun will, tue ich es. Wenn ich im Warmen schlafen will, ohne gute Nacht zu sagen, tue ich das auch.«* Warum soll man Regeln beachten, die uns zwingen, etwas zu tun, was wir nicht wollen? Im Westen machen wir immer denselben Fehler, mehr Schein als Sein, lieber mitlaufen, statt loszugehen, als wäre man alleine auf der Welt.

# Seele

Wir wollen immer höflich sein und alles richtig machen, und sobald jemand von den Regeln ein bisschen abweicht, finden wir das komisch. Wir legen viel zu viel Wert auf Höflichkeit bei uns und den anderen. Hören wir auf, uns in den anderen hineinzuversetzen, und leben wir an unserem Platz. *»Bleib neugierig, Marine, aber hör auf zu interpretieren! Scheiße, lass dich laufen und setze das um, was du gerade entdeckt hast: das Loslassen.«* Ein Wort, das Befreiung beschreibt. Ich setze um, was ich entdeckt habe, das ist supergut!

Nach diesen ersten Nächten und Tagen in Gachuurt, an denen ich friere wie verrückt, frage ich mich, was mit mir los ist. Es schneit nicht, es ist Sommer in der Mongolei; ich weiß nicht, was ich habe. Ich bin wirklich durchgefroren. Dabei habe ich Decken, aber es wird mir einfach nicht warm. Ich kann schlecht einschlafen, weil meine Hände und meine Füße eiskalt sind. Zum ersten Mal in meinem Leben brauche ich mehr als vier Stunden, um einzuschlafen. Ich schließe die Augen und atme sanft. Mein Geist führt mich nach Neuseeland, an den Anfang meiner Reise. Ich sehe das Land wieder und vor allem höre ich die Rufe der Maori. Ich lächle über das Lächeln der Myanmaren und über die Schönheit der Kindermönche. Die Mongolei klopft an meine Tür, ich lächle und schlafe endlich ein … Am nächsten Morgen wache ich mit einem Sonnenstrahl auf, der durch die Vorhänge scheint. Der große Aufbruch steht bevor. Ich kann es kaum erwarten, meinerseits ist alles bereit.

## Steppen, zu uns!

Hier stehen die Pferde nicht warm in ihrer Box. Gerel sagt: *»Das sind keine Luxushühner.«* Sie verbringen mehr Zeit mit Galoppieren in der Wildnis als mit Heufressen und Gestriegeltwerden bis zum letzten Fellbüschel. Es sind echte Tiere, keine Haustiere. Wenn man hört, wie es im Winter bei −40 °C läuft – ohne Heizgerät, ohne Kopf- oder sonstige Bedeckung, nur Gras als Futter – fragt man sich schon, wie sie durchkommen …

## Abreise für die Transhumanz

Es geht los. Ich bin total aufgeregt, die Herde kennenzulernen, die den ganzen Winter nicht geritten wurde. Gerel, Côme und ich werden ihre ersten Reiter sein. Wir fahren mit dem Bus in Richtung Flughafen. Die Pferde sind im Flachland direkt neben dem Rollfeld. Ich sitze hinten im Bus und entdecke mehr und mehr die unendliche Weite dieser Landschaft. Wie schön diese Natur ist!

Ich werde hin und her geschubst, mein Körper bekommt die mongolischen Straßen zu spüren. Auf dieser kurzen Fahrt wird mir bewusst, dass ich zunehmend den Wunsch habe, mein Leben zu gestalten. Ich weiß nicht, warum, aber ich hätte gerne einen kleinen, sehr schlichten Ort, mit ganz wenig Einrichtung, wirklich so einfach wie möglich. Ich brauche etwas, das mitten in der Landschaft liegt. In der Nähe von Wäldern, von Stille, von Natur. Eine kleine Insel des Friedens. Die Farben um mich herum sind unglaublich … unendlich viele Grüntöne. Ich weiß, dass ich an einem zurückgezogenen Ort mit meiner Rosy am besten leben könnte. Nicht das ganze Jahr, aber dass ich einen Ort habe, an den ich mich zurückziehen, neu ausrichten und Kraft schöpfen kann. Ich glaube, wir brauchen das alle. Ich frage mich, warum so viele Menschen Depressionen haben, warum wir im Wald spazieren gehen, wenn wir Sorgen haben, und warum wir uns in die Natur zurückziehen möchten, wenn wir unter Druck stehen.

Wir sehen das als Frische-Luft-Schnappen, aber es ist eigentlich eine Behandlung, die vielen Krankheiten vorbeugen und sie heilen könnte. Wir leben wie in Dosen – ohne Luft, ohne Blumen, Bäume und Gräser um uns herum. Wir haben uns in lange kahle Stängel ohne Sauerstoff verwandelt. Kein Wunder, dass der Garten unseres Herzens nicht mehr blühen kann. Wir brauchen Natur zum Leben. Wir müssen aufhören, unserem Leben hinterherzurennen, und stattdessen jeden Moment erleben, den uns die Natur schenkt. Warum geht das bei den Leuten bei einem Ohr rein und

## Seele

beim anderen wieder heraus, wenn man von Pflanzen und Ernährung spricht. War ich immer schon so? Mir war nie bewusst, wie wichtig Wälder, Wiesen, Flüsse, Gletscher, Pflanzen sind. Wo sind bei mir die Pflanzen? Ich habe zwei, sie stehen auf einer Kommode als Deko, aber ich mache mir nicht bewusst, dass sie leben und was sie für einen Einfluss auf meinen Geist und meinen Körper haben. »Öffne die Augen, Marine, damit du lernst, wie du weiter gärtnern kannst. *Denn das hier ist erst der Anfang!*« Ich weiß nicht, wie mein Leben bei meiner Rückkehr sein wird, aber ich bin sicher, dass es anders sein wird. Ich werde zumindest den Samen gelegt haben. Das, was ich durch andere entdeckt habe, muss ich in meinem Alltag anwenden. Eigenartig, jetzt daran zu denken, aber es ist wohl notwendig, darüber nachzudenken. Ich weiß, dass ich es Schritt für Schritt schaffen werde und die Veränderung nicht schlagartig eintreten wird. Ich bin sehr glücklich, und es ist ein reines Glück, wie ich es bisher nicht kannte. Ich nehme meine Buntstifte und zeichne in mein Heft – wie ein fünfjähriges Kind. Das Zeichnen löst viele von meinen vertrackten Gedanken. Ich bin zwar handwerklich nicht so begabt, aber ich würde gerne wieder Mosaike basteln, das habe ich vor langer Zeit mal gemacht. Die Mongolei weckt vergessene Erinnerungen und den Wunsch, den ich seit meiner Kindheit habe: zu zeichnen. Ich hatte früher kein Spielzeug, sondern Stifte und Hefte zum Ausmalen und Kleben.

Ich bin zwar kein Picasso – aber warum kommt der Wunsch wieder? Warum hier? Ich würde mir auch gerne eine Staffelei kaufen, um richtige Bilder zu malen, weil mir das so guttut. Ich weiß, dass das einer der Pfeiler sein wird, die ich brauche, um nicht wieder auf der Autobahn des Lebens zu landen.

In diesem klapprigen, zugigen Bus kommen mir alle möglichen Gedanken von überall her. Sie schütteln mich durch und machen mir bewusst, wir absurd die Welt ist, in der wir leben. Warum denke ich das jetzt, kurz vor dieser Reittour? Ich weiß es nicht. Ich weiß

## Abreise für die Transhumanz

jedenfalls, was für mich gut ist. Als ob ich den Schlüssel hätte, aber noch nicht die richtige Tür. Die nächste Tür in der Mongolei mache ich langsam auf. Mal sehen, ob es die richtige ist ... »*Ihr Steppen, ich komme mit Rosy!*« Links ist bereits eine beeindruckende Weite zu sehen. Côme lacht, als er meine kindliche Begeisterung sieht: »*Wart's ab, das ist erst der Anfang*«, sagt er.

### Traumhaft reiten

Im Flachland angekommen, sehe ich Kinder, die Pferde festhalten – eines hat rosigere Wangen als das andere. Côme zeigt mir das Pferd, mit dem ich zuerst reiten werde. Es ist neu, sie haben es vor Kurzem gekauft, letzten Monat genauer gesagt. Die ersten Sekunden mache ich nicht gerade einen sicheren Eindruck. Ich versuche, mit meinem Pferd zu reden, als ob nichts wäre, dabei habe ich totale Panik, dass es sofort losgaloppiert. Côme reicht mir die Zügel und ich greife fest entschlossen zu. Das Tier scheint ein bisschen nervös zu sein. Gerel sagt mir, dass es noch keinen Namen hat. Ich werde ihm einen Namen geben müssen, welchen, weiß ich noch nicht. Cômes Pferd ist fantastisch, es hat eine lange wehende Mähne und tritt auf wie ein Prinz. Es heißt Sebulon. Bei dem Vornamen sehe ich ihn schon wie einen Wüstenprinzen galoppieren. Beim Anblick dieser Herde gerate ich in einen Tagtraum. Ich kann es mir nicht verkneifen und stelle mir vor, wie ich im versammelten Galopp auf einem der Pferde über die Steppe reite.

»*Wach auf, Marine, hör auf zu fantasieren!*« Plötzlich drückt etwas extrem Schweres auf meinen rechten Fuß. Ich werde brutal aus meinem Traum gerissen: Ein Huf holt mich in die Realität zurück. Ich kann meinen Fuß nicht herausziehen. Er tut so weh, dass ich am liebsten aufschreien würde. Ich stoße das Pferd grob, damit es seinen blöden Huf von meinem Fuß nimmt. Bei Côme sieht das ganz anders aus, er reitet sein Pferd wie ein echter Cowboy. Mit einem

## Seele

weißen Seil bindet er die Pferde locker zusammen und fängt an, sie anzutreiben. Viele Kilometer liegen vor ihnen. Sie sehen fit aus, zumindest im Moment, sagen Côme und Gerel. Wir sitzen alle auf, die Herde entfernt sich von den Autos, und wenige Sekunden später sind wir nur noch von Steppe umgeben. Dieses Gefühl ist riesig ... seit ich klein war, träume ich davon, ohne Hindernis, ohne Grenze, ohne Zaun dahinzugaloppieren. Hier gibt es nur Land so weit das Auge reicht ... Der Takt wird vorgegeben, wir treiben die Pferde sofort in den Trab und dann in den Galopp. Wow! Ein Wahnsinnsgefühl! Ich gewöhne mich langsam an meinen Sattel und an die andere Ausrüstung, sie ist ganz anders als in Frankreich. Die Zügel sind Seile, die Sattel sind enger, und man sitzt auch nicht so drauf wie in Frankreich. Man muss den richtigen Sitz erst finden. Die Mongolen müssen lachen, als sie meinen kleinen schwungvollen Trab sehen. Sie kennen unsere Regeln nicht, die wir beim Reiten anwenden. Hier ist das alles ungestüm, ein Seil in der rechten Hand, um das Pferd anzutreiben und die Steigbügel weiter oben am Sattel – sonst nichts. Und man sagt »Schu«, damit sich das Pferd in Bewegung setzt. Sobald sie dieses kurze Wort trocken und schnell geflüstert hören, gehen sie ab wie die Raketen. Die Pferde reagieren sehr aufmerksam auf Geräusche und Laute, sie hören auf die Menschen. Es gibt eine regelrechte Osmose zwischen Mensch und Reittier. Ein kleiner Schubs mit dem Steigbügel, und los geht's im Galopp ... Ich muss meins gut festhalten, wenn ich nicht abgeworfen werden will.

Komisch, wenn man Stress hat mit Tieren, bittet man sie ständig, nett zu einem zu sein. *»So, mein Guter, du bleibst cool; du benimmst dich bei mir, ja?«* Als ob er mir antworten könnte: *»Keine Sorge, wir schuukeln das schon.«* Nach ein paar Minuten verzieht sich die Angst, und ich bin im Galopp neben der Herde. Der Wind schlägt mir ins Gesicht, und ich lasse Freudenschreie los. Wahnsinn, wie schön. Was

## Abreise für die Transhumanz

für ein Glück! Ich verstehe gar nicht, wie sie sich orientieren; alles sieht gleich aus. Es gibt hier kein GPS-Signal, man orientiert sich an der Natur. Wir skizzieren unseren Weg, korrigieren ihn, wandeln ihn ab und verändern ihn je nach Wetter, Wind und Regen. Der Kompass der Mongolen ist die Natur.

Ich sehe Gerel auf ihrem Reittier. Eine wunderschöne Mongolin, sie reitet wie ein Cowgirl. Sie hat keine Angst vor unvorhergesehenen Galoppsprüngen, im Gegenteil. Dann lässt sie noch mehr Schreie in der Steppe los, total befreit. Unser fröhlicher Konvoi wird begleitet von Dragon, dem Hund der Sippe. Er schlängelt sich zwischen den Hufen dieses tollen Reiterzuges durch. Am Horizont taucht das erste Jurtenlager auf, wir halten genau darauf zu. Jedes Jurtenlager hat in der Regel einen, zwei oder drei Hunde, um das Vieh vor Wölfen und Dieben zu schützen. Zwei riesige Hunde rennen auf unseren Konvoi zu. Ich frage mich, was in sie gefahren ist, sich so auf uns zu stürzen, als wären wir Beute oder Banditen. Dragon fängt an zu bellen, verlässt die Herde, um seine Zähne zu fletschen und unsere Expedition zu verteidigen. Leider greifen die beiden Großen ihn an, und ein Kampf tobt. Dragon beißt um sich, und ich beobachte verdattert diesen heftigen und ungleichen Kampf, bewundere, wie wachsam Dragon ist und wie er sich einsetzt. Gerel und ich brüllen, damit er zurückkommt und sich zwischen den Pferden in Sicherheit bringt. Er reißt sich los, und die Hunde rennen ihm nach. Er schlängelt sich zwischen den Pferden durch. Ich zwinge ihn dazubleiben. Côme ist super entspannt, er kümmert sich nicht darum. *»Das ist ein Hund, der kann sich verteidigen«*, sagt er.

Die Aggressivität der beiden anderen erstaunt mich. Ich hätte mich in dem Moment nicht getraut, vom Pferd abzusteigen. Dragon bleibt im Schutz der Truppe, die ihren Weg fortsetzt. Die anderen beiden Hunde bellen weiter und versuchen, nach den Schweifen

## Seele

der Pferde zu schnappen. Ich ziehe meine Beine ein und sehe, dass Côme kein bisschen Angst vor ihnen hat. In diesen unendlichen Weiten, wo es keine Grenzen gibt, grenzen die Tiere das Gebiet ab. Dann überfliegt uns ein Adler, und Côme treibt zum Galopp an. Ich bin in einem Film … Das Bellen verstummt. Alles wird extrem leise. Man hört nur noch die trappelnden Hufe, sonst nichts. Die Sonne erhellt unsere Gesichter, die Temperatur ist ideal. Ich habe wirklich Glück, dass meine Reise mit einer Transhumanz beginnt und so viele Pferde und Menschen um mich sind. Côme und Gerel werden meine Weisheitslehrer sein, damit ich lerne, diese ursprüngliche Natur zu deuten, die so viele große Eroberer hervorgebracht hat.

Jeden Tag reite ich ein anderes Pferd, nicht aus Vergnügen, sondern aus Notwendigkeit und aus Rücksicht auf die Pferde. Ich werde lernen, mich in den Bergen zurechtzufinden. Das wird mir für die weitere Reise noch helfen. Ich nehme jedes ihrer Worte in mich auf. Die Steppe lässt mich abheben; das erste Galoppieren und Traben ist bewegend.

Ich bin bei der dritten Etappe meiner Reise angekommen. Alles geht so schnell und erstaunlich gut. Ich habe den Eindruck, dass ich mit mehreren Mitstreitern den Weg bahne. Ich spüre in meinem Herzen meine Rosy, die auch vor Rührung weint. Wir haben es Hand in Hand geschafft. Man kann darüber sagen und denken, was man will, wir sind da. Obwohl Rosy immer noch da ist, nicht verschwunden, wir haben es gemacht. Das ist enorm. In diesem Moment gehe ich in einen Wahnsinnsgalopp über, damit meine Freudentränen trocknen. Meine Beine schlagen an den Sattel, meine Füße sitzen fest in den Steigbügeln, meine Hände greifen die Mähne, ich lächle unter Tränen und rufe: »Merci.« Es ist so stark, ohne Hindernis zu galoppieren, ohne Grenze, ohne Druck, ohne Regeln! Keine Regeln mehr … Wir wachsen mit Regeln auf, sie bestimmen sogar, wie wir auf Toilette gehen.

## Abreise für die Transhumanz

Hier gibt es nichts, man ist frei in seinem Handeln, in seinem Herzen. Kein Blitzer, keine Polizeikontrolle, keine Ampel und kein Fußgängerüberweg. Gras, Berge und Wälder. Ich denke an jeden einzelnen von euch MS-lern. Ich sitze auf meinem Pferd bei dieser Tour, wir machen sie zusammen, das spüre ich tief in meinen Füßen, Oberschenkeln und Waden. Wir machen sie zusammen, das ist sicher. Ich bin allein vor dem endlosen Horizont und brülle auf meinem Pferd: *»Hört ihr mich, ihr MS-ler!? Ich höre euch, und ich erinnere mich an eure Vornamen. Schließt einen Moment die Augen, dort wo ihr seid, und seid für einen Moment bei mir. Ich schicke euch all diese schönen Rosenblätter, die sanft und ruhig geworden sind auf der Reise hierher. Ich möchte jedem von euch ins Ohr flüstern, dass es jetzt an euch ist, zu reiten oder etwas anderes zu tun. Ich fühle mich sehr bereit für die Reise durch diese Steppen, aber gleichzeitig überhaupt nicht. Das ist eigenartig, aber vor allem aufregend. Ich habe keine weiteren Worte, nur ein Herz, das mit hundert Sachen schlägt ... ein Herz, das knattert, aber diesmal nicht wegen MS ...«* Beim Galoppieren schließe ich die Augen, als wollte ich eine Verbindung zu ihnen aufbauen.

Wir kommen auf eine riesige Fläche, als plötzlich Mongolen im Auto zu uns heranfahren und uns auffordern, schnell zu verschwinden, weil ein Pferderennen stattfindet. Wir sehen uns ringsherum um, nichts zu sehen ... Wir halten an und versuchen zu wenden. Gerel ist fertig und in Panik, weil sich ihr Pferd weigert und in die entgegengesetzte Richtung rennt. Es wird kompliziert. Im letzten Augenblick kann ich es greifen, und wir reiten weg. Plötzlich tauchen so 15 Pferde mit Jungs auf dem Rücken auf und schießen wie Pfeile an uns vorbei. Hinter ihnen spricht die Staubwolke von der Gewalt dieser mongolischen Rennpferde, die aus dem Nichts aufgetaucht sind. Wie lenkt man mit einem Kinderkörper so mächtige Pferde? Das mongolische Volk hat seine Geheimnisse. Ich bin sprachlos vor Staunen, was gerade passiert ist.

## Seele

Zwei Stunden später sehe ich die erste Herde Wildpferde. Mein Gott, ist das ein Traum? Ich sehe etwa 30 Pferde, eins galoppiert neben dem anderen, hinten ein wunderschönes Pferd. Überall sind Fohlen. Ich fühle mich wie in meinem Lieblings-Zeichentrickfilm, *Spirit – Der wilde Mustang*. Côme erklärt mir die Bedeutung des Pferds am Ende der Herde. Die Herde besteht aus wilden Mutterpferden, die von einem Hengst beschützt werden. Hinten ist also der Hengst, mein Spirit. Wenn es doch bei den Menschen auch so wäre, wir wären sehr glücklich! Der Hengst möchte seine Stuten zusammenhalten; wenn man sich nähert, passt er auf, er beschützt sie und achtet darauf, dass niemand zu nahe kommt. Sie haben langes Fell und eine lange Mähne. Es sind wunderschöne Pferde, eine Größe kleiner als die europäischen Pferde. Aber sie sind tausendmal robuster. Hier gibt es keine Hufpflege, keine Feuchtigkeitscreme und kein Ausbürsten. Hier spült Flusswasser die Hufe, Schlamm schützt vor Mücken, und der Wind kämmt die Mähne. Mich fasziniert die Freiheit, mit der die Pferde kilometerweit und grenzenlos als Herde galoppieren. Sie bleiben immer zusammen, damit keines verloren geht. Kein Pferd bleibt allein in der Steppe. Die Gefahr ist zu groß, gefressen zu werden. Diese wilden Tiere bewegen sich in der Regel in der Gruppe, damit kein Tier verloren geht, aber vor allem als Schutz vor Wölfen.

Nach acht Stunden Reiten in einem recht zügigen Tempo reiten wir an Flüssen entlang, damit die Tiere Wasser bekommen und um selbst zu trinken oder etwas zu kochen. Côme beschließt, hier das Lager aufzuschlagen – mitten an einem Fluss in den Bergen und an einer Stelle, wo die Pferde nach der Anstrengung des Tages genug zu fressen finden. Ich bin mir sehr bewusst, dass jetzt der schlimmste Moment kommt. Ich steige vom Pferd ab, und als ich einen Fuß auf die Erde setzen will, breche ich fast zusammen. Auf der Innenseite der Waden habe ich bereits riesige blaue Flecken,

## Abreise für die Transhumanz

und sie brennen furchtbar. Ich steige ab wie eine 100-Jährige. Ich nehme Sattel und Zaumzeug ab, damit mein Pferd grasen kann.
Ich fühle mich als wäre ich für zwei Jahre k. o., und das ist erst der erste Tag. Ich weiß nicht, warum mir alles so wehtut. Ich habe noch drei Wochen Reiten vor mir. *»Ich werde jetzt nicht abbrechen, ich bin kein Schisser«*, sage ich mir. Mein Kopf ist rot wie eine Tomate, und ich bin total in Panik, weil mein Körper so viel abgekriegt hat, aber Umkehren kommt nicht infrage! Ich hätte nie gedacht, dass das so anstrengend wird. Ich falle wie ein Mehlsack ins Gras. Ich mache Dehnübungen und muss mir einige Lachanfälle von Côme gefallen lassen, als ich wie eine Oma versuche, meine Füße zu berühren. Nach einer Schüssel Nudelsuppe ist es 20.30 Uhr, und ich liege schon in meinem Zelt. Morgen stehen wir bei Sonnenaufgang auf und ziehen weiter. Diese Stimmung und diese Landschaft sind einzigartig. Es ist fantastisch, solche unbekannten Eindrücke zu bekommen. Ich möchte etwas in mein Heft schreiben, aber ich kann mich nicht auf meine Unterarme stützen. Die Schultern tun zu sehr weh. Vor dem Schlafengehen ziehe ich mich bis auf die Unterhose aus, um meine Beine zu untersuchen und die größten blauen Flecken einzureiben. Dann drücke ich mit ganzer Kraft auf die blauen Flecken, um mich an den Schmerz zu gewöhnen. Meine Haut ist ein einziger Schmerz. Es brennt schon, wenn ich sie kaum mit den Fingern berühre. Ich beiße mir auf die Lippen, um nicht zu schreien. Es ist wie eine Beule zwischen den Waden. Ich versuche mich damit zu beruhigen, dass ich morgen nichts mehr davon spüren werde.

Wir stehen bei Sonnenaufgang auf. Mir geht es sehr gut. Ich habe immer noch Muskelkater und blaue Flecken, aber die Landschaft ist echt schön. Diese Natur regeneriert mich. Sonne dringt in mein Zelt, sie spiegelt sich im Wasser und beleuchtet die endlosen Weiten. Das Licht ist unbeschreiblich. Wunderschön. Ich nehme eine Karotte vom Vorabend, um sie meinem Pferd anzubieten. Ich halte

## Seele

sie ihm hin. Es ist kein bisschen erfreut. Es stößt mich mit dem Kopf, sodass sie runterfällt. Côme und Gerel lachen und erklären mir, dass mongolische Pferde keine Äpfel oder Karotten fressen wie in Frankreich, sondern nur Gras. Ich hebe die Karotte auf und beiße hinein – dann esse ich sie zum Frühstück.

Wir bauen das Lager ab und brechen auf. Heute Morgen habe ich dasselbe Pferd wie gestern. Gewechselt wird mittags.
*Dieser Tag ist wunderbar! Trotz Muskelkater, kaputtem Rücken und einem Kopf, der unter der Sonne dröhnt, erlebe ich Einzigartiges und Unvorstellbares. Ich bin draußen, es fängt an zu regnen; macht nichts, mir geht es gut. Die Pferde grasen, und ich liege auf dem Bauch im Gras, das Kinn auf meine gefalteten Hände gestützt. Mein Blick ist auf Höhe der Grashalme, ich sehe, wie sie sich im Wind wiegen; in der Ferne sehe ich die Berge, die sich in den Flüssen spiegeln. Über meinem Kopf schwirrt eine Wolke Mücken, als wäre ich ein Pferd mit Pferdeäpfeln am Hintern. Ein magischer Moment ohne Zeitgefühl. Ich denke an nichts, als ob die Natur vor meinen Augen meiner Seele genügt. Ich habe den Eindruck, dass die Tiere, die um mich herumschwirren, meine Freundinnen geworden sind. Vor dieser Reise habe ich mir nie die Zeit genommen, eine Ameise bei der Arbeit zu beobachten oder einen dicken Käfer über meinen Unterarm krabbeln zu lassen. Meine erste mongolische Lektion: Betrachten. Beobachten und zuhören. Die Natur zu beobachten war früher überhaupt nicht mein Ding. Meine Gedanken werden mit den Gräsern im Wind gereinigt. Die Natur dient mir als Filter. »Wie macht sie das? Wie schafft sie es, mich in wenigen Sekunden durch meine anregenden Gedanken reisen zu lassen?« Ich beobachte mit Ruhe, das ist die beste Taktik, um in die Tiefe unseres Herzens zu gelangen. Und das sage ich – das ist echt witzig – ich, die Letzte, die sich gerne ins Gras gelegt hat, weil ich Angst vor unliebsamen Gästen hatte. Ich hatte immer Angst, dass ein Insekt mir guten Tag sagen kommt. Wie kann man nur vor so kleinen lebendigen Organismen Angst haben, die über unseren Arm laufen; das sollte uns eher zum Lachen bringen, als den unverhältnismäßigen Reflex auslösen, sie umzubringen. Es ist*

## Abreise für die Transhumanz

*lustig zu sehen, wie sie sich bewegen – wenn eine Wespe an den Tisch kommt oder eine Ameise sich auf dein Bein setzt. Ich werde die Natur nie mehr so sehen wie früher.*

*Ich weiß, dass sie Teil meiner Behandlung sein wird. Es ist Wahnsinn, wie sich der Mensch verändern und entwickeln kann. Wir bleiben nicht für immer gefangen in alten Verhaltensweisen. Alles verändert sich, und wir sind nicht darauf programmiert, an unserer Lebensphilosophie, unseren Prinzipien und Ideologien festzuhalten. Ich spüre eine wirkliche Energie, als ich in diesem Gras liege. Ich nehme etwas Ungewöhnliches und Unfassbares wahr. Ich würde euch zu gerne jetzt hierhaben, um mit euch diese Schönheit zu teilen, die man nicht beschreiben kann. Was ich sehe, ist postkartenreif, und dazu kommen noch die Geräusche. Diesen Moment zu 100 Prozent zu erleben, ist ein unglaubliches Glück. Ich habe acht Stunden Reiten durch diese endlosen Steppen hinter mir. In meinem Inneren spüre ich, dass sich etwas sehr Tiefes bewegt hat. Was? Ich weiß es nicht ... Durch wen? Durch was? Das weiß ich auch nicht. Aber ich bin sicher, dass es mit dieser Natur zu tun hat.*

Wir essen zu Abend, die drei kleinen Zelte sind aufgebaut. Ich denke noch einmal an Dragon und habe Mitleid mit ihm: wie er sofort losgelaufen ist, um sich dem Gegner zu stellen und uns zu verteidigen. Die anderen Hunde kamen mir mit ihrem dichten Fell wirklich wie wilde Tiere vor, man konnte nicht einmal ihr Gesicht sehen. Es sind Wölfe. Dieses Wilde, Abrupte, Direkte überrascht mich. Ich habe wirklich das Gefühl, dass es kein Pardon gibt. Ich bin in einer Welt, in der es ums Überleben geht. Man stellt keine Fragen, der Instinkt steuert alles. Diese Steppen senden eine Botschaft, die ich noch nicht entschlüsselt habe. Und im Moment, beim Abendessen, scheine ich die Einzige zu sein, die sich um Dragons Gesundheit sorgt. Sein Mut hat mich gerührt. Ich gehe los, um ihm den Rest meines Essens zu geben, Côme lächelt darüber ...

Diese Tage im Sattel werden immer stiller, wir kommunizieren mit uns selbst. Ich wechsle zwischen einer Meditation im Sitzen,

## Seele

ohne mich zu rühren, und einer Meditation auf dem Rücken eines Pferdes.
Es tut so gut, neu zu lernen, auf das zu hören, was uns umgibt. Anfangs ist es aber unangenehm. Diese Steppen haben eine Persönlichkeit.

Die mongolischen Berge sind ganz anders. Bei einer Transhumanz ist Leichttraben viel zu kompliziert, und keiner macht es, man muss aussitzen und die Bauchmuskeln anspannen, damit man möglichst ruhig sitzt. Früher hatte ich selten Bauchmuskelkater, aber bei diesem pausenlosen Reiten werden die Bauchmuskeln sehr gefordert, obwohl sie bereits gut trainiert sind. Aber Côme ist immer wachsam, und es bleibt keine Zeit, in Selbstmitleid zu versinken: »*Marine, heute Abend werden wir versuchen, die Herden zusammenzutreiben, gestern haben wilde Pferde alles durcheinandergebracht!*« Dragon war angebunden, er konnte nicht viel tun, um sie zu verteidigen. Côme beeindruckt mich, er bleibt in jeder Situation ruhig, auch wenn sie sehr schwierig ist. In diesem Fall liegt nämlich der Verdacht nahe, dass jemand versucht hat, die Pferde zu stehlen – davor ist niemand sicher. Es amüsiert Côme und Gerel, dass unsere kleine Herde, die in schnellem Tempo durch die Steppen zieht, die Mongolen misstrauisch macht und sie glauben lässt, dass wir etwas gestohlen haben könnten. Bei jedem Halt bei den Jurten überprüfen die Mongolen die Pferde.
Ich liege auf dem Boden und sehe den Sonnenstrahlen zu, wie sie langsam hinter den Bergen verschwinden. Körperlich bin ich immer noch fertig, aber mein Geist ist wach. Die Steppen sind wild; es ist erstaunlich, was für Erlebnisse man in der Natur haben kann. Es gibt Touristen, die Pferde kaufen, um mit ihnen durch die Steppen zu reiten. Solche Exkursionen sind jedoch häufig schnell beendet. Entweder läuft das Pferd weg, oder es wird gestohlen. Hier gibt es keine Polizei und keine Beschwerdestelle. Man ist den Risiken der Steppen ausgeliefert, der Gewalt des Stärkeren, des Schlaueren. Es

## Abreise für die Transhumanz

ist nicht das Gesetz des Dschungels, sondern das Gesetz der Steppe, das man kennen muss. Sonst ist man verloren. Wer es kennt, kann hier leben und weiß, wie er die Nächte verbringen muss. Côme achtet immer mit einem Ohr darauf, ob ein Mongole vielleicht eines seiner Pferde losbindet und mit der Herde abhaut.

Bei Sonnenaufgang ist der erste Reflex, die Pferde zu zählen – und manchmal reicht sogar ein gut trainierter Hund wie Dragon, der seine Reißzähne zeigen und wie ein Krieger bellen kann, um aus einer solchen Situation herauszukommen. Später erfahre ich, dass solche Pferdediebstähle geplant sind und es vor allem Touristen trifft.

Wenn man uns mit so vielen Pferden ohne Reiter sieht, wie wir im Galopp durch die Steppen reiten, kommen alle sofort aus ihren Jurten. Wenn wir vorbeireiten, prüfen sie, ob wir nichts gestohlen haben. Unsere hohe Geschwindigkeit und das Lasso, das Côme schwingt, um die Pferde anzutreiben, könnten das wirklich vermuten lassen. Sie sind es auch sicher nicht gewohnt, weiße Reiter in ihren Steppen zu sehen. Am späten Vormittag erreichen wir eine Jurte, die gerade aufgebaut wird. Der Besitzer ist kurz vorher angekommen und fängt an, sich für den Rest des Sommers dort einzurichten. Die Mongolen wundern sich, wie ich auf dem Pferd sitze. Ich sitze anders auf dem Pferd, und jedes Mal schauen sie kritisch, wie es gesattelt ist. Wenn meine Steigbügel zu lang sind, wollen sie sie immer gleich höher schnallen. Dann greift Gerel auf Mongolisch ein und erklärt ihnen, dass alles in Ordnung ist, damit sie meinen Sattel nicht komplett umkrempeln.

Am Nachmittag kommt das Problem, auf Toilette zu gehen. Weit und breit kein Hügel, alles offen bis zum Horizont. Ich habe lediglich die Möglichkeit, mich zurückfallen und die anderen weiterziehen zu lassen – und der Natur das zurückzugeben, was sie mir gegeben hat, um es poetisch auszudrücken. Ich kann mein Pferd nur schwer zum Halten bringen, weil es dazu keine Lust hat, sondern so nah wie möglich bei seiner Herde bleiben will. Mein Pferd ist schwer zu bändigen und möchte seine Kameraden so schnell wie möglich wieder einholen. Aber unmöglich, in fünf Minuten meine Hose herunterzulassen. Ich halte die Zügel in der Hand und schaffe es schließlich, meine Hose runterzulassen, während Côme und Gerel in der Ferne verschwinden, ohne meinen Halt zu bemerken. Ich bin erleichtert, aber nicht lange.

Als ich die Hose noch unten habe und bereit bin, mich zu erleichtern, macht mein Pferd einen Satz … Es schleift mich ein paar Meter; ziemlich genervt schaffe ich es, das Tier wieder zum Stehen zu bringen. Stellt euch vor: Ihr schnappt mit nacktem Hintern euer Pferd und lauft ihm mit den Zügeln in der Hand und heruntergelassener Hose hinterher, damit es sich nicht im Galopp der Herde anschließt. Innerlich muss ich laut lachen. Ich ziehe mit Schwierigkeiten meine Hose hoch, steige auf mein Pferd, das plötzlich losgaloppiert, bevor ich mein Bein auf der anderen Seite habe. Nach einer halben Schrecksekunde werfe ich mich an den Sattel und bringe meine Füße in die Steigbügel … Mit meinen Beinen klammere ich mich instinktiv am Bauch fest. Mit einer Hand halte ich die Zügel, die andere strecke ich in die Luft und breche in Jubel aus. Ich weiß nicht, was diese Geschwindigkeit mit mir macht, aber ich fühle mich ein bisschen wie ein mongolischer Krieger. Ich erinnere mich an diese Filme mit berittenen Kriegern. Ich habe das Gefühl, mein Pferd und ich sind in einem solchen Film. In einiger Entfernung sehe ich Silhouetten traben. Immer noch mit den Händen in der Luft und die Schenkel an den Pferdebauch gepresst lasse ich ein lautes *»Yallllaaaa!!!«* los. Das passiert also, wenn ich mich erleichtere!!! Die Steppen breiten sich manchmal Hunderte Kilometer flach aus, es gibt also nicht viele Stellen zum Austreten, ohne gesehen zu werden. Anfangs ist es etwas peinlich, wenn man Papier suchen muss und laut verkündet, in welche Richtung man verschwindet,

## Abreise für die Transhumanz

damit man nicht beobachtet wird ... Wenn man es nicht gewohnt ist, ist das erst einmal lustig. Stellt euch vor, ihr sitzt auf einem Klo ohne Tür, ringsherum nur Berge. Man braucht kein Toilettenspray, Frischeduft ist dauerhaft garantiert. Allen, die unter Verstopfung leiden, rate ich, einmal in die Mongolei zu kommen, das könnte die Lage entspannen.

Jetzt wieder ernsthaft. Hier hängen die Menschen nicht so an ihren Pferden, wie ich es von klein auf kenne. Es ist schon eigenartig, wie die Mongolen ihre Pferde sehen. Es sind keine Rennwagen, die man sammelt, sondern einfach wilde Tiere, die sich der Mensch gezähmt hat.

Wir reiten schon zwei Tage acht Stunden pro Tag und kommen an vielen Pferdekadavern vorbei. Es ist schockierend, die Köpfe, die Knochen und Skelette zu sehen. Gestern, das war eigenartig: Dragon kommt mit einem Pferdeknochen im Maul an, und keiner findet etwas schlimm daran. Das ist in dieser Gegend normal. Nahrung ist lebensnotwendig. Ich weiß gar nicht, wie viel Glück ich habe, zu Hause in Frankreich alles kaufen zu können. Sie erleben hier Winter mit −40 °C, viele Tiere verschwinden einfach und verhungern. Man hat eine Beziehung zu Tieren, aber nicht wie bei uns. Es fällt mir noch schwer, das zu begreifen, obwohl es sich mit dem Loslassen im Buddhismus deckt. Hier entspricht es dem Naturzustand. Ich denke, mir wird das nach und nach schon dämmern. Der Tag geht zu Ende, es war eine lange Strecke – lang und anstrengend. Ich bin an der dritten Wasserstelle angekommen. Morgen wird es eng, es wird keine Wasserstelle für die Pferde geben. Ich selbst fühle mich immer wohler in der Familie. Ich habe mich der Sippe angeschlossen und verstehe mich sehr gut mit den beiden mongolischen Kindern. Klar, auch in Frankreich ist es eine Herausforderung, sich an eine Familie anzupassen, aber in der Mongolei

# Seele

ist außerdem die Kultur anders, die Leute verhalten sich anders, denken, essen und kommunizieren anders, da lerne ich viel mehr. Die Übung ist noch interessanter. Ich mag die beiden Jungs schon sehr, obwohl wir noch nicht viel Zeit für Gespräche hatten. Abends sind sie im gleichen Lager, tagsüber aber sehe ich sie nicht, weil wir mit den Pferden unterwegs sind und sie auf einer anderen Route mit dem Bus fahren. Sie fahren den Wax und können nicht dieselbe Strecke nehmen. Gerel hat heute starke Rückenschmerzen bekommen. Das tut mir sehr leid, sie scheint ganz schön zu leiden. Sie musste in den Bus steigen, sie konnte nicht mehr reiten. Ihr Rücken hält die Stöße nicht aus. Ich hoffe, es wird sich wieder geben. Wir müssen jetzt die nächsten Tage zu zweit sieben Pferde antreiben. Ich habe den Eindruck, dass ich das Verhalten der Pferde immer besser einschätzen kann.

Seit dem ersten Tag reite ich morgens ein Pferd und nachmittags ein anderes. Das ist sehr gut, sie sind nämlich sehr verschieden, so kann ich mich auf den Rest meiner Reise durch die Mongolei vorbereiten.
Bevor die Sonne untergeht, möchte ich einmal in den Fluss springen, um mich zu waschen. Ich gehe mit einem Handtuch und einem Stück Naturseife los. Als ich am Fluss ankomme, stelle ich fest, dass das Wasser recht kalt ist. Egal! Ich fange an mich auszuziehen und schaue, ob auch nirgendwo jemand zu sehen ist. Anfangs schaut man sich immer um, es könnte ja irgendwo jemand auftauchen. Ich bin an diese Weite noch nicht gewöhnt. Als Nachbarn habe ich nur die Felsen unter meinen Füßen, das Licht im Rücken und einen frischen Wind, der meine Haut streift, die aus dem Wasser guckt. Ich bin nackt in kristallklarem Wasser. Zurück zu den Quellen, zu DER Quelle! Es ist unglaublich angenehm, nackt mitten in der Landschaft zu sein, ohne dass jemand mich und was ich tue, sehen kann. Ich bin ein Stück vom Lager weggegangen und sitze jetzt auf einem

## Abreise für die Transhumanz

Felsen mitten im Fluss und wasche mich. Plötzlich höre ich ein lautes Poltern auf der Erde. Ich stehe vom Stein auf und sehe etwa 50 Pferde, die hinter dem Lager in Richtung Fluss galoppieren. Das ist fantastisch. Ich bin im Wasser mit der Sonne im Rücken, und als Landschaft habe ich galoppierende Pferde. Ich weiß nicht, was ich mir noch vorstellen soll. Vielleicht, dass ich nackt auf einem von ihnen durch die Steppen reite! *»Nein, Schwachsinn!«* Ich bin so am Staunen, dass ich mir gar nichts mehr vorstellen kann. Die Herde kommt ins Wasser, ich bin immer noch am Baden, und sie überquert diesen kleinen Fluss, um auf die andere Seite zu kommen. Das ist unglaublich. Ich setze mich wieder auf meinen Felsen, um diese zauberhafte Szene zu bewundern. Ich bin in einem Märchen, versunken in meinen Gedanken.

*Diese Natur ist unbezähmbar und voller Überraschungen. Wir versuchen, sie in Weiden einzusperren. Muss sie nicht da bleiben, wo sie geschaffen wurde? Warum muss man sie besitzen, warum leben wir mit dem Gefühl, dass uns andere Güter und Dinge gehören?*

*Sobald man Macht bekommt, versucht man sich Dinge anzueignen. Aber durch dieses Aneignen verlieren wir unsere Freiheit. Wer den Tieren ihren Platz lässt und seine Umwelt respektiert und den Kreislauf des Lebens, bleibt frei von diesen unsichtbaren inneren Ketten aus Gold.*

Nach diesem fesselnden Schauspiel gehe ich wie auf Wolken zum Lager zurück. Mit meinem Handtuch über der Schulter und meinen Schuhen in der rechten Hand sehe ich weiter hinten eine Herde Kühe, die in der Zwischenzeit neugierig mein Zelt untersucht. Ich lache überrascht und renne los, damit mir keine einen Kuhfladen aufs Kopfkissen legt. Hier ist kein Tier eingezäunt. Sie weiden auf Tausenden Kilometern. Ich sage der kleinen Herde Kühe gute Nacht. Hinten sehe ich Tengis und Tamra sich kaputtlachen, wie ich die Kälber und Kühe von meinem Zelt vertreibe. Jeden Abend rede ich ein bisschen mehr mit ihnen. Wir werden zu echten

# Seele

Kameraden. Ich habe das Gefühl, zwei kleine Brüder zu haben. Ihr Ritual vor dem Schlafengehen besteht darin, Pflöcke für die Pferde einzuschlagen. Sie müssen jeden Abend einen neuen Platz bekommen, damit sie ausreichend grasen können. Aber davor weiden sie frei hinter dem Lager. Ihr Hinterteil ist mit dem rechten oder linken Vorderbein zusammengebunden. Das sieht eigenartig aus: Die Pferde werden durch die Stricke ausgebremst, sind aber nicht angepflockt und können frei grasen. Nachts muss man sie aber anpflocken, damit sie nicht mit einer anderen Herde weiterziehen oder zu weit weggehen und gestohlen werden. Wir gehen alle drei los, um die Pferde zu holen, die ziemlich weit vom Lager entfernt mit anderen wilden Pferden grasen. Wunderschön. Ich bin noch ganz fasziniert von diesem Anblick und sammele zwei Pferde ein, die Jungs kümmern sich um den Rest. Stark, dass sie sich unter ihre wilden Artgenossen mischen, die uns fremdartigen Wesen gegenüber misstrauisch sind. Als wir näher kommen, verstecken sich die Fohlen bei ihren Müttern, und wir können unsere Pferde leicht herausholen.

Auf dem Rückweg ist die Sonne am Untergehen, blendet uns aber mit ihren letzten Strahlen. Das Lager ist in Licht und der Fluss in Gold getaucht. Ich gehe nach dem Einschlagen der Pflöcke schlafen und höre meine Nachbarn grasen. Die Sonne ist schon auf der anderen Seite.

*Ich bin an diesen Tagen auf gesunde und beruhigende Art erschöpft. Es gibt also positive Erschöpfung. Von dieser Erschöpfung kann ich gar nicht genug kriegen. Die ganzen Eindrücke der Natur sollen nie aufhören, ich brauche sie. Rosy haut es ganz schön um, aber körperlich war sie noch nie so sportlich. Ihr Stängel wird kräftig, und die Schönheit ihrer Blütenblätter verbirgt ihre Stacheln, die nicht so recht wissen, wo sie zustechen sollen. Sie sind nicht mehr in ihrer natürlichen Umgebung. Ich habe heute schon einige abgeschüttelt, indem ich wie eine Verrückte galoppiert bin. Ich werde weiter Spuren dieser schönen*

## Abreise für die Transhumanz

*Rose in diesen grünen und wilden Steppen hinterlassen. Die Stacheln haben ihren Platz jetzt eher auf dem Boden als in meinem Herzen. Bei dem Wind und der Geschwindigkeit können sie sich nicht halten.* **Von Sonne beschienen, mit Tränen begossen, mit Lächeln, Vertrauen und ständigem Staunen umgeben, haben sie nicht mehr genug Dünger, um zu wachsen** ... *Sie suchen verzweifelt nach Angst, Sorge und Stress und hängen sehr an der Zukunft und an der Vergangenheit. Hier ist man in der Gegenwart, da haben es Stacheln schwer.*

Heute Abend sind alle erschöpft, die Feuer werden um 21 Uhr ausgemacht. Ich liege in meinem Zelt und denke an alle Farben, die ich gesehen habe. Das Wetter ist ideal; Sonne und ein trockener Wind im Gesicht. Die Pferde sind sehr robust, und keine andere Rasse in Frankreich könnte so schnell solche großen Strecken zurücklegen. Sie sind zwar klein, aber im Vergleich zu normalen Pferden haben sie eine unglaubliche Ausdauer. Sie leben immer schon in der Natur. Sie sind es nicht gewohnt, in einer Box eingesperrt zu sein und nur zu fressen. Sie bewegen sich, sie sind immer unterwegs, um die saftigsten Gräser zu finden, aber vor allem, um an Flüssen trinken zu können.

Ich spüre es wie noch nie, wie die Natur in ihnen ist und in mir, wenn ich auf ihrem Rücken bin. Ich habe das noch nie auf dem Rücken von anderen Pferden erlebt. Bevor ich weiter in die Farben eintauche, um einzuschlafen, denke ich an Tamra und Tengis, wie sie den Bus fahren. Sie sind sehr verschieden. Ich muss schon lachen, wenn ich sie nebeneinander im Auto sitzen sehe. Tamra pubertiert ein bisschen und möchte am liebsten keinen Finger krümmen und schon gar nicht sich waschen – er träumt und schläft lieber. Tengis ist der Ältere und superhilfsbereit, es ist unglaublich, wie geschickt er mit seinen Händen ist. Die Mongolen machen alles selbst. Sie bauen, reparieren und stellen Dinge her. Hier gibt es keine Versicherung, die immer einspringt und einen passiv macht. Ich

## Seele

finde den Gedanken lustig. Ich dachte, ich wäre praktisch begabt … im Vergleich zu ihnen bin ich eher drittklassig. Was kann ich mit meinen Händen machen? Ich habe den Eindruck, dass ich meine Hände gegen Bequemlichkeit getauscht habe: gegen das Telefon, mit dem ich Hilfe rufe, wenn ich eine Panne habe, anstatt mir etwas einfallen zu lassen. Wir haben alle die Kraft, aus nichts etwas zu machen. Aber wir setzen sie wenig oder gar nicht ein. Tengis hat das wirklich von seinem Vater. Mit Mädchen dagegen ist er ungeschickter und schüchterner – wenn ich die Jungs hier mit denen in Frankreich vergleiche, ohne bewerten zu wollen. Hier arbeitet man, man macht nicht viele Worte. Das formt ein Kind und lässt es die Älteren respektieren. Zwei Monate Dauersport an der frischen Luft, das macht Jugendliche ebenfalls zufriedener und ruhiger. Es ist in jedem Fall besser als eine PlayStation oder ein Handy. Ich schlafe mit dem Kopf auf meinem Heft ein und träume von galoppierenden Pferden, Flachland, Bergen, Flüssen und Licht … und wünsche den schönen Blütenblättern eine gute Nacht.

### Die Natur hat das Sagen

Seit zwei Tagen sind wir auf unserem Weg niemandem mehr begegnet. Ich bekomme langsam meinen Platz in dieser Familie. Es ist das erste Mal, dass jemand anderes diese Transhumanz mit ihnen macht.

Es ist ein schönes Gefühl, Pferde zu reiten und sie dabei kennenzulernen. Ich nehme auch ihre Laute immer stärker wahr und kenne den Charakter der einzelnen Pferde immer besser. Jedes muss man anders reiten. Wir konnten heute nicht an einem Fluss bleiben, heute Abend werden sie kein Wasser haben. Wir müssen morgen früher aufstehen, damit wir schnell zur nächsten Wasserstelle kommen. Ein Pferd kann 48 Stunden durchhalten, länger nicht. Wenn man so lange unterwegs ist, muss man sie abends unbedingt reichlich tränken. Zwei 18-jährige Mongolen sind in unser Lager gekom-

## Abreise für die Transhumanz

men, um unsere Pferde anzusehen. Warum, verstehe ich erst nicht so richtig. Gerel sagt mir, dass sie sehr neugierig sind. Vor allem wollen sie wissen, woher die Pferde kommen. Ich kann es noch nicht begreifen, wie wichtig dieses Tier für sie ist. Ein berühmtes mongolisches Sprichwort sagt:
»Ein Mongole ohne Pferd ist wie ein Vogel ohne Flügel.« Nachdem sie sich umgeschaut haben, galoppieren sie davon, als wären sie Krieger, die einen Erkundungsauftrag ausgeführt haben. Das abendliche Schauspiel wird noch ergänzt durch eine waghalsige Herde Kühe, die einen reißenden Bach mit gefährlichen Strömungen überquert. Ich versuche, ihre Mäuler im Blick zu behalten. Sie kämpfen sich wieder an die Oberfläche, nachdem sie von der Strömung mitgerissen wurden. Keine Verluste zu beklagen. Ihr Instinkt hat sie nicht im Stich gelassen. Die Herde kommt vollzählig am anderen Ufer an. Uff!
Ich gehe zum Lager zurück und suche Tengis und Tamra. Wir spielen zusammen ein mongolisches Kartenspiel; sie bringen es mir bei. Es ist recht lustig. Wer verliert, muss mit allen Klamotten ins Wasser springen. Ich habe diesen dämlichen Vorschlag gemacht, und natürlich verliere ich. Ich muss also ins Wasser springen. Es ist kalt, aber macht riesig Spaß. Tamra wäscht sich sehr ungern; als er mich bei dieser unfreiwilligen Dusche sieht, springt er netterweise mit mir rein. Und da werden wir beide von der Strömung mitgerissen. Wir schlingern einige Meter weiter, bis uns Tengis wieder auf festen Boden zieht.
Das Bad ist beendet, und Tamra ist auch gewaschen. In dieser Weite zu baden tut wahnsinnig gut. Ich habe das Gefühl, dass die Natur alle meine Gedanken aufnimmt und ich sie im Gegenzug betrachten darf.
Ich lerne nach der mongolischen Uhr zu leben, wo die Natur das Sagen hat. Es ist herrlich mit der Sonne aufzustehen und sich schlafen zu legen, wenn sie untergeht. Ich setze mich nach dem Aufstehen

## Seele

gerne im Schneidersitz ins Gras, die Farnwedel verbeugen sich und grüßen; die Sonne bahnt sich ihren Weg. Die mongolische Stille spricht genauso wie die myanmarische. Das Frühstück hier ist Betrachtung der erwachenden Natur. Worte und Gespräche kommen erst später. In der Stille aufzuwachen und nicht vom Radio oder vom Wecker aus dem Schlaf gerissen zu werden ist ebenfalls ein echtes Erlebnis. Ich hätte nie gedacht, dass ich einmal feststellen würde, wie wir von der Natur alles bekommen, was wir zum Schlafen, Essen und Leben brauchen.

*Wir stopfen uns mit Vitaminen oder Aufputschmitteln voll, damit wir durchhalten. Wenn wir etwas mehr auf die Natur hören würden, ginge es uns tausendmal besser, da bin ich sicher. Die Erde ist gut gemacht, und der Mond lässt uns auch unsere Augen schließen und einschlafen. Seitdem ich mich diesem Strudel der Gefühle stelle, merke ich, dass uns die Natur alles schenkt. Dieses Nomadenvolk, das noch mit den Jahreszeiten wandert und mit der Natur verbunden ist, hält unseren modernen, durchgetakteten Gesellschaften mit Weckern, Zeitplänen und Terminen einen Spiegel vor. Wie soll ich auf mich hören, wenn ich in der siebten Etage im Hochhausviertel La Défense in Paris lebe, mit mehr Computern als Grün, mit mehr Zwängen als Leidenschaften, aber vor allem mit künstlichem Licht, bei dem ich bis spät, sehr spät in die Nacht hinein arbeiten kann. Die Sonne ist dann schon längst untergegangen. Aber man betrachtet sie nicht einmal mehr, weil man sich selbst nicht mehr wahrnimmt. Wenn man versteht, welche Kraft in den Jahreszeiten liegt, den Stunden, die sich mit der Sonne verändern, versteht man auch den Sinn dahinter, dass die Sonne im Winter früher unter- und später aufgeht.*

*Wir brauchen im Winter mehr Schlaf, damit wir nicht krank werden. Für unsere Abwehrkräfte, für so vieles, was die Natur für uns vorgesehen hat, aber wir hören mal wieder nicht auf sie. Das ist nur meine Meinung, aber ich weiß, dass die Natur zu bestimmten Zeiten schläft und erwacht, und an den Zufall glaube ich nicht mehr.*

Abreise für die Transhumanz

## Der Wolfshund

Nach fünf Stunden Reiten in den Bergen sehen wir weiter unten eine Ziegenherde friedlich grasen. Plötzlich rast Dragon ohne Vorwarnung und ohne irgendwelche Vorzeichen auf diese hübschen Zicklein los. Gleichzeitig fangen Côme und Gerel an, nach ihm zu brüllen, um ihn zu stoppen. Die Drohungen bleiben wirkungslos, und in weniger als zwei Sekunden reitet Côme mit seinem Pferd Sebulon halsbrecherisch den Abhang hinunter, um Dragon daran zu hindern, seinen mörderischen Plan auszuführen. Eine unglaubliche Szene: Ein Wachhund verwandelt sich in einen Wolf, und sein Herr jagt ihm unter großem Risiko hinterher, um das Tier an seinem Trieb zu hindern ... die gesamte Herde folgt ihm. In dieser Panik steigt Gerel ab, weil es zu gefährlich ist, den Berghang hinunterzureiten. Ich muss die Pferde einsammeln, die sich in alle Richtungen zerstreuen und versuchen, den gefährlichen Abhang hinunterzukommen. Aber im Moment ist es unmöglich, sie zusammenzubringen. Ich schaue wie gebannt auf diese unglaubliche Szene: Côme stoppt einige Meter neben den Ziegen und springt von seinem Pferd, um sich wie ein Rugby-Spieler auf das Maul seines Hundes zu stürzen, das schon eine Ziege gefasst hat. Rettung in letzter Minute, keine Sekunde zu früh. Die Ziege ist gerettet und hört nicht auf zu meckern, als ob sie das ganze Tal zusammenrufen oder sich bei Côme für die Rettung bedanken will. Jetzt verschafft Côme sich Gehör. Er ist vor Wut außer sich.

Er brüllt seinen Hund an und verpasst ihm eine gehörige Strafe. Diese heftige und sogar brutale Reaktion macht mich betroffen. Als es wieder ruhig wird, erfahre ich, dass dieser Wolfshund schon einmal versucht hat, ein Tier zu reißen. Bereits vor einem Jahr hat er sein Unwesen in den Steppen getrieben. Auf mongolischem Boden wird eine Ziegenherde besonders gehütet. Nur der Mensch und leider auch der Wolf dürfen die Tiere töten, aber auf keinen Fall ein Wachhund. Die Rauheit der Steppen hat wohl das Raubtier in

## Seele

ihm geweckt. Fünf Minuten später kommen zwei junge Mongolen zur Herde und befragen Côme, der noch am Boden sitzt und seinen Hund festhält. Ich verstehe das Gespräch nicht, aber ich vermute, dass er das Problem lösen kann. Er steigt wieder auf Sebulon, bindet Dragon aber an ein Seil, das er in der rechten Hand hält. In der Zwischenzeit untersuchen die beiden Jungen ihre Herde. Sie merken sehr wohl, dass etwas passiert ist. Sie untersuchen ihre Tiere gründlich. Wir entfernen uns langsam, aber fühlen uns von Weitem beobachtet. In meinem Kopf wiederholt sich die Szene. Nachdem wir den Pass überquert haben, bekommen meine Gedanken durch die Farben der Berge wieder Luft. Seit der Attacke von Dragon sitzen alle still auf ihren Pferden.

Vor dieser Kulisse, vor der wir seit dem Beginn dieser fantastischen Reitertour unendlich Schönes und Vielfältiges gesehen haben, merke ich, dass die Schönheit dieser Weiten genau wie die Adler über unseren Köpfen in harmonischem Einklang stehen mit der Todesgefahr, die von derselben Weite und denselben Raubvögeln ausgeht. Alles gehört zusammen. Die Natur hat das Sagen. Der Mensch gehört dazu, daran erinnern mich die Geier. Sie wissen, dass sie das letzte Wort haben werden.

Ich habe noch nie so viel auf einem Pferd gebrüllt, niemand hört mich, wir sind nicht zusammengekettet, jeder bewegt sich, wie und wohin er will. Wir traben nie nebeneinander. Es ist angenehm, keine Regeln zu haben und sich so bewegen zu können, wie man möchte.

Man muss gut auf das Pferd hören, wenn man es nicht zum eigenen Vergnügen müde reitet. Dieses stundenlange Alleinsein; auf Murmeltierhöhlen achten, die für das Pferd genauso gefährlich sind wie für uns; auf seine und die eigene Atmung achten, auch im Galopp – das ist so wichtig, um sich lebendig zu fühlen. Das eröffnet mir eine Welt, die ich nicht kannte und die ich als unfassbar nah wahrnehme. Und wenn das die Seele wäre, meine Seele? Sprich zu mir, wenn du

## Abreise für die Transhumanz

da bist. Die Wirklichkeit, die ich auf dem Rücken dieser Pferde erlebe, übersteigt meine verrücktesten Träume.

Ich hätte mir nichts Schöneres erträumen können für den Beginn dieses Reiseabschnitts. Ich bin schon die Hälfte der Pferde geritten. Ich sehe es als Herausforderung, mich an das jeweilige Pferd anzupassen, auf es zu hören, damit ich verstehe, wie es geritten werden möchte. Ich habe die Zügel in der Hand, ich führe, aber ich bemerke die Unterschiede der Tiere. Als ob diese Nähe zur Natur und diese Abgeschiedenheit mir eine bessere Wahrnehmung für die Tierwelt geschenkt hätte. Alle sind verschieden, und ich muss mich als Reiter an sie anpassen. Diese Anpassung ist es, die mir zeigt, dass es für uns Menschen ebenso wichtig ist, uns auf andere einzustellen. Diese Art zu reiten muss ich auf andere Dinge übertragen. Wenn ich es hier und heute in der Natur schaffe, jedes Pferd richtig zu reiten, kann ich auch die Zügel meines Lebens an die Herausforderungen anpassen, die unsere Welt stellt, die ständig in Bewegung ist.

Diese ersten Wochen in den Steppen habe ich Flüsse überquert, in den Bergen gezeltet, mich neben Pferden gewaschen, ein paar Meter neben ihren Mäulern vor dem Zelt gekocht und gelernt, mir Zeit zu nehmen, nach dem Rhythmus der Sonne zu leben, die Vögel und Kamele zu betrachten, denen wir unterwegs begegnen, Jurten und das Leben der Nomaden zu entdecken und mich an den Bergpässen zu orientieren. Hier gibt es kein Navi und kein Handy zum Telefonieren. Das macht diese Tage hier aus: morgens aufstehen; mit der Sonne, die meine rosa Wangen streichelt, Tee trinken; mich ganz fühlen und meinen Körper bis in die Tiefen seines Wesens spüren.

So viele starke und mächtige Eindrücke wiegen meine Rose in den Schlaf und lassen sie genauso staunen wie mich. So als spüre ich, wie das Wasser von meiner Kehle bis in meinen Bauch fließt. Das

*Seele*

erste Galoppieren hat den letzten Panzer abgeschüttelt, den ich noch behalten wollte. Er ist gefallen – durch Wind und Weite, die uns die Schönheit der Schöpfung in Erinnerung rufen.

## 34
### Auf Ikbaths Land

Nach Tagen mit sieben bis neun Stunden Reiten kommen wir jetzt auf das Gebiet eines Mongolen, der anders als alle anderen ist. Sein Name klingt bereits wie ein Paukenschlag, wie wenn einem ein Stempel aufgedrückt wird: Ikbath. Wir sind erschöpft, wir müssen noch eine Stunde reiten, und wir überlegen, ob wir unser Lager aufschlagen und morgen weiterreiten. Wir motivieren uns für die letzten Kilometer. Nach einer Pause, um die Pferde zu tränken, treiben wir sie ein letztes Mal an, um den letzten Pass zu überqueren und endlich anzukommen.

Der weithin bekannte Viehzüchter Ikbath lebt in diesem Tal und züchtet dort sein Vieh. Er lebt dort bereits seit Jahren. Es ist eine unbeschreibliche, paradiesische Landschaft. Man hat den Eindruck, in das Tal der Wunder zu kommen. Seit unserem Aufbruch von Ulan-Bator habe ich noch nie so saftiges und vor allem so grünes Gras gesehen. Herden von Ziegen, Schafen, Kamelen, Pferden, Yaks und Rindern weiden überall in göttlicher Harmonie. Mit jedem Schritt meines Pferds werde ich immer sprachloser. Ich kann gar nicht fassen, was hier passiert. Am Himmel kreisen Adler. Es ist eine himmlische Kulisse. Ich habe das Gefühl, in einer anderen Welt zu sein. Ein Bild, das sich bewegt, atmet und Schritt für Schritt bunter wird …

Plötzlich sehe ich rechts von mir Kamele. Sie haben kein Fell, ich habe noch nie geschorene Kamele gesehen. Sie sehen komisch aus,

## Auf Ikbaths Land

gleich viel cooler, aber auch dünner. Es ist wunderschön, ich bin wieder sprachlos. Côme und Gerel sind ebenfalls bewegt. Ich sehe es ihren Gesichtern an. Zwar kennen sie diese Route auswendig, aber es beeindruckt sie jedes Mal wieder. Dann zieht plötzlich eine Herde Pferde links an mir vorbei. Sie sehen edel aus, der Hengst ist glänzend schwarz. Das ist zu viel für meine Augen. Die Sonne wird bald untergehen und blendet mich auf den letzten Metern. Ich schließe die Augen und lasse mich führen, als wollte ich diese letzten Momente festhalten. Auch die Luft ist sehr intensiv. Ich atme sie ein und aus, sie verleiht mir Flügel und lässt mich meine Waden und meinen Hintern vergessen. Ich habe den Eindruck, dass ich fliege; ich hebe ab. Das Pferd führt mich, ich folge. Meine Hüfte macht das Hin und Her seiner Bewegung mit. Die letzten Sonnenstrahlen auf meinem Gesicht machen mir Gänsehaut. Auf dem Hügel angekommen, zeigt Côme wortlos zum Lager. Wir kommen näher. Eindrucksvoll! Die Adler segeln auf einer leichten Brise über die Berggipfel und beobachten uns Neuankömmlinge. Man vergisst nie, dass man in der Wildnis ist. Ich weiß nicht, warum, aber ich habe wirklich das Gefühl, in dem Film zu sein, den ich als Kind so oft gesehen habe. Spirit taucht wieder in meinem Geist auf. Ich bin wieder Kind und lebe in meinem Lieblingsfilm.

Unser erschöpfter Konvoi erreicht die Spitze eines Hügels, von dem man in etwa 100 Metern Entfernung die Jurte sehen kann, die dem Besitzer dieses herrlichen Tals gehört. Plötzlich ein Déjà-vu: zwei Hunde rasen auf uns los – wenn man sie noch Hunde nennen kann. Sie sind riesig und haben ein Fell, das länger ist als ihre Körper. Ich liebe Tiere, aber diese würde ich mich nicht trauen anzufassen. Dragon ist im Bus, weil bekannt ist, wie brutal diese Rabauken sind. Auch ohne ihn fallen die zwei großen Hunde die Pferde von hinten an und reißen ihnen Haare aus. Ich gewöhne mich langsam an diese rauen Begrüßungen, ziehe aber unwillkürlich meine Beine ein.

# Seele

Bei den beiden Jurten angekommen, werden die Pferde angepflockt. Hier in der Mongolei bleibt das Maul oben. Während die Pferde auf den Reiter warten, wird nicht gegrast. Die Zügel werden an ein Seil angebunden, das zwischen zwei dicken Pfosten hängt. Ich steige ab, obwohl die riesigen Hunde, die uns beschnüffeln, nicht vertrauenerweckend sind. Aus der Jurte kommt der berühmte Ikbath, er ist doppelt so groß wie die Eingangstür. Er ist ein Riese. Er sieht aus wie ein mongolischer Krieger, groß und sehr kräftig. Ich sage mir: *»Den sollte man nicht provozieren.«* Er umarmt Côme und Gerel zur Begrüßung, mir klopft er auf den Rücken und sagt *»sain baina uu«*. Das heißt so viel wie Guten Tag bei den Mongolen. Man begrüßt sich herzlich und geht in die Jurte, um einen schönen Tee mit Milch zu trinken und Käsestückchen zu essen. Ich gewöhne mich langsam an den getrockneten Käse. Ich nehme ein paar Stücke und tunke sie ein, damit der typische Geschmack nicht zu streng ist. Wir sind alle nach diesem Tag erschöpft, aber glücklich und erleichtert, vor der Dunkelheit angekommen zu sein. Bevor wir in die Familienrunde gehen, motivieren wir uns zum Pflöcke-Einschlagen für die Pferde, neben unserem Lager. Wir satteln die Pferde ab und tränken sie. Sie freuen sich sehr, zu Hause angekommen zu sein – hier sind sie nämlich geboren. Sie haben sicher viele Erinnerungen daran. Côme kauft seine Pferde vom Land dieses Viehzüchters. Er hat Vertrauen zu ihm. Sie weiden auf den Hügeln; diese Freiheit ist unglaublich! Ich mag das.

Die Familie lebt in zwei Jurten. Die linke haben sie von Côme und Gerel bekommen, dort wohnt die »Mama«, die Mutter von Ikbath. Ikbath und seine Frau schlafen in der rechten Jurte mit ihren Kindern. Sie sind zu acht in der Jurte, weil auch Cousins da sind. Manchmal schlafen die Kinder nebenan bei ihrer Oma. Es ist sehr gut eingerichtet. Das Klima ist angenehm, und es ist sehr sauber; nur am Eingang hängen ein paar Fleischstücke. Ich setze mich auf

## Auf Ikbaths Land

den Boden und beobachte das Gespräch. Als wir ankommen, waren auch Nachbarn da.

Ikbath und seine Familie lachen und scheinen sich sehr über unsere Ankunft zu freuen. Ein großer Nudeltopf mit Schaffleisch wurde gekocht. Ich schiele hungrig auf den Herd in der Mitte der Jurte. Es ist das am häufigsten gekochte Gericht der Mongolen. Ich verschlinge meine kleine Schüssel Nudeln mit Schaffleisch mit den Fingern. Das Fleisch schmeckt streng, aber man gewöhnt sich schnell daran – wie lange, weiß ich allerdings nicht. Es ist sehr lecker, ich habe meine Schüssel in zwei Minuten leer, und die Mama will mir sofort Nachschlag geben. Ich lehne ab, weil ich den anderen etwas übrig lassen will. Sie hört nicht auf mich, nimmt meine Schüssel und tut eine Kelle drauf. Ich esse die zweite Schüssel und könnte auf der Stelle einschlafen. Es ist ein Kommen und Gehen in dieser Jurte, keine Ahnung, wie viele Leute. Die Nachbarn kommen zehn Minuten zum Kartenspielen und reiten wieder weg. Die Kinder gehen raus und kommen 20 Minuten später wieder rein. Da ist Leben, Bewegung. Alle scheinen auch viel zu arbeiten. Anscheinend kümmern sich die Kinder mit dem Riesen Ikbath um die Herden. Und die mongolische Frau kümmert sich um das gesamte Leben in der Jurte. Die Rollen sind sehr genau festgelegt. Geht der Mann aus der Jurte, kann er tun und lassen, was er will. In der Jurte hat er nichts zu melden. Die mongolischen Frauen sind nicht ohne. Sie lassen sich nichts gefallen, aber vor allem führen und organisieren sie die gesamte Jurte und sind für das Melken zuständig. An eine Zitze lassen sie keine Männer. Das klingt komisch, ist aber so. Ich beobachte ihre Mimik, Dolmetscher habe ich keinen, ich verschmelze mit der Masse wie eine Mongolin. Côme und Gerel übersetzen mir die Gespräche nicht. Côme könnte, aber warum sollte er. Seit dieser Transhumanz habe ich verstanden, dass er den größten Teil seines Lebens in der Mongolei gelebt hat. Ich habe ihn immer als Franzo-

sen gesehen, irgendwie ist er mittlerweile Mongole geworden. Ich weiß nicht, wie ich mich bei den Gesprächen verhalten soll. Aber an diesem Abend wird es klarer, und ich verstehe alles besser. Ich sehe Côme in der Jurte. Er verhält sich wie die Mongolen, und ich begreife, dass er so ist wie sie.
Dieses Volk hat ihn geprägt, und er hat ihre Mentalität angenommen. Seine Kinder sprechen Mongolisch und seine Frau auch. Ich verstehe jetzt, warum es mir so schwer fällt, seinen Charakter einzuschätzen. Französisches Gesicht, aber fremde Mentalität. Ich lerne Côme neu kennen. Bei so vielen Menschen, die ich kennenlerne, kann ich mir die meisten Vornamen nicht merken. Wir gehen schlafen, damit wir am nächsten Morgen wieder fit sind. Ich schlafe diesmal in voller Montur. Ich kann mir die Hose und die anderen Sachen nicht mehr ausziehen, ich schlafe schon. Mitten in der Nacht wache ich auf und lege mich in meinen Schlafsack.

## Der nächste Morgen

Ich höre Hufe neben meinem Zelt. Ich schaue raus, und ein paar Meter weiter ist eine Herde Pferde. Ich habe nicht damit gerechnet, so aufzuwachen. Ich gehe vorsichtig raus. Der Tag kann kommen. Von unseren restlichen Vorräten nehme ich ein Stück Brot mit einer großen Schale Tee zum Frühstück. Ich kann es kaum erwarten, meine Hilfe anzubieten und mit der Arbeit zu beginnen. Erster Tag mit den Füßen auf dem Boden. Es ist eigenartig, nicht zu reiten, aber es tut gut, dem Hintern Erholung zu gönnen. Ein Stück weit weg sehe ich den kleinen Ikbath (seinen Vornamen konnte ich mir nicht merken), der auf einer Kuh Rodeo reitet, und seinen kleinen Bruder auf einem Kalb. Die Kulisse passt, wir werden Spaß haben. Ich gehe zu ihnen in die Jurte. Ikbath begrüßt mich mit offenen Armen. Ich habe mein kleines Büchlein dabei, damit ich eine Frage stellen oder Vokabeln suchen kann. Die Mama filtert gerade die Milch, die sie heute Morgen gemolken hat. Ich sitze auf

## Auf Ikbaths Land

einem kleinen Hocker vor dem Herd mitten in der Jurte. Die mongolischen Kinder spielen Karten. Eines von ihnen sieht mich an und bietet mir an mitzuspielen. Es versucht fünf Minuten lang, mir die Regeln zu erklären, aber ich verstehe sie nicht. Ich schaue also lieber zu. Nach ein paar Minuten fange ich langsam an, das Spiel zu verstehen.
Sie teilen die Karten aus. Ein, zwei Regeln habe ich vielleicht noch nicht verstanden, aber das kommt nach der ersten Runde. Es macht Spaß mitzuspielen, obwohl einem niemand etwas erklären kann. Die großen 16- und 17-Jährigen trauen sich nicht, mich anzusehen, ich muss lächeln. Sie scheinen sehr schüchtern zu sein; sie bekommen sicher nicht jeden Tag ein blondes Mädchen zu sehen. Nach einigen Runden kommen Tengis und Tamra in die Jurte. Tamra ist sensibler und nicht so wild wie die anderen, er hat ein Zicklein mitgebracht. Es ist zu süß. Die Ziegenherde weidet gerade, und dieses Zicklein ist zu klein, um bei seiner Mutter zu trinken. Es muss heute hierbleiben, die Kinder meinen, dass es sonst stirbt. Plötzlich kommt ein Mann in die Jurte und brüllt etwas auf Mongolisch, das ich nicht verstehe. Anscheinend werden sie gerufen, um irgendetwas zu tun. Sie gehen raus und ich hinterher. Wir müssen hinter den Kälbern herrennen, sie einfangen und anbinden. Ich bin noch nie einem Kalb hinterhergerannt, habe mich darauf gestürzt und es am Schwanz festgehalten. Das ist superlustig. Sie spielen mit uns. Ich kann zwei einfangen. Guter Anfang!
Stellt euch zwei große Berge vor und dazwischen saftige Weiden und zwei kleine Jurten zwischen verschiedenen Herden. Das Einzige, was mich an zu Hause erinnert, ist ein Basketballkorb vor einer der Jurten. Keine Ahnung, wie der hierhergekommen ist, er wirkt ziemlich komisch hier. Die Kinder schlagen mir vor, eine Runde zu spielen. Wir werfen um die Wette, wer am meisten Treffer hat.
Nach dieser kleinen Pause kommen Côme und Gerel und sagen Bescheid, dass sie losfahren, um die Reisegruppe abzuholen. Ich

bleibe nur zu gerne hier und warte, bis sie wiederkommen. Ich merke, dass ich einiges lernen kann, und vor allem tut es mir gut, in das Leben der Nomaden einzutauchen. Wir essen mittags mit ihnen, wieder Eintopf mit Nudeln und Schaffleisch. Als Nachtisch esse beziehungsweise trinke ich eine Schüssel Milch.

Die Mama erklärt mir, dass ich das Glück haben werde, in ein paar Tagen zu erleben, wie die Stuten zum ersten Mal gemolken werden. Die Stuten laufen mit ihren Fohlen frei herum. Man muss nur die Fohlen einfangen, dann kommen die Stuten auch zum Lager. Ich verstehe den Ablauf nicht ganz, aber versuche das Gespräch einfach mitzumachen. Meine Kommunikation ist sehr abgehackt, ich sage viel mit den Händen und mit meinem Gesichtsausdruck, weniger mit Worten. Wenn ich mit ihnen arbeite, lerne ich mehr Vokabeln. Tengis und Tamra sind hervorragende Lehrer. Ich brauche jedes Mal eine gute Minute, bis das richtige Wort rauskommt, aber ich gewöhne mich daran.

Nach dem Mittagessen gehe ich an den Bach, um eine kleine Siesta zu machen. Ich passe aber immer ein bisschen auf, damit nicht irgendein Tier über mich drüberläuft. Hier sind so viele Tiere, das bin ich nicht gewöhnt. Nach einer guten Stunde setze ich meinen Hut wieder auf, die Schnur ist auf der Tour leider abgerissen. Eine Zwölfjährige beobachtet, wie ich mich abmühe, einen Knoten zu machen, damit die Schnur unter dem Kinn hält. Sie winkt mir mit der Hand, dass ich ihr folgen soll. Ich komme in die Jurte, und sie gibt mir Nadel und Faden. Ich hätte nie gedacht, dass ich mit 23 Jahren mitten in der Mongolei sitzen und nähen würde, um meine Hutschnur zu reparieren. Wir machen doch im Grunde nichts mehr mit der Hand. Also ich jedenfalls, ich habe früher nicht viel mit der Hand gemacht. Das Mädchen ist halb so alt wie ich und kann perfekt stricken und nähen. Es ist mir echt peinlich, dass ich es nicht einmal schaffe, die Nadel durch den Hutstoff zu schieben,

## Auf Ikbaths Land

ohne sie mir auf der anderen Seite in den Finger zu stechen. Nach ein paar Minuten gebe ich ihr Nadel und Faden zurück. Ich habe den Hut eher ein bisschen verziert als repariert. Draußen höre ich einen Jungen laut etwas rufen. Ich schaue hinaus, und er macht mir Zeichen mitzukommen. Ich nehme ein Pferd und gehe mit. Tengis kommt auch. Wir sammeln auf den Weiden die Ziegenherden, damit sie vor Sonnenuntergang auf eine andere Weide kommen. Als wir zur Herde kommen, erklärt er mir schnell, dass wir sie auf die andere Seite bringen müssen.

Dort seien sie in Sicherheit und könnten saftigeres Gras finden. Die Arbeit beginnt. Ich mache große Augen. Der mongolische Cowboy lässt mit dem Seil in der Hand einen Schrei los. Er schleudert das Seil, damit sich die Herde von etwa 100 Ziegen in Bewegung setzt. Er weist mich an, hinten zu bleiben, damit sie vorwärtsgehen und nicht auseinanderlaufen. Ich verstehe nicht alles, aber ich beobachte aufmerksam. Fünf Minuten beobachte ich und versuche, möglichst viele Ziegen zusammenzuhalten. Sie müssen möglichst dicht beieinanderlaufen, damit sie nicht verloren gehen, aber vor allem, weil man so schneller vorankommt. Ich bin von Gemecker umgeben. Es ist zum Totlachen. Ich wusste nicht, dass eine Ziege ihre ganze Kehle zeigt, wenn sie meckert. Sie sehen so aus, als wollten sie sich übergeben, aber nein, sie sagen einfach nur: *»Los, Kameraden, laaaauft!«*

Als diese Arbeit erledigt ist, reite ich auf den Berg, damit ich mir den Sonnenuntergang ansehen kann. Was für ein Luxus: mit einem Pferd im Galopp alleine auf einen Hügel reiten zu können. Aber es ist gar nicht so einfach, sich vom Lager zu entfernen. Mein Pferd wird plötzlich steif und möchte umkehren. Ich setze mich durch, und ein paar Augenblicke später galoppiert es wie wahnsinnig den Berg hoch, es ist fantastisch. Wir reiten durch Felder mit wunderschönen weißen Blüten. Oben angekommen setze ich mich auf den

## Seele

Stein, auf dem vor ein paar Minuten ein Adler saß. Ich sitze da und sehe, wie die Sonne langsam hinter den Hügeln verschwindet. Der Sonnenuntergang zeigt sich in Rosa ... nach und nach verändert sich das Rosa, wird immer kräftiger und nimmt verschiedene Farbtöne an. Das war »rosenmäßig« schön. Ich habe das Gefühl, Adlerflügel bekommen zu haben und gleich abheben zu dürfen. Am liebsten möchte ich in diese Farben springen. Ich spüre Flügel, die mir Lust machen, mehr zu entdecken. Ich habe den Eindruck, dass diese schöne Rose in den Sonnenuntergang fliegt und mit den Farben der Sonne verschmilzt.
Sie ist so zart und schön, ich mag sie. Mir geht es gut, ich bin mit ihr allein.

*Es ist eigenartig, aber mir fehlt niemand. Ich denke an niemand Bestimmtes, ich bin völlig frei von allem, was in mir den Wunsch aufkommen lassen könnte, mit jemandem zu sein. Nein, ich habe keinen Wunsch. Ich fühle mich hier auf dem Berg ohne irgendjemanden wohl. Ich war mein ganzes Leben von Menschen umgeben, und diese Einsamkeit ist so wichtig, um sich wohlzufühlen. Allein sein, ohne Freund, ohne Freunde, ohne Eltern, ohne Arbeit, allein. Anfangs macht das Angst, aber es ist notwendig. Man hat keine Stütze mehr. Ich habe mich immer auf meine Umgebung gestützt. Diesmal musste ich mich wiederfinden, damit meine Rosy nicht zu sehr aufblüht. Ich muss sie bitten, mit mehr Blütenblättern als Stacheln zu wachsen. Dafür ist es notwendig, nach innen zu schauen. Warum haben wir solche Angst vor dem Alleinsein? Wenn man darüber nachdenkt, vielleicht weil wir Angst vor uns selbst haben. Angst, nicht geliebt zu werden, Angst, nicht beachtet, vergessen zu werden. Aber warum? Es ist so genial, allein zu sein und von den Begegnungen Abstand zu nehmen, von den eigenen Wünschen, Schwächen und Stärken. Wir sind es gewohnt, bei anderen zu suchen und von ihnen etwas zu erwarten, dabei spiegeln sie nur uns selbst wider. »Was der Mensch sät, wird er ernten«, sagt ein Sprichwort, aber habe ich so schlecht gesät, dass ich meine Rosy geerntet habe? Das Leben ist zum Lernen da. Aber dafür muss man aufmerksam sein.*

## Auf Ikbaths Land

*Hier auf diesem Felsen, weit weg von allem, fühle ich mich vollkommen ausgeglichen und glücklich. Die Ängste sind verwandelt, die Sorgen wurden gehört, die Selbstgespräche beachtet, die Leidenschaften gezähmt ... Wer hat das alles gemacht? Ich? Ja, zum ersten Mal kann ich sagen, dass ich es bin, die sich auf den Weg der Heilung gemacht hat und vorangekommen ist. Ich bin es, die meine Seele geheilt hat von den alten Denkweisen meines Geistes. Ich bin es, die meine Seele geheilt hat, um ihn besser beruhigen zu können.*
*Mein Ich verstehen, damit ich den Samen, der gelegt ist, nicht wieder ausgrabe – obwohl es nicht der Same ist, den ich erwartet hatte. Ich säe jetzt andere Samen drumherum, damit ich daneben Wurzeln schlagen kann. Ich höre auf mein Herz, ich bin glücklich. Was für ein Glück, das sagen zu können! Das Leben ist schön, oh ja! Das Leben ist hart, klar. Aber das lehrt uns, wieder aufzustehen. Das Leben ist ein Fest, und das werde ich immer denken. Ich möchte ihm Merci zurufen.*

In diesem Moment kommt ein Wind auf, und mein Pferd hebt den Kopf, um sich umzusehen. Ich habe den Eindruck, dass mir die Natur bestätigt, die richtige Entscheidung getroffen zu haben. Ich nehme mein Pferd ganz fest in den Arm. Es legt seinen Kopf auf meine Schulter und rührt sich nicht. Eigenartig für ein mongolisches Pferd. Ich steige auf und reite langsam den Berg hinunter. Ich lasse mich führen. Mein Pferd ist sehr ruhig, viel weniger aufgeregt als beim Anstieg. Als wir beim Lager ankommen, hält es sanft an, damit ich absteigen kann. Sein sanftes und ruhiges Verhalten ist untypisch. Ich führe es ans Wasser, damit es trinken und grasen kann. Ich habe gerade Momente der Ewigkeit erlebt. Davon bin ich überzeugt. Merci.
Ich finde Tamra und Tengis, die sich bei einer Partie Schach streiten. Ich gehe an ihren Tisch und fange an, Tamra zu ärgern. Ich mag diese beiden Jungs. Seit Anfang der Reise fühlt es sich so an wie mit Geschwistern. Tengis stellt mir viele Fragen, er möchte sehr viel über mein Leben wissen. Er kann sich nicht gut vorstellen, wie ich

## Seele

in Frankreich lebe. Er arbeitet immer in den Steppen mit den Pferden und den Nomaden, für ihn ist Unterricht und Studium etwas Fremdes. Trotzdem interessiert es ihn, wie man bei mir zu Hause lebt. Tamra ist ein echter Teddybär, man merkt, dass er pubertiert, aber hier funktioniert Rebellion nicht so richtig. Ganz schnell holt dich deine mongolische Mama oder dein Papa da raus und schickt dich in die Berge, um die Herde zu holen. Dir bleibt eigentlich keine Wahl. Deine Launen legen sich schnell – Therapiesitzungen sind hier günstiger zu haben …

Nach einem schönen Abend zu dritt, an dem wir auf leise Musik tanzen, im Gras liegen, in die Sterne gucken und ich beim Kartenspielen ordentlich verliere, gehe ich schließlich schlafen. Bevor ich ins Zelt gehe, schaue ich noch einmal nach oben und kann nicht mehr wegschauen: Die Sterne sind zu Planeten geworden. Zum ersten Mal sehe ich sie mit solcher Kraft funkeln … Keine Lampe und keine elektrische Beleuchtung weit und breit. Nichts außer den Bergen und den Schatten der Tiere. Eine Sternschnuppe rechts, eine andere links. Astronomisch schön. Ich weiß nicht, wie ich es beschreiben soll. Ich habe das Gefühl, im Weltraum zu schweben. Ich lege mich vor meinem Zelt ins Gras, um die tausend Lichter am Himmel zu bewundern. Wie schön. Schließlich schlafe ich draußen ein, schön in den *Deel* gewickelt (ein traditioneller mongolischer Mantel), den mir Gerel vor der Reise ausgeliehen hat. Mitten in der Nacht öffne ich die Augen. Ich habe den Eindruck, dass die Sterne auf mich fallen. Es ist großartig. Ich lächle verschlafen, öffne mein Zelt und krieche hinein. Hinter mir sagt mir eine Sternschnuppe gute Nacht. Ich denke an eine alte mongolische Geschichte, die sagt: »Der Nachthimmel ist wie ein Spiegel, er zeigt, wo sich die Mongolen in der Steppe befinden. Kein Nachthimmel ist wie der andere, weil die Mongolen kommen und gehen, leben und sterben wie die Sterne.« Zu wissen, dass sich dieses Volk immer noch an den Sternen orientiert, lässt mich staunen. Ich schließe die Augen mit diesem Lichterbild im Kopf ...

## Fünf-Sterne-Dusche

Am Morgen dusche ich seit mehreren Tagen zum ersten Mal. Ich zähle die Tage nicht mehr. Viele stellen sich wahrscheinlich die Frage: »Aber wie wäschst du dich?« Duschen gibt es nicht, keine Brause und kein Schaumbad und Toiletten schon gar nicht. Das bequeme Sitzen wird ersetzt durch ein Gleichgewicht der Beine, nachts, tagsüber, bei Unwetter und in der Kälte. Die tägliche Dusche und das Shampoo alle zwei Tage, geschweige denn jeden Tag, gibt es nicht.

Ergebnis: Meine Umgebung läuft nicht vor mir davon, und ich konnte mich noch nie so gut riechen. Das ist komisch, ich sehe mich noch in Paris meine Freundinnen fragen, ob ich vielleicht nach Schweiß rieche. Nett, die Tussi! Ich hatte immer Angst, schlecht zu riechen. Sobald niemand in der Nähe war, schnüffelte ich unter meinen Achseln. Häufig erwischten mich Freunde dabei und prusteten los, weil ich solche Panik hatte, dass ich schlecht riechen könnte. Warum schwitzen Leute, die draußen zehnmal mehr körperlich arbeiten, zehnmal weniger? Ich rieche nicht wie in Paris, meine Haare sind sauber, obwohl ich seit zwei Wochen immer nur kurz ins Wasser springe. Erstaunlich, oder? Man gewöhnt sich im Grunde schnell um; unserem Körper schadet es nicht, auch nicht der Haut. In der Natur auf Toilette zu gehen ist viel angenehmer als zwischen vier Wänden. Ich sage nicht, dass ich bei meiner Rückkehr den Park Saint-Cloud benutzen werde, aber vielleicht ... Auf alle Fälle schwitzen die Mongolen hier nicht und stinken auch nicht. Wenn ich daran denke, dass wir jedes Jahr Tausende Euros ausgeben, um Schweißgerüche zu mildern, die wir abgeben ... Auf diesem abgelegenen Stück Erde waschen sich die Menschen tausendmal weniger als wir, bewegen sich viel mehr und stinken nicht.

# Seele

## Öffentliche Dusche

Ich gehe zu dem kleinen Bach, um mich ein bisschen abzuwaschen. Es ist zwar superkalt, aber ich muss da hin. Ich nehme einen Kochtopf und Seife mit. Mit den Rindern neben mir ist das ziemlich lustig. Ich ziehe mich mitten in den Bergen bis auf Unterhose und BH aus und fühle mich sicher in meiner Dusche, passe aber trotzdem auf, dass die Stiere nicht auf mich losgehen. Ich hätte wenig Chance, heil davonzukommen. Ich begieße mich von oben bis unten mit etwas Wasser. Dann gehe ich ins Gras, um mich einzuseifen. Ich möchte nicht, dass Seife ins Wasser kommt, also muss ich mehrmals mit dem Topf hin- und herlaufen, um die Seife im Gras abzuwaschen.

Meine Füße stehen im Schlamm, aber oben herum bin ich sauber. Die Rinder haben alle aufgehört zu grasen und schauen mich wie versteinert an. Das ist ziemlich verunsichernd. Sie verstehen wahrscheinlich nicht, woher ich komme. Als ich auf dem Gras stehe, den Kopf und die Hände eingeseift und die Füße schwarz vom Schlamm, höre ich das berühmte »Schu«, das die Mongolen ihren Pferden zurufen, damit sie lostraben. Ich gehe zur Seite und sehe von Weitem eine ganze Ziegenherde auf mich zulaufen. Es sind die beiden schüchternen Söhne von Ikbath, die direkt auf mich zusteuern, während ich in Unterhose und mit Schaum bedeckt dastehe. Ich bekomme Panik; keine Zeit, mich abzuwaschen. Ich ziehe schnell meinen Pulli und meine Hose über und grinse. Es ist nicht gerade angenehm, aber von außen bestimmt lustig anzusehen. Meine Haare sind weiß vom Schaum, meine Hände mit Seife bedeckt, und ich lächle, als wäre nichts gewesen … Sie reiten an mir vorbei und lächeln mich strahlend an. Ich weiß nicht, ob sie mich oder mein neues Styling meinen. Sie galoppieren lachend weiter. Ich fühle mich total doof, aber egal. Ich ziehe mich wieder aus und fange noch mal von vorne an, der Schlamm hat alles wieder dreckig gemacht. Die Rinder hören auf zu trinken und sehen mir zum

## Auf Ikbaths Land

zweiten Mal bei dieser Prozedur zu. Nach diesem öffentlichen Duschen gehe ich zum Lager zurück, um trockene Sachen zu holen. Ich sehe die Kinder alle im Gras liegen, sie sehen sehr konzentriert aus. Sie spielen gerade Schach. Ein Siebenjähriger sitzt dem 15-jährigen Tamra gegenüber. Ich gehe näher und sehe die beiden Spieler an. Tamra schlägt mir vor, eine Partie mit dem Kleinen zu spielen, ich sage zu. Ich habe die Regeln am Vorabend gelernt. Ich muss an meine Urgroßmutter mütterlicherseits denken, die Schachmeisterin in der Bretagne war. Mamoune. Sie ist jetzt 98 Jahre alt und spielt dieses Spiel immer noch, sie sagt, es erhält ihr den Verstand. Sie hat mir immer geraten, Sport zu machen und mein Gedächtnis mit Kartenspielen oder Kombinierspielen zu trainieren. Den zweiten Rat habe ich nicht wirklich befolgt. Ich bin nicht besonders begabt für Kartenspiele, Gedächtnisspiele oder Schach. Ich sollte vielleicht mal damit anfangen, bevor ich den Verstand verliere.

Das Spiel beginnt, und ich lächle beim Gedanken an sie. In wenigen Sekunden stelle ich fest, dass sich Kombinieren und strategisches Denken nicht weitervererbt haben. Der Siebenjährige nimmt mich total auseinander. Tamra und Tengis lachen sich schief. Ich lasse zu, dass er mir den Rest gibt, und reagiere mich lieber mit den Großen von Ikbath beim Basketball ab. Das Spielfeld ist ungewöhnlich. Rundherum sind Herden verschiedenster Tiere und mittendrin ein Pferch, wo die Tiere geschoren, gemolken, markiert und gereinigt werden. Darüber wachen die Berge auf beiden Seiten, die Raubvögel erheben sich von dort aus, und ihre Schwingen werfen beunruhigende Schatten. Vor dieser Kulisse einer wilden Natur muss ich über einen kleinen Anachronismus lächeln. Vor der großen Hauptjurte steht ein Motorrad auf seinem Ständer – wie aus einer anderen Zeit. Als ich mich gerade an dem einzigen Basketballkorb der Steppen abreagiere, kommt die Mama (die Frau von Ikbath) aus ihrer Jurte und ruft energisch die Kinder. Ich folge den Kindern immer, ohne zu verstehen, worum es geht. Es ist angenehm, sich einfach vertrauensvoll darauf einzulassen, was kommen wird.

## Ziegenmelken

Ich lerne eine neue Aufgabe kennen: Die Herde mit Ziegen und Böcken in den Pferch bringen, damit die Ziegen gemolken werden können. Ich habe schon Kühe mit der Hand gemolken, aber noch nie Ziegen. Ich beobachte, wie das abläuft. Die Frau von Ikbath und ihre Tochter tragen eine Schürze. Ich frage, ob ich ihnen helfen darf. Sie gibt mir einen großen Eimer und schickt mich Hände waschen, damit ich die Zitzen der Ziegen nicht mit Keimen infiziere. Die Männer haben die Aufgabe, sie einzufangen und nebeneinander an einer Schnur anzubinden. Es macht mir Spaß zuzuschauen, wie diese Naturkerle den kleinen Ziegen hinterherrennen. Ich spiele mit. Ich glaube, ich mag die Arbeit der Mongolen lieber. Ziegen einzufangen ist so lustig ...
Ein paar Minuten später nehme ich den Eimer, und die Mama gibt mir einen kleinen Schemel, damit ich mich hinter die Ziege setzen kann. Zum Melken muss ich mit den Händen zwischen den Hinterbeinen durchgreifen. Ich drücke, aber es kommt nichts raus. Die Mama hat schon drei Ziegen gemolken, und ich bin noch bei der ersten. Ich kann den Eimer nicht festhalten, und die Ziege bewegt sich zu viel. Wahrscheinlich merkt sie, dass ich unsicher bin. Die Frauen merken sofort, dass ich keine Übung habe. Sie stellen sich hinter mich und zeigen mir, wie es geht. Mit ihren Ratschlägen bekomme ich schließlich ein bisschen Milch raus. Die Ehre ist gerettet! Aber in meinem Eimer ist lächerlich wenig Milch. Meiner ist erst halb voll, und die anderen haben schon mit dem nächsten Eimer angefangen. Ikbath geht hinter mir vorbei und sagt etwas Unverständliches. Ich interpretiere es auf meine Art, wahrscheinlich hat er gesagt: »*Na los, Marine, beeil dich!*« Daraufhin ziehe ich so schnell an den Zitzen wie die Routinierten neben mir. Mit dem Ergebnis, dass nicht nur nichts

## Auf Ikbaths Land

rauskommt, sondern die Ziege von meinem wilden Rumgeziehe offensichtlich so genervt ist, dass sie mir eine Lektion erteilt und mit dem Hinterbein den Eimer umschmeißt. Das bisschen Milch auch noch verschüttet! Wie peinlich! Ich zeige den beiden anderen Frauen meinen leeren Eimer, und sie lachen laut auf. Uff, zum Glück lachen sie darüber. Sie sagen etwas zu einem kleinen Jungen, und der kommt fünf Minuten später mit einer kleinen Schüssel an, da lacht dann der ganze Pferch. Ich freue mich, die Leute haben wirklich Humor. Ich habe keine Milch, aber ich bade im Glück. Schließlich nimmt mir die Tochter von Ikbath die Schüssel und den großen Eimer weg und gibt mir einen mittelgroßen Eimer. Den melke ich voll, aber mit sieben Ziegen. Nach dem Melken geht es ans Filtern der Milch, damit keine Ziegenhaare mehr drin sind. Wenn man den Frauen zuschaut, sieht es so schnell und einfach aus. Man braucht aber die richtige Technik. Außerdem sind 90 Ziegen zu melken. Sie machen diese Arbeit zu zweit und müssen sich dazu von ihren kleinen Schemeln runterbeugen. Ich mache das zum ersten Mal und habe jetzt schon Rückenschmerzen. Und wir sind noch lange nicht fertig.

### Der Mongole und sein Vieh

Nach dem Melken werden die männlichen Tiere in diesem Pferch markiert. Chef Ikbath hat den Pinsel in der rechten Hand und lässt sich die Böcke bringen. Er markiert die Hörner mit Farbe, damit sie sich von denen der anderen Herden unterscheiden. Seine bekommen Knallorange. Ich beobachte, um es dann nachzumachen. Die Jungs springen in die Herde und fangen die Böcke an den Hinterbeinen und ziehen sie zu Ikbath, oder sie nehmen sie bei den Hörnern. Das ist Männerarbeit, aber mir gefällt das viel besser als das Melken. Ich springe auch los, um einen Bock zu fangen. Ich schaffe es auf Anhieb. Ich ziehe ihn zu Ikbath, damit er auch seinen Pinselstrich abbekommt. Ikbath lächelt mir zu und klopft mir auf den Rücken, um mir zu danken.

# Seele

Ich schlage mich weiter wacker mit den anderen Mongolen. Zweieinhalb Stunden jagen wir den Böcken nach, die nach allen Seiten wegrennen. Ich habe Angst, ihnen wehzutun, wenn ich ihnen hinterherrenne und mich auf ihre Hinterbeine stürze. Manchmal fallen sie hin. Es ist nicht so einfach, das Tier am Boden zu sehen und es trotzdem weiterziehen zu müssen. Es wehrt sich einfach, und ich darf das Bein nicht loslassen. Sobald die Farbe aufgetragen ist, werden sie freigelassen. Es ist beruhigend und befriedigend zu sehen, wie sie in die Herde zurückspringen und durch die Markierung geschützt sind. Nach eineinhalb Stunden Einfangen mit bloßen Händen lasse ich die älteren Jungs die Letzten einfangen. Erst erschien es mir brutal, weil ich es nicht gewohnt bin, so mit Tieren umzugehen. Aber es ist offensichtlich, dass die Mongolen ihre Tiere mögen und respektieren. So hart sie auch mit ihnen umzugehen scheinen, sie lieben ihr Vieh. Die Härte hat ihren Grund. Die Tiere sind wild, nicht so zahm wie unsere Schafe oder Ziegen, die uns aus der Hand fressen. Hier ist das Tier so, wie es von Natur aus ist. Sie genießen das Leben, und wenn sie geschlachtet werden, dann nicht in Massen, um die Regale im Supermarkt zu füllen, sondern für den eigenen Bedarf. Es wird nichts verschwendet, alles wird genutzt. In ein paar Stunden werden befreundete Nomaden erwartet. Ikbath schnappt sich ein Schaf und schneidet ihm vor meinen Augen bei lebendigem Leib den Bauch auf. Das Schaf schreit nicht einmal eine Sekunde, und Ikbath zieht ihm sofort mit einem kurzen kräftigen Ruck die Hauptschlagader heraus. Kein Tropfen Blut auf dem Boden. Nichts wird beschmutzt. Das Tier stirbt schnell. Ich hatte das nicht erwartet, als er das Schaf wieder auf den Boden legt. Diese gewaltsame Tat hat mich schockiert, mir erscheint es extrem. Ich sehe das Schaf tot vor dem Eingang der Jurte liegen. Ich kann mich nicht mehr rühren. Ikbath geht mit einem großen Lächeln an mir vorbei, seine Hände sind voller Blut. Ich begreife nicht, was ich gerade gesehen habe. Nach diesem ziemlich brutalen Moment kann ich

## Auf Ikbaths Land

kaum noch Worte finden. Ich frage Tengis: »*Machen sie das regelmäßig?*« Er bestätigt es mir. »*Es ist so brutal, warum?*« »*Marine, die Mongolei respektiert die Tiere, aber für die Touristen ist das brutal.*«
Ich muss über diesen letzten Satz nachdenken … Es stimmt, wir sehen nicht, was in unseren Schlachthöfen passiert, und wir wissen noch weniger, was wir in Kunststoff eingeschweißt und professionell vermarktet zum Essen kaufen. Ich frage mich, ob die Marketingleute selbst überhaupt wissen, was sie da auf den Markt bringen und anpreisen. Wir Westeuropäer sind erschrocken, wenn ein Mann dem Schaf den Bauch aufschneidet, das er aufgezogen hat, das er herumspringen und dem er den Wind um die Nase wehen ließ, das mit der Herde in der Natur gelebt hat und das er genau dann schlachtet, wenn er es braucht, und dabei nichts verschwendet. Es stirbt nicht umsonst und landet nicht in einem Müllsack. Es trägt dazu bei, eine Familie zu ernähren, und wird dafür geschätzt. Zumindest wissen sie, woher ihr Fleisch kommt. Mein schöner rosafarbener Schinken ohne Schwarte, in Scheiben abgepackt mit zwei Scheiben gratis, sollte mich mehr erschrecken, oder?! Nach dieser intensiven Geschichte sagt mir Tengis, dass sie superglücklich sind, dass ich mitgemacht habe. Keine Ahnung, warum, aber alle lächeln mich an und bedanken sich bei mir.
Tengis übersetzt mir ihren Dank. Ikbath befiehlt mir, morgen wieder zu helfen. Die Art, wie sie sich ausdrücken, ist komisch. Sie wirken autoritär, aber eigentlich sind sie lammfromm (ja, ich weiß, ich verwende jetzt mongolische Vergleiche).

Wir gehen alle in die Jurte, trinken Tee mit Milch und essen Gebäck mit getrocknetem Käse, um uns zu stärken. Weniger als fünf Minuten später liegt der Riese Ikbath mitten in der Jurte und schnarcht, dass das Zelt bebt. Eine lustige Situation: Jeder, der in die Jurte kommt, steigt wie selbstverständlich über den Jurtenkönig Ikbath hinweg. Man poltert, man schreit, man lacht, man lebt einfach. Er

# Seele

schläft tief und fest, man müsste ihm ins Ohr brüllen, um ihn zu wecken. Alle schlafen sehr gut – das merke ich, seit ich in der Mongolei bin. Man wird den ganzen Tag von der Natur gedopt. In den Jurten, in denen wir zu Gast waren, ist immer irgendjemand eingenickt oder hat geschlafen, während rundherum gebrüllt oder laut geredet wurde. Erstaunlich. Ich schlafe auch sehr gut, seitdem ich hier bin. Der Geist ist ruhig, wenn man sich schlafen legt. Er konnte sich zurückziehen, sich ernähren und die belastenden Gedanken loswerden. In einer Konservendose kann man nichts loswerden. Bevor man schlafen geht, muss man den Kopf freikriegen.

Die Sonne wird bald untergehen, und ich möchte sie vom Hügel aus bewundern. Ich sattle also ein anderes Pferd der Herde. Tamra kommt diesmal mit. Es ist klasse, ihn reiten zu sehen, er mag das nämlich nicht besonders. Ja, es gibt Mongolen, die nicht gerne reiten. Wir kommen beide oben an, und er zeigt mir seinen kleinen *Obo*, den er vor einem Jahr errichtet hat und der unverändert geblieben ist. Bevor ein Mongole von einem Berg hinabsteigt, hinterlässt er einen pyramidenartigen Stein-*Obo*. Jeder, der vorbeikommt, muss einen Stein werfen und dreimal um den *Obo* gehen, damit er vor den Gefahren des Berges geschützt ist. Begeistert und stolz zeigt er mir seinen *Obo* und fordert mich auf, einen Stein dazuzulegen.

Ein bewegender Moment. In diesem Moment nehme ich die Kraft der Stille wahr, die in uns und um uns herum herrscht. Ein intensives Gefühl durchströmt mich. Unmerklich scheint der letzte Panzer um meine Seele in tausend Stücke zu zerbrechen, und das gibt mir endlich das schöne Gefühl, ich selbst zu sein … Diese Betrachtung und Meditation hat wieder etwas in mir in Bewegung gebracht. Wir reiten still vom Berg hinunter, um Abendessen zu machen und schlafen zu gehen.

# Auf Ikbaths Land

## Wodka-Party

Es ist 22.11 Uhr, die Sonne ist gerade vollständig hinter den Hügeln verschwunden. Es ist wunderschön, Rosa und Blau mischen sich zart ... Ich trage Strümpfe in den Flipflops, eine Jeans, zwei Pullis und den *Deel*, den Gerel mir ausgeliehen hat, damit ich abends nicht friere. Ich bin müde, aber man lädt mich ein, nach nebenan zu Ikbath zu kommen. Ich möchte lieber schlafen, aber motiviere mich hinzugehen. Ich öffne die Tür zur Jurte und setze mich auf einen kleinen Hocker. Die Jurte ist voller Nachbarn, Freunde und Cousins. Es ist eine Wiedersehensstimmung. Einer von ihnen kann zwei Sätze Englisch und einen Satz Französisch, die er einmal gelernt hat. Ich sehe Männer, die auf Bänken liegen, Frauen, die sitzen oder ebenfalls liegen. Ich scheine die Blicke auf mich zu ziehen. Ein Mongole kommt mit einem Glas Wodka in der Hand auf mich zu und schüttelt meinen *Deel*, den traditionellen Mantel, den ich trage. Ich schau an mir runter, ob er vielleicht einen Fleck hat. Nichts zu sehen. Und plötzlich sind alle Blicke auf mich gerichtet. Ich lache ein bisschen verlegen, weil ich nicht weiß, was ich sonst tun soll. Und die Mama stellt sich hinter mich und versucht, mir den *Deel* auszuziehen. Ich verstehe nicht richtig. Alle lachen sich tot. Ich hatte meinen *Deel* einfach total verkehrt angezogen! Es ist nicht so einfach, ich wusste nicht genau, wie man mit diesem langen Mantel umgeht. Jetzt verstehe ich auch, warum ich solche Probleme hatte, die Knöpfe zuzumachen.
Und gleich mache ich eine improvisierte Mini-Modenschau in der Jurte, und ein Lachen jagt das nächste. Als ich meinen *Deel* richtig anhabe, bietet man mir ein Glas Wodka an. Ich nehme es gerne an und sage die wenigen Worte, die ich kenne: »za-za«, was so viel heißt wie »okay«. Ich wiederhole das immer, und jedes Mal sagt mir Ikbath, dass ich es wiederholen soll, weil er es lustig findet. Ich versuche, ein paar Sätze aufzuschnappen und ihre Sprache zu sprechen. Man sieht es an ihrem Lächeln, dass sie sich sehr freuen, wenn man versucht, mit ihnen zu reden. Wir wechseln ein paar

# Seele

Worte, und man reicht mir einen Wodka. Ich nehme entschlossen einen Schluck. Aber meine Reaktion kommt prompt: »*Oooh my god!*«, platze ich laut raus. Sie lächeln, und dann wiederholt die ganze Jurte im Chor: »*Oh my god, oh my god, oh my god.*« Ich habe schon lang keinen starken Alkohol mehr getrunken – zwei Bier mit Côme vor der Abreise, aber sonst seit fünf Monaten nichts. Der Wodka sprengt meine Kehle. Ich halte das Glas mit der linken Hand meinem Nachbarn hin. Er lehnt ab. Ich verstehe nicht. Er sieht mir in die Augen und schüttelt den Kopf, um sein Nein zu bekräftigen. Ich stehe verunsichert da mit meinem Glas Wodka in der linken Hand. Ich sehe mich um, niemand erklärt mir, was los ist. Ich denke, dass ich den Wodka in einem Zug austrinken soll, und zwinge mich dazu. Auf ex! Dann stürzt die Mama plötzlich in Panik auf mich zu, um mir das Glas zu entreißen. Zu spät, schon unten … Danach erfahre ich, dass ich das Glas in der falschen Hand gehalten habe. Man muss ein Glas mit der rechten Hand anbieten. Aber das ist noch nicht alles: Man muss auch noch als Zeichen des Respekts die linke Hand unter den rechten Ellenbogen schieben. Früher hatte das den Sinn, den *Deel* anzuheben und dem Gastgeber zu zeigen, dass man keine Waffe trägt. Die Mongolen sind verblüfft über mein improvisiertes Auf-Ex. Das hätten sie nicht erwartet. Einer von ihnen fragt mich auf Englisch, was ich mache: »*What do you do Mongolie?*«, sagt er. Mithilfe meines kleinen Wörterbuchs antworte ich ihm auf Mongolisch und freue mich riesig, endlich ein Gespräch führen zu können. Ich antworte mit zwei Begriffen: entdecken und lernen. Er setzt das Gespräch fort, diesmal mit den Händen. Er zählt mit seinen Fingern und gibt mir zu verstehen, dass er etwa 40 Jahre alt ist. Ich nenne ihm mein Alter, und sie sind superschockiert, weil sie dachten, dass ich 18 bin. »*Danke*«, sage ich! Sie halten mich für ein junges Mädchen. Wenn du hier nicht melken, nicht nähen und nicht kochen kannst, nicht verheiratet bist und dann auch noch den *Deel* verkehrtherum anziehst, dann bist du für sie ein Riesenbaby. Haha! Um ernst genommen zu

## Auf Ikbaths Land

werden, brauchst du einen Mann und Kinder, aber vor allem musst du kochen können. Was ich toll finde: Sie machen sich total über mich lustig, aber offen, nicht hinter meinem Rücken. Mir fällt wieder alles ein, was ich mit einem Lächeln an Unwissenheiten und Unfähigkeiten an den Tag gelegt habe. Es wird viel gelacht, und mein Wörterbuch macht die Runde. Sie versuchen alle, mit mir Englisch zu sprechen. Es ist urkomisch. Manche kannten vorher kein Wort Englisch. Zwischen zwei Sätzen, die wiederholt werden, wird immer wieder auf ex getrunken. Ein Wodka, zwei, drei, vier … beim vierten höre ich auf. Tamra kommt in die Jurte und sieht mich auf dem Teppich zwischen den ganzen Leuten. Er übersetzt mir zwei, drei Sätze und ihnen zwei von meinen. Es ist genial, wenn sie ab und zu da sind und mir helfen können, etwas zu verstehen und mit ihnen zu reden. Einer der Mongolen kann nicht mehr aufstehen, er ist viel zu betrunken. Diesmal tauschen wir die Rollen. Jetzt darf ich über seine Betrunkenheit lachen. Die Mama schüttet ihm Wasser ins Gesicht. Er geht raus, wird abgetrocknet und versucht, auf sein Pferd zu steigen. Er kann seinen Fuß nicht in den Steigbügel heben, er fällt sofort um. Ich bin ebenfalls ganz schön betrunken. Ich gehe lieber in mein Zelt, das waren doch einige Gläser Wodka. Ich gehe zum Lager mit einem Schluckauf, der in der Steppe widerhallt. Ich habe nur zwei Wörter gesagt beim Wodka-Abend, aber sie sind mehr wert als alle Gespräche. Ich lache vor mich hin und versuche nicht zu stolpern. Ich lege mich hin, um den Sternenhimmel anzusehen, der ein bisschen schwankt.
Ich nehme meine Buntstifte und male im künstlichen Licht meiner Stirnlampe. Ich kann sowieso nicht besonders gut malen, und dann habe ich auch noch einen sitzen. An diesem Abend werden Flügel zu Flugzeugen.

## Die Natur als Chef

Die Sonne brennt wie Hölle in mein Zelt. Es ist 9.30 Uhr, und ich muss die Pferde an eine andere Stelle bringen. Beste Medizin

## Seele

gegen einen dicken Kopf. Sie müssen dreimal an eine neue Stelle geführt werden, damit sie gut grasen und nach der anstrengenden Tour wieder Kräfte sammeln können für die restliche Reise. Ich bin hierhergekommen, um zu helfen, und nicht, um so viele Klischees wie möglich zu sammeln. 40 Minuten später habe ich immer noch einen dicken Kopf, diesmal heißt es Kühe melken.

Es ist schön, mich nützlich zu fühlen und das Leben hier so gut wie möglich zu verstehen. Ich bin immer noch allein mit den Nomaden, Tengis und Tamra. Es ist genial, die einzige Ausländerin zu sein und langsam in die Familie aufgenommen zu werden. Ich gewöhne mich immer mehr ein und möchte diese Insel des Friedens gar nicht so schnell verlassen. Es ist schön, von jeder Kommunikation abgeschnitten zu sein. Keine Nachrichten geben, keine bekommen. Eine Natur, die jeden Tag zu uns spricht. Die Aktivitäten richten sich ausschließlich nach ihr. Die Nomaden sind Hand in Hand mit der Natur aufgewachsen: »*Heute Nachmittag keine besondere Arbeit*«, sagen sie mir. Die große Arbeit beginnt morgen, wenn die Herden zusammengetrieben werden, damit die Stuten gemolken werden können; das ist eine der wichtigsten Ereignisse in der Mongolei. Seltsam, ich frage ständig, ob ich etwas tun kann. Ich möchte nicht in einer Ecke der Jurte sitzen und die Zeit vergehen sehen und Angst haben, nicht helfen zu können.

Ein Viehzüchter ist hier etwas ganz anderes als bei uns. Sie haben keine eingezäunten Weiden, die sie instand halten müssen. Die Tiere weiden frei, und der Nomade hat nur sein Pferd, um sie zu suchen.

Sie haben alle eine Farbmarkierung oder eine Brandmarke, die zeigt, zu wem sie gehören. Mit der Zeit habe ich verstanden, dass das Leben in den mongolischen Steppen nicht nach Stundenplan funktioniert. Es geht immer nur um die aktuellen Bedürfnisse. Die Tiere werden gemolken, damit man zu essen hat und kochen kann. Ansonsten betrachtet man die Natur. Das ist erst einmal überraschend, dann aber belebend. Ich habe die Angewohnheit, meinen

## Auf Ikbaths Land

Spaß, meine Kaffeepausen oder Gespräche von der Arbeit zu trennen. Hier ist alles vermischt. Es greift alles ineinander, ist nicht getrennt. Auch spirituell gesehen gibt es keine Zäune. Mein Geist ist frei, gleichzeitig zu lachen, zu spielen und zu arbeiten. Das Wort Stress kennen sie nicht. Ich weiß nicht einmal, ob sie ein Wort dafür haben. Wie könnte die Natur stressen? Der Wind kann uns schubsen, die Sonne uns verbrennen, der Regen uns antreiben, aber was in der Natur stresst uns? Nichts …

### »Tu dies nicht, tu das nicht …!«

Ich verbringe den Tag in der Jurte und spiele Karten, aber vor allem beobachte ich die große Mama. Ich erkenne viele Regeln, die in diesen berühmten Jurten gelten, die ich schon während dieser Reise kennengelernt habe. Auf Mongolisch heißt die Jurte *ger*. Sie besteht aus einem Holzgestell, das mit einer Tierhaut oder mit Filz bespannt ist. Mit seiner Form schützt es vor dem rauen Klima. Der Wind ist in den Steppen ein großes Problem. Gegen den Wind hilft nichts, aber der Filz schützt zumindest vor Kälte. Die Jurten sind nicht sehr hoch, damit sie den starken Nordwinden besser standhalten. Es ist beeindruckend, wie schnell und geschickt die Mongolen ihr Haus abbauen. In höchstens 30 Minuten haben sie eine Jurte abgebaut. Ich brauche eine Stunde, um mein Zelt umzusetzen. Das ist interessant, die Jurte wird nämlich nicht irgendwie aufgebaut. Die einzige Tür zeigt immer nach Süden. In der Mitte steht immer der Herd, mit dem die Jurte geheizt wird.

Das finde ich toll. Der Herd wird immer beheizt, außer nachts, wenn keiner Brennmaterial nachlegen kann, aber sobald sie aufsteht, macht die Mama den Herd an. In den Steppen gibt es keinen Wald, man kann also nicht mit Holz heizen. An einem Morgen habe ich beobachtet, wie die Mama mit einer Schaufel voll getrockneter Kuhfladen ankam. Sie nennen es *argal*. Eher originell, mit Kuhfladen zu heizen. Jeder hat seinen Platz in den Jurten. Man hat mir

# Seele

erklärt, dass die Frauen ihre Sachen meistens rechts liegen haben und die Männer links. Ich verstehe nicht immer alles, was man mir versucht zu erklären, aber es gibt eine echte hierarchische Struktur in einer Jurte. Sie stammt aus dem traditionellen Schamanismus. Ich möchte unbedingt mehr von diesen Regeln und Sitten lernen, damit ich mich nicht immer an der falschen Stelle hinsetze und alle anfangen zu lachen. Ich sitze vor der Jurte, aber die Mama schimpft mich aus und sagt mir, ich soll reinkommen. Es gilt als Unhöflichkeit der Gastgeberin, als ob sie den Gast nicht willkommen heißen würde. Es ist sehr verpönt, sich auf eine Türschwelle zu setzen. Nach und nach lerne ich aus meinen Fehlern. Dann bin ich in der Jurte und fasse einen Pfeiler in der Mitte der Jurte an. Bim – das ist nicht erlaubt! Schließlich verstehe ich mich so gut mit der Familie, dass die Mama sich die Zeit nimmt, mir mithilfe meines Büchleins die Verbote zu erklären, und Tengis und Tamra kommen dazu und erklären es mir noch genauer.

Nach dieser Regel- und Organisationspause konzentriere ich mich auf die charismatische Großmutter. 50 Minuten beobachte ich, was sie macht, und denke an meine Oma, die ich sehr liebe und die jetzt auch lernen muss, ohne ihren Dady zu leben. In diesem Moment fehlt mir meine Mamie, meine Roselyne, meine Beraterin und zweite Mutter – schrecklich ... Ich möchte ihr durch die Steppen die ganze Liebe und Kraft dieser Mama schicken, die auch vor Kurzem Witwe geworden ist. Die Kraft der Großmütter ist unglaublich. Ich bin jedes Mal gerührt, wenn ich eine Oma treffe. Wie machen sie das? Wie schaffen sie es, nur Gutes zu schenken?
So weise zu reden und jede Lage so gut zu beruhigen? Ich verallgemeinere nicht, aber die Großmutter sind wirklich wunderbar. Sie lehren uns sehr vieles. *»Ich weiß nicht, ob du mich hörst, Mamie, aber danke. Danke, dass du mir den richtigen Weg gezeigt hast, dass du die kleine Lampe angezündet hast, die ich weggeräumt hatte. Danke, dass du immer da*

## Auf Ikbaths Land

*bist und uns immer wieder den Teller füllst. Du hast etwas gemeinsam mit den mongolischen Mamas, die zwanzigmal nachfüllen, damit sie sicher sind, dass du genug gegessen hast. Danke für deine Ruhe und dafür, wie du deine Überzeugungen im Alltag lebst. Danke für deine Großzügigkeit, die zu deinem Antrieb geworden ist. Was du für eine Kraft hast! Was für eine Kraft diese Mamas haben. Sie haben uns alle etwas zu lehren, das ist sicher. Mamie, ich bin nicht in deinem kleinen Haus mit den blauen Fensterläden am Rand des Hafenviertels von Ploumanac'h und kann deine Küche nicht riechen und deine Stimme nicht hören, die uns zum Essen ruft. Hier ist es nicht dieselbe Stimme, aber ich finde hier deine Süßigkeiten wieder, hier sind es keine Crêpes, sondern Krusten mit stark fermentiertem Käse. Ich sehe dich in dieser Mama, wie sie den Ihren gegenüber zuvorkommend ist ... Schau, du hast dich in eine mongolische Mama verwandelt – wenn auch nur 50 Minuten lang. Es ist eher lustig, dich mir hier vorzustellen. Ich liebe dich, Mamie, auch wenn du mich nicht hörst. Ich schicke dir mongolische Adler, die das alles den bretonischen Möwen weitergeben.«*

Ich fühle mich richtig wohl hier, ich finde mich zurecht und entwickle Gewohnheiten. Die Zeit vergeht schnell. Wir haben nichts von Côme und Gerel gehört, aber sie dürften morgen mit der Gruppe ankommen. Ich freue mich darauf, neue Leute kennenzulernen, aber ich kann es auch kaum erwarten, mit meinem Alleinsein weiterzumachen. Ich denke immer stärker an meinen Wunsch, die Tsaatan kennenzulernen. Ich weiß noch nicht, wie, aber ich spüre, dass das mein nächstes Ziel ist. Ich möchte mich noch ein bisschen nach oben zurückziehen, bevor morgen alle kommen. Ich reite mit einem meiner Lieblingspferde los, Monica. Dieses Pferd ist unglaublich schön, aber vor allem ein kleiner Rennwagen. Ich bin während der Tour alle Pferde geritten, und Monica ist mein Lieblingspferd. Ich sattele es und bin an diesem frühen Abend besonders bewegt. Ich komme zu unserem Lager, und davor liegt ein Teppich aus Ziegen. Sie sind überall, auch in den Zelten. Das ist unbeschreiblich, ich kann es nicht fassen. Die Farben, die Sonne, die Zie-

## Seele

gen in unterschiedlichen Farben, dazwischen Pferde, weiter unten der Fluss. Wo bin ich? Ich erkenne in meinem tiefsten Inneren die Größe der Welt und die Kleinheit der Menschen angesichts dieser Schönheit, die wir nicht mehr wahrnehmen. Mein Pferd galoppiert los, mein Hut fliegt weg, ich halte ihn nicht fest. Ich habe ein Riesenlächeln im Gesicht. Ein Kind stößt einen Schrei aus und lächelt mir zu, als es mich losreiten sieht. Meine Tränen fließen. Es berührt mich total, so dahingaloppieren zu können. Die Sonne blendet, und ich kann nichts mehr sehen. Monica bewegt sich für mich. Monica fliegt über die Berge. Das Pferd freut sich genauso, das spüre ich, das sieht man. Es wiehert beim Galoppieren, das bringt mein Fass zum Überlaufen. Ich lasse mich total von ihm führen. Ich muss ein letztes Mal diesen Ort in mich aufnehmen, weil es die letzte Nacht ist, bevor die Leute kommen, aber vor allem, weil ich danach nur noch eine Nacht hier bin …

*Die Seele, ja, wir haben alle eine Seele. Sie ist bei jedem von uns da und macht uns einzigartig. Unsere Seele ist etwas Unberührbares, Unersetzliches, sie passt sich nicht an. Im Gegensatz zu unserem Geist, der mit unseren Erfahrungen lebt und wächst. Ich bin seit drei Wochen in den Steppen und spüre diese unerklärliche, unbeschreibliche Kraft, die zärtlich unser Gesicht streift, ohne dass wir wissen, woher das kommt. Warum sind diese Empfindungen da? Meine Seele, die ich bis dahin nie berücksichtigt habe, spüre ich jetzt. Ich spüre, wie weit man gehen kann, und ich habe keine Grenze mehr. Vielleicht habe ich deshalb solche Angst vor der Ankunft der Touristen, die mich daran erinnern, wer ich war, bevor ich diese Reise angetreten habe. Ich weiß nicht, ich bin so befreit; aber die ganzen Emotionen sind zu stark, um in meinem Herzen Platz zu haben.*

*Ich muss sie rausgaloppieren. Ich hatte mit einer solch brutalen, starken, intensiven Begegnung nicht gerechnet. Meine Seele hat gerade angeklopft und mir gesagt, dass sie da ist – frei und stolz, mich sie spüren zu lassen. Ich weiß zwar nicht wirklich, was genau passiert, aber ich hatte diese Empfindung noch nie, ich habe das Gefühl, ein zweites Mal geboren zu werden, einen neuen Körper zu haben, der anfängt, im Rhythmus der Natur zu leben.*

## Auf Ikbaths Land

**Die Tour kommt näher ...**
Ich reite gemütlich mit Monica den Berg hinunter. Ikbath bietet mir an, den letzten Abend mit ihnen zu essen. Ich sattle Monica ab und gehe zum Essen mit der Familie. Diesmal habe ich den *Deel* richtig an, und rosa Wangen habe ich auch. Ich nehme den Tee mit Milch, den ich liebe, und fange an, die Nudeln mit Schaffleisch zu essen. Ich freue mich sehr, diese letzten Momente mit ihnen zu teilen, den Nudeltopf kriege ich allerdings kaum noch runter. Ich habe das Zicklein auf dem Schoß, das nachts in der Jurte bleibt, weil es zu jung ist und nicht bei der Mutter trinken kann. Es könnte sich in der Nacht verlaufen. Es ist total süß. Nach dem Essen gehe ich mit Tengis und Tamra zum Lager. Wir fangen an, Rock 'n' Roll zu tanzen. Ich versuche, Tamra ein paar Schritte beizubringen, und Tengis schaut aufmerksam zu. Es ist urkomisch. Ich hätte nie gedacht, dass ich einmal ohne die richtige Musik in einem mongolischen Zelt in den Steppen Rock 'n' Roll tanzen würde. Wir kringeln uns schließlich alle drei vor lachen über Tamras Versuche. Diese »Steppenpause« haut mich mit ihrer Unkompliziertheit einfach um. Ich hatte keine Ahnung, und Tamra und Tengis waren echte Brüder für mich. Manchmal hatte ich das Gefühl, »die Mama« unserer Jurte zu sein. Wir organisieren uns für das Kochen, für das Spülen im Fluss, für das Einholen der Herden und beim Helfen mit den Ziegen. Wir haben Basketball gespielt und sogar eine Wasserschlacht mit allen Kindern gemacht. Es war fantastisch.
Ich habe mongolische Kartenspiele gelernt. Einfach im Gras liegen und endlose Partien spielen. Letzte Nacht im Rhythmus dieser Familie, und dann sind wir wieder unterwegs.
Bei Sonnenaufgang aufstehen, um unsere Pferde zu striegeln und ihre Mähne zu stutzen. Côme hatte mich vor der Abreise darum gebeten. Nach dem Friseursalon schlägt mir Tamra eine letzte Partie Schach vor, er spielt sehr gut. Ich erkläre mich bereit und weiß schon, wie es ausgehen wird. Wir legen uns ins Gras. Es ist superangenehm. Ich verstehe die Regeln schon besser. Dann hören wir

plötzlich in der Ferne einen Bus. Tamra steht auf und sagt, dass sie kommen. Wir spielen die Partie nicht fertig, damit wir sie willkommen heißen können. Ich bin superglücklich, sie kennenzulernen, und bin gespannt, wo sie herkommen.

# 35

## Die Touristen

Nach diesen Monaten Alleinsein freue ich mich und bin gespannt, die Leute aus Frankreich zu treffen. Sie werden mir helfen, mich wieder an mein Land zu gewöhnen, in das ich in wenigen Wochen zurückkehre. Ich habe jedes Zeitgefühl verloren. Ein Monat ohne jegliche Kommunikation, ein Monat weit entfernt von Touristengruppen. Ich wollte keine organisierte Reise, aber diesmal ist es anders. Das war der Deal mit Côme: Transhumanz und dann mehrere Tage eine Gruppe begleiten, die ich nicht kenne. In meinem Projekt war das nicht vorgesehen, aber ich habe das Gefühl, dass es tolle Begegnungen sein werden. Ich habe einen Teil dieses Landes schon alleine entdeckt, jetzt werde ich mit Freunden aus Europa weiter entdecken und austauschen.
Ich freue mich, sie willkommen zu heißen, als ob ich mich selbst begrüße am Beginn meines Abenteuers. Einer nach dem anderen kommt aus dem Bus. Sie kommen aus Frankreich, bis auf eine Frau, die seit zwei Jahren in der Mongolei lebt.
Es sind Didier, zwei Schwestern und Nathalie sowie Manu, die in der Mongolei lebt. Sie sind 20 bis 55 Jahre alt. Sie steigen aus, die Jüngeren mit Rucksack, die Älteren mit Rollkoffer. Hier ist nicht der Club Med, und ich freue mich jetzt schon, dass sie andere Dinge entdecken möchten als Strände zum Bräunen und Vollpension zum Dickwerden. Hier ist nichts wirklich vorhersehbar, weil alles von den Unwägbarkeiten der Natur abhängt.

## Die Touristen

Die Stimmung ändert sich radikal. Wir unterhalten uns, wie es im Westen üblich ist. Bei dieser kleinen Gruppe von fünf Personen habe ich den Eindruck, in geballter Form mit den Problemen konfrontiert zu sein, die mich zu Hause erwarten. Aber interessanterweise tun mir diese Begegnungen gut, weil sie für meine Rosy gut sind. Es sind sehr verschiedene Charaktere, und wir verstehen uns. Die mongolische Magie wirkt. Wir schleppen alle etwas mit uns herum. Dieser schönen Mischung wird eine Reittour guttun, und jeder wird sein Drehbuch neu schreiben, um anschließend neu durchzustarten.

### Zähmung

Gleich an den ersten Tagen lässt mich Côme ihnen ihre zukünftigen Reittiere vorstellen. Da fällt mir plötzlich auf, dass wir nicht genug Pferde haben. Ich gehe zu ihm zurück und frage ihn, welches Pferd ich reiten soll. Er schaut mich an und sagt: *»Keine Sorge, Ikbath leiht dir eines von seinen Pferden.«* Ich bin traurig, dass ich nicht eines der Pferde reiten darf, die ich schon seit fast drei Wochen reite. Aber vor allem mache ich mir Sorgen, was ich für ein Reittier bekommen werde. Drei Viertel seiner Pferde sind wild, also schwer zu reiten. Es scheint mir zumindest so, denn die Pferde, die ich hier bisher gesehen habe, sind nicht so ruhig und gezähmt wie die von Côme. Ich versuche zu vertrauen und sage mir, dass Ikbath schon das richtige Reittier für mich aussuchen wird.

Ich gehe wieder zurück und sehe mir ihre ersten Reitversuche an, die mich an meine erinnern. Ihre Blicke sagen mir, dass diese freie Sicht in alle Richtungen sie verunsichert. Sie haben alle schon im Sattel gesessen und sind an Steigbügel gewöhnt, aber angesichts dieser unendlichen Weite fühlen sie sich orientierungslos. Ein Ritt in der Mongolei beeindruckt jeden – da spielt es keine Rolle, wie gut man reiten kann. Ich helfe den Frauen in den Sattel. Didier lasse ich allein, er ist Reitprofi und besitzt selbst einen Reiterhof

## Seele

im Vulkangebiet der Auvergne. Ich mache den anderen Mut und beruhige sie, weil ich mich in sie hineinversetzen kann. Die jüngere der beiden Schwestern verliert die Nerven, das ist normal. Man hat Angst, dem nicht gewachsen zu sein. Das versteht man erst, wenn man hier ist, die ganze Atmosphäre geht einem an die Nieren. Es ist nicht einfach nur Reiten, sondern die gesamte Umgebung macht einem die eigene Zerbrechlichkeit bewusst. Die Auswanderin Manu möchte am ersten Tag nicht reiten – ein Glück für mich, dann kann ich noch ein letztes Mal mein Lieblingspferd Monica reiten. Wir reiten also zur Eingewöhnung ein bisschen los. Auf den ersten Metern schon ein Geschenk: Eine Hirschkuh trabt an uns vorbei. Ein wunderschönes Erlebnis am ersten Tag!

Nach diesem gemeinsamen Eingewöhnen brauchen wir alle Schlaf. Der nächste Tag ist ein großer Tag. Ikbath hat mir angekündigt, dass ich einen besonderen Moment im Leben der Mongolen erleben werde: das aufwendige erste Melken der Stuten, um das Nationalgetränk der Mongolen zu machen: *Airag*, Alkohol aus vergorener Stutenmilch.

### Mein Reittier

Vor diesem Ereignis zeigt Ikbath mit dem Finger auf das Reittier, das ich bekomme. Ein beigefarbenes Pferd, das gegenüber der Familienjurte angebunden ist.

Ich gehe vorsichtig darauf zu und versuche es zu streicheln, es lässt sich aber nicht berühren. Es ist total abweisend. Ich beiße die Zähne zusammen und gehe etwas skeptisch zur Gruppe zurück. Ich vertraue aber darauf, dass ich mit diesem neuen Begleiter in der Steppe schon zurechtkommen werde. Ich frage Côme: *»Wie heißt es?« »Es hat keinen Namen.« »Kann ich es Seper nennen?« »Wie du willst.«* Ich kann es noch nicht richtig begreifen, ich habe gerade ein Pferd bekommen, das ziemlich gestresst wirkt. Als Mittel gegen seinen Stress nenne ich es Seper (MS-ler). So ist es mir schon viel vertrauter. In der Mongolei haben die Pferde nicht unbedingt Namen.

# Die Touristen

Mich durchdringt heute besonders diese mongolische Kraft, und der Name »Seper« für mein neues Reittier kommt mir sofort in den Sinn, ganz anders als bei dem ersten Pferd, auf dem ich saß. Beide haben wir etwas zu zähmen. Ich gehe zu den anderen, um dieses lang erwartete mongolische Ereignis mitzuerleben.

## Stutenmelken

Das Leben der mongolischen Nomaden beruht auf der traditionellen Viehzucht, und es gibt den Brauch, zwei Alkoholarten aus Milchprodukten herzustellen: *Airag* aus vergorener Stutenmilch (die türkische Bezeichnung *Kumys* ist bekannter) und *Arkhi*, ein Destillat aus Joghurt. Das Stutenmelken erfolgt in mehreren Schritten. Zunächst wird das Fohlen von der Mutter getrennt, damit man die Stute besser fangen kann. Wenn die Stute gefangen ist, wird das Fohlen wieder zu seiner Mutter gebracht, und es wird beim Melken so getan, als ob das Fohlen trinkt. In Wirklichkeit sind es die melkenden Hände einer mongolischen Mama. Aber davor muss man die Stute erst einmal fangen. Dabei kommt eine Mischung aus Taktik, Geschick, Akrobatik, Kraft und Zähigkeit zum Einsatz. Das einzige Hilfsmittel dieser mutigen mongolischen Reiter ist das *Uurga*, ein Lasso mit einer langen Holzstange, an der eine Seilschlinge befestigt ist. Es wird der Stute um den Hals geworfen, um sie zum Stehen zu bringen. Häufig wird dabei allerdings der Reiter zu Boden gerissen.

Die Unglücklichen liegen am Boden und werden viele Meter von der Stute mitgeschleift, die sich nichts gefallen lassen will. Beeindruckend diese Aktion. Wir sitzen bei den Fohlen und sehen uns diese alljährliche Pferdeshow an. Die Zähigkeit der Reiter ist bewundernswert: noch auf dem Boden halten sie die Stute fest und lassen sich zig Meter weit mitschleifen, in der Hoffnung, dass die Stute irgendwann aufgibt. Die Stuten sind nicht zu vergleichen mit »unseren Luxushühnern«, wie Côme sie nennt, die in den Boxen unserer Reitställe stehen. Didier, dem erfahrensten von uns, fallen

## Seele

die Augen aus dem Kopf. Das Einfangen der Stuten dauert den ganzen Tag. Am späten Nachmittag versammelt sich das ganze Tal bei Ikbath, um die Eröffnung dieser Melksaison zu feiern. Die Mongolen schätzen besonders diese erste Stutenmilch des Jahres. Dann steigt ein Fest für alle Generationen mit Wettläufen, Singen, Kämpfen und vor allem Wodka. Ich beobachte die Wettkämpfe. Ich kann nicht mitmachen, weil ich keine Mitstreiter habe. Ikbath ist begeistert: Sein Fest ist ein echter Erfolg, alle Bewohner des Tals sind seiner Einladung gefolgt, das ist für ihn wichtig. Später erfahre ich, dass er mit diesem Fest versucht, die Landflucht einzudämmen, die junge Leute in die Städte und die Alten in die Vorstädte treibt. Bei diesem Fest haben die Neuankömmlinge und ich schon einmal Gelegenheit, uns gegenseitig ein bisschen über uns zu erzählen. Ich weiß nicht, auf welcher Suche diese fünf Personen sind, ich weiß nichts über sie, aber dieser Aufenthalt wird etwas in ihnen bewirken – und bei mir. Ich weiß nicht, in welche Richtung und mit welchem Ergebnis, aber ich merke jetzt schon, dass wir einen intensiven Austausch haben und Neues entdecken werden.

Heute werde ich zum letzten Mal in diesem märchenhaften Tal übernachten. Ich weiß nicht, ob ich den großen Krieger Ikbath wiedersehen werde. Wenn ich mir den Abschied nur vorstelle, bekomme ich schon Gänsehaut. Dieser Mann ist weise, er hat alles verstanden. In dieser geschützten Welt bewahrt er das, was wertvoll ist, und gibt es weiter: das Leben in Gemeinschaft mit der Natur und in Achtung vor der Natur.
Beim Einschlafen habe ich einen Kloß im Hals wegen des bevorstehenden Abschieds. Neben mir erholt sich Didier lautstark von seinem ersten Tag in der Mongolei. Am nächsten Morgen sehe ich ihn mit einem Lächeln an und frage:
»*Was ist denn das für eine Technik, mit der du die ganzen Raubtiere vertreiben willst?!*«

## Die Touristen

Er versteht nicht, was ich meine. Mit einem großen Grinsen sage ich:
*»Ich glaube, das ganze Tal hat dich schnarchen gehört, Didier.«* Er lacht los, wundert sich aber und sagt mit Entschiedenheit und Selbstbewusstsein:
*»Das kann nicht sein, ich schnarche nie!« »Keine Sorge, das wird die Mongolei sein, die nachts zu dir spricht.«* Wir sehen uns an und verstehen uns. Er hat Humor, wir werden Spaß haben.

## Aufbruch

Vor dem Aufbruch verabschiede ich mich von dem Herrn der Herden und seiner Familie. Ich gehe in die Jurte und bin total aufgewühlt. Ich kann ihnen gerade mal auf Wiedersehen sagen und sie umarmen. Ich reiße mich zusammen. Mein Herz rast ... Zwei Sekunden später kommen die anderen, und ich will vor ihnen nicht in Tränen ausbrechen. Das ist das erste Mal seit dem Beginn meines Abenteuers, dass ich mich zusammenreiße. Warum halte ich mich so schnell wieder an Konventionen und lasse nicht raus, was mein Herz sagen möchte?! Ich muss mich noch nicht vollkommen von dieser Familie trennen, der Sohn von Ikbath, Nara, begleitet uns auf unserer Tour. Es tröstet mich, dass er da ist. Tamra merkt, dass ich traurig bin, und sieht mich weinen. Er kommt mich trösten und streichelt mir den Rücken. Ich umarme ihn ganz fest. *»Es wird alles gut gehen«*, sagt er. Er ist selbst gerührt und versteht meine Gefühle. Er hält mein Pferd, damit ich leichter aufsteigen kann, es scheint nämlich sehr angespannt zu sein. Sobald ich im Sattel sitze, fühle ich mich viel sicherer, mit Seper umzugehen, der sich jetzt an den unbekannten Hintern gewöhnen muss, den er auf dem Rücken hat.

## Die Tour

Zu acht reiten wir nach Westen, durch die Steppen, aber auch durch Sanddünen, Wälder und an Flüssen entlang. Jeder Tag hat eine neue

# Seele

Kulisse, etwas Neues zum Staunen. Dünen, in die man einsinkt und leicht stürzen kann, und Flüsse, die man durchqueren muss. Jeder Reiter gibt von seinem Wissen und seinem Hintergrund etwas weiter: Natalia kommt aus Moldawien und erlebt eine Landschaft, die ähnlich ist wie in ihrer Heimat. Didier begeistert sich für Fauna und Flora und gibt mir Unkundigem sein Wissen über die Tiere weiter, die über uns fliegen und die wir bewundern. Manu lebt seit zwei Jahren in Ulan-Bator und ist sehr unruhig, sie erzählt uns von all ihren Erlebnissen hier in der Mongolei. Die beiden Schwestern sind sehr verschieden, sogar gegensätzlich. Eine ist still und introvertiert, und die andere liebt Volksfeste und Partys jeder Art. Mit unserer internationalen Brigade sind wir jetzt also den Launen der Natur und des Wetters ausgesetzt.

Ein Beispiel: An einem Abend vor dem Schlafengehen wollen wir uns im Fluss waschen gehen und sehen die Wolken nicht, die hinter den Bergen versteckt sind. Wir gehen in Unterwäsche ins Wasser, und plötzlich bricht ein Wolkenbruch über uns herein. Der Fluss wird in wenigen Sekunden schneller und reißt mich mit. Manu schnappt meine Hand, um mich ans Ufer zu ziehen. Sie schafft es selbst kaum. Nach diesem Kampf schüttle ich mich und wickele mich in mein Handtuch. Ich renne zum Lager und stelle fest, dass das große Zelt platt gedrückt ist, das mein Zelt geschützt hat, und das der Schwestern ebenfalls. Tengis und Tamra helfen uns, im Regen die Zelte wieder aufzustellen. In der Zwischenzeit wärmen wir uns im Zelt von Didier auf. Der Älteste unserer Gruppe kümmert sich rührend um uns. Das ist beruhigend, aber vor allem manchmal sehr lustig.

Die beiden Schwestern mit einem Fachmann für Antibiotika über Pflanzen und Naturheilkunde reden zu hören ist schon abgefahren. Diese Gespräche sind manchmal zum Schieflachen – und wir werden dadurch immer vertrauter.

Die wunderschönen Landschaften, durch die wir kommen, tun uns mit unseren Sorgen sehr gut. Nachdem wir tagelang geritten sind

## Die Touristen

und uns ausgetauscht haben, ist es jetzt Zeit für meine letzte Etappe. Es fällt mir nicht schwer, mich von meinen neuen Freunden zu trennen. Ich bin bewegt, aber mir fehlt die Einsamkeit, und ich kann es kaum erwarten, das Ziel dieses Abenteuers zu erreichen: Seit Monaten habe ich glänzende Augen, wenn ich an die Tsaatan denke, dieses ursprüngliche Volk, das zurückgezogen in der Taiga im Norden der Mongolei lebt. Côme schlägt mir vor, mit ihm und Gerel weiterzuziehen, aber es zieht mich mehr nach Norden, obwohl es leichter wäre, sein Angebot anzunehmen. Er ist sehr skeptisch, dass ich es schaffe, dort anzukommen. *»Es ist nicht die richtige Jahreszeit, es ist morastig, du wirst Probleme haben, dort hinzukommen. Wenn du bis zum Haus von Mooji kommst, ist das schon enorm. Das ist mindestens vier Tage von den Tsaatan entfernt.«*
Das macht mir erst recht Lust darauf. Danke, Côme. Ich muss da hin, es geht nicht anders.

### Wieder in Ulan-Bator

Die Gruppe ist echt stark, jeder findet seinen Platz und hört dem anderen in seiner Andersartigkeit zu. Ich kann mich an mehrere sehr intensive Gespräche mit jedem Einzelnen erinnern. Einzigartige und unvergessliche Momente in dieser Weite, in der man vergisst, wo man herkommt, um Hand in Hand vorwärtszugehen – auf einem Weg, wo dem Menschen keine Grenzen gesetzt sind, der aber auch keine Anhaltspunkte hat. Ich erinnere mich vor allem an einige heftige Gespräche mit meinem lieben Didier, in denen wir beide versucht haben, uns gegenseitig zu verstehen und den Schlüssel zu finden. Merci, ohne dass es euch bewusst war, ist mein Geist durch euch weiter geworden, und Rosy hat sich entfaltet.
Ich werde euch bestimmt wiedersehen, und wir werden uns bei zukünftigen Projekten helfen. Vor dieser Woche wäre kein einziger der Gruppe ein möglicher Freund für mich gewesen. Die Stunde des Abschieds ist nun da. Es sind echte Freundschaften entstanden. Die

beste Voraussetzung für meine nächste Tour. Ich muss mich von den Kindern von Côme und Gerel verabschieden. Das fällt mir besonders schwer. Sie sind meine kleinen mongolischen Brüder geworden. Diesmal freue ich mich, ich bin nicht die Einzige, die Tränen in den Augen hat. Dann kommt der große Herr der Steppen, Côme, der es offensichtlich nicht gewohnt ist, Gefühle zu zeigen. Er ist aber doch gerührt. Schließlich verabschiede ich mich von Gerel. Ich nehme sie ganz fest in den Arm, sie ist auch aufgewühlt. Wir versprechen uns ein baldiges Wiedersehen. Wir umarmen uns und halten uns an den Händen, bis wir auseinandergehen müssen. Ich wische ihr die Tränen ab und umarme sie noch einmal. Ich gehe schweren Herzens, aber mit einem Stück Papier, auf das eine Telefonnummer gekritzelt ist. Ohne es zu wissen, habe ich damit meinen Pass für die Tsaatan bekommen.

# 36
## *Immer daran glauben ...*

Ich fahre vom Busbahnhof Ulan-Bator ab, um so weit wie möglich nach Norden zu kommen. Ich habe überhaupt keine Ahnung, wen ich durch die Telefonnummer am anderen Ende der Leitung haben werde, und vor allem, wie wir uns verständigen werden – aber das macht nichts, ich vertraue. Gerel hat sie vorgewarnt, dass eine kleine Blonde kommt – nicht wann und nicht wie. Ich steige in einen Bus und checke mehrmals, ob es auch der richtige ist. Alles ist auf Mongolisch geschrieben. Ich muss nach Mörön, um eine russische Genehmigung zu bekommen. Im Norden braucht man sie.

Ich kann es noch gar nicht glauben, was ich mit dieser Familie in der Steppe alles erlebt habe, es ist einfach unvorstellbar. Jetzt ist erst einmal der Bus voll, ich habe das Gefühl, dass er jederzeit zusammenbrechen kann. Es ist wunderschönes Wetter, die Sonne geht unter

## Immer daran glauben ...

und scheint mir ins Gesicht. Der Bus fährt los, ich weiß nicht, wo es hingeht, aber ich habe mich noch nie so wohlgefühlt. Mit einem Buntstift in der Hand versuche ich, den Sonnenuntergang über den Hügeln von Ulan-Bator zu zeichnen. Ich lerne meine Nachbarin rechts neben mir kennen, die sehr lustig zu sein scheint. Ich habe den Eindruck, dass sich alle kennen; es wird kreuz und quer gesprochen, gelacht und gelächelt. Sie haben sehr ausdrucksstarke Gesichter, das ist angenehm. Am liebsten würde ich gleich mit ihnen lachen. Der Bus fährt los, ich fühle mich sehr leicht. In meinem Rucksack habe ich nur ein Zelt, das nicht ganz zugeht, eine Decke und einen Pulli aus Yakhaar. Der Rest meiner Sachen ist in der Herberge geblieben. Ich freue mich riesig, das zu machen, was ich mir von Anfang an vorgenommen habe. Ich denke wieder an den liebevollen und rührenden Abschied – werde aber vom Ruckeln des Busses in die Realität zurückgeholt. Die Sonnenstrahlen dringen durch die Fenster und erhellen die Gesichter, es ist wunderschön.

### Auf dem Weg nach Mörön

Vor mir liegen zwölf Stunden Busfahrt. Ich habe mein Handy ausgeschaltet, damit ich gegebenenfalls noch Akku habe, um den Weg zu finden. Ich weiß nur, dass ich morgen Vormittag am Busbahnhof ankommen soll und ein Auto suchen muss, das mich nach Renchinlkhümbe im Norden bringt. Aber dahin kommt man nur sehr schwer; es gibt keine Straße, nur Berge und ein sehr morastiges Gelände. Die meisten Autos bleiben in dieser Jahreszeit dort stecken. Wenige riskieren die Fahrt dorthin. Ich versuche, nicht daran zu denken, und sage mir, dass ich die Person am Busbahnhof finden werde. Er hat mich noch nie gesehen, und ich kenne ihn auch nicht. Ich weiß nicht, wie er aussieht, und es ist kein Zeitpunkt und kein Treffpunkt ausgemacht.

Nach zehn Stunden Busfahrt mit Pausen am Straßenrand oder Pipipausen in der Natur wird es dunkel, und der Bus hält an. Keine

## Seele

Ahnung, was jetzt passiert. Ich schalte mein Handy ein, um auf die Karte zu sehen. Ich bin eine Stunde Fußweg von Mörön entfernt. Ich weiß nicht, warum wir hier anhalten. Keiner spricht Englisch, geschweige denn Französisch. Ich versuche, mithilfe meines Büchleins etwas zu verstehen, vergeblich. Ich beschließe, meinen Rucksack zu nehmen und zu Fuß nach Mörön zu gehen. Ich möchte die einzige Verabredung nicht verpassen, durch die ich in diese schwer zu erreichende Stadt im Norden gelangen kann. Ich habe keine Chance, zu den Tsaatan zu kommen, wenn ich nicht rechtzeitig ankomme. Es ist 5 Uhr morgens. Ich hole meinen Rucksack und gehe an der Straße entlang in Richtung Mörön. Es fahren sehr wenige Autos vorbei, und der Bus steht immer noch. Ich gehe weiter. Bevor ich losgehe, frage ich, ob Mörön wirklich in dieser Richtung liegt, das wird mir bestätigt. Es sind noch 15 Kilometer, das ist zu Fuß zu schaffen. Ich setze meinen Rucksack auf, esse den Apfel, den ich mir für diese Fahrt aufgehoben habe, und setze mir die Kopfhörer auf, um mich mit Musik zu motivieren. Ich laufe etwas abseits der Straße, damit ich nicht überfahren werde. Ich habe Vertrauen, ich weiß nicht, warum, aber ich habe gerade keine Angst. Der Mond scheint auf meinen Weg, und ich sage mir, dass alles gut gehen wird. Ich bin dorthin unterwegs, wovon ich schon sehr lange träume, und es tut sogar gut, ein bisschen zu laufen, anstatt in diesem Bus zu hocken. Ich bin sehr gut zu Fuß, es erinnert mich wieder an Neuseeland: einen Fuß vor den anderen setzen und meinen Körper die Verantwortung dafür tragen lassen, was passiert. Ich höre auf ihn und lasse mich führen, er ist der Boss!
Als Mörön zu sehen ist, geht auch die Sonne auf. Wenige Kilometer vor der Ankunft bin ich erschöpft. Ich beschließe, hier mein Zelt aufzuschlagen, weil ich nicht weiß, ob es in der Stadt eine Möglichkeit dazu gibt. Ich will zwei Stunden schlafen, bevor ich weitergehe. Ich fange an zu wanken. Ich lege mich hin und wache durch den Lärm der Autos und Lkws auf der Straße automatisch auf.

## Immer daran glauben ...

Als ich mein Zelt einpacke, halten Mongolen an und bieten mir an mitzufahren. Ich setze mich auf die Rückbank ihres Autos. Sie bringen mich zum Bahnhof Mörön. Ich habe das Gefühl, ein bisschen Neuseeland mitgenommen zu haben. Sie sind supernett, geben mir zu trinken und eine Packung getrockneten Käse, auch wenn das um 8 Uhr morgens nicht mein Traumfrühstück ist. Das tut's! Ich kaue langsam auf dem Rücksitz und träume vor mich hin. Ich schaue auf die Uhr und freue mich. Die Fahrer sagen, dass ich um 9.30 Uhr dort sein werde ... ich bin in der Zeit. Ich habe eine Stunde, um diesen unbekannten Mann zu finden.

Als ich ankomme, sehe ich viele Busse, aus denen Mongolen aussteigen. Viele von ihnen sprechen mich an und bieten mir an, mit ihnen zu fahren. Ich verstehe allerdings gar nichts. Ich suche jemanden mit dem Vornamen Mooji. Jedem nenne ich diesen Namen, in der Hoffnung, dass er sich selbst kennt: »Mooji, Mooji, Mooji!« Sie nicken, aber ich weiß nicht, wer nun wirklich Mooji ist. Ich setze mich also auf meinen Rucksack und beobachte, wer wer ist – und wie einer den anderen ansieht. Dann sehe ich hinten plötzlich einen Bus, der Mongole lässt sein Fenster herunter, lächelt mich an und winkt mir. Ich weiß nicht, warum, aber ich weiß sofort, dass er es ist. Ich renne zu dem Bus, und werfe meinen Rucksack rein. Er sagt »Mooji«, dann stellt er sich aber mit einem anderen Vornamen vor. Macht nichts, ich denke, ich sitze im richtigen Auto. Jedenfalls wirkt er total cool. Er steigt aus dem Bus, und ich sehe, wie er mit allen auf Mongolisch spricht. Wenn ich es richtig verstehe, möchte er seinen Bus vollmachen, bevor er in den Norden fährt, weil das Gelände in der Zeit sehr gefährlich und morastig ist. Nach mehreren langen Stunden Warten sehe ich, dass Herr X – ich habe seinen Vornamen vergessen – Säcke in den Bus lädt.

Ich zeige ihm in meinem Wörterbuch »Genehmigung« Tsaatan. Er versteht, dass ich vor der Abfahrt zur Polizei von Mörön gehen muss.

## Seele

Er begleitet mich und hilft mir, die Formulare auszufüllen. Ich bekomme schließlich diese Genehmigung mit Stempel, mit der ich in die Nähe der russischen Grenze reisen darf. Los geht's, der Bus ist zum Brechen voll. Das erinnert mich an Myanmar. Diesmal bekommt jeder Passagier am Beginn der Fahrt einen Schluck Wodka. Der Fahrer nimmt keinen – ich bin beruhigt. Wir fahren nach Renchinlkhümbe, 15 Stunden Fahrt liegen vor uns.

# 37

## Die Wette gilt

Sobald wir Mörön verlassen, hört die Straße auf. 15 Stunden auf Wegen durch Täler, über Berge und durch Flüsse. Wir sitzen in dem berühmten mongolischen Bus, der überall hinfährt, bei Wind, bei Regen, bei Schnee – er schreckt vor nichts zurück. Er zwängt sich durch die Berge und schaukelt wie ein Boot bei Unwetter, aber er kippt nicht um.
Es schaukelt gewaltig, ich sitze an die Tür gedrückt. Wir sitzen mit 13 Personen auf acht Plätzen. Das stört niemanden und ist eher angenehm. Es wundert mich nicht einmal mehr. Es sind drei Frauen, die alleine reisen, eine Großmutter, ein Paar, vier Männer, ein Jugendlicher, ein Kind mit seiner Mutter und ich. Die mongolischen Mamas sind sehr aufmerksam. Sie fragen ständig, ob ich auch gut sitze und ob es mir auch nicht kalt ist. Sie geben mir Obst und wieder Käse. Ich fühle mich sicher. Ich weiß nicht, ob ich in die richtige Richtung fahre, aber ich spüre, dass die Menschen um mich herum fürsorglich sind.
Unsere Fahrt wird auf dem Gipfel jedes Bergs unterbrochen, damit sich die Leute an den *Obos* besinnen können. Die Großmutter nimmt jedes Mal eine Flasche und eine Kelle mit, um Milch und Gaben zu den *Obos* zu bringen.

## Die Wette gilt

Das ist schön und rührend. Ich sehe sie auf Knien vor einem der drei *Obos*, sie hängt ein blaues Band auf. Ich beobachte, was der Berg ihnen gibt. Ich habe das Gefühl, unsichtbar zu sein und diese Kraft auf den Bergen zu spüren. Alle besinnen sich ernsthaft vor jedem *Obo*, bevor sie wieder in den Bus steigen. Ich besinne mich so wie sie und übernehme den Brauch. Er besteht darin, dreimal im Uhrzeigersinn um den *Obo* zu gehen, zu danken und Schutz für den Rest der Reise zu erbitten. Die *Obos* sind sehr verschieden. Ich habe noch nie so hohe und so bunte *Obos* gesehen wie auf diesem Pass. Sie überragen die Berge, die Hügel, die Täler. Sie scheinen Augen zu haben und alles zu beobachten, was passiert. Die Mongolen können sich auf ihrem Weg an ihnen orientieren und vor allem dafür danken, so weit gekommen zu sein. Bei den blauen Bändern, die im Wind wehen, muss ich an die Toten nach einer Schlacht denken. Das ist ein komisches Gefühl, aber ich habe den Eindruck, dass Menschen unsichtbar anwesend sind. Als ob Geister im Wind wehten. Die Farben verzaubern mich; es flattert in der Luft, als ob die Geister auf den Wind hörten, damit er sie führt. Als ob der Wind ihnen eine Schutzbotschaft für uns brächte. Ich bin in meinen Gedanken, aber es ist sehr intensiv. Ich weiß nicht, wie ich es erklären soll. Ich höre, dass der Fahrer wieder einsteigt. Wir folgen ihm und sitzen wieder dicht gedrängt. Ich sitze auf dem Schoß meiner Nachbarin. Man kommt sich schnell nahe.

Nach sechs Stunden Fahrt halten wir an einer Jurte, um uns auszuruhen und etwas zu essen. Ich gehe hinein, alle setzen sich auf den Boden, als ob sie bei einem Verwandten eingekehrt wären. Ich stelle mir vor, in Frankreich bei einer Raststätte oder bei jemandem, der an der Bundesstraße wohnt, einfach hineinzugehen und um etwas zu essen zu bitten. Man bietet mir an, mich hinzulegen, zu schlafen und mich auszuruhen. Ich zwinge mich dazu, halte aber die Augen offen, um zu analysieren und zu verstehen, was vor sich geht. Die Mama, die neben mir saß, fängt an, mir den Rücken zu massieren.

# Seele

Das tut sehr gut. Zwei Minuten später bin ich auf der Bank eingeschlafen. Ich werde plötzlich von einem lauten Krach wach. Es ist nur die Kühlerhaube des Wagens, den sie sich gerade ansehen. Zwei Minuten später sehe ich noch im Halbschlaf, wie unser unbekannter Gastgeber uns einen Nudeleintopf mit Fleisch in Schüsseln füllt. Diesmal ist es kein Schaffleisch. Ich esse es trotzdem, es sieht sehr lecker aus. Es wärmt. Auch wenn es nicht kalt ist, tut es gut, etwas Warmes zu essen. Einer der Mitreisenden geht zum Bus, um etwas zu holen. Eine schöne Flasche Whisky. Erstaunlich für Mongolen, die doch Wodka trinken. Er erklärt, dass er ihn geschenkt bekommen hat. Ich brauche eine Zeit lang, um das zu verstehen. Ich liebe Whisky und bin begeistert. Er schenkt mir ein Glas ein, und jeder muss einen Toast ausbringen. Jeder kommt dran. Jetzt bin ich dran. Ich stehe auf und rede mit meinem Wörterbuch, um mich für die Aufnahme, die Freundlichkeit und die Kultur zu bedanken. Ich kann nur sehr konkrete Sätze sagen. Ich wünsche vor allem dem Fahrer viel Weisheit, das bringt alle zum Lachen. Er bietet unserem Gastgeber Whisky an und schenkt ihn besonders respektvoll ein. Er verbeugt sich, um ihm zu danken. Das ist sehr schön.

*Es macht mir Gänsehaut, diese ehrliche Dankbarkeit zu sehen. Für uns ist es so kompliziert, sich zu bedanken, wenn uns jemand vorlässt oder uns die Tür aufhält. Ein Wort mit fünf Buchstaben, das Freude macht und Respekt ausdrückt. »Danke« zu sagen ist das, worauf mich meine Eltern besonders häufig hingewiesen haben und was ich häufiger tun sollte. Das Wort ist so wichtig, so stark. Ein »Danke« löst bei anderen den Wunsch aus, das Gleiche zu tun – vor allem bei demjenigen, der es bekommt. Dieses Volk vertraut der Kraft der Natur und bedankt sich bei ihr, heil davongekommen zu sein. Respekt und gegenseitige Hilfe haben hier einen besonderen Stellenwert.*

Es wird bald dunkel, wir fahren weiter. Aber ich frage mich wirklich, wie der Fahrer sich orientiert. Es gibt kein Licht, kein Navi. Er sieht in dieser schwarzen Nacht nur die nächsten zwei Meter vor

## Die Wette gilt

ihm, aber er weiß, wie er fahren muss. Es ist mir unerklärlich. Ich schlafe an der Tür ein, und die Mama reicht mir ihren *Deel*, damit ich meinen Kopf darauflegen kann. Ich danke ihr mit einem großen Lächeln. Sie drückt meine Hand und beobachtet freundlich, wie ich einschlafe. Ich habe wirklich das Gefühl, eine Mutter neben mir zu haben. Das ist angenehm. Das braucht man in jedem Alter. Wenn die Mütter da sind, ist uns ihre Kraft nicht bewusst. Aber wenn sie nicht da sind, rennen wir los, um sie zu suchen. Ich glaube, Mutter zu sein ist einer der schwersten Berufe der Welt. Dafür gibt es keine Schule.

Ich werde plötzlich nach vorne geschleudert. Die Beine meines Vordermanns bekommen etwas ab. Der Fahrer öffnet abrupt die Tür und fordert uns auf auszusteigen. Es ist 2.30 Uhr morgens. Es ist pechschwarze Nacht, und der Bus steckt im Schlamm fest. Wir müssen ihn schieben, aber der Boden ist feucht, und wir sinken ein. In dieser Jahreszeit ist dieser Teil der Mongolei besonders regenreich. Daher gehen auch sehr wenige dorthin und noch weniger mit ihrem Auto. Ich sinke im Schlamm ein und schiebe den Wagen mit den anderen an, damit wir ihn herausbekommen. Ich schaue meine Kameraden an und feuere sie mit einem Schrei zum Schieben an. Nach einer halben Stunde haben wir es endlich geschafft. Einen Moment dachte ich, dass wir hierbleiben müssen. Dann wären wir erst am nächsten Morgen weitergefahren, man sieht ja nichts, und wir sind alle erschöpft. Unglaublich, wie sich alle motiviert haben. Keiner hat sich beschwert. Alles wird effektiv und schnell gelöst. Hier gibt es keinen Pannendienst; keine Zeit, sich über sein Pech zu beklagen, man muss sofort handeln. Das ist interessant. Je weniger man hat, desto mehr schafft man. Bei uns verlässt man sich immer auf andere, um aus Schwierigkeiten herauszukommen. Wir sind eine betreute Gesellschaft. Ich bitte auch zuerst meinen Freund, das Licht auszumachen, bevor er schlafen geht, oder den Müll runterzubringen.

# Seele

Hier handelt man, man bittet nicht.
Wir steigen wieder ein, das Abenteuer geht weiter. Ich drehe mich nach dem Fahrer um und schaue, was er vor sich sieht. Nichts. Dunkelheit. Aber er fährt trotzdem. Hier gibt es keine Straßenbeleuchtung. Dafür gibt es Sterne. Ein paar Stunden später – ich habe kaum noch Zeitgefühl – werden die Türen geöffnet, und zwei Leute steigen aus. Ich habe keine Ahnung, wohin sie gehen. Es ist stockdunkel. Etwas weiter steigen wieder zwei aus. Ich finde mich damit ab, dass ich es nicht verstehe. Mit der Zeit bin nur noch ich mit dem Fahrer im Wagen. Ich gehe nach vorne, damit ich mir nicht vorkomme wie in einem Taxi, aber ich frage mich, wohin wir fahren. Keiner mehr im Auto. Nur wir zwei. Und vor uns eine schwarze Kulisse. Ich werde unruhig und frage mich: »*Habe ich den richtigen Weg genommen? Ist das der richtige Fahrer? Habe ich mich nicht geirrt?*« Ich sehe, wie er einen Kaugummi nimmt und den Wagen vorne aufräumt, als wolle er keine Spuren hinterlassen. In mir läuft mein eigener Film ab. Ich entspanne mich zwei Minuten und vertraue weiter. »*Mach dir keine Sorgen, Marine, es wird alles gut gehen. Da bin ich sicher. Hör auf zu fantasieren.*« Der Wagen hält abrupt an. Er sieht mich an. Ich schlucke. Was geht hier vor? Seltsam, wenn man nicht reden kann, kommuniziert man über Blicke. Er hat einen durchdringenden Blick, aber einen wohlwollenden. Er hat ein Colgate-Ultraweiß-Lächeln. Es ist nicht er, der mir Angst macht, sondern, dass ich nicht weiß, wo ich bin.
Ich bin in einer schwarzen Kiste und sehe keinen Meter weit. Ich steige aus dem Wagen und erkenne weiter hinten den Schatten eines Hauses. Ich nehme meinen Rucksack und folge ihm. Wohin gehe ich? Zu wem? Diese Fragen bleiben kaum einen Bruchteil einer Sekunde. Dann sage ich mir: »*Los, du weißt sowieso nichts, das ist doch sehr gut.*«
Ich lasse los und gehe in das Haus hinein. Er zeigt mir, wo ich schlafe. Mittendrin, neben der mongolischen Mama. Ich sehe ihn an und

frage wortlos: *»Meinst du das ernst?«* Er zeigt noch mal auf das Bett, und ich krieche unter die Bettdecke einer unbekannten Frau. Ich fühle mich wie in einem Traum, schließe die Augen und schlafe ein. Meine letzte Aktion nach diesem total verrücken Tag war ein Lächeln – zumindest liege ich und kann schlafen. Meine Augen sind so schwer, dass ich nicht einmal schauen kann, was um mich herum ist. Ich lege mich mit dem Rücken zu ihr, es ist mir unangenehm, in ihrem Bett zu liegen. Als ich mich vorsichtig umdrehe, damit ich sie nicht wecke, habe ich plötzlich ihr Gesicht vor meiner Nase. Sie lächelt mich an und gibt mir sofort ihr Kopfkissen. Das ist mir unangenehm, und ich gebe es zurück. Sie gibt es mir aber mit einer entschiedenen Geste wieder. Ich verstehe also, dass ich nachgeben muss. Sie hat ein sehr liebes Gesicht. Ich gebe ihr ein Lächeln zurück und schlafe ein. Wenn man mir irgendwann gesagt hätte, dass ich im Bett einer Unbekannten schlafen und sie dabei anlächeln würde … Gute Nacht, schöne Unbekannte!

## In Moojis Land

Am nächsten Morgen werde ich von Rauchgeruch geweckt. Ich liege unter der Decke, aber meine Bettnachbarin ist schon aufgestanden. Merkwürdig, ich traue mich weder aus meinem Bett noch meinen Kopf zu heben und diese Unbekannten plötzlich zu sehen. Ich kann ja kein Wort Mongolisch und kann mich nicht bei ihnen bedanken. Ich weiß überhaupt nicht, wo ich bin und ob ich in der richtigen Familie bin. Ich habe keine Ahnung, wo ich gelandet bin, mehr als 48 Stunden von Ulan-Bator entfernt. Macht nichts, das Lächeln meiner Bettnachbarin mag ich schon einmal. Ich überlege einen Moment, drehe mich dann doch um und schaue in die Mitte dieses Häuschens. Ich richte mich auf und sehe die ganze Sippe, die auf Hockern sitzt. Sie schauen mich alle an, als ob sie ungeduldig darauf warten zu erfahren, welcher Eindringling da mitten in der Nacht bei ihnen gelandet ist. Ich sage leise und ängstlich *»sain baina uu«*. Erst überlegen und

# Seele

schauen sie ein paar Minuten, dann herrscht eine peinliche Stille, als ob sie genauso erstaunt sind, mich zu sehen.

Sie haben ein großes Lächeln, aber sie analysieren mich. Nach diesen unangenehmen Minuten rufen alle im Haus nacheinander: »*sain baina uu.*« Sie haben Zeit gebraucht, um zu verstehen, dass ich tatsächlich hier in ihrem kleinen Holzhaus bin. Einer nach dem anderen stellt sich vor. Ich merke mir den Vornamen Dolgor. Das ist naheliegend, denn wir teilen uns ein Bett. Sie scheint die Mama des Hauses zu sein. Dann kommt plötzlich eine schöne mongolische Frau herein und spricht sehr laut. Ich verstehe nicht richtig, was sie sagt. Alle sind angezogen, nur ich sitze noch unter der Decke und traue mich nicht raus. Ich versuche aktiv zu werden, sie begrüßt mich mit einem Küsschen. Ich versuche etwas zu sagen, aber sie ist schon wieder weg.

Dann höre ich plötzlich das Wort »Mooji«. Ich drehe mich abrupt um und sage mir: »*Habe ich richtig gehört?*« Ein Mann kommt durch die Tür und sieht mich mit einem genauso strahlend weißen Lächeln an wie der Fahrer gestern. Ich stelle mich auf Mongolisch vor, er antwortet: »*Minimir. Mooji.*« Wow, ich bin total froh. Ich bin am richtigen Ort und habe den Mann gefunden, der mich vielleicht zu den Tsaatan bringen kann. Ich frage in meinem Kauderwelsch mit Händen und Füßen und Wörterbuch, ob er es wirklich ist. Er lacht los und sagt das berühmte »*za-za*«, das ich so gerne höre. Wie schön, ihn zu sehen. Die Frau von vorhin kommt mit einem Säugling auf dem Arm herein und mit einem anderen Kleinen, der sich auf mich stürzt. Er ist fantastisch, eine kleine runde Kugel mit rosa Wangen und einem Lächeln, das keine Pausetaste hat. Wenn er lächelt, sind seine Augen ganz klein. Ich habe ihn jetzt schon total lieb.

Ich stehe auf, und die Frau mit dem Baby auf dem Arm fordert mich auf, ihr zu folgen. Sie nimmt meine Sachen, aber ich bestehe darauf, sie zu tragen. Als ich nach draußen komme, trifft mich erst mal der Schlag. Mein Rucksack rutscht mir von der linken Schulter

## Die Wette gilt

und fällt runter, ich stehe wie angewurzelt da und frage mich, wo ich gelandet bin.

Ich höre nichts mehr, ich bin abwesend. Zum ersten Mal in meinem Leben habe ich das Gefühl, dass mich das zu Boden wirft, was ich sehe. Eine riesige Kraft schnürt mir die Kehle zu. Überall laufen riesige Yaks herum, und ich sehe sonst weit und breit nichts außer zwei kleinen Holzhäusern. Das ist eine völlig andere Kulisse wie im Süden. Die Wohnungen sind hier aus Holz, und um uns herum sind Kiefernwälder. Links von den Häusern ist eine riesige Grasebene. Kieselsteine in allen Größen und Formen liegen in einem Fluss, der langsam vor sich hin plätschert. Ich stehe immer noch regungslos. Ich kann noch meinen Kopf drehen, aber sonst kann ich mich nicht bewegen. Ich habe so etwas noch nie gesehen, ich bin in einem Paradies auf Erden. Ich kann mir keinen abgelegeneren und schöneren Ort vorstellen. Dolgor kommt nach draußen und sieht, wie ich stocksteif vor ihrem Anwesen stehe. Sie holt mich aus meiner Starre, nimmt meinen Rucksack und begleitet mich ins Nachbarhaus. Nach einigen Gesprächen erfahre ich, dass Mooji der Sohn von Dolgor ist und dass seine Frau die große Schwarzhaarige ist, die mir gesagt hat, dass ich ihr folgen soll. Ich werde heute bei ihnen übernachten. Diesmal also nicht bei Dolgor, sondern bei dem kleinen Vierjährigen.

Die Frau bietet mir Tee an, den ich gerne annehme. Plötzlich reicht sie mir einen Korb mit selbst gebackenem Brot. Das ist fantastisch, wo ich doch so gerne frühstücke und traditionelles Baguette liebe. Das Brot ist noch heiß und hat eine Kruste. Unglaublich, dass ich so etwas hier zu essen bekomme. Seit dem Beginn meiner Reise habe ich kein frisches Brot mehr gegessen. Geröstete Fladen schon, aber kein selbst gebackenes Brot. Ich fühle mich wie in einem Fünf-Sterne-Restaurant. Dann gibt sie mir Joghurt und einen Suppenlöffel. Sie zeigt mir, wie man dieses Frühstück aus Brot, Joghurt und Zucker isst. Das ist mal was anderes als gesalzene Butter und

## Seele

Marmelade. Ich bin begeistert, ich liebe es. Ich tunke das Ganze in meine Schüssel Tee. Diesmal ist es Yakmilch, keine Kuhmilch. Es ist hervorragend. Ich fange ein Gespräch mit dem jungen Paar an, das schon zwei Kinder hat. Ich frage, ob die beiden ihre Kinder sind, sie bestätigen es. Dann zeigen sie mir mit ihren Fingern, wie alt sie sind.
Ich sage ihnen, wie alt ich bin, und komme beim Zählen bis fünf. Den beiden fallen die Augen aus dem Kopf. Ich verstehe plötzlich, dass sie mich gefragt haben, wie viele Kinder ich habe. In ihrem Kopf habe ich schon fünf – hahaha! Ich lache los und gebe ihnen eine Null zu verstehen. Noch nicht bereit, Mama zu sein. Ich frage, wie alt sie sind: beide sind 24. Mooji prustet los, als ich eine schwangere Frau imitiere und sage, dass ich dafür noch zu jung bin. Er versteht nicht, warum ich jetzt keine Kinder bekommen möchte. Ich weiß nicht, alle scheinen so glücklich zu sein. Dolgor und ihr Mann wirken schon wie ein altes Ehepaar. Mooji, seine Frau und seine beiden Kinder scheinen sich auch gut zu verstehen. Ich werde ein paar Tage Schlafzimmer, Küche und Bad mit ihnen teilen; es ist sowieso alles im selben Raum. Mit der Zeit verstehe ich, wer wer ist. Mein Fahrer war der große Bruder von Mooji, der nicht verheiratet ist. Er bittet mich, nichts von den Zigaretten zu erzählen. Das verstehe ich erst nicht, dann wird es mir aber schnell klar. Gestern auf der Fahrt hat er viel geraucht, am Ende kaute er dann Kaugummi und beseitigte alle Tabakreste – das war nur, damit Dolgor nichts davon erfährt. Er wirkt wie ein 18-Jähriger, als er mir mit Zeichensprache klarmacht, dass ich niemandem etwas von den Zigaretten sagen soll. Ich verspreche ihm, meinen Mund zu halten. Er drückt mir fest die Hand und sieht mir in die Augen – abgemacht. Da er noch keine Freundin hat, schläft er im Haus seiner Eltern. Wenn er die Richtige gefunden hat, kann er ausziehen.
Mooji bittet mich zu sich; er hat ein Stück Papier, aber keinen Stift. Ich gebe ihm den Kuli, mit dem ich in meine Heftchen schreibe. Er

## Die Wette gilt

versucht mir die Abreise zu erklären, es fällt ihm schwer zu schreiben. Die Zeiten passen nicht zu meinem Rückflug. Zu lang ... Ich erkläre ihm mit Händen und Füßen und allem, was man sich vorstellen kann, dass ich am 1. August wieder in Ulan-Bator sein muss und allein für die Rückfahrt bereits zwei Tage einplanen muss. Es dauert vier Tage, bis man bei den Tsaatan ist.
Wir können keinen Tag länger warten, weil ich sonst zu kurz dort wäre.
Die Vorbereitungen für die Reise werden kurz und zügig getroffen. Ich muss Lebensmittel kaufen für Mooji und mich – das ist alles. Wir werden Flusswasser trinken, Holz für ein Feuer können wir hier in der Taiga sammeln. Mein Zelt ist auf dem Packtier, ein dicker Pulli, Strümpfe zum Wechseln und meine Zahnbürste. Als ich bei Mooji aus dem Haus trete, bin ich wieder sprachlos beim Anblick der Umgebung. Es ist Wahnsinn. Dolgor sagt mir mit Zeichen, dass wir einkaufen müssen. Aber wo und wie? Wir sind eineinhalb Stunden von der nächsten Stadt entfernt, erklärt sie mir. Ich steige mit Mooji und seiner Frau, seinem Sohn und Dolgor in den Lieferwagen. Ich sitze mit dem Sohn auf dem Schoß hinten. Wir haben richtig Spaß. In seinem Alter braucht man nicht viel sagen, um zusammen zu lachen und sich zu verstehen. Ich entdecke jetzt die Weiten der Taiga, durch die ich in der Nacht gefahren bin. Ich habe keine Ahnung, wie mein Fahrer unter diesen schwierigen Umständen fahren konnte. Heute ist es sehr sonnig. Die Farben sind besonders intensiv. Wir kommen durch wilde Yakherden. So viele wie seit heute Morgen habe ich noch nie gesehen. Sie sind überall und weiden an den Hängen. Ein paar Minuten weiter sehe ich die kleine Stadt, die eher wie eine Ranch aus einem Westernfilm aussieht. Es sind lauter Holzhäuser mit Zäunen, über die man drübersteigen könnte. Es sieht aus wie eine große, mit Holz eingezäunte Weide; die kleinen Häuser stehen dicht an dicht im Gras und sind nicht höher als eine Jurte. Es gibt keinen Beton. Pferde sind vor den

# Seele

Geschäften geparkt, und Kühe grasen um die Geschäfte herum. Von außen kann man nicht sehen, was es in den Läden gibt. Es gibt kein Schild, keine Beschriftung. Erst wenn man im Laden ist, weiß man, was dort verkauft oder als Dienstleistung angeboten wird. Die kleinen Holzhäuser sind alle gleich groß und verkaufen das Gleiche: Konservendosen, Nudeln und Kekse. Der einzige Unterschied ist, dass der eine bei dem einkauft, der andere bei einem anderen.

Ich folge Dolgor, die überall hinrennt und alle Leute kennt. Ich bin in einem kleinen Holzhaus, wo alles Mögliche verkauft wird. Man bedient sich nicht selbst, sondern der Ladeninhaber sucht dir die Sachen zusammen. Ich sehe eine große Tüte Äpfel. Das freut mich. Ich habe seit meiner Ankunft nicht viel Obst gesehen. Ich biete allen in der Familie einen Apfel an. Sie freuen sich sehr darüber. Die Frau von Mooji bittet mich, ihr noch einen für ihr Kind zu geben, das so etwas normalerweise nicht bekommt. Ich gebe ihr die ganze Tüte. Ich muss Nahrungsmittel für die Tour mit Mooji und den Pferden kaufen. Wir müssen uns eine Woche selbst versorgen. Ich nehme viele Rosinen für zwischendurch, Nudeln, Thunfischdosen und Kekse. Viel können wir nicht transportieren. Mooji hat getrocknetes Fleisch in einem Stück Stoff, davon können wir was abschneiden und in die Suppe tun. Ich habe meine Rosinen und er seine Kekse für zwischendurch. Ich versuche, von Dolgor und von seiner Frau zu erfahren, was er gerne mag, damit ich es besorgen kann. Sie sagen mir nichts. Ich nehme noch Gewürzgurken. Wir haben selbst gebackenes Brot, der Rest wird sich finden. Ich nehme Tüten mit Gewürzen und Suppenpulver mit. Ich verstehe allerdings nicht genau, was auf den Tüten steht. Im Dorf treffe ich meine Reisebegleiter aus dem Bus und weiß jetzt, wo sie gestern abgesetzt wurden, nämlich einfach hier im Dorf. Die Mamas fallen mir um den Hals, um mich zu begrüßen. Ich fühle mich wie ihre beste Freundin. Dolgor kennt jeden, sie geht überallhin und ist flink

## Die Wette gilt

wie eine Gazelle. Ich folge ihr, damit ich sie nicht aus den Augen verliere.

Fünf Minuten später bin ich beim mongolischen Friseur. Ein Waschbecken und Scheren – das ist alles. Es ist ziemlich lustig, mongolische Geschäftsleute kennenzulernen. Es ist ein enormer Kontrast. Die Pferde stehen auf dem Parkplatz, und es gibt keine Regeln. Man trifft Männer, die um 10 Uhr morgens betrunken sind, und daneben nüchterne. Auf Schritt und Tritt Kontraste. Ein Westerndorf in der Taiga.

Die Händler sind mindestens zehn Stunden von der nächsten Stadt entfernt und müssen für ihre Läden möglichst viele Waren zusammenbekommen. Dolgor erklärt mir, dass morgen ein großes *Naadam* stattfindet. Mit *Naadam* werden die mongolischen Volksfeste mit Wettkämpfen bezeichnet. Zu den Wettkämpfen gehören Pferderennen, Ringkämpfe, Bogenschießen, Tänze, Akrobatik und Singen.

Die *Naadam* finden in der ganzen Mongolei statt. Das trifft sich gut! Ich werde das Glück haben, morgen eins zu erleben. Außerdem feiern sie das 90-jährige Bestehen der kleinen Dorfschule. Bei der Gelegenheit findet morgen Abend eine große Party statt. Alle scheinen sich darauf vorzubereiten und sich schick zu machen. Haare machen, *Deel* aufhübschen, Schuhe putzen. Ich glaube, Dolgor sucht etwas Bestimmtes. Seit einer Stunde gehen wir von einem Häuschen zum nächsten, und sie stellt Fragen. Niemand spricht Englisch, ich kann also lediglich zuschauen und auf die Bewegungen, die Mimik und die Geräusche achten. Wenn man nicht reden kann, versucht man mit dem Gesichtsausdruck zu kommunizieren. Jedes Detail wird lebendig. Ich hefte mich an ihre Fersen, verstehen kann ich nichts, das macht mich ziemlich unsicher. Es ist wunderschönes Wetter, und die Einkäufe werden langsam schwer. Nachdem wir durch die gesamte Stadt gestreift sind und alle Freunde aus dem

# Seele

Bus wiedergetroffen haben, ist es Zeit zurückzufahren. Der Kleine hilft mir, meine Einkäufe zu tragen. Er ist zu süß, zum Anbeißen. Zwei Stunden ziehen wir durch dieses Städtchen aus Holz. Jetzt müssen wir nach Hause, die Pferde holen und die Reise fertig vorbereiten. Zu Hause bei den abgelegenen Häuschen sind die Yaks das Einzige, was sich bewegt. Ich setze mich ein paar Minuten mitten in die Weide, um diese unendliche Weite zu betrachten und zu bestaunen. Das Lachen des Kleinen bringt mich dazu, mich umzudrehen. Ich sehe, wie er in einem Futtertrog aus Metall mitten in den Herden und den Bergen am Planschen ist.
Eine originelle Badewanne! Er brüllt vor Lachen mit einem 15-jährigen Mädchen, das nach den Einkäufen mit uns zurückgefahren ist. Wenn ich richtig verstanden habe, ist sie eine Freundin der Familie, die regelmäßig bei ihnen ist. Sie wohnt einige Kilometer von hier, ebenfalls in einem Blockhaus. Ich weiß nicht genau, wer sie ist und warum sie hier ist, aber sie ist so lieb wie diese Familie, bei der ich gelandet bin. Sie lächeln, sind liebevoll und herzlich. Ich habe seit dem Beginn meiner Reise lauter unglaubliche Leute kennengelernt. Mooji macht sich zwar reichlich lustig über meine Begriffsstutzigkeit, aber sie sind überhaupt nicht gleichgültig und lassen mich viele Sachen mit ihnen machen.

Nach dem Bad gehe ich mit Dolgor und der Frau von Mooji zum Yakmelken. Ich habe diese Tiere noch nie so nahe zu Gesicht bekommen. Das ist ziemlich beeindruckend. Es sind große Rinder mit langem Fell. Die Haare auf dem Kopf sind so dicht, dass man ihre Augen nicht sehen kann. Sie sehen aus wie prähistorische Rinder oder riesige Büffel. Zunächst schüchtert mich die Yakkuh ein, die mir dirckt in die Augen sieht und den Kopf schüttelt. Dann setze ich mich auf einen Schemel und fange an zu melken. Das ist etwas anderes als das Ziegenmelken, ich komme viel besser zurecht als vor ein paar Tagen bei Ikbath. Ich kann mich nützlich machen:

## Die Wette gilt

Ich sitze allein auf meinem Schemel im Pferch, Dolgor und ihre Schwiegertochter melken andere Tiere draußen. Die Sonne geht vor mir unter, ich habe das Gefühl, mir gehört die Natur. Das ist eigenartig, als ob ich dazugehöre und mir die Sonne gute Nacht sagt und sich der Wind bei mir bedankt. Ich weiß nicht, was da gerade passiert, aber ich fühle mich mit dieser Lebensweise wohl. Ich habe das Gefühl, ein bisschen Mongolei in mir zu haben. Nachdem ich die Yaks gemolken habe, nehme ich meinen Eimer, der viel voller ist als die letzten, und gehe in das Häuschen von Mooji zum Milchfiltern. Als ich eintrete, liegt er auf dem Boden und albert mit seiner kleinen Tochter herum. Ich lege mich mit meinem kleinen Heft daneben, um mich auszuruhen.

Ich schreibe, und mein Guide scheint die Wörter nur anzustarren; das ist komisch, er scheint nicht wirklich gut schreiben zu können. Er legt sich hin und nimmt einen Buntstift aus meinem kleinen Pappkarton. Ich sage ihm, dass er malen soll, was er will. Heraus kommt das erste Bild von Mooji für Rosy! Als ich hinschaue, sehe ich, dass er mir einen Blumenstrauß malt. Er sagt mir, dass es ein Willkommensstrauß des Hauses ist. Er ist für Rosy. Ich kann mich nicht einmal bedanken, so sehr erstaunt mich ein solches Bild von einem großen Kerl wie ihm. Ich hätte eher ein Pferd oder so was erwartet. Ich bin supergerührt und nehme mein Heft wieder zurück. Mooji steht plötzlich auf, um Holz zu sägen. Ich bleibe mit offenem Herzen sitzen – mit dem kleinen Blumenbild, das der Blume Gesellschaft leistet, die viel zu lange allein war. Die mongolische Natur hat beschlossen, ihr einige Reisebegleiter zu schenken. Ich bin weniger alleine und sehe in diesem Blumenstrauß alle möglichen Krankheiten und Ängste. Ich habe das Gefühl, dass dieser Blumenstrauß reisen wird. Das ist das Erste, was mir dazu einfällt. Ihr Blumen, wir reisen jetzt alle zusammen durch diese Taiga, um die Tsaatan kennenzulernen und so viel frische Luft zu tanken wie möglich, damit wir wachsen und nicht welken. Wir werden die

# Seele

Sonnenstrahlen aufnehmen, Wurzeln in die Erde schlagen, und vor allem werden wir uns von unseren Gefühlen begießen lassen. Sie sind die besten Gießkannen. Ohne sie welken wir sofort. Wir müssen herauslassen, was wir in uns spüren! Man kann es nicht für sich behalten, sonst verwandelt es sich in Gift für uns Pflanzen.

Der Tag geht mit den letzten Sonnenstrahlen zu Ende. Mooji zündet ein paar Kerzen an, um die letzten Momente des Tages zu erhellen. Dolgor und ihr Mann nehmen mich in den Arm, um mir gute Nacht zu sagen. Immer wenn ich mit ihnen bin, fühle ich mich sehr wohl. Ich habe das Gefühl, dass wir uns vollkommen verstehen, ohne viel sagen zu müssen.

## Schönheitssalon mitten in der Taiga

Morgen müssen wir fit sein, es ist der Tag des großen Dorffestes. Die Frau von Mooji hat mir mein Gewand dafür fertig gemacht. Sie leiht mir ihren wunderschönen hellblauen *Deel*. Es ist mir eine Ehre, ihre Kleidung tragen zu dürfen. Die Nacht ist blitzschnell vorbei. Ich wache auf und rieche das Feuer im Herd. Die Scheite knistern. Der Kleine küsst mich auf die Stirn, um mich zu wecken, ich richte mich auf und drehe meinen Kopf nach rechts. Ich bin direkt neben dem Fenster und sehe, wie die Sonne aufgeht. Sie beleuchtet die Weite der grünen Ebene, die in die Wälder übergeht; die Taiga; das erste Yak, das neben dem Haus grast. Es ist wunderschön. Ich setze mich auf den Boden, und man bringt mir Brot, das noch heiß ist, und Tee mit Milch. Das beste Frühstück seit Langem. Aber eine Sache ist klar: Ich kann kein Fleisch mehr essen. Ich bin schon satt, wenn ich es nur rieche. Morgens, mittags und abends – seit einem Monat.

Nach dem Frühstück machen sich alle hübsch. Ich bin bei der Frau von Mooji, die sich anscheinend freut, eine Freundin dabeizuhaben. Sie bittet mich, ihr denselben Zopf zu machen, den ich habe. Es ist komisch, sie im Schneidersitz vor mir zu haben. Sie sitzt auf einem

## Die Wette gilt

kleinen Hocker, und ich entwirre ihre langen, dicken schwarzen Haare. Sie sind unglaublich kräftig. Ich habe keine Bürste, sondern nur einen Spieß, den sie als Haarspange verwendet. Ihre Haare sind sehr sauber und angenehm zu kämmen, meine dagegen sehen aus wie Stroh. Ich öffne meinen Rucksack, und in einer kleinen Tasche finde ich Feuchtigkeitscreme. Ich creme ihr Gesicht ein. Sie genießt es. Ich genieße es auch. Sie kämmt dann meine Haare und macht mir einen Knoten – so trägt sie sonst ihre Haare. Wir lachen uns kaputt. Es fühlt sich gut an, nach den vergangenen Tagen ein bisschen Schönheitspflege zu machen. Sie zeigt mir die entsprechenden Wörter in meinem Wörterbuch und fängt an, ganz langsam mit mir zu reden, damit ich es verstehe.

Sie erzählt mir über ihr Leben und wie sie Mooji kennengelernt hat. Ich frage sie, warum sie nicht mit uns mitkommt. Sie kann nicht wegen der Kinder, aber sie möchte, dass ich wiederkomme, damit wir mit Mooji, meinem Freund und ihr eine Reise durch die Taiga machen. Ich verspreche es ihr. Ich sehe ihr in die Augen und verspreche ihr, für diese Reise wiederzukommen. Sie hüpft vor Freude und geht die Kleine anziehen. Ich kümmere mich um den Großen. Sie zeigt mir, was er anziehen soll. Ich verstehe mich supergut mit ihm. Ich bin die meiste Zeit am Lachen und schaffe es fast nicht, ihn anzuziehen. Ich trage meinen *Deel*, diesmal richtig herum. Er ist strahlend blau. Ich nehme meinen Hut, und los geht's zum Dorffest!

### Naadam

Wir drehen die Musik im Bus auf, die Mamas singen, der Kleine auch. Wir kommen ins Dorf, alle haben sich schick gemacht. Wir gehen von einem Haus zum anderen, von einem Stand zum nächsten. Es liegt eine Aufregung in der Luft, und ich schwitze. Es hat 30 °C, und mein *Deel* kühlt mich nicht wirklich ab. Die Mongolen scheinen mit der Hitze viel besser zurechtzukommen. Ich gehe

## Seele

blind hinterher, ohne zu wissen, was gerade passiert, und ohne etwas zu verstehen. Mooji scheint beunruhigt, weil er nicht genau weiß, wann die Wettkämpfe beginnen. Der Bus hält 20-mal an, um Leuten Hallo zu sagen und Antworten auf Fragen zu bekommen, die ich nicht kenne. Es ist frustrierend, nicht genau zu wissen, was los ist, aber zu wissen, dass etwas los ist. Gleichzeitig ist das aber auch sehr aufregend. Ab und zu sieht man zwei junge Reiter, die hintereinander hergaloppieren; sie erklären mir, dass sie sich für das kommende Rennen aufwärmen. Aber wann? Geheimnis. Alles ist geheimnisvoll. Außer der Aufregung, die ich wahrnehme, erfahre ich nichts. Es ist ein großes Geheimnis. Ich sitze hinten und nehme die ganze fröhliche Atmosphäre in mich auf. Ich spüre echte Freude, dass der besondere Tag endlich gekommen ist.

Aber was wird denn jetzt passieren? Wofür das Ganze?

Ich bin in einer kargen, wilden Landschaft irgendwo im Norden der Mongolei, wo schöne Menschen leben, die nicht gekünstelt sind, deren Lächeln das Herz aufgehen lässt; mit Farben, die wärmen und berühren. Wie kann es nur sein, hier am Ende der Welt, mitten in der Natur, Menschen zu treffen, die strahlen und ihre besten Kleider tragen? Die Kleider selbst leuchten, solche Gewänder habe ich noch nie gesehen, mit Farben und Stickereien, mit Motiven, Linien und Kreisen. Sie tragen echte Kunstwerke, die es mit den größten Designerstücken aufnehmen könnten. Ich bin im letzten Winkel der Mongolei. Ich sehe eine Modenschau der besten Modedesigner der Welt, wenn ich die Qualität der Farben, der Stoffe, der Motive auf dem Rücken, an den Schultern und an den Beinen sehe. Diese schönen Stoffe und Schnitte, passend zu den ausdrucksstarken und strahlenden Gesichtern, geben meiner Seele Kraft und Freude, die ich schwer beschreiben kann. Ich gehe weiter, ich weiß zwar nicht, wohin ich gehe und was passieren wird, aber ich weiß, dass ich mich mit den Leuten wohlfühle. Ich schwebe.

# Die Wette gilt

Ich sehe etwa 40 mongolische Reiter, die mit ihren majestätischen Pferden auf den Platz reiten, und bin etwas enttäuscht. Ich erfahre, dass das Pferderennen bereits vorbei ist. Das Rennen tritt in den Hintergrund, denn die Reiter zeigen sich in ihren schönsten Festkleidern. Kein *Deel* ist wie der andere. Mooji gibt uns Bescheid, dass wir im Festsaal Platz nehmen sollen, bevor alle dorthin kommen. Ich gehe mit einem Mongolen hin, den ich gerade kennengelernt habe. Ein paar Minuten später sind wir in einem kleinen Theatersaal, in dem rundherum zwei kleine Galerien sind und vorne ein großer roter und ein schwarzer Vorhang. Alle sitzen auf dem Boden oder auf Holzhockern, die fast zusammenbrechen, wenn man sich zu zweit daraufsetzt.

Wir rennen nach oben und finden zum Glück noch zwei Plätze im ersten Rang. Mein neuer Begleiter und ich. Der Große von Mooji mit seinen vier Jahren folgt mir bei Fuß wie Dragon der Herde. Er hält meine Hand, und ich bin echt stolz, Mama zu spielen. Ich hätte nie erwartet, mitten in den Bergen und zwischen Yaks ein Theater zu finden und etwa hundert Mongolen als strahlende Zuschauer in ihren Festgewändern. Was für ein Anblick! Schon allein der Saal mit seinen Sitzreihen. Der Vorhang geht auf für einen Chor mit etwa 60 Sängern, alle in Weiß. Ihre Stimmen bewegen mich vom ersten Ton an. Es sind Kinder. Die ersten Töne lassen das Stimmengewirr im Publikum verstummen, und es herrscht erwartungsvolle Stille. Die lauten mongolischen Stimmen schweigen, und die Mamas schauen wie gebannt auf ihre Kinder, die im Rampenlicht dieses Jubiläumsabends stehen. Alle Einwohner sind gckommen, um das 90-jährige Jubiläum der Schule von Renchinlkhümbe zu feiern. 90 Jahre und mindestens 90 Minuten bunt gemischtes Programm, nicht nur Gesang, sondern auch Tanz, Instrumentalmusik, Akrobatik – alles, was diese tolle Gemeinde seit so vielen Jahren unterrichtet. Zwischendurch kracht immer mal wieder einer der kleinen Holzhocker unter seiner Last zusammen und bereichert das

## Seele

Konzert mit etwas Percussion. Wenn ich aus meinem Blickwinkel hier und da Köpfe plötzlich verschwinden sehe, weil das Holz der Hocker über den Winter brüchig geworden ist, lache ich in mich hinein.

Nach diesen unterschiedlichen Vorführungen macht Mooji ein paar Tanzschritte nach. Ich sehe ihn belustigt an, und er fragt mich: *»Yes or not?«* Ich antworte, ohne zu zögern: »Yes!« Er freut sich und zeigt »Daumen hoch«. Er nimmt mich mit zu seiner Mutter, die sich zu mir umdreht und ebenfalls ein paar Tanzschritte macht. Offensichtlich haben sie heute Abend alle Lust auf Action. Ich spiele mit und antworte mit denselben Tanzschritten.

Diese neue Art der Kommunikation gefällt mir. Ich bin begeistert, ich habe schon als kleines Mädchen gerne getanzt. Diese kleinen Schritte begreife ich allerdings noch nicht. Was bedeuten sie? Ich gehe neben meiner neuen Freundin Dolgor und stelle plötzlich fest, dass Mooji, seine Frau und mein kleiner Liebling in eine andere Richtung gegangen sind. Seltsam. Ich bin jetzt also mit Dolgor und ihren Freundinnen unterwegs zu einem unbekannten Ziel. Sie haben einen entschlossenen Schritt drauf. Ich freue mich einfach. Sie stampfen mit ihren Füßen. Die Freundinnen haben sich rechts bei Mama Dolgor eingehängt, und ich nehme ihren linken Arm.

Wir gehen aus der Stadt hinaus ins Dunkle, niemand weit und breit. Ich sage nichts und folge Dolgor, sehr gespannt, wo sie mich hinführt. Im Dunkeln kommen wir an ein großes Gebäude zu dem einige Stufen zum Eingang führen. Anscheinend haben wir unser Ziel erreicht. Wir gehen hinauf. Dolgor stößt die große Tür des Gebäudes auf, und ich gehe hinein. Eine gelungene Überraschung! Wir kommen in eine Turnhalle mit einem nagelneuen Handballfeld. Auf beiden Seiten stehen Bänke, auf der einen Seite sitzen die jungen Männer und auf der anderen Seite die jungen Frauen. Hinten in der Halle stehen zwei Lautsprecherboxen und eine Ste-

## Die Wette gilt

reoanlage aus einer anderen Zeit. Mädchen und Jungen sitzen einander gegenüber vor dem Feld, und plötzlich durchbricht Musik die Stille der Nacht, und damit endet das Warten der Teilnehmer dieses Balls mitten in den Bergen. Die Eröffnungsmusik klingt nach dem Soundtrack eines amerikanischen Actionfilms. Das ist erst die erste Überraschung. Ich sitze auf den Rängen der Mädchen und bin ein bisschen angespannt. Ich kenne mongolische Tänze überhaupt nicht und würde mich voll blamieren, wenn ich aufgefordert werden würde, im Strafraum oder in der Angriffszone zu tanzen. Nach einigen Minuten hört die Musik abrupt auf – die Spannung steigt. Einige Sekunden später ertönt in der Turnhalle traditionellere Musik. Die 50 Männer uns gegenüber mustern uns. Einer von ihnen steht auf – offensichtlich der Mutigste – geht direkt auf uns zu und reicht meiner übernächsten Nachbarin links von mir die Hand. Das ist ja gerade noch mal gut gegangen. Die junge Frau nimmt seine Hand, und sie gehen mitten auf die Tanzfläche, um einen mongolischen Walzer zu tanzen. Der Bann ist gebrochen, zwei weitere Tänzer überwinden ihre Schüchternheit und stehen auf. Einer kann nicht mehr gerade gehen, schuld daran ist der Wodka. Pech für ihn, er sucht sich mich aus. Er reicht mir die Hand, ich nehme sie und werde mitten auf die Tanzfläche geschleudert, um ihm vor allem auf die Füße zu treten. Der mongolische Tanz ist ein Kreistanz, bei dem das Paar sich dreht und dabei in einem mehr oder weniger großen Krcis weiterbewegt. Bei den Mongolen dreht sich also alles im Kreis! Fünf Minuten lang wirble ich mit einem Tanzpartner durch die Turnhalle, der bereits einen sitzen hat. Schließlich hat das verrückte Auf-die-Füße-Treten ein Ende. Mein Tanzpartner verabschiedet sich und küsst mir die Hand. Ich gehe erleichtert auf meinen Platz und lache mich schief. Die Musik hört auf, und alle gehen wieder auf ihre Plätze. Alle warten darauf, dass das nächste Lied kommt und die Herren wieder aufstehen. Ich lächle, wenn ich sehe, wie gespannt die jungen Hüpfer sind, ob ihr Zukünftiger sie vielleicht auffordern wird.

# Seele

Die nächste Tanzmusik erklingt. Diesmal stehen mehr Jungs auf. Mich fordert meine damalige Busnachbarin auf. Ich lasse mich führen und freue mich darauf, mit ihr zu tanzen. Und weiter geht's mit dem nächsten Walzer. Die Mama bringt mir die Schritte recht schnell bei, und danach fordern mich mehrere Herren auf. Lange beobachte ich diese Kämpfertypen, die mit bis zu −30 °C zurechtkommen, wie sie hibbelig, weich und sanft ihr Kinderherz diesen jungen Frauen schenken, die sie nicht häufig zu sehen bekommen. Mir ist bewusst, dass ich an einem ganz besonderen Ereignis im Leben eines Mongolen teilnehme. Sie als Ritter zu sehen, die federleicht ihren volkstümlichen Walzer tanzen, berührt mich und macht mich nachdenklich.

Wie unkompliziert und feinfühlig sie die Mädchen auffordern. Ich setze mich wieder auf meinen Platz und sehe mir das berührende Schauspiel aus einer anderen Welt an.

Nach einer Stunde Tanz nimmt mich Dolgor wieder mit hinaus. Mit ihren Freundinnen verlassen wir die Tanzveranstaltung. Ihr Mann ist die ganze Zeit lieber im Auto gesessen, als mit auf die Tanzfläche zu kommen. Er tanzt nicht gern, lächelt aber und ist gut gelaunt. Wir fahren die Freundinnen von Dolgor nach Hause. Wir ziehen noch durch die Jurten. Dort gibt zur Feier des Tages – oder um uns den Rest zu geben – nicht wie bei mir zu Hause nach einer Party lecker Pasta mit Pesto rosso, sondern vergorene Stutenmilch. Es ist 3 Uhr früh, und morgen ist endlich der große Aufbruch ins Tal der Rentiere. Ich sitze in einer Jurte bei Kerzenschein mit Dolgor, die lacht und lacht. Egal wie viele Kilometer wir morgen zurücklegen müssen, es geht mir gut, und ich möchte die letzten Momente mit meinen Seniorinnen genießen, die mich mit ihrem Lachen und ihrer Tatkraft für sich gewonnen haben. Nach dem letzten Halt geht es ab ins Bett. Ich schlüpfe vorsichtig unter meine Decke. Neben mir schläft der Sohn von Mooji auf meiner Isomatte. Er liebt diese Matte, ich habe sie ihm gestern geschenkt. Ich schlafe mit den schönen

# Die Wette gilt

unverhofften Eindrücken von wirbelnden Tänzern und Tänzerinnen ein. Ich habe keinen Tropfen Alkohol getrunken, fühle mich aber so, als hätte ich den ganzen Abend gebechert. Meine Augen fallen zu. Mir bleiben vier Stunden, dann muss ich die Zügel in die Hand nehmen, und es geht los Richtung äußerster Norden.

## Die Begegnung rückt näher

Eine Expedition zu den Tsaatan kann man nicht improvisieren. Mooji hat kein gutes Gefühl, mich die Pferde reiten zu lassen, die er ein Jahr lang nicht geritten hat. Er weiß auch nicht, wie gut ich reiten kann. Vorsichtshalber schlägt er einen Erkundungsritt zu zweit in die Berge vor.

Sein Vater hält mein Pferd, damit ich mir nicht wehtue. Ich habe die Zügel in der Hand und merke, dass mein Pferd gestresst ist. Es ist nicht mehr daran gewöhnt, jemanden auf dem Rücken zu haben. Mooji befestigt ein Seil am Zaumzeug meines Pferds, um es gegebenenfalls zurückhalten zu können. Sein Pferd ist ebenfalls sehr gestresst, und Mooji scheint es auch zu sein. Nach den ersten Metern und einigen Anpassungsschwierigkeiten an das Pferd ist Mooji schon etwas beruhigt, weil ich noch im Sattel sitze, obwohl mein Reittier unruhig und nervös ist.

Ein paar Minuten später kommen wir zu einer kleinen Hütte mit einem Vorhängeschloss. Mooji geht darauf zu, nimmt einen Schlüssel aus seinem Strumpf und schließt auf. Er öffnet die Tür und verschwindet. Kurz darauf kommt er mit einem fantastischen traditionellen mongolischen Mantel in Grau und Violett wieder heraus. Er ist wunderschön. Er reicht ihn mir. Ich verstehe nicht. Ist er wirklich für mich? Er besteht darauf, dass ich ihn nehme und vom Pferd absteige, damit er ihn mir umlegen kann. Ich habe das Gefühl, vor dieser Reise eine Taufe zu empfangen. Ich bekomme nicht einmal ein Dankeschön heraus. Ich bin irgendwo mitten in der Taiga in einem Kiefernwald, und Mooji bindet mir mit einem

## Seele

Yakledergürtel den *Deel* um. Als er fertig ist, sieht er mich an und sagt mit einem großen Lächeln das einzige englische Wort, das er kennt: »*Good good!*« Er hat einen fürchterlichen Akzent. Ich steige mit diesem volkstümlichen Gewand wieder auf mein Pferd. Ich frage ihn, wem er gehört. Er gehört Dolgor. Ich bin immer noch überwältigt und still, man hört nur den Wind in den Zweigen. Ich sehe ihn an und sage leise: »*Danke!*« Er sagt, dass er ihn mir ausleiht, damit ich nicht friere. Ich bin gerührt und beruhigt, beim Reiten ist es so nämlich sehr viel angenehmer. Wir reiten zurück, um das dritte Pferd mit unserem Gepäck zu beladen. Eine Stunde später sind wir vollständig ausgerüstet, es kann losgehen. Ich umarme die Familie herzlich, sie wünschen uns gute Reise. Der Mann von Dolgor scheint etwas beunruhigt zu sein, mein Pferd ist immer noch ganz schön ungestüm, ich hoffe, dass ich es halten kann.

Als wir losreiten, regnet es leicht. Ich drehe mich um und reiße zum Abschied den Arm hoch. Sofort prescht mein Pferd wie wahnsinnig los. Mooji sagt sofort, dass ich am Anfang auf keinen Fall schnelle Bewegungen machen darf. Das Pferd ist extrem ängstlich, sobald ich mich auch nur einen Zentimeter bewege. Das Armheben hat es erschreckt, und ich hätte fast einen Abflug gemacht.

### Los geht's

Wir reiten in den Wald. Das Licht ist atemberaubend, und ich spüre sehr feinen Regen auf meiner Nase. Côme hatte mir schon erzählt, dass es in dieser Jahreszeit hier besonders viel regnet. Im Moment spüre ich nur diese feinen Tropfen auf meinem Gesicht. Ich drücke die Daumen für den Rest der Tour. Mooji traut den Pferden nicht und hält meins am Seil. Das gibt ihm ein besseres Gefühl, außerdem achtet er sehr genau auf sein Pferd und auf das Packtier. Das Bild der unendlich weiten Steppe wird verdrängt. Hier sind es Kiefernwälder, und es gibt mehr runde Hütten als Jurten. Aber vor allem einen angeschwollenen Fluss mit vielen Fischen, den ich

## Die Wette gilt

bereits auf den ersten Kilometern überqueren darf. Wilde Blumen wachsen überall. Die Eisschmelze hat den Pegel der Flüsse ansteigen lassen; eine wunderschöne Landschaft für Tiere. Ich habe den Eindruck, ihre Insel des Friedens zu durchqueren.
Nach einer halben Stunde an der Longe bitte ich Mooji, dass er das Seil abmacht und ich das Pferd selbst führen darf. Mit einem skeptischen Lächeln willigt er ein. Wir lassen die Kiefern hinter uns und kommen aus dem kleinen Wald heraus. Vor uns beiden Reitern und den drei Pferden liegt Flachland, im Hintergrund die Berge. Hinter uns stehen Tausende Kiefern, und wenige Meter vor uns galoppieren Pferde. Die Kulisse passt.
Ich sehe Mooji an, der angehalten hat, um das Gepäck auf dem Rücken des Packtiers zu richten. Er hat es nicht absichtlich gemacht, aber der Halt kommt genau zum richtigen Zeitpunkt. Wir reiten jedoch gleich weiter und dürfen nicht mehr viel Zeit verlieren, wenn ich die Tsaatan kennenlernen will, weil ich in zwei Wochen wieder in Ulan-Bator sein muss. Ich frage ihn, ob ich diese Reitbahn zum Galoppieren nutzen darf – er ist sehr einverstanden. Ich habe meine Beine nur ein bisschen angedrückt, und schon geht mein Pferd ab. Galoppieren gibt eine solche Freiheit! Man ist mit der Natur und dem Tier alleine; können wir uns so nicht am besten entfalten? Ich werde angenehm durchgeschüttelt von den Galoppsprüngen. Mooji lächelt von einem Ohr bis zum anderen. Er hat die Rentiernomaden schon lange nicht mehr besucht.
Bevor wir über den Fluss kommen, über den eine neue Stahlbrücke führt, sehe ich zwei Männer mit Gewehr in der Hand und Fernglas um den Hals. Mooji hält an und fordert mich auf, meine Papiere herauszuholen: Die beiden Männer bewachen die Brücke. Sie liegen im Gras auf einem Stück Stoff, und ihre beiden weißen Pferde grasen neben ihnen. Mooji redet ausführlich mit ihnen. Es geht um mich, das ist klar. Anscheinend stellen sie ihm viele Fragen. Nach einigen Sätzen gehe ich davon aus, dass alles gut ist. Da sehe

## Seele

ich Mooji das Gewehr nehmen und in Richtung Berge halten. Er drückt ab, und ich höre das leise Geräusch, das ein Gewehr macht, wenn ein Schuss losgeht. Der Polizei- oder Zollbeamte (ich verstehe nicht ganz, was er hier am Fluss macht) bietet mir an, mich auf seinen Stoff zu setzen, und ich nehme das Angebot gerne an.
Wenn wir die Brücke überquert haben, müssen wir ein bestimmtes Haus zum Übernachten finden, das in der Nähe von Tsagannur liegt. Dort kann ich ein Dokument bekommen, das mir die Weiterreise erlaubt. Hier werden die Kontrollen zu Pferde durchgeführt, das können Russen oder Mongolen sein. Wenn ich das Dokument nicht habe, werde ich zurückgeschickt, für mich und für Mooji kann es auch schlimmere Konsequenzen haben. Ich muss also dieses Dokument besorgen.
Der Tag wird angenehm begleitet von Moojis Pfeifen – ungewöhnlich beim Reiten – es lässt mich innerlich tanzen. Sobald ich ihn aber ansehe, hört er schüchtern auf. Das ist süß. Ich zwinge mich, mich nicht umzudrehen. Ab und zu versuche ich selbst zu pfeifen, aber das macht meinem Pferd eher Angst. »*Ne, ne, Marine, du bist kein Cowgirl!*«, sage ich mir.
In einiger Entfernung sehe ich ein Blockhaus an einem wunderschönen Fluss. Er zeigt darauf und macht eine Geste, als ob er schläft. Ich sehe das Haus, aber vor allem die vielen Pferde, die direkt vor mir grasen und den Fluss überqueren. Das ist großartig! Als wir ankommen, macht eine alte Dame die Tür auf. Ich binde die Pferde an und sehe, wie sie sich unterhalten. Er sagt, dass ich eintreten soll. Ich weiß immer noch nicht, ob ich mein Zelt aufschlagen muss oder drinnen schlafen kann. Das wäre mir lieber. Das Gelände ist abschüssig, und außerdem liebe ich es, bei den Leuten hier zu übernachten und morgens aufzuwachen, wenn der Herd schon brennt. Wir gehen die Pferde absatteln und tränken. Ich schlage Pflöcke ein, damit Mooji die Pferde anbinden kann. Er versorgt sie sehr gut. Es ist schön zu sehen, wie er das macht.

# Die Wette gilt

Die Pferde sind angepflockt, und es gibt etwas zu fressen. Ich lege mich mit meinem Heft hin; er schaut wie gebannt darauf. Es wundert ihn immer noch, dass ich so lange Sätze schreibe. Lustig, wie verdutzt er guckt. Ich reiche ihm einen Stift, er freut sich, setzt sich neben mich und fängt an, ein Pferd und eine Jurte zu zeichnen. Lustig, er stellt in seinen Zeichnungen immer die Natur dar. Ich lächle ihn an, und er gibt mir meinen Stift zurück. Ich sage ihm auf Mongolisch, dass er sehr gut gezeichnet hat, und zeige ihm mein Bild. Er lacht. Selbst die Mongolen machen sich über mein unvergleichliches Zeichentalent lustig. Mit einem Lächeln auf den Lippen biete ich meine Hilfe beim Kochen an. Ich fange an auszupacken, aber die Mama sagt, dass sie schon alles ausgepackt hat. Ich kann kein Fleisch mehr essen und sehe, wie sie ein großes blutiges Stück nimmt, das direkt über ihrem Kopf hängt, und es in die Suppe schneidet. Ich kann es wirklich nicht essen. Um sie nicht zu kränken, sage ich auf Mongolisch, dass ich satt bin.
Ich vertrage es einfach nicht mehr. Ich nehme meine Thunfischdose und esse ein paar Bissen direkt aus der Dose; es schmeckt nicht besonders. Ich biete den anderen etwas davon an, diesmal sind sie angewidert. Sie schnuppern daran und verziehen das Gesicht. Ich höre auf zu essen und lege mich wie ein Mehlsack auf den Teppich. Mooji schläft auf einem kleinen Bett links von mir und die Mama auf einem gefederten rechts von mir. Ich liege in der Mitte. Ich muss an Dolgor denken, die zwischen ihrem Mann und ihrem ältesten Sohn schläft. Ich fühle mich wie die Mama des Hauses, und dabei habe ich den schlechtesten Platz. Ich schlafe ein wie ein Baby. Mein Magen knurrt zwar, aber mein Geist ist zu müde, um an Essen zu denken.
Am nächsten Morgen werde ich von einem Sonnenstrahl geweckt, der ins Fenster scheint. Wir stehen langsam auf, und ich helfe der Mama, den Herd anzuzünden. Diesmal schläft Mooji noch. Ich gehe nach draußen: Wie stark, die Berge für sich zu haben! Ich

## Seele

gehe zu den Pferden, und sie erschrecken schon weniger vor mir. Vielleicht haben sie mich ein bisschen gezähmt. Ich bin vorsichtig mit meiner Hand und habe einen ruhigen Blick. Ich erwarte nichts, sondern bin einfach bei ihnen und sage ihnen guten Tag. Das Tier spürt, ob wir ruhig und gelassen sind, an ihm können wir es ablesen. Mooji öffnet die Tür und streckt sich in Richtung seines Zuhauses. Er spricht mich auf Mongolisch an, als ob ich alles verstehen könnte, und wiederholt denselben Satz dann mit Gesten. Ich folge ihm und fange an, die Pferde fertig zu machen. Ohne ihn mache ich nichts am Packtier, denn er hat eine spezielle Art, wie er es fertig macht. Das Packtier ist viel rundlicher als die beiden anderen. Wir stehen rechts und links von ihm und legen ihm einen großen Gurt um, damit das Gepäck nicht rutscht und sein Rücken geschont wird. Der Gurt ist aus Stoff und liegt flach auf seinem Bauch, damit er nicht drückt. Ich merke, dass er die Tiere mag und sie eine große Bedeutung für ihn haben. Aber er zeigt keine Zuneigung, und das Tier ist einfach ein Arbeitstier. Er reitet damit nicht einfach mal zum Spaß eine Stunde durch die Berge. Wenn sich der Mensch erholt, darf sich das Pferd auch erholen.

Man lässt dem Pferd sofort wieder seine Freiheit, wenn es dem Menschen bei seiner Arbeit geholfen hat. Wir haben eine ganz andere Beziehung zu Pferden. Unser Bezug besteht in den meisten Fällen im Besitzen. Unser menschliches Besitzen ist nicht dasselbe wie das natürliche Besitzen bei den Mongolen. Hier hat die Natur in allem das letzte Wort. Ich habe die Härte und die fehlende Zuneigung zu den Pferden am Anfang als unzivilisiert und wild empfunden – tote Tiere im Gras oder das magere Futter –, aber ihre Freiheit wiegt alles auf. Keine Form ist besser oder weniger gut, es besteht einfach ein großer Unterschied zwischen Besitzen und Freilassen. Bei uns dient das Pferd dazu, dass wir unsere Gefühle loswerden, wir können mit dem Pferd tun, was mit Menschen nicht

## Die Wette gilt

möglich ist. Es ist eher ein menschliches Wesen als ein Tier. Wir laden viel von unserem Leben auf seinen Rücken. Ein Mongole dagegen braucht diese Befreiung und enge Beziehung nicht, weil er bereits alles von der Natur bekommt. Das Pferd verleiht ihm mehr Macht, muss sich jedoch nicht mit den negativen Gedanken des Menschen abschleppen. Das Pferd bleibt Tier, und das Tier gehört zu Wind, Wald und Wiesen – nicht zu Box, Stroh und vitaminreichem Heu.

### Rosy kommt ins Schwitzen

Mooji reicht mir eine Schüssel mit Wasser, damit ich etwas trinken kann, bevor wir ins Dorf gehen, um mein Dokument zu besorgen. Wir lassen das Packtier angepflockt und reiten hin und zurück, insgesamt 30 Kilometer. Ich reite mit dem *Deel* los; ich dachte nicht, dass die Sonne so heiß werden würde. Mooji trägt seinen *Deel* den ganzen Tag. Er erklärt mir, dass er damit seine Körpertemperatur regulieren kann. Ich habe eher das Gefühl, mich auf 1000 °C aufzuheizen. Ich schwitze wie verrückt und fühle mich total schwer. Es ist die Hölle ... Ich kann ihn nicht ausziehen, weil er so groß ist und mein Pferd nichts rechts und links hängen haben will.

Ich versuche in mir den Schalter für die Klimaanlage zu finden, aber im Moment trocknet der heiße Wind meine Schweißtropfen wie ein Föhn. Ich komme bei der Polizeistation an, ich habe das Gefühl, dass ich gleich explodieren werde oder meine Haare plötzlich zu Berge stehen, als ob mich der Blitz getroffen hätte. Mooji sieht mich erstaunt an, weil ich so rot im Gesicht bin. Ich zeige meinen Pass und die Dokumente aus Mörön. Er sagt mir, dass ich in eineinhalb Stunden wiederkommen soll. Ich lasse alle meine Papiere da, und wir gehen in die Stadt. Ich würde zu gerne ein kühles Bier trinken. Mooji trinkt keinen Tropfen Alkohol. Das ist erstaunlich für einen mongolischen Mann. Dolgor hat ihn streng erzogen. Wir kommen in ein Nomadendorf, und ich finde einen kleinen Laden,

## Seele

in dem ich ein schönes kühles Bier kaufen kann, setze mich auf einen Baumstamm und halte das Pferd in der einen und das Bier in der anderen Hand. Mir geht es fantastisch, ich glaube, das ist das beste Bierchen meines Lebens! Ich spüre das erfrischende Prickeln in meinem Mund und in meiner Kehle. Meine Hand klebt an der Dose fest, aber vor allem kühle ich mit der Dose rundherum meinen Hals. Mein Pferd sieht mich überrascht an, es wundert sich, dass ich mich so über diese eiskalte Dose freue. Dann fordert mich Mooji plötzlich auf mitzukommen. Ich platze vor Hitze in meinem Deel, der mir an der Haut klebt. Ich folge ihm, würde aber lieber hier auf ihn warten. Er geht von einem Haus zum anderen, von einer Hütte zur nächsten, von einem zum anderen. Mir wird langsam schwindelig. Er versucht, es mir zu erklären, aber ich verstehe nichts. Ich habe mein Pferd am Pfosten an der Ecke geparkt, und Mooji geht überall hin. Zum ersten Mal ärgert es mich wirklich, dass ich nichts verstehe. Ich frage die Leute, aber keiner spricht Englisch und kann mir erklären, was vor sich geht. Ich renne mit ihm mit und weiß nicht, warum. Ich werde wahnsinnig, wo mir doch sowieso schon so heiß ist, als hätte ich Fieber. Ich träume von meinem Bier und einer Flasche Wasser. Wir laufen eine Stunde durch diese Stadt, die aussieht wie in einem Western. An jedem Holzpflock sind Pferde angebunden; die ungepflasterten Straßen sind menschenleer, und die Türen knarren, wenn man sie öffnet.

Die Stadt ist wie ausgestorben, vielleicht machen sie alle Siesta, keine Ahnung. Ich hole mein Pferd wieder ab und bin immer noch verärgert, weil ich nicht weiß, warum wir durch ganz Tsagannur gerannt sind. Ich steige mit der halb leeren Bierdose wieder auf mein Pferd. Ich träume davon, zum Blockhaus zurückzukommen, damit ich meinen *Deel* auf das Packtier legen kann. Ich habe mir noch nie so gewünscht, etwas ausziehen zu können.

Wir bekommen den Stempel auf das Dokument und reiten zum Blockhaus zurück. Wir reiten schneller, um keine Zeit zu verlieren.

# Die Wette gilt

Der letzte Musketier, der angepflockt geblieben ist, wiehert, als er uns kommen sieht. Ich steige von meinem Pferd ab und ziehe den *Deel* aus. Ich lege ihn auf den Boden, um ihn zusammenzulegen. Mooji kommt mir helfen – ich glaube, ich muss eher ihm helfen. Er sieht mich angewidert an, als er an meinem *Deel* riecht. Ich sage mir: *»Das stört ihn doch jetzt wohl nicht.«* Er lacht schallend, zeigt mit dem Finger auf mich und sagt, dass ich stinke. Haha, das glaub ich jetzt nicht. Der Mongole, der sich einmal pro Monat wäscht, sagt mir, dass mein *Deel* stinkt. Okay, kann sein … aber das muss er mir wirklich nicht fünfmal sagen. Ich bin langsam genervt, und es stimmt: die *Deels* nehmen schnell einen Geruch an, damit versuche ich mich zu beruhigen. Er legt ihn auf das Packtier. Ich rieche unter meinen Achseln, ob ich wirklich stinke. Ich muss laut lachen, weil ich an die vielen Male denke, wo ich in Frankreich an meiner Kleidung gerochen habe, ob sie auch nicht nach Schweiß riecht. Und hier in der Mongolei kommt wieder meine Phobie hoch. Ich hätte jetzt zu gern, dass meine Freunde das hier erleben. Wir reiten weiter, ich traue mich nicht, mich von der Mama zu verabschieden, damit mein Gestank sie nicht umhaut. Ich streichele sie kurz und gehe dann mit einem großen Lächeln weg. Ich steige auf mein Pferd und sage mir, dass der Wind den Geruch schon vertreiben wird.

## On the road again

Auf unserem Weg rücken die Berge immer näher zusammen. Mooji schlenkert mit den Armen und pfeift gedankenverloren neue Melodien. Der Tag ist ein Meer der Ruhe. Wir kommen voran, ich bin etwas schneller als er, weil ich heute Morgen das Packtier nicht habe. Jedes Mal, wenn wir an einer Jurte vorbeikommen, hält Mooji an und redet mit den Leuten. Ich sitze immer daneben und versuche etwas zu verstehen, aber es gelingt mir nicht. Ich verstehe nur Lächeln. Wir reiten weiter, aber eine Viertelstunde später halten wir schon wieder. Ich habe das Gefühl, dass er sie schon wieder alle kennt. Die Kinder starren mich forschend an. Ich lächele sie an, und sie geben mir die Hand. Mooji lächelt mich an. Plötzlich zeigt er in der Ferne auf den Ort, wo wir schlafen werden.

Drei Stunden später kommen wir vor einem großen Haus an, ebenfalls ein Blockhaus. An diesem zweiten Tag hat die Sonne ständig geschienen. Das ist schön, aber ich habe die Sonnencreme vergessen, und meine Haut ist knallrot. Mein Hut reicht nicht. Ich gehe in die Jurte und sehe acht Kinder und zwei Paare. Ich vermute, dass eine Familie die andere für den Sommer besucht. Wir stellen uns zunächst gegenseitig vor. Das mag ich besonders gerne. Sie bieten mir Tee an. Ich beobachte, wie Mooji wieder auf Mongolisch mit ihnen redet. Ich weiß, dass er über mich redet, und es ist frustrierend, nichts zu verstehen. Ich sitze auf meinem kleinen Hocker und schaue auf den rauchenden Herd. Plötzlich kommt ein Mann in die Jurte und bringt einen Schafskopf. Er lächelt mich an und hält ihn mir hin. Ich nehme ihn mit der rechten Hand, lege ihn aber eine Sekunde später auf das Tablett vor mir auf dem Tisch. Ich sehe Mooji verständnislos an. Er lacht und redet weiter mit den Mamas. Sie starren mich alle mit einem großen Lächeln an. Ich nehme meine Schale Tee und frage Mooji, ob er sie kennt. Er verneint es. Und trotzdem so familiär: Wir essen bei ihnen und legen uns bei ihnen schlafen.

Ich stelle fest, dass alle Mongolen, die ich bisher getroffen habe, ihre Gäste königlich und großzügig bewirten und versorgen. Sie bieten ihnen alles an, was sie an Bequemlichkeit und Essen zu bieten haben. Die Natur ist hart; jeder von ihnen war auch schon einmal in dieser Lage und möchte das geben, was er selbst gerne hätte. Es sind nicht Nachbarn, die um Mitternacht bei dir anklopfen, weil du die Musik zu laut gedreht hast. Hier liegen die Wohnungen der Nomaden sehr weit auseinander, manchmal mehrere Tage. Der Gast kommt herein und lässt es sich gut gehen. In jeder Jurte gibt es eine spezielle Tasse, die *Ide* genannt wird. Darin sind Knabbereien aus Milch und Käse, die dem Gast zur Begrüßung gereicht werden.

## Die Wette gilt

Es ist Sitte, dem Gast etwas zu essen anzubieten. Wenn der Gast keine Zeit hat oder wie ich nach einem Monat vorgibt, keine Zeit zu haben, muss er den *Ide* nur in die rechte Hand nehmen und zeigt so seine Dankbarkeit und seinen Respekt gegenüber den Gastgebern. Zu Hause tunke ich mein Baguette mit Butter und Marmelade in den Kaffee, hier den Käse in den Tee mit Milch. Eine Jurte ist hier auch nie abgeschlossen, das gibt es nicht. Jeder Reisende kann in jede beliebige Jurte gehen und sich zum Ausruhen hinlegen, auch wenn niemand zu Hause ist. Wie kann man nur so verschieden sein? Warum verschließen wir uns so schnell? Der Kulturschock ist gewaltig. Ich merke, dass ich weit von dieser mongolischen Freiheit entfernt bin, wo Güter keine Hindernisse sind, und vor allem, wo die Bedürfnisse echt und lebenswichtig sind und nicht eingebildet. Eine kleine Dreijährige kommt angetapst und hält sich an meinem linken Bein fest. Ich nehme sie auf meinen Schoß und gebe ihr ein paar Kekse, die ich in der Tasche habe.

Die Jurte scheint ziemlich voll zu sein. Ich schlage Mooji vor, dass ich in meinem Zelt schlafe, damit es hier drinnen nicht zu eng wird. Er sagt: *»Kein Problem.«* Bevor ich aus dem Haus gehe, zeigt mir ein Mann seine mongolische Geige.

Ich habe in den Jurten, in denen wir waren, schon welche gesehen, gehört aber bisher nur bei dem Naadam. Da war aber ein anderes Instrument dabei, ich konnte den Klang nicht heraushören. Er fängt an zu spielen. Ich finde den Klang sehr ruhig und durchdringend. Es ist eine Geige mit zwei Saiten; man nennt sie *Morin chuur*. Sie sagen, dass dieses Instrument die unendliche Weite dieser Steppen zum Ausdruck bringen kann. Mit diesem Instrument kommen ihnen Worte in den Sinn, und sie können ihre Gedanken über das Leben austauschen. Das auffälligste Detail der Geige ist der Pferdekopf am Ende des Griffbretts. Man hat mir in meinen ersten Tagen in Ulan-Bator die Legende zu diesem Instrument erzählt: *»Es war einmal ein Mann namens Höhöö Namdschil, der ein geflügeltes Pferd*

## Seele

*besaß. Er konnte so mit seinem Pferd riesige Entfernungen in einem Augenblick zurücklegen. Er reiste häufig von Westen nach Osten, um seine Geliebte zu sehen. Eines Morgens war sein geliebtes Pferd tot. Ein Eifersüchtiger hatte es getötet. Höhöö Namdschil war voller Trauer über diesen Verlust und baute zum Gedenken an sein Pferd eine Geige. Den Korpus baute er aus der Haut und den Knochen seines Pferdes und aus dem Schweif die Saiten. So entstand die Morin chuur, die Pferdekopfgeige. Mit den zwei Saiten der Morin chuur können die Mongolen das Leben eines Pferds erzählen, sein Wiehern und sein Galoppieren.«* Das Instrument ist bei den Nomaden sehr angesehen, und jede Familie besitzt eine. Ich bin fasziniert, ein kleines privates Konzert zu erleben. Nach diesen schönen Melodien gehe ich mein Zelt aufbauen, bevor es dunkel wird. Vier mongolische Männer kommen und reden mit Mooji, als ob sie sich seit zehn Jahren nicht gesehen hätten. Ich frage ihn wieder: »*Kennst du sie?*« Er lacht sich schief und sagt: »*Nein.*« Dann erklärt er mir plötzlich etwas, was ich nur zur Hälfte verstehe: Er fährt mit dem Motorrad zu den Zollbeamten, die wir am Vortag an der Brücke getroffen haben. Vor dem Schlafengehen möchte ich mich im Fluss noch ein bisschen waschen, Gesicht und noch ein paar andere Körperpartien. Es nieselt, aber es ist kein starker Regen. Ich motiviere mich, nehme mein kleines Handtuch und Seife.

Ich wage mich also an den Fluss, aber ich merke schnell, dass meine Füße tief in den Schlamm einsinken. Ich habe mich hinter einem kleinen Grashügel versteckt. Ich möchte gerade Pipi machen, als ein Hund auf mich zukommt, der sehr nach Wolf aussieht. Er ist total grau und sieht genauso aus wie ein Wolf in den Filmen aus meiner Kindheit. Was ist das für ein Hund? Er knabbert an meinen Beinen und schnappt nach meiner Hose. Ich fühle mich gar nicht mehr sicher. Ich beruhige mich, indem ich mir sage, dass er mich schon längst gefressen hätte, wenn es ein Wolf wäre, aber es bleibt merkwürdig. Ich ziehe schnell meine Hose hoch und gehe ans Wasser. Der Wolfshund weicht nicht von mir. Eigenartig, wenn ich mit

## Die Wette gilt

der Hand näher komme, hebt er den Kopf und zeigt sein offenes Maul. Er scheint nicht gefährlich zu sein, aber irgendwie Hunger zu haben. Ich wasche mich, so gut es geht, ab und packe schnell meine Sachen. Meine Füße sind in den wenigen Minuten im Schlamm verschwunden. Ich kann sie nur schwer wieder herausziehen und wäre beinahe wie ein nasser Sack umgefallen. Ich gehe wieder zum Haus, und der Hund bleibt mir auf den Fersen. Ich treffe die Mama, nehme mein Wörterbuch und zeige mit dem Finger auf den Hund und spreche das Wort »Wolf« aus. Sie lächelt und sagt »*za za*«, was so viel heißt wie Ja. »*What?*« Ich finde das Wort für zahm, und sie sagt »*za za*« ... Sie erklärt mir, dass sie ihn seit seiner Geburt haben. Ich verstehe nicht alles und lege mich jetzt lieber in meinem Zelt schlafen, bevor es dunkel wird. Ich bin erschöpft von diesem Tag. Im Zelt kann ich endlich mal meine Unterhose wechseln und persönliche Dinge erledigen. Allerdings regnet es stark. Es fängt ganz plötzlich an zu regnen, und ich hoffe, dass ich nicht weggeschwemmt werde. Ich freue mich aber – von Anfang an hat es nie tagsüber geregnet, sondern erst abends, wenn ich schlafen ging. Ich spüre, dass rechts von meinem Zelt Wasser vorbeifließt. Das Zelt lässt sich nicht richtig zumachen, und es kommen Tropfen rein. Der Verschluss ist kaputt. Côme und Gerel haben es mir geliehen.
Es ist in keinem guten Zustand, ich habe es trotzdem mitgenommen. Wenn alles nass wird, habe ich zumindest eine schöne Erinnerung.
Ich schlafe ein und höre plötzlich, wie sich Mongolen direkt neben meinem Zelt unterhalten. Ich verstehe nichts davon. Sie lachen und reden miteinander. Ich schalte meine Stirnlampe ein und versuche herauszufinden, was los ist. Ich bin etwas unruhig. Ich höre Moojis Stimme nicht und weiß nicht, warum sie bei strömendem Regen neben meinem Zelt stehen. Sie sollten eigentlich im Haus sein. Ich höre auf, mir einen Kopf zu machen, und mache das Licht aus, damit ich schlafen kann. Von Mooji und seinem Motorrad ist immer

noch nichts zu hören. Ich fange an, mit mir selbst zu reden, als wäre nichts. Ich nehme einen anderen Tonfall an, damit die Männer denken, dass ich am Telefon bin – das macht Spaß. Ich rede dummes Zeug. Jedenfalls bringe ich mich selbst zum Lachen und mache aus diesem peinlichen Moment etwas für mich und für sie. Schließlich strecke ich mich aus und spüre an meinen Füßen, wie es durch den undichten Verschluss tropft.

Am nächsten Morgen bin ich sehr gut drauf, habe aber einen dicken Kopf. Ich habe das Gefühl, dass mich der Blitz getroffen hat. Ich packe schnell zusammen, damit ich keine Zeit verliere. Ich muss mich beeilen. Die Tsaatan sind noch zwei Tage entfernt, und die Spannung steigt ... Andererseits möchte ich noch gar nicht ankommen, sondern noch diese wunderwunderschöne Natur betrachten. Mooji ist aufgestanden und begrüßt mich mit einem Faustcheck. Ich bin froh, mit ihm unterwegs zu sein, er ist vertrauenswürdig und respektvoll. Wenn man alleine mit einem Mann unterwegs ist, den man nicht kennt, hat man immer ein bisschen Angst, aber Mooji ist voll korrekt. Freundlich, ehrlich und echt. Heute werden wir im Wald übernachten, weil niemand an unserer Route wohnt. Wir lassen die letzten Häuser hinter uns, zwei Tage Reiten liegen vor uns. Acht Stunden lang begegnet uns niemand; Vögel, Geier, Murmeltiere, Pferde – sonst nichts.

Wir gehen Holz sammeln, damit wir die ganze Nacht ein Feuer brennen lassen können. Wir campen am Waldrand. Es ist wunderschön (ja, ich weiß, ich wiederhole mich).

Mooji sagt mir ständig: »*bolgoom jtoi!*« (»Pass auf!«). Heute Nacht bleibt das Feuer brennen, um die Pferde zu beschützen und uns auch. Wir campen im natürlichen Lebensraum des mongolischen Königs: *Tschon* (Wolf).

Dieser majestätische Herrscher dieser Wälder beeindruckt mich. Ich habe noch nie einen wilden Wolf gesehen. Er ist ein Wahrzeichen für das gesamte Land. Denn nach einer anderen Legende soll

## Die Wette gilt

der große Eroberer Dschingis Khan von einem blauen Wolf (*borte chino*) und einer Hirschkuh abstammen, die für Himmel und Erde stehen. Eine Art Inkarnation der Natur. Diese Legende wird von Generation zu Generation weitergegeben. Einem Wolf kann man sich nur schwer nähern und ihn kaum beobachten. Er ist misstrauisch und vorsichtig. Ich stelle mir den Wolf als König vor und als Herrscher des Waldes. Es ist zwar ein schönes Tier und die Mongolen respektieren ihn, Mooji erklärt mir aber, dass er zwei Rollen hat: Einerseits ist er Raubtier, andererseits hält er die Herde gesund. Häufig reißt er die kranken und verletzten Tiere. Für ihn ist das leichter, aber für den Rest der Herde ist das ein Vorteil. Manche nennen ihn auch »Viehdoktor«. Die Mongolen respektieren diesen Kreislauf des Lebens und der Natur. Der Tod ist etwas Natürliches. Der Wolf ist Teil des Ökosystems der Steppe. Nach mongolischem Schamanismus ist der Wolf die mongolische Seele. Er verhilft den Seelen der Verstorbenen ins Jenseits. »Wenn du in der anderen Welt ankommst, such dir einen Wolf als Freund, denn nur er kennt das Gesetz des Waldes«, sagt ein mongolisches Sprichwort.
Nachdem wir im Wald genug Holz gesammelt haben, untersucht Mooji das Gelände genau, um den richtigen Platz für die Pferde zu finden. Obwohl mir Mooji gerade gesagt hat, dass sich die Wölfe normalerweise tagsüber nicht zeigen, bleibe ich trotzdem wachsam.

Ich bin nicht an diese Art von Grenzenlosigkeit gewöhnt, aber vor allem stelle ich mir dieses geheimnisvolle Tier vor, das uns jetzt schon von seinem Berg aus beobachtet, weil wir in seinem Revier unser Lager aufgeschlagen haben. Neben diesen riesigen Kiefern fühle ich mich so klein wie eine Ameise, aber eigenartigerweise habe ich das Gefühl, hier richtig zu sein. Der Platz des Menschen ist hier, er verneigt sich vor dieser Natur, um Holz für ein Feuer zu sammeln. Die Natur könnte nicht ewig bestehen, wenn sich der Mensch nicht verneigen würde.

## Seele

Ich gehe und helfe ihm. Mooji gibt mir zwei Pferde und geht los, um die Pflöcke einzuschlagen. Ich fühle etwas von dem, was die zurückgezogen lebenden Völker für die Natur empfinden. Ich bin erst zwei Monate in der Mongolei, und ich kann die Kraft der Natur bereits erahnen. Die Sache mit den Schamanen – ein Wort, das ich vorher nicht kannte – kann ich jetzt besser verstehen. Zwischen uns und diesem abgeschiedenen mongolischen Volk liegt nur noch ein Tag. Die morgige Strecke in den äußersten Norden wird gebirgig. Wir kommen immer näher an die Südgrenze Sibiriens. Wir sind durch unzählige Täler gekommen. Wir durchqueren Seen, Bäche, und winzige Quellen, die Flüsse speisen. Ich campe heute Nacht in dieser wilden Taiga, im Paradies der Wölfe und Bären. An die Stelle der Kommunikation tritt die Kontemplation. Wir sind nur zwei Personen mitten in diesem Wald. Als Erstes zünden wir ein Feuer an. Ich habe das kleine Feuerzeug in der Tasche, das mich schon seit Neuseeland begleitet. Mooji holt seine riesige Axt heraus, mit der er die Baumstämme spaltet, damit wir sie aufs Feuer legen können. Wie schön, nur mit ihm in diese Steppen gekommen zu sein; ich muss mit niemandem reden, höre den Wind in den Bäumen und sehe das Gras zum Knistern des Feuers tanzen. Mooji baut eine Küche, er nimmt drei riesige Steine und legt sie um das Feuer wie bei einem Gasherd. Wir haben einen großen schwarzen Kochtopf mitgenommen. Ich schöpfe Wasser vom Fluss hinein, das wir dann zum Kochen bringen.

Mooji holt die Nudeln und das Fleisch aus dem Tuch heraus, aber wir haben kleine Schüsseln zum Essen vergessen. Das macht nichts, in zwei Minuten hat Mooji mir aus einer kaputten Flasche, die er in der Tasche hatte, eine Schüssel gemacht. Ich habe kein Besteck und nehme ein Stück Holz, um die heißen Nudeln aus dem Wasser zu holen. Mooji schneidet sein Fleisch erst danach hinein, damit ich nichts davon nehmen muss. Er kocht hervorragend, ich sage ihm das immer wieder auf Mongolisch; das macht ihn verlegen. Er

# Die Wette gilt

versucht mir nach zehn Minuten Suchen in meinem Wörterbuch zu sagen, dass seine Frau immer kocht. Ich stelle ihm die Aufgabe zu kochen, wenn er wieder nach Hause kommt. Er lacht laut auf und sagt mir, dass die Frauen des Hauses ihm das verbieten werden. Ich sage ihm noch einmal, dass sein Essen hervorragend ist. Er drückt mir die Hand und sagt mir zu, dass er bei unserer Rückkehr kochen wird. Er hat Kräuter in die Suppe gegeben, es schmeckt wirklich supergut. Das ist das erste Mal, dass ich ein mongolisches Gericht richtig mag. Ich esse aus meiner Flasche, die zum Teller geworden ist. Mooji nimmt sein Messer, kann aber das Fleisch damit nur schlecht schneiden. Ich hole meins aus meinem Rucksack und gebe es ihm. Er ist erstaunt, wie gut das Opinel-Messer schneidet. Er bestaunt es, und ich schenke es ihm. Er kann es hier besser gebrauchen als ich in Paris.

Jeden Tag bringe ich Mooji neue englische Sätze bei. Das ist lustig; er möchte Englisch lernen. Gerade wiederholt er seinen Lieblingssatz: »*Every good Marina!!!!!*« Diesen Satz habe ich ständig im Ohr, es ist echt knuffig. Wir liegen da und unterhalten uns, bis die Nudeln gar sind. Ich frage ihn, was ihm in der Mongolei Angst macht. Wir haben ein sehr interessantes Gespräch. Er gibt etwas über sich selbst preis: »*Ich werde nie aufhören, meine Mongolei zu verteidigen und zu schützen.*« Ich frage ihn, wie er den Tourismus hier sieht, und er antwortet sofort: »*Man muss ihn unter Kontrolle halten. Ich möchte mich nicht überfluten lassen.*« Und weiter: »*Unsere Natur ist nicht dieselbe wie ihre …*« Dann versucht er mit Gesten auszudrücken, was er sagen will, und zeigt auf Wörter in meinem Wörterbuch:
»*Die Mongolei ist mein Herz, meine Seele, meine Luft.*« Er ist ergriffen, wenn er von seinem Land spricht. Er hat eine Kraft in sich, die ich nicht beschreiben kann, er würde für sein Land kämpfen.
Könnte ich um Garches kämpfen? Es ist ihm nicht bewusst, was er damit für eine Aussage über die Natur macht. Er kennt die

schlechten Eigenschaften, die wir Touristen mitbringen. Er redet weiter und zeigt auf das Wort »bewundern« und mimt das Wort »entwurzeln«. Ich schließe daraus, dass er mir sagen will: *»Begnügt euch damit zu bewundern, aber nehmt uns nicht unsere Wurzeln!«* Er redet weiter über die Landflucht und sagt seine Meinung dazu: *»Not good, not good«*, er wiederholt es immer wieder! Die Zukunft ist hier – in dieser Traumlandschaft, wo meine Füße vom knisternden Feuer gewärmt werden. Ich höre genau hin und trinke seine Worte, seine Mimik, als ob er mir eine wichtige Botschaft übermitteln und eine Kraft übertragen würde. Er steht auf und legt ein Stück Holz nach. Es wird langsam dunkel, die Sterne erhellen schon den Horizont. Ich sehe ihn an und drücke ihm fest die Hand, um ihm zu danken, dass er mir seine Gedanken mitgeteilt hat. Unsere Sprache und unsere Kulturen sind weit voneinander entfernt, unsere Welten sind gegensätzlich. Ich komme nach und nach in seine Welt … Zum Schluss sagt er ein Wort, das er in meinem Wörterbuch findet: »privat«, und er zeigt auf »Steppe«. Dann schlägt er die Seiten schnell um und sagt: »privat Steppe«, ich begreife, dass er versucht, mir zu sagen, dass die Steppen privat sind oder privat sein werden. Er blättert schnell im Wörterbuch, als ob er zu gerne mehr sagen und erklären würde … Er stellt es mit leuchtenden Augen dar. Es steckt eine große Kraft in dem, was er sagt. Ich habe am ganzen Körper Gänsehaut. Das Feuer wärmt uns, aber das Gespräch bewegt mich sehr. Ich verstehe, dass er traurig wäre, wenn jemand erlauben würde, die Steppe zu privatisieren. Ich habe so viele Fragen in meinem Kopf, aber ich schweige lieber. Wir hatten heute Abend ein schönes Gespräch am Feuer, und ich möchte es nachwirken lassen. Es ist Zeit, schlafen zu gehen, die Temperatur sinkt rapide. Ich sage Mooji, dass er in mein Zelt kommen kann, damit er nicht draußen schlafen muss. Er möchte nicht. Anfangs denke ich, dass er schüchtern ist und sich nicht traut. Dann merke ich aber, dass er wirklich nicht will. Ich biete es ihm mehrmals an.

# Die Wette gilt

Es macht mich unruhig, dass er draußen schläft, obwohl ich weiß, dass er es gewohnt ist. Ich habe das ganze Gepäck bei mir. Meine Satteldecke nehme ich als Kopfkissen, und ich schlafe mit dieser Mischung aus Pferde- und Feuergeruch ein, wie angenehm. Mein Zelt ist kaputt, ich kann die Tür nicht zumachen. Damit bin ich schon ein bisschen mongolisch geworden mit meinen Sachen. Bei mir gibt es noch keinen Tee mit Milch und keinen getrockneten Käse, aber meine Tür ist offen. Mein *Ger* (Haus) ist für den Rest der Tour eingerichtet. Der starke Geruch, die funkelnden Sterne, der Wind in den Kiefern und Mooji, der in seinem *Deel* unter dem Sternenhimmel liegt ... Und mein Kopf ist umgeben von drei Sätteln, drei Satteldecken voller Schweiß und Haare, die mir die Nase kitzeln. Großartig. Ich sehe Mooji, der in seinem *Deel* neben dem Feuer liegt. Es scheint ihm sehr gut zu gehen. Trotzdem habe ich ihm meinen *Deel* als Decke gebracht, mit meinem schönen Schweißgeruch. So hat jeder einen Geruch um die Nase. Er nimmt ihn lächelnd an, und ich sehe, wie er mit dem Gesicht Richtung Sterne auf dem Boden liegt. Gute Nacht, »*Saichan Amrarai!*«

Am nächsten Morgen stehe ich auf und suche Holz, um das Feuer wieder anzuzünden. Die Pferde sind noch da und Mooji auch. Ich hole Wasser am Fluss, damit wir uns einen schönen Tee machen und uns aufwärmen können, bevor wir weiterreiten. Die Sonne geht auf, es ist fantastisch. Ich genieße die wundervolle Stille beim Aufstehen. Mooji macht unseren Tross fertig. Ich packe meine restlichen Sachen ein. In einer Hand habe ich Rosinen, in der anderen meine Tasse Tee. Ich spüle mir nach dem Tee die Zähne im Fluss. Die Natur wacht langsam auf, die kleinen *Ziesel* (kleine Nager, die ein bisschen wie Eichhörnchen aussehen) kommen aus ihrem Bau – total süß. Wenn man nämlich anfängt, die Natur zu beobachten, fängt sie auch an, dich zu beobachten, und kommt immer näher. Anscheinend entsteht Vertrauen, wenn man sich beobachtet. Mein Pferd finde ich im Kiefernwald wieder.

# Seele

Die Wege sind sehr eng, die Kiefernzweige streifen ständig mein Gesicht und meinen Rücken. Man muss sich ducken, um durchzukommen. Es gibt keinen gebahnten Weg, ich muss mich auf Mooji und seine Intuition verlassen. Die Pferde versinken im aufgeweichten Boden. Es ist sehr morastig, und ich bin schon mehrmals beinahe gestürzt. Die Bergtour ist wirklich etwas für Kämpfer, ich fühle mich wie in einem Abenteuerfilm. Beide versuchen wir, dort zu reiten, wo die Pferde nicht so tief im Morast versinken können. Beim Anstieg sind wir von Tausenden Wildblumen umgeben. Ich bin kein bisschen erschöpft. Seitdem wir unterwegs sind, fragt mich Mooji jeden Tag, ob ich erschöpft bin oder es mir irgendwo wehtut, ich antworte, dass es mir sehr gut geht. Ich bin in Topform, auch wenn wir an einem Tag acht Stunden reiten. Offensichtlich spielt die Psyche eine große Rolle. Ich war noch nie so ungeduldig, irgendwo anzukommen. Die Kiefern streicheln mich oder streifen mein Gesicht. Wir machen Pausen, damit sich die Pferde erholen können. Der Wald ist so dicht, ich habe keine Ahnung, wie er sich orientieren kann. Wir kommen über mehrere Pässe und müssen viele Umwege machen, weil der Boden immer aufgeweichter ist. Die Pferde scheinen immer aufgeregter zu werden. Sie spüren wahrscheinlich, dass wir an einen fremden Ort reiten, sie waren in diesem Teil der Mongolei noch nie, und Mooji sagt mir immer wieder, dass ich mein Pferd gut festhalten soll, es könnte vom kleinsten Geräusch Panik bekommen. Als wir auf einem Berg ankommen, sehen wir an einem Hang noch Schnee. Erstaunlich, hier Schnee zu sehen, wo doch gerade Sommer ist in der Mongolei. Wir steigen immer höher. Wann und wo kommen wir denn jetzt zu den Rentiernomaden? Mir erscheint es unmöglich, sie zu finden, aber Mooji scheint sich seiner Sache und der Richtung sicher zu sein. Beim Anblick dieser unendlichen Bergkette kann ich mir nicht vorstellen, dass wir diesen ganzen Weg noch vor uns haben. Aber Mooji zeigt mit dem Finger auf den nächsten Pass, den wir überqueren müssen. Ich rede meinem Pferd gut zu, es schaut sich wie ein Kind überall um. Jetzt geht es uns beiden einmal gleich. Auch ich beobachte und bin auf alles Mögliche gefasst.

Ich erwarte nichts mehr und folge den Spuren von Moojis Pferd. Ich stelle keine Frage und reite weiter, als wären wir auf der Suche nach einem Schatz, der seit Jahren verschollen ist. Nach einer Stunde Aufstieg kommt ein Abstieg. Wir reiten tief in den Kiefernwald hinein, und plötzlich trabt dieses majestätische, wundersame Tier direkt vor meiner Nase vorbei. Mein Pferd steigt und bleibt dann stehen. Es sieht dieses Tier zum ersten Mal, das Geweih ragt bis in den Himmel. Ich stehe unter Schock und bringe keinen Ton heraus. Mein Herz ist gerührt, meine Augen auch. Ich sehe eins, dann links ein zweites. Der Wald zeigt seine ganze Pracht, es ist großartig, ich kann es kaum glauben. Die Tränen laufen mir übers Gesicht: Ich habe so darauf gewartet und mich dafür verausgabt, auf diesem Berg anzukommen. Ich komme mir vor wie in einem Traum. Überall Rentiere … Das Gelände ist sehr schlammig und abschüssig, wir steigen lieber ab und gehen zu Fuß weiter. Schließlich wate ich bis zu den Waden im Schlamm. Ich gehe weiter und weiß nicht, wo ich gelandet bin, ich schaue mich sprachlos um. In der Ferne sehe ich die Spitze eines Tipi … ein paar Minuten später wird mir klar, dass ich da bin, wo ich hinwollte. Ich frage Mooji, ob es stimmt, dass es hier ist. Er antwortet, dass wir es geschafft haben. Ich fühle mich so klein angesichts dieser märchenhaften Tiere, ich finde keine Worte.

# 38

## Die Tsaatan

Nach dieser sehr anstrengenden Tour – heute sind wir fast zehn Stunden geritten – möchte ich beim Anblick dieser Landschaft am liebsten losjohlen, aber als ich die ersten Rentiernomaden sehe,

## Seele

bringe ich keinen Ton heraus. Es ist wunderschön und natürlich, nichts Künstliches oder Unechtes. Ich bin bei einem der ältesten Völker der Mongolei angekommen. Ich weiß nicht, wie ich es beschreiben und ausdrücken soll, was ich angesichts dieser Schönheit empfinde. Worte würden das Gefühl abschwächen und verschandeln. Meine Lungen bekommen eine riesige Extraportion Luft.

Als wir bei ihrem Lager ankommen, kommt eine Tsaatan auf Mooji zu. Er spricht mit ihr und strahlt mich an. Sie wundert sich, mich hier ankommen zu sehen. Mooji scheint zu wissen, was er tut. Um uns herum stehen überall Tipis, etwa 30 sehe ich. Ich gehe weiter und beherrsche mich, damit ich nicht vor Freude losjohle und sie womöglich erschrecke.
Wir binden die Pferde an und gehen auf ein Tipi zu. Mooji tritt ein und gibt allen die Hand. Ich schiebe das Leder beiseite, das am Eingang hängt, gehe hinein und sehe die Familie, die hier lebt. Alle geben mir die Hand. Ich weiß nicht, wo ich mich hinsetzen darf, keiner übersetzt mir, und Mooji scheint nicht vorzuhaben, mir irgendetwas zu erklären. Er freut sich, angekommen zu sein, und liegt schon auf der Bank und spricht mit dem alten Mann. Ich bin allein in dieser völlig anderen Welt. Wie muss ich mich setzen, haben sie dieselben Traditionen wie die Mongolen, die ich bisher kennengelernt habe? Ich fange links an, guten Tag zu sagen, und mache die Runde im Uhrzeigersinn. Ich habe mein kleines Wörterbuch in der rechten Hand, falls jemand versucht, mit mir zu reden. Die alte Frau zeigt auf einen kleinen Hocker, auf den setze ich mich. Sie fragen nach meinem Vornamen und nennen mir ihre. Ich höre ihre Antworten kaum, so gerührt bin ich. Ich weiß nicht so recht, was ich sagen soll. Mir kommen die Tränen, aber sie würden es nicht verstehen, wenn ich in ihrem Tipi heulen würde, und ich könnte es ihnen nicht erklären. Am liebsten möchte ich Mooji umarmen und die ganze Familie. Es ist schrecklich, dass ich so nah am Wasser gebaut bin.

## Die Tsaatan

Ich atme tief durch, damit ich nicht losheule. Eine Frau reicht mir eine Schale Tee mit Rentiermilch. Ich trinke diese Milch zum ersten Mal. Ich glaube, ich könnte zu Hause eine Käserei aufmachen. Ich bin inzwischen Spezialistin. Ich versuche zu verstehen, worüber sie reden. Gerade habe ich den Eindruck, dass er von der Reise erzählt, und Mooji zeigt mir mit dem Daumen nach oben, dass er froh ist, angekommen zu sein. Mooji und ich gehen von einem Tipi zum nächsten. Es ist üblich, in jedem Tipi guten Tag zu sagen. Wir treffen Kinder, sehr alte Frauen, und Mooji zeigt mir auch das Tipi des großen Schamanen. Es steht ein wenig abseits vom Lager.

Bin ich in einem Film? Nein, Marine, das ist die Wirklichkeit. Aber ich frage mich auch, warum ich hier bin. Um Fotos zu machen oder um ihnen etwas zu geben? Ich bin da, um zu entdecken, nicht um irgendetwas Besonderes zu tun. Ich werde keine Hilfe sein, sie können mir etwas beibringen. Zwischendurch stelle ich meinen Wunsch infrage, dieses Volk kennenlernen zu wollen. Ich weiß nicht, warum. Ich habe das Gefühl, ein Schmarotzer in diesem Paradies zu sein. Es ist ihre Insel des Friedens, sie haben sie sich geschaffen und verteidigen sie gegen den Rest der Welt. Mir wird klar, dass ich aus Respekt vor diesem Volk nicht hierher hätte kommen sollen. Das kann man leicht sagen, wenn man einmal dort ist, aber ich spüre das zutiefst so. Außer Sesshaftigkeit würde ihnen der Tourismus nichts bringen. Diese Runde durch die Tipis ist unglaublich, ich weiß nicht, warum sie mich wie eine Königin empfangen. Sie sind superzuvorkommend. Mooji achtet nicht auf mich, er lässt mich ganz alleine. Es ist sehr angenehm, dass mich kein Dolmetscher nervt und ich nicht gesagt bekomme, wann ich wohin zu gehen habe. Ich fühle mich frei, zu bleiben und meine eigene Erfahrung zu machen. Sie nähen sich ihre Kleidung selbst aus Rentierhaut, ihre Nahrung und ihre Werkzeuge holen sie sich aus dem Wald und von den Rentieren.

# Seele

Dieses Volk lebt vollkommen autark an der Grenze zu Sibirien, in der unendlichen Weite der Taiga. Es sind ungefähr 50 Familien und sie teilen sich in zwei Gruppen auf (wenn ich richtig verstanden habe, was sie mir erklären). Sie sind ungefähr 300. »Tsaatan« bedeutet Rentierzüchter. Man denkt leicht, dass die zurückgezogen lebenden Stämme oder die kleinen Völker anders sind, wild und realitätsfern, aber sie hatten vor allem die Kraft, sich einem System zu widersetzen und so zu bleiben, wie sie es wollten. Aber wie lange werden sie das durchhalten? Ich bin hier bei ihnen und spüre einen gewaltigen Kloß im Hals. Warum kann man diese Stämme nicht so lassen, ohne zu urteilen und ohne zu vereinnahmen?

Sicher haben sie ein hartes Leben. Im Winter wird es −40 °C, aber sie wählen dieses Leben, sie lieben ihre Kultur, die es ihnen möglich macht, so zu bleiben, wie sie sind. Ständig sind sie auf der Suche nach dem besten Platz zum Weiden ihrer Herden. Rentiere fressen nämlich Flechten. Es dauert eine Zeit, bis die Flechten wieder nachwachsen. Unter anderem aus diesem Grund müssen die Rentiere häufig wandern, damit sie nicht verhungern. Dieses Volk erschüttert mich und bringt mir alle Fragen wieder ins Bewusstsein, die ich seit dem Beginn meiner Reise habe. Wie werde ich wieder in meine Lebenswirklichkeit zurückkehren können? Denn wir leben wirklich in einer anderen Welt.

## Integration

Wenn ich mir ihr Tipi ansehe, habe ich das Gefühl, bei den Indianern zu sein. Es sind große Äste, die kegelförmig aufgestellt und mit Rentierhäuten bespannt sind (ich weiß nicht wirklich, wie man sie baut). Tsaatan zu sein war nicht immer einfach, sie mussten die Kraft aufbringen, ihre Vorfahren zu achten. In der sowjetischen Besatzungszeit wurden sie zur Sesshaftigkeit gezwungen, weil die Russen ihre Lebensweise nicht akzeptierten. Das Schönste daran ist, dass sie es geschafft haben, zu ihren Traditionen zurückzu-

# Die Tsaatan

kehren. Nach mehreren Gesprächen, die immer in einer langen Zeit des Beobachtens enden, komme ich wieder zum ersten Tipi. Die Frau geht mit einem Eimer los. Ich frage, ob ich ihr folgen darf, und sie lächelt. Sie geht zu den angepflockten Rentieren. Ich frage mich, warum sie hier so alleine stehen. Ein paar Minuten später sehe ich sie die Rentiere melken und biete ihr an, ihr zu helfen. Sie lächelt mich an und gibt mir ihren Eimer. Sie freut sich riesig, mich ihre Rentiere melken zu sehen. Ich denke einen Bruchteil einer Sekunde über meine Melkerfahrungen nach und versuche es. Dafür, dass ich zum ersten Mal ein Rentier melke, stelle ich mich gar nicht schlecht an. Dieses Tier ist sehr ruhig, es hypnotisiert mich. Ich kann in seiner Nähe gar keine hektische Bewegung machen.
Es hat ein so ruhiges und ausgeglichenes Gesicht, eine unpassende Bewegung verbietet sich einfach von selbst. Ich versuche, vorsichtig zu sein, aber das ist nicht so effektiv. Das Rentier hinter mir schnuppert an meinem Hintern. Ich halte meine Hand an sein Maul und stelle fest, dass es keine Zähne hat. Ich mache sein Gesicht nach, die Frau lacht und sagt, dass sie keine Zähne haben. Dann steht sie auf und sagt mir, ich soll auf eines der angebundenen Tiere steigen. Ich verstehe es erst nicht, aber dann zeigt sie es mir mit Gesten. Ich steige auf, und das Tier bewegt sich langsam vorwärts. Ich fühle mich wie auf Wolken. Es ist viel bequemer als ein Pferd, obwohl man das Gegenteil denken könnte. Ich steige wieder ab und melke mit ihr weiter. Dieser Moment war eigenartig, als ob ich mit ihm in die Luft geflogen wäre. Ich fühlte mich wie in einem Zeichentrickfilm.
Danach gehen wir ins Tipi. Unterwegs spiele ich mit Kindern mit einem Springseil, wir reden nicht, aber wir lachen viel. Ein Kleiner ist ganz nackig, das ist lustig. Er kringelt sich vor Lachen und ich auch. Dann setze ich mich zu einer Gruppe Kinder. Eins kommt von hinten und zieht an meinem Zopf. Es interessiert sich für mein Haargummi. Ich lasse es ihm und gehe, um beim Mittagessen-Kochen

## Seele

zu helfen. Nach ihrer Tradition ist ein Tipibewohner verpflichtet, Reisende aufzunehmen, aber der Reisende muss etwas zu essen mitbringen, damit die ohnehin knappen Vorräte der Familie nicht aufgebraucht werden. Ich gebe ihnen meine Tüte Nudeln, meine Rosinen, meine Kekse und den Rest Fleisch, den wir noch haben. Sie sind begeistert, und wir fangen an, die Nudeln zu kochen. Ich gebe ihnen auch die kleine Tüte mit Gemüsebrühe. Es ist lustig, sie reichen sie herum und riechen daran, um den für sie unbekannten Geruch wahrzunehmen. Die Mama bringt alles zum Kochen. An Holzstücken, die weiter oben befestigt sind, hängt Fleisch. Ich frage Mooji, welches Tier das ist, und er antwortet: *»Reh.«* Sie sind mit Rentieren in den Wald geritten, um zu jagen. Dann höre ich plötzlich das leichte Getrappel von Tausenden Hufen und sehe durch die Tipiöffnung Hunderte Rentiere, die von allen Seiten angetrabt kommen.

Ich kann nicht anders, ich muss sofort hinausgehen und sie bewundern. Sie sind aus den angrenzenden Tälern gekommen und verbringen die Nacht beim Lager. Es sind ungefähr 200, verschieden groß und mit unterschiedlich gefärbtem Fell. Ich erfahre später, dass es in Wirklichkeit etwa 500 sind. Sie tragen riesige Geweihe. Ich bin mitten in der Herde, sie lassen sich in den Arm nehmen, und andere knabbern schon an meinen Haaren. Das ist fantastisch, ich kann es nicht glauben – sie sind gar nicht wild. Es sind gezähmte Könige der Natur. Mehrere haben sich am Sammelplatz hingelegt. Das Tipi liegt genau gegenüber. Ich will mich neben sie legen, und ein Rentier stellt mir seinen Bauch zur Verfügung, damit ich es mir bequem machen kann. Es ist schneeweiß, es sieht mir in die Augen, und ich lasse meine letzte Maske fallen. Ich drücke es an mich. Es bewegt sich nicht, es scheint sich ganz und gar nicht gestört zu fühlen. Ich lege mich auf seinen Bauch, und meine Augen sind feucht vor Glück. Ich habe es geschafft ... ich habe euch gefunden. Rosy, wie geht es dir in deinem neuen Garten? Ich liege

## Die Tsaatan

auf meinem Kumpel und schaue mir die Tipis rundherum an, aus denen schwarzer Rauch aufsteigt. Nach diesem magischen Moment kommen mir so viele Fragen, die ich stellen möchte. Aber egal, was ich mir auch vorstelle, es bleibt schön, die Antworten nicht zu kennen. Eine Antwort auf meine Fragen wäre nutzlos. **Mach die Augen auf und dein Herz, gib, was du geben kannst, und erwarte nichts dafür.** Die Rentiere machen ein eigenartiges Geräusch beim Gehen und beim Fressen. Ich werde diese Art, zu sein und zu denken, mein Leben lang in meinem Herzen behalten. Zumindest möchte ich das. Morgen werde ich vielleicht den Schamanen des Lagers kennenlernen, ich weiß aber noch nicht, wozu. Es wird langsam kälter, im Tipi ist es schön warm. Ich gehe hinaus, mit einer Geschichte über Rentiere im Hinterkopf, die die Nomaden hier mir erzählt haben. Es macht ihnen Freude, in meinem Wörterbuch auf Wörter zu zeigen, damit ich mir ansehe, was sie bedeuten. Ich mache mich ganz klein, sie kommen zu mir, um mit mir zu reden. Sie erzählen mir, dass es in der Herde ein heiliges Rentier gibt, das anders behandelt wird als die anderen.

Es wird nicht geritten, trägt nichts bei einer Transhumanz und wird nicht zur Jagd mitgenommen. Auch sein Geweih wird nicht gestutzt. Es hat eine spirituelle Bedeutung für die Gemeinschaft, jede Familie hat ein geschütztes, heiliges Rentier.

Ich lege mich schlafen und rieche den angenehmen Geruch des Herdfeuers. Das Tipi ist voll, ich übernachte etwas weiter weg an einem Fluss in meinem Zelt. Es ist lustig, ich höre die Rentiere rund um mein Zelt. Manche stecken sogar ihren Kopf in das Loch in meinem Zelt, um nachzusehen, was für eine Außerirdische auf ihrem Boden gelandet ist. Zwei Rentierkälber stecken ihre Hinterbeine in mein Zelt. Ich liege drinnen, und sie klopfen an, um sich mit mir zu unterhalten. Ich muss mehrere verjagen, um schlafen zu können. Obwohl mein Zelt offen ist, freue ich mich total, in meinem Traum schlafen zu können. Die Nacht ist kurz, weil ich

## Seele

es nicht erwarten kann, den Sonnenaufgang über dieser Insel des Friedens zu sehen. Ich stehe auf und setze mich auf eine Anhöhe. Ich gehe nicht zu weit weg, damit die Hunde mich nicht für eine Fremde halten und mir in die Waden beißen. Die Sonne geht auf und taucht die Tipispitzen in Licht. Am liebsten würde ich nicht weiterschreiben, sondern euch selbst mit geschlossenen Augen und offenem Herzen ein Bild von dieser Atmosphäre machen lassen. Spürt den Wind in eurem Gesicht, den Geruch des Holzfeuers, das gerade in den Tipis angezündet wird, hört die Rentiere aufstehen und nehmt diese große Ruhe wahr. Ohne ein menschliches oder mechanisches Geräusch weckt euch die Natur auf und sagt euch, dass sie euch liebt. Sie umarmt euch und nimmt euch an der Hand. Ihr fliegt einen Moment über diese Schönheit. Meine Rose ist gewachsen, aber in meinem Garten fängt es erst an aus dem Boden zu sprießen. Die Saat ist aufgegangen, aber die Pflanzen sind neu geboren und nicht frosthart, sie müssen sofort gepflegt werden, damit sie bei meiner Rückkehr nicht erfrieren.

*Ich sitze zwischen diesen Pflanzen und sehe, wie die Sonne über die Berge klettert. Ich merke, dass ich noch vieles lernen und viele Erfahrungen machen muss, es sind bisher nur Entdeckungen. Wie kann man das umsetzen, was ich spüre?*

*Alles beginnt. Es ist erst der Anfang, das spüre ich zutiefst. Meine Reise ist bald zu Ende, und ich würde gerne etwas machen, das anderen hilft, ihre eigene Legende zu finden. Jeden dort abholen, wo er steht, und ihm helfen, das zu schaffen, was er oder sie braucht, um in ihrem Leben glücklicher zu sein. Das würde mir helfen. Wir haben nur ein Leben, das sehr kurz ist. Das Wichtigste ist dieses Glück, das wir alle suchen. Aber es geht vor allem darum, es um sich herum zu verbreiten. Ich muss dieses Projekt weiterführen, ich kann nicht zurückgehen und so tun, als wäre nichts geschehen. Die Seper-Community ist viel zu stark. Wir müssen zusammen weitermachen ... Ich möchte eine größere Community schaffen, damit jeder seine Träume oder Wünsche verwirklichen kann. Wie? Im Moment weiß ich es nicht. Ich kann nicht nach Hause*

# Die Tsaatan

*gehen und einfach meine Facebook-Seite schließen, das weiß ich. Das spüre ich. Über diese Seite läuft viel gegenseitige Hilfe, Zuwendung und Positives: alles, was jeder von uns im Leben braucht. Ich möchte erleben, dass andere Frauen, Mädchen, Kinder, Jungen und Senioren auf ihren Körper und ihr Herz hören, ohne dass ihr Geist sie stört und lähmt. Auf sein Herz zu hören ist heutzutage sehr schwer, weil alles davon ablenkt ... Alles. Nichts ermutigt unser Herz, zu uns zu sprechen, weil immer Angst oder Unsicherheit uns davon abhält. Die Natur kann uns von vielen Sorgen und Ängsten befreien. Ich habe es erlebt und weiß es in meinem Inneren: Die Natur ist der beste Freund des Menschen. Ich kenne die Widerstände, die mich an dieser Reise hätten hindern, die mich an dieser Idee hätten zweifeln lassen können. Meine Güte, ich schicke euch das mit ganz viel Liebe und Kraft. Wow, danke! Wir haben alle Ideen im Kopf und trauen uns nicht, sie umzusetzen. Wir haben alle Angst vor dem, was andere denken, sobald wir etwas anders machen. Wir haben Angst vor ihrem Urteil oder dass uns etwas nicht gelingt, obwohl wir doch bereits gewonnen haben, indem wir es versuchen. Wir wollen die anderen steuern, aber auch uns wollen wir ständig im Griff haben. Unser Geist ist unser Meister, König und Herr, er steuert unsere Ängste.*

*Aber wo ist unser Herz, damit wir spüren, was wir tun möchten, und loslegen können? Muss man erst eine Krankheit wie ich bekommen oder entlassen werden oder kündigen? Nein, wartet nicht, bis so etwas kommt. Wartet nicht, bis euch das Leben auf eine Art und Weise einholt, die ihr nicht unbedingt toll findet. Das Leben weiß, was es für uns tut und dass es kein Zufall ist, was wir uns vornehmen. Mir ist klar, dass ich ohne diese Rosy ernsthaft am Leben vorbeigelebt hätte. Ich erkenne, dass es mir sogar nicht einmal bewusst geworden wäre. Ich schicke euch diese Rentiere, die durch den Himmel fliegen, mit ihren Geweihen, die größer und schöner sind als alle unsere Wünsche. Hört auf eure leise innere Stimme. Ich muss total weinen, wenn ich euch von der Kraft erzähle, die mir diese Reise geschenkt hat, ihr könnt etwas von meinen Tränen abhaben. Das Leben ist so schön, und die Hindernisse sind nur dazu da, dass wir uns neu ausrichten und uns auf den Weg führen lassen, den wir selbst nicht*

## Seele

*finden können. Wenn ihr anfangt, euch von dieser Stimme zuflüstern zu lassen, was ihr braucht, wird euer Leben nicht mehr dasselbe sein. Es macht so glücklich, sich von seinem Instinkt und seinem Herzen leiten zu lassen. Dafür muss man nicht viel verdienen, man muss nur zuhören können. Von Anfang an ist das ein großes Glück, auch wenn es anders ist und es einen verrückt macht, es nicht sofort zu können. Es gibt keinen Code, keine Theorie und keine Regeln außer denen, die unser Herz uns weitergibt. Ich sage euch: legt los, träumt, hört, tauscht aus, liebt, fliegt, lebt, rennt und vor allem: schaut nicht zurück, wenn ihr losgelegt habt. Der Mensch ist stark, der Mensch ist schön, der Mensch ist unglaublich und kann über sich hinauswachsen. Diese Kraft, die wir alle haben – alle, keiner ausgenommen – diese Kraft ist verblüffend! Ich wusste nicht, dass das in uns steckt. Ich wusste nicht, dass unser Geist, unser Körper und unsere Seele in Symbiose so viele Dinge hinbekommen. Ich begreife, dass diese Kraft entsteht, wenn man beginnt, den richtigen Weg einzuschlagen. Diese Kraft ist gewaltig, der Mensch kann Berge versetzen, er kann Dinge verwirklichen, die er sich selbst nie vorstellen hätte können.*

*Ich traue es uns zu, euch, dir und mir. Ich weiß, dass wir Großes hinbekommen können, und es ist einfach zu bewegend, diese Kraft bei jedem einzelnen von uns zu sehen. Ich gehe ein bisschen weiter hoch, damit ich das Rentier nicht mit meinen gewaltigen Tränen erschrecke. Ich fühle mich in diesem Moment so stark, so habe ich mich noch nie gefühlt. Das ist keine körperliche Kraft, sondern eine innere Kraft. Ich habe das Gefühl, dass ich weiß, wie man glücklich werden kann und es schaffen kann, den richtigen Weg zu gehen. Diese Entdeckung ist zu mächtig, meine Schultern können sie nicht tragen, und ich muss sie in den Boden drücken, um mich davon zu erholen. Meine Augen schauen in den Himmel, mein Herz klopft. Mir kommt alles noch einmal in den Sinn, aber vor allem bin ich sehr bewegt zu erkennen, wie sehr ich die Menschen und das Leben liebe. Das Leben ist so gut gemacht. Ich schreie diese Liebe hinaus. Ich weiß nicht, ob du mich hörst oder ob jemand meine Empfindungen auch spüren kann. Ich schließe die Augen und wecke mich ein zweites Mal auf. Ich bin dankbar für die verschiedenen Persönlichkeiten, Kulturen und Farben. Danke, Leben, dass du uns so viele Geschenke machst, und Pardon, dass ich meine Augen jetzt erst dafür öffne!*

## Die Tsaatan

Ich weiß, dass die Seele der Tsaatan wirklich stark ist. Bei den Tsaatan habe ich Rentiere gemolken, ihre bereits gestutzten Geweihe gekürzt, gelernt, wie man bei den Tsaatan kocht, in ihrem Tipi übernachtet, aber vor allem habe ich den Schamanen kennengelernt, der mir bei meinem Besuch einen Stein geschenkt hat. Wir müssen aufbrechen und in vier Tagen wieder zur Familie von Mooji zurückreiten. In sieben Tagen verlasse ich die Mongolei wieder. In den kommenden sechs Tagen darf nichts schiefgehen, sonst hebt mein Flieger ohne mich ab. Ich bin superentspannt und hoffe fast, dass ich ihn verpasse. Wir räumen das Lager und das Tipi auf, das wir eine Nacht leihen durften, als die anderen auf Jagd waren. Komisch, hier in der Mongolei ist es selbstverständlich, jung Kinder zu bekommen und verheiratet zu sein.

Die Tsaatan fragen mich, ob ich verheiratet bin. Ich sage Ja, weil sie nicht verstehen würden, dass wir ein Paar sind, aber nicht verheiratet. Einen »Freund« hat man hier nicht! Ihnen zu erzählen, dass ich verheiratet bin, ist für mich total lustig, ich bin eigentlich die Letzte, die dazu bereit ist. Im Moment kann ich mir das überhaupt nicht vorstellen. Ich habe das Gefühl, dass ich vorher noch viel zu viel machen möchte, aber bei ihnen ist das anders. Sie könnten nichts tun, ohne verheiratet zu sein. Ich höre das Getrappel von Rentieren, richte mich auf und sehe etwa 50 hinter mir auftauchen. Ich stehe auf und sehe die Herde vor mir fest an. Ich bleibe stocksteif stehen und lasse zwischen ihren Geweihen eine kleine Gasse entstehen. Ich gehe in das Tipi, um etwas zu kochen. Die Familie hat uns alles dagelassen. Komisch, ich bin in ihrer Küche mit ihren ganzen Utensilien, aber ich habe keine Ahnung, wie man damit umgeht. Wenn ich in Paris koche, sieht das eher so aus, als wäre eine Atombombe auf der Arbeitsfläche explodiert, weil ich so chaotisch bin – es liegt mehr Essbares neben als in den Töpfen –, und dann habe ich auch noch die blöde Eigenschaft, mich für den Küchenchef

# Seele

zu halten. Hier stehe ich in einer total fremden Küche mit einem Holzherd, es gibt keinen Temperaturregler und kein Sieb. Mooji ist irgendwo hingegangen. Perfekt, ich bin gerne alleine, wenn ich koche. Ich lege noch ein bisschen Holz auf, damit der Herd heißer ist. Ich nehme den großen Eisentopf und gehe am Fluss Wasser holen. Ich weiß nicht, ob sie das hier so machen, aber, Scheiße, das ist ultraschwer! Ich wundere mich, dass zwei Tsaatan vom Tipi nebenan mich mit einem großen Grinsen anstarren. Okay, macht nichts, konzentrier dich aufs Kochen, Marine! Ich komm wieder ins Tipi. Komisch, ein eigenes zu haben. Ich fühle mich wie eine richtige Tsaatan. Ich schleppe mich mit dem Wassertopf ab. Neben der Tür sehe ich zwei große Wasserbehälter und verstehe jetzt, warum mich die beiden vorhin angelächelt haben. Ich lache ebenfalls und setze den Topf auf den Herd. In der Zwischenzeit sehe ich mich genauer um.

Ich stehe in meiner voll ausgestatteten Küche. Einen Löffel oder ein Geschirrtuch zu finden erfordert einen Spezialeinsatz. Ich lasse die Nudeln kochen und setze mich neben den Herd auf einen kleinen Hocker. Plötzlich sehe ich einen grauschwarzen Kopf in das Tipi kommen. Das ganze Tier kommt herein … Ich verziehe mich in den hintersten Winkel des Tipi. Ich bin wie versteinert: Das ist ein Wolf, kein Hund! Ich rufe mehrmals nach Mooji, damit er mir hilft. Keine Antwort. Ich versuche ruhig zu bleiben und sage mir, dass er bestimmt lieb ist. Ich schlage mir auf die Schenkel, als ob ich es mit dem Schoßhündchen meiner Nachbarin zu tun hätte, der gerade vom Hundefriseur kommt. Keine Reaktion, keine Bewegung, das Tier bleibt stehen. Ich weiß nicht, was ich machen oder sagen soll, um mich zu beruhigen. Er kommt ins Tipi und trinkt aus dem Wasserbehälter. Na, der hat den Behälter sofort gesehen. Ich klatsche laut, und er haut ab. Scheiße, was war das? Mooji kommt wenige Minuten später zurück und sagt mir, dass es ein gezähmter Wolf ist. Die

Tsaatan fangen gerne Wolfswelpen ein und behalten sie. Laut Mooji war das also zwar ein richtiger Wolf, aber ein Wolfshund. Wenn man nicht vorgewarnt ist, jagt einem das Angst ein. Er sieht die Nudeln schwimmen, und ich erkläre ihm noch einmal, dass ich nicht gut kochen kann. Ich finde zwei Stück Stoff und gieße die Nudeln draußen ab. Das Essen ist fertig. Es gibt Pasta natur. Wir haben sowieso kein Fleisch mehr. Ich lache und sage: »*Mal was Vegetarisches, Mooji.*« Er zeigt mir mit großen Gesten, dass es lecker schmeckt und verschlingt seine Schüssel Nudeln. Letzte Nacht in dieser anderen Welt ...

# 39
## Letzte Kilometer

Ich werde in wenigen Tagen wieder in der Stadt sein, in einer Woche werde ich meine Familie wiedersehen. Es geht nach Hause. Ich begreife noch nicht, dass ich jetzt auf den letzten Kilometern der Rückreise bin.

Die letzten Kilometer, die Rosy in der Mongolei ist. Ich möchte die letzten Momente bei den Rentieren verbringen. Ich lehne mich auf ein weibliches Rentier, es ist ganz weiß, und ich habe wirklich den Eindruck, dass es ein Fabelwesen ist, das aus einer anderen Welt kommt. Ich lehne mich an seinen Bauch und schließe die Augen. Ich tanke auf für das, was mich erwartet, wenn ich diese Hügel, Berge und Flüsse hinter mir gelassen habe. Das Leben ist hier so viel ruhiger. Auf Wiedersehen, du erstaunlich ruhiges wildes Tier in wunderschönen Farben. Jedes sieht anders aus.

*Ich bin bereit für den Rückweg. Ich bin bereit für den Abstieg und für die Rückreise. Ich bin in meiner Seele und in meinem Geist bereit. Ich weiß, dass das, was in Paris auf mich zukommt, komplizierter sein wird als geplant, aber ich bin ausgeglichen und neu belebt. Daher bin ich sicher, dass Rosy sich weiter-*

*hin anpassen wird. Sie hat in ihrer natürlichen Umgebung Wurzeln geschlagen, um nun in fremder Umgebung zu wachsen. Die Wurzeln sind da. Selbst wenn der Wind zu Hause stark sein sollte, denke ich, dass die Wurzeln tief genug sind. Die drei Etappen bilden eine perfekte Symbiose, finde ich. Sie waren alle wichtig und in der richtigen Reihenfolge. Sie hatten alle ihren Sinn und mussten eine nach der anderen stattfinden. Der Körper ohne den Geist und der Geist ohne die Seele hätten überhaupt keinen Sinn, und jede einzelne Etappe braucht die anderen beiden. Ich bin bereit, mein Pferd zu satteln und dieses Stück Erde zu verlassen, auf das ich so gewartet und gehofft habe, und dieses Volk, von dem ich vor meiner Tastatur in Frankreich geträumt habe. Es hat einen sehr geläuterten Geist, eine körperliche Verbindung mit der Natur, mit der Seele der Tiere und der Menschen. Und es hat Schamanen, die helfen, die Seele zu verstehen. Ich setze hinter dieses Abenteuer keinen Punkt, sondern einen Strichpunkt, denn dieses lange Abenteuer fängt gerade erst an ...*

Am nächsten Morgen sehen wir das Lager noch einmal von oben; es ist großartig. Ich bewundere ein letztes Mal dieses Volk, das verborgen in der unbezähmbaren Taiga lebt. Körper, Geist und Seele leben hier in einer totalen Symbiose. Ich hätte nichts Besseres finden können, damit Rosy wachsen kann.

Vor uns liegen viele Kilometer, bis wir wieder bei Mooji zu Hause sind. Wir kommen wieder durch die Wälder mit Tausenden Kiefern, durch die das Sonnenlicht scheint. Ich lasse mich von meinem Pferd führen; es spürt, dass es nach Hause geht. Nach acht Stunden im Sattel übernachten wir an einem Fluss und bei einer leer stehenden Holzhütte. Der Tag klingt aus mit dem beruhigenden Rauschen des Flusses. Wir schlagen das Lager auf, also nur mein Zelt und den Stein, um Feuer zu machen. Ich gehe mich im Fluss waschen, die Kulisse ist sehr schön, und es ist praktischer im Fluss als in einem winzigen Bach. Ich habe nur ein Stück Stoff als Handtuch. Die Stelle liegt etwas höher und ich kann alles sehen, was um mich herum passiert. Man hat eine unglaubliche Kraft in der freien Natur. Das ist ein bisschen komisch zu sagen, ist aber so. Ich spüre,

## Letzte Kilometer

dass mir nichts passieren kann und dass mich eine Freundschaft mit der Natur verbindet. Ich wasche mir das Gesicht und den restlichen Körper und gehe zum Lager zurück. Ich habe dieselben Sachen wieder angezogen, fühle mich aber viel sauberer.

Wir machen Feuer und setzen uns. Links sind unsere Pferde und rechts der Fluss mit den Bergen im Hintergrund. Wir legen uns neben das Feuer und sehen, wie der Tag zu Ende geht. Eine große Stille und Freude. Eine Stunde meditieren und beobachten wir, dann setzen wir uns nebeneinander, und er fragt mich: *»Was ist dein Traum, Marina?«* Von Anfang an nennt er mich Marina, ich weiß nicht, warum, ich finde es lustig. Ich antworte, dass ich bis zum Ende meines Lebens glücklich sein möchte. Er lächelt und sagt scherzhaft: *»Komm mit deinem Mann in die Mongolei!« »Und du, Mooji?«*, frage ich ihn. *»Meine Mongolei beschützen!«* Ich versuche, Worte zu finden, um es selbst besser zu verstehen. Er möchte seine Frau und seine Kinder beschützen und sein Land nie verlassen, seine Pferde, seine Berge. Es wird dunkel, und ich verstehe seine restlichen Sätze nicht, aber ich lege mich ins Gras und höre ihn reden. Ich habe den Eindruck, dass es eine Liebeserklärung an seine Familie und an sein Leben hier ist. Er ist einfach glücklich und erwartet von niemand anderem etwas, nur von sich. Von niemandem etwas zu erwarten und mit dem zufrieden zu sein, was man hat, das ist schwer zu verwirklichen.

Wenn man etwas für jemand anderen tut, erwartet man etwas zurück. Etwas zu tun, ohne etwas dafür zu erwarten, ist das reine, das wahre Glück – nicht das oberflächliche Wenn-ich-das-mache-bekomme-ich-das. Ich finde ihn so echt, diesen Mooji, so reif und so klar im Kopf. Die Wochen mit ihm waren angenehm. Ich lege mich schlafen, drehe mich um und lasse den Kopf herausschauen, damit ich die Sterne betrachten kann. Ich habe immer den Eindruck, dass sie auf mich fallen. Wenn ich die Augen fünf Minuten schließe und wieder öffne, ist der Himmel in meinen Augen. Rechts

# Seele

von mir liegen die Sättel, die Satteldecken und das Zaumzeug. Ich biete Mooji zumindest an, dass er ins Zelt kommen kann, falls es regnet, aber er zeigt auf die leer stehende Hütte und sagt, dass er bei schlechtem Wetter dorthin gehen würde. Vor allem muss das Feuer weiterbrennen, das ist sicherer. Von Anfang an zeigt er mir jeden Abend vor dem Schlafengehen *»boogtomm toi«* (»Achtung« auf Mongolisch), ich weiß nicht wirklich, warum. Ich denke, das gilt mehr für die Pferde oder dass ich nicht zu weit weggehe. Er ist sehr fürsorglich und möchte auf keinen Fall, dass mir etwas passiert. Es ist sehr beruhigend, einen kleinen mongolischen Schutzengel zu haben.

## Letzte Momente in Moojis Land

Wir reiten die ganzen Kilometer auf einem anderen Weg zurück, machen Rast bei etwa zehn Jurten, trinken literweise vergorene Stutenmilch, essen wieder Schaffleisch und sehen die Sterne leuchten. Sie sind wie Kompasse. Nach all diesen Abenteuern kommen wir wieder bei Dolgor an. Der Vater von Mooji sieht uns schon von Weitem kommen. Er kommt uns mit dem Mofa entgegen und nimmt uns das Packtier ab. Wir reiten nebeneinander, Mooji sieht mich an und fragt: *»Ready?«* – eins der Wörter, die ich ihm beigebracht habe. Von Anfang der Tour an frage ich ihn ständig, ob er mit mir mal ein Wettrennen macht. Ich verstehe, dass das Rennen jetzt startet.

Mit strahlenden Augen rufe ich *»Yes«*. Darauf habe ich von Anfang an gewartet. Er düst ab wie eine Rakete. Mein Pferd schaltet auch den Turbo ein und holt ihn nach und nach ein. Wir reiten nebeneinander im versammelten Galopp. Ich lasse einen Riesenschrei los und er auch. Es ist fantastisch, wir galoppieren schneller als das Mofa rechts neben uns. Der Vater von Mooji ist beruhigt, als er sieht, dass ich mein Pferd im Griff habe. Beim Aufbruch hatte er Bedenken. Wir beenden das Rennen fast gleichauf. Mooji hat mich auf den letzten Metern überholt, musste dann aber langsamer

## Letzte Kilometer

werden, weil der Boden zu morastig wurde. Wir machen noch ein paar Rennen, bevor wir an unserem kleinen Blockhaus ankommen. Ich habe wirklich das Gefühl, nach Hause zu kommen. Ich freue mich auf das frisch gebackene Brot und darauf, mich umzuziehen. Alle erwarten uns ungeduldig und wollen, dass wir von unserer Tour erzählen. Mein Gesicht ist schwarz, ich bin gebräunt und auch vom Staub gefärbt. Aber meine Wangen sind rosa. Ich gehe ins Haus, und die Frau von Mooji hat natürlich alles für unsere Ankunft vorbereitet. Mein treuer Begleiter, ihr Sohn, springt auf mich zu und setzt sich gleich auf meinen Schoß statt auf den seines Vaters. Alle stellen ganz viele Fragen. Ich bin total frustriert, weil ich nicht alles ausdrücken kann, was ich empfinde. Ich sehe Mooji erzählen und die anderen wie gebannt zuhören. Ich weiß nicht, was er sagt. Dolgor sieht mich an, dann sieht sie ihn an, ich kann nichts sagen. Ich höre Lachen, Fragen und wieder Lachen. Ich weiß es nicht genau, kann mir das Gespräch aber vorstellen. Dolgor zeigt mir mit Gesten, dass wir sehr schnell waren. Anscheinend sind wir in Rekordzeit zu den Tsaatan geritten. Immer wieder sagt sie mir auf Mongolisch »*Bravo, bravo*« und macht die Geste Daumen hoch. Klar, 13 Stunden reiten pro Tag ist schon eine Leistung! Alle zwei Minuten bedanke ich mich bei Mooji, dass er mich mitgenommen hat. Es ist bald Zeit, schlafen zu gehen. Ich muss meine morgige Abreise vorbereiten. Der Abschied kommt näher, ich fange an zu packen. Ich beiße die Zähne zusammen. Der Kleine hilft mir, meine Sachen zusammenzulegen.

Ich kann sie nicht verlassen. Ich bin im Moment viel zu nah am Wasser, ich werde bestimmt in Tränen ausbrechen. Den Vormittag verbringe ich mit der ganzen Familie, sie schenken mir den *Deel*, den ich auf der Tour anhatte. Ein Geschenk mit einer solchen Bedeutung für sie. Die Frau von Mooji überreicht es mir, und die ganze Familie steht daneben. Ich weiß nicht, was ich sagen soll. Ich nehme ihn und rieche zum Spaß unter meiner Achsel, um Mooji an

## Seele

den stinkenden *Deel* auf dem Hinweg zu erinnern. Er prustet los und sagt: »*Nein, nein.*« Er sagt, dass ich ihn anziehen und behalten soll, damit ich an sie denke. Ich bin beschämt. Das war Dolgors *Deel*, es haut mich um, ich breche in Dolgors Armen in Tränen aus. Sie muss auch weinen. Sie geht nach diesem sehr emotionalen Moment verlegen in ihr Haus. Die Hälfte meiner Sachen lasse ich hinten im Haus liegen. Der Kleine spielt schon mit meinen Pullis und Strümpfen. Zum Abschied gehe ich in das Haus der beiden Alten und schenke dem Mann von Dolgor meinen Cowboyhut, den ich beim *Naadam* in ihrer Stadt getragen habe und den er mir ständig wegnehmen wollte. Ich setze ihm den Hut auf den Kopf und sage ihm, dass er ihn behalten und an die kleine Touristin denken soll, die hier eine der stärksten Erfahrungen ihres Lebens gemacht hat. Dolgor kommt mit Stift und Papier und bittet mich, ihnen etwas zu schreiben. Ich schreibe ihnen also etwas voller Gefühle und Liebe für ihre Familie. Sie werden es nicht verstehen, aber vielleicht haben sie das Glück, dass es ihnen irgendwann jemand übersetzen kann, der Französisch und Mongolisch kann. Ich frage sie, wie ich sie erreichen kann. Sie gibt mir eine Adresse, sagt aber, dass sie nicht weiß, ob das funktioniert. Sie bekommt keine Post. Ich schreibe die Adresse auf und verspreche ihr, ihr Sachen zu schicken. Ich muss los … Es ist schrecklich, ich will nicht. Der Bus steht bereit für 15 Stunden Fahrt. Diesmal fährt Mooji und bringt unser gemeinsames Abenteuer zum Abschluss. Ich lege meinen Rucksack in den Bus. Mein Herz ist schwer. Ich kann nicht aufhören zu weinen. Seine Frau auch nicht. Ich fange bei ihr an. Ich umarme sie ganz fest und verspreche ihr wiederzukommen und dann mit ihr, Mooji und »meinem Mann, haha« zu den Tsaatan zu reiten.
Ich bin so aufgewühlt, es ist schrecklich, ich möchte sie mitnehmen Aber sie wären bei mir sehr unglücklich. Sie nimmt mich auch fest in den Arm, aber ich merke, dass sie das Umarmen nicht gewohnt ist. Sie steht stockstelf, aber hat einen lieben Blick und ein liebes

## Letzte Kilometer

Lächeln. Mit ihrer rechten Hand wischt sie sich entschieden die Tränen ab. Ich gehe zum Familienvater, dem weisen alten Mann, der viel erlebt hat. Er drückt mich auch ganz fest und trägt meinen Hut, da muss ich doch lächeln. Der Älteste von Mooji gibt mir einen Kuss. Es wird langsam etwas zu viel für mich, ich muss schnell in den Bus steigen. Dolgor kommt von Weitem. Ich weiß nicht, was es mit dieser Frau auf sich hat – sie ist außergewöhnlich, das spüre ich, das weiß ich. Sie nimmt mich fest in den Arm und schenkt mir zum Abschied ein Paar Snoopysocken und eine Karte der Mongolei. Ich umarme sie ganz fest. Meine Tränen sind nicht zu halten. Ich öffne die Wagentür … Wie können Wildfremde nur so tief in mein Herz vordringen? Unbekannte, die nicht einmal dieselbe Sprache sprechen, die eine völlig andere Kultur und andere Gewohnheiten haben – sie haben mich innerlich so berührt wie bisher noch nie irgendjemand. Wie soll ich so aufgelöst abreisen? Danke, Nomadenfamilie mitten in der Taiga im Norden der Mongolei. Danke, ihr habt am Ende meiner Reise mein Wesen als Einheit zusammengefügt. Danke, dass dieser letzte Panzer abgefallen ist, den ich ohne diese Erfahrung noch mit mir herumschleppen würde. Ich weiß nicht, wie ich euch danken soll. Ich steige ein. Mooji ist verlegen und weiß nicht, was er sagen soll.
Er ist gerührt und legt meine Lieblingsmusik auf, die ich auf dem Weg zum Naadam gesungen habe. Pech gehabt, Mooji. Das war keine gute Idee, jetzt heule ich erst recht! Es sind Tränen des Glücks, der Freude, der Liebe, des Austauschs und der Gemeinsamkeit.
In 15 Stunden habe ich genug Zeit, mich auszuheulen.

## Zurück in Mörön

Während dieser 16 Stunden Fahrt waren wir einer über den anderen gestapelt. Es war die längste und schwierigste Fahrt seit dem Beginn meiner Reise. Nirgends war es eben. Wir sind über Löcher und Spalten, über Geröll und Morast und durch Flüsse gefahren. Immer weiter. Ich frage mich, wie der Bus das aushält. Die Pferde kommen hier mit allem zurecht und die Fahrzeuge offensichtlich auch. Mit 16 Mongolen saß ich dicht gedrängt hinten. Wir sind an Autos vorbeigekommen, die sich im Morast festgefahren hatten. Die Leute, die daraufsaßen, baten uns, sie abzuholen. Mooji ist zurückgefahren und hat die Mongolen eingeladen, die in ihren Autos festsaßen. Los, noch zwei nach hinten. Es ist lustig, sie haben sich nicht aufgeregt, sie sind alle total ruhig geblieben. Wir haben bestimmt zehn Mal an Jurten oder in den Wäldern angehalten; ich wusste nie wirklich, warum. Als wir in Mörön ankommen, ist es stockfinster. Ich weiß im Moment nicht, wo ich übernachten werde. Ich möchte nicht unbedingt bei Leuten übernachten. Ich bin zu dreckig und würde gerne duschen. Aus meinem Rucksack kommen Fliegen, obwohl ich nichts zu essen dabeihabe. Nach zwei Monaten Steppe brauche ich ein Bett. Er fährt mich zu einem ganz kleinen Haus, ich weiß nicht was es genau ist. Mooji kommt mit und fragt, ob ich eine Nacht bleiben kann. Die Frau sagt zu. Ich bin sowieso so erschöpft, dass mir an dem Abend alles recht gewesen wäre. Ich komme mit meinem Gepäck vor dem Gebäude an, kapiere immer noch nichts, aber nehme alles an. Ich umarme Mooji verschlafen. Mir wird nicht bewusst, dass ich ihn zum letzten Mal sehe. Wir sind beide sehr müde. Ich gehe ins Haus, die Frau zeigt mir mein Zimmer. *Oh my God*, ich hatte das ganz falsch verstanden, ich dachte, ich müsste mit jemandem ein Zimmer teilen, aber ich habe ein Zimmer mit zwei kleinen Betten! Wie cool! Ich sehe hinten eine kleine Dusche, ich bin begeistert, lege meine Sachen ab und gehe unter die Dusche.

Dass sich das Wasser so schwarz färben würde, hätte ich nicht gedacht. Dass ich nicht besonders sauber war, wusste ich, aber so dreckig hatte ich mich nicht gefühlt. Man gewöhnt sich schnell an einen Zustand. Ich habe nichts Sauberes anzuziehen nach dieser Fünf-Sterne-Dusche, also lege ich mich ohne Klamotten in das saubere Bett. Ich genieße das schlichte Glück, in einem Bett zu schlafen.

# Letzte Kilometer

*»Einfach megagigageil.«* Mit einem Lächeln von einem Ohr bis zum anderen schlafe ich ein ...
Am nächsten Morgen erdrückt mich allerdings sofort der Anblick der vier Wände, die mich umgeben, mir fehlen die Geräusche aus der Natur, und mich kitzelt die Sonne nicht wach. Ich ziehe mich schnell an und gehe in die Stadt, um mich umzusehen. Ich komme raus und sehe keine Steppe und keine unendliche Weite. Das bringt mich ein bisschen aus dem Gleichgewicht. Ich muss am Busbahnhof ein Ticket kaufen, um wieder nach Ulan-Bator zurückzufahren. Erst einmal bestelle ich aber etwas zu essen. Reis mit Gemüse. Wenige Minuten später bekomme ich drei Teller, Fleischklöße, Reis mit Schaffleisch und gegrilltes Gemüse. Es sind riesige Portionen. Ich habe keine Lust herauszufinden, was schiefgelaufen ist. Ich picke hier und da etwas heraus, kann aber keinen Teller leer essen. Mein Magen ist so große Portionen nicht mehr gewohnt. Ich lasse dreiviertel davon stehen.
Ich gehe durch die Straßen von Mörön und komme zu einem kleinen Busbahnhof. Ich habe Glück, heute fährt ein Bus. Ich kaufe mein Ticket und fahre meine Sachen holen. Ich fahre per Anhalter zum Hotel und vom Hotel wieder zum Busbahnhof. Die Mongolen, die mich mitnehmen, sind gut drauf und drehen die Musik voll auf. Wir verabschieden uns mit ein paar Tanzschritten, total nett! Als ich aussteige, sehe ich vier Europäer über die Straße gehen. Ich höre ein paar Sätze Französisch. Wow, ist das cool! Ich spreche sie an, und wir gehen zusammen ein Bierchen trinken.

Mitten im Gespräch fällt dem Mädchen auf, dass sie mein Projekt kennt. So was von unwahrscheinlich. Ich muss losdüsen, mein Bus fährt in fünf Minuten. Ich breche so schnell auf, dass ich vergesse, mein Bier zu bezahlen. Wie doof, ich kenne weder die Vornamen, noch habe ich eine Nummer! Ich sage mir, dass ich sie vielleicht sowieso wiedertreffe und das Bier dann zahlen kann. Wir hatten keine Zeit zum Reden, sie schienen aber alle vier ganz witzig zu

## Seele

sein. Wer weiß, vielleicht sehe ich sie wieder. Der Bus fährt los, noch zehn Stunden bis Ulan-Bator. Ich konnte gestern Abend mein Handy aufladen, ich höre Musik und lehne mich zurück. Mir wird klar, dass ich jetzt die letzten mongolischen Landschaften sehen werde, bis ich in Ulan-Bator in meinen Flieger nach Paris steige.

*Ich bin supergerührt, die Mongolei an mir vorbeiziehen zu sehen. Meine Reise geht zu Ende, und ich denke, dass ich viel entdeckt habe, alles noch mit der Seele eines Kindes. Sie muss noch reifen, die Samen sind gelegt, ich muss sie jetzt pflegen. Ich erinnere mich an meine Anfänge als Gärtnerin in Neuseeland. Ich war wirklich Anfängerin, ich konnte die Blätter von Tomaten und Kartoffeln nicht unterscheiden – wie dämlich! Danach habe ich angefangen, genau hinzusehen. In Myanmar habe ich gelernt, nicht mehr auf die ganzen unangenehmen Empfindungen zu reagieren. Ich bin viel selbstsicherer geworden. Ich weiß, was ich machen muss, damit es mir besser geht, aber es bleibt natürlich noch viel zu tun. In der Mongolei habe ich eine völlig andere Art zu leben kennengelernt und verstanden, warum wir die Natur so nötig haben. Wir haben nur ein Leben, ich glaube, dass wir uns das nicht genug bewusst machen oder nur dann, wenn es uns passt. Wenn wir es uns jeden Tag sagen würden, würden wir alle anders und authentischer leben. Wie kann man diesen Wunsch weitergeben, Liebe zu schenken? Es ist total eigenartig, was ich in mir spüre, aber ich habe so viel Liebe und Mitgefühl für die Menschen, die mich umgeben und denen ich begegne. Ich habe viel zu viel Liebe zu schenken und zu teilen. Das ist fast unheimlich.*

*Wie kann es sein, dass ich uns Menschen so liebe? Wie kann man diesen Wunsch weitergeben, mit anderen Menschen in einem Geben und Nehmen zu leben? Die Liebe ist der Schlüssel für viele Ängste und Probleme, die wir haben. Wir sind voller Wissen, Wünsche und Sehnsüchte. Ich besonders – gerade träume ich von einem guten französischen Baguette mit salziger Butter, sobald ich wieder in Frankreich bin. Ich sage nicht, dass es schlecht ist, etwas zu wünschen, aber es ist schwer, die eigenen Wünsche in Schach zu halten. Und je größer sie werden, desto unglücklicher werden wir. Davon bin ich überzeugt. Der erste Schlüssel ist, auf sein Herz zu hören, damit wir den richtigen Weg einschlagen. Meine Reiseidee beispielsweise hat nicht allen gefallen, und sie hat große*

# Letzte Kilometer

*Bedenken ausgelöst. Aber niemand kann sich in uns hineinversetzen, keiner kann sich in meinen Geist und meine Gefühle hineinversetzen. Wenn man versteht, dass zwischen den einzelnen Menschen Welten liegen, kann man vieles andere auch besser verstehen. Wir wachsen in einem Land auf, in dem sich alle an die Meinung der Mehrheit anpassen müssen. Daher ist es tausendmal schwerer, sich auf seinen eigenen Körper zu konzentrieren und nicht in der Masse aufzugehen. Wir können Berge versetzen, wenn wir das wollen. Ja, das sagt sich so leicht. Aber wenn wir all die Berge in unserem Herzen versetzen, die uns daran hindern, das auszustrahlen, was wir sind, dann schaffen wir das tatsächlich …*
*Die Rückkehr steht an. Wie soll ich sie gestalten nach diesen Monaten, die so schnell vorbeigegangen sind? Erst einmal kaufe ich mir ein Deo. Ich stinke nämlich, Mist! Dieses Projekt ist noch nicht zu Ende, ich will zu Hause etwas tun: erst mal einen Blog für alle, die nicht bei Facebook sind. Vielleicht könnte ich eine Beratungsstelle aufmachen? Wäre das was für mich? Einen Verein zu gründen finde ich nicht so toll, weil ein Verein für mich schnell etwas Nerviges und Entmutigendes hat. Krankenverein? Niemals! Ich stelle mir etwas sehr Dynamisches vor, vor allem etwas mit Humor. Wenn, dann einen Verein, der alle motiviert, stimuliert, ermutigt, weiterbringt und bereichert.*
*Soll ich das neben meiner Arbeit machen? Oder soll das meine Arbeit werden? Ich weiß es nicht. Ein Café Kreativ? Alle können kommen und ihre Projekte vorstellen; mit einem Yoga-Studio oben und einem Meditationsraum, mit einer Foto- und Filmausstellung oder sogar mit Vorträgen. Oh, là là! Ja, das wäre perfekt. Ich lasse meinen Gedanken gerne freien Lauf. Wenn man sie aufschreibt, kann sich daraus etwas Interessantes entwickeln. Mir kommen ganz viele Sachen in den Sinn, zum Beispiel, wie ich es schaffen kann, in meinem Herzen zu bewahren, was ich über Unterschiede gelernt habe, über die Zwänge des Alltags, aber vor allem über mein Umfeld, das sicherlich nicht dasselbe erlebt hat wie ich, aber trotzdem eine Stütze für Rosy bleibt. Ich weiß und spüre, dass ich bei bestimmten Haltungen merken werde, dass ich mich verändert habe, dass ich nicht mehr auf bestimmte Dinge reagiere. Die Meditation hilft mir ungeheuer, weiterzukommen und das Leben noch mehr zu lieben; nicht mehr auf die anderen zu reagieren und auf ihr Verhalten, das ich nicht verstehe. Die*

## Seele

*Mongolei hat mir sehr geholfen, die anderen einfach nur wahrzunehmen, ihre Art zu handeln und sich auszudrücken.*

# 40
# Ulan-Bator – die Zweite

Endlich komme ich in Ulan-Bator an, hinter mir liegt der ganze Weg zurück von den Tsaatan. Ich konnte eine Waschmaschine anschmeißen und meine Sachen sortieren. Ich fühle mich wie auf Wolken. Morgen hebe ich nach Paris ab. Ich bin kein bisschen geerdet. Ich begreife nicht, dass ich morgen abreise und mein Projekt bald vorbei ist. Ich sitze vor dem großen Panoramafenster mit Blick auf die mongolischen Berge. Langsam begreife ich, dass ich morgen mit meinem Rucksack nach Hause gehen werde. Meine Reise geht zu Ende, aber nur die Reise in die Mongolei. Seitdem ich hier bin, hat meine Seele mehr betrachtet als geredet.
Es ist unglaublich, wie ich viele Dinge wahrnehme, bevor eine Person mit mir darüber spricht – indem ich beobachte, wie sie sich ausdrückt, lacht und sich bewegt.
Der große Tag ist da. Ich verbringe ihn erst einmal auf dem Black Market, um meinen Rucksack mit Geschenken für meine Lieben zu füllen, dann trampe ich die letzten Kilometer. Ich bin früh aufgestanden und halte an der Straße meinen Daumen hoch. Ein Paar hält an, ich steige hinten ein und werde total verwöhnt. Wir halten an, sie kaufen mir ein Eis aus vergorener Stutenmilch. Sie haben gesehen, dass ich knallrot bin, und gedacht, das könnte meinen Durst löschen. Ich kann es nicht ablehnen, mir kommt es aber eher wieder hoch. Ich esse das Eis aus Airag, obwohl eigentlich nichts runtergeht. Dann bringen sie mich zum Flughafen und begleiten mich bis zur Schlange für das Boarding. Sie sind wirklich total süß. Bevor sie

gehen, schenkt mir die Frau eine Blume. Sie nehmen mich in den Arm, dabei kennen wir uns gar nicht. Ich habe das Gefühl, dass sie mir die letzten mongolischen Kräfte geben, die ich brauche, um mich immer daran zu erinnern. Diese zwei festen Umarmungen und das nicht fertig gegessene Eis in meiner linken Tasche erinnern mich einen Moment an alle Umarmungen dieser Reise. Das Paar geht weg. Ich weiß nicht, warum, aber ich renne ihnen noch einmal nach. Ich falle der Mami um den Hals. Für mich ist das, als würde ich diesen wertvollen Boden noch einmal umarmen. Noch einmal fest an mich drücken, dann muss ich los. Sie hat auch Tränen in den Augen. Das ist superkrass, wir haben uns erst vor zehn Minuten kennengelernt. Ich bin am Flughafen, ich weiß, dass ich nach Hause fliege. Ich habe mich auf die Rückreise vorbereitet, obwohl mir heute Morgen und gestern nicht bewusst war, dass es jetzt ist. Ich wusste natürlich von Anfang an, dass es ein Rückreisedatum gibt, aber jetzt ist es so weit – heute, und ich fange an, mich zu freuen. Plötzlich sehe ich weiter hinten die vier Franzosen, die ich im Norden der Mongolei für fünf Minuten kennengelernt habe. Unglaublich und wirklich sehr unwahrscheinlich! Wir nehmen das gleiche Flugzeug nach Paris.
Ich werde mich schon ans Französische gewöhnen, bevor ich einen Fuß auf französischen Boden gesetzt habe. Es ist verrückt, wie sich im Leben alles fügt.

# 41

## Abflug

Ich sitze im Flugzeug neben einem aus der Gruppe Franzosen. Der Flieger hebt ab. Eigenartig, mein Herz schlägt wie verrückt. *Wegen der Franzosen neben mir halte ich meine Gefühle in Schach. Aber komisch, sofort sage ich mir auch:* »*So wird das nicht funktionieren, Rosy.*« *Seit*

# Seele

*sieben Monaten weinst du, wann du willst – auf den Straßen von Neuseeland, du brüllst in den mongolischen Steppen, und du hörst immer mehr auf dein Herz seit Myanmar. Ich werde nicht wegen dieser großen Jungs neben mir im Flugzeug – noch dazu hübschen Jungs – aufhören zu weinen! Ich fahre nicht nach Hause, um den ganzen Panzer der Vergangenheit wieder anzuziehen. Das ist das Erste, was ich machen muss, damit Rosy genug Wasser bekommt. Ich merke, dass dieses kleine Kontrollieren wie von selbst gekommen ist, ein Mechanismus, der seit Jahren tief in mir verankert ist. Ich mache dem Kontrollieren schnell ein Ende und begieße meinen Sitz und mein Heft. Bleiben wir frei, wir selbst zu sein und so zu wachsen, wie wir es möchten. Nehmen wir uns die Freiheit, das zu tun, was wir möchten und brauchen – und nicht gefangen zu sein in unserem eigenen Leben. Ich bin ziemlich erstaunt, wie ich mein Leben früher aushalten konnte. Die Kraft, die wir in uns haben, ist unvorstellbar. Wenn wir unserem eigenen Entschluss folgen, verändern wir uns, denn wir werden zum ersten Mal in unserem Leben von A bis Z wir selbst sein. Ich bin sicher, dass es zu Hause wieder schwer sein wird, wenn ich bestimmte Dinge nicht kontrollieren kann oder wenn ich mich wegen einer Kleinigkeit aufrege.*

*Ich werde mit so viel Liebe und Unvorstellbarem dieser Erfahrung wie möglich nach Hause gehen und versuchen, jedem etwas davon zu geben. Aber vor allem will ich das nicht nur auf meine Facebook-Seite schreiben, sondern in meinem Leben umsetzen und es in mir, in meinem Körper und in meiner Seele wachsen lassen.*

Ich freue mich schon riesig bei dem Gedanken, mit Rosy in Paris zu landen und alle wiederzusehen. Ich bin mehr als entschlossen, ein MS-ler-Projekt zu starten, das anderen hilft, sich etwas zu trauen. Man könnte doch in einem Zweierteam aus Coach und Manager etwas auf die Beine stellen. Einer, der Projekte an Land zieht, und einer, der sie an den Mann bringt, weil es ihm ebenfalls wichtig ist. Ich muss hinausgehen und meine ganzen Ideen auf den Tisch legen, die sich in dieser Taiga, weit ab von jeder Zivilisation, konkretisiert haben.

## Abflug

Paris kommt immer näher ... ich stelle mir vor, wie meine Eltern gerade aufstehen, damit sie mit Tränen in den Augen am Flughafen stehen können. Ich stelle mir meine Schwester vor, die auf eine feste Umarmung wartet. Langsam bekomme ich einen dicken Kloß im Hals ... einen Liebeskloß, einen Glückskloß, einen Stresskloß. Ich kann es nicht kontrollieren. Ich bringe kein Wort heraus. Meine Augen sind weit aufgerissen, wie am ersten Tag, als ich nach Auckland abgeflogen bin. Ich spüre, dass mich in wenigen Minuten eine noch stärkere Liebe erfassen wird. Eine mächtige Liebe, die ich nur schwer werde kontrollieren können.

Die Räder setzen endlich am Flughafen Charles de Gaulle Étoile auf. Mein Herz schlägt wie verrückt, ich habe Bauchschmerzen, meine Augen werden feucht, meine Stimme zittert: *»Los, Rosy, jetzt wird in Paris geblüht!«*

Ich nehme meinen Rucksack und folge dem berühmten Hinweis »SORTIE« (Ausgang).

Es vibriert unter meiner Kühlerhaube. Meine Hände zittern, und mein Herz pocht immer stärker. Ich setze einen Fuß auf die andere Seite der Tür. Ich schaue nach vorne, dann links, dann rechts ... Ich gehe ein bisschen weiter und bleibe stehen ...

Da – fünf Meter vor mir, steht meine ganze Familie zusammen unter einer Decke! Halluzination? Ich kann es noch gar nicht glauben. Meine beiden geschiedenen Eltern und meine kleine Schwester unter einem weißen Betttuch, auf dem in Großbuchstaben »SEPER FAMILY« (MS-ler-Familie) steht. Es schauen nur drei Köpfe aus diesem großen weißen Tuch heraus. Sie sind alle drei verbunden. Ich komme näher, und das große weiße Tuch umschließt mich in einem Sturzbach der Gefühle, Freude und Tränen ...

Danke, Seper Family!
Ein neues Kapitel wird aufgeschlagen. Etwas Neues beginnt ...
»Yallaaa!!!«

# Retour

Eigenartig,
gerade wenn auf einer Mauer
»unmöglich« steht, sagt uns
unsere innere Stimme
häufig leise, welchen Weg
wir nehmen müssen.

Ein paar Tage später ist die Aufregung noch immer nicht vorbei. Man schlägt mir vor, ein Buch zu schreiben. *»Echt jetzt? Ich als sprachlicher Chaot? Wow! Aber kann ich denn ein Buch schreiben und vor allem, kann ich meine Empfindungen ausdrücken? Ich bin nicht sicher ...«* Eigenartig, gerade wenn auf einer Mauer »unmöglich« steht, sagt uns unsere innere Stimme häufig leise, welchen Weg wir nehmen müssen.

Nachdem ich dieses hässliche Wort »multiple Sklerose« in etwas Schönes, nämlich in eine starke Rose mit roten Blütenblättern, umgetauft habe, habe ich den Drang, Hindernisse weiterhin in etwas zu verwandeln, das mich voranbringt. Er stürmen viele Fragen auf mich ein, ja, aber meine innere Stimme wird das letzte Wort haben. Von außen kommen viele Unsicherheiten, aber innerlich stehe ich fest. Es wird langsam – aber sicher – offensichtlich. Ich bin mit einer konkreten Idee nach Hause gekommen, nämlich ein neues Projekt SEPER HERO zu entwickeln. Es ist noch in der Schwebe, aber ich glaube felsenfest daran. Ich glaube daran, weil ich tief in mir spüre: dafür lohnt es sich etwas zu schaffen und sich auszudenken, man muss Begeisterung und Planung zusammenzubringen. Die Idee ist da, aber es ist nichts ausgereift, nichts zusammengetragen, alles muss noch gemacht werden.

## 42

## Ein Buch? Warum nicht

Die berühmte Nachricht auf meiner Facebook-Seite, in dem mir angeboten wird, dieses Abenteuer aufzuschreiben, lässt mich kalt, aber es spricht mich der leise Humor an. Zuerst habe ich nicht geantwortet, es war zu abwegig für mich. Aber immerhin war das die erste Nachricht, die ein bisschen anders war. Es war anders als »Guten Tag / Mit freundlichen Grüßen«. Es hatte eine persönliche

# Ein Buch? Warum nicht

Note. Meine Antwort auch. Ich bin einfach aus Neugier hingegangen, aber auch weil ich mich über die Nachricht gefreut habe. Ich hatte nicht vor zu schreiben, geschweige denn einen Roman auf den Markt zu bringen. Das erste Treffen war ziemlich lustig. Ich komme in Flipflops in das schicke Büro neben der Bibliothek François-Mitterrand. *»Was mache ich hier?! Ich weiß nicht, aber es ist schon ein bisschen komisch.«* Zwei junge Frauen begrüßen mich. Sie heißen Florence und Élise. Einige Minuten später, als ich anfange zu erzählen, fallen wir uns alle drei in die Arme und wischen uns ein paar Tränen ab. So hat das Projekt angefangen … mit einer unvorhergesehenen und bewegenden Begegnung. Ich wundere mich vor allem über die Kraft, die ich in diesem verglasten Büro erlebt habe. Ich bekomme immer noch Gänsehaut, wenn ich an die Kraft denke, die wir alle drei hatten, und an die überfließenden Gefühle. Sie wussten auch nicht genau, ob ich in ihrem Büro richtig bin, und noch weniger, ob ich fähig bin, eine Zeile zu schreiben. Und ich erst – ihr könnt euch vorstellen, dass ich nicht wusste, was ich da sollte. Aber zwischen uns entstand eine Energie und großes Vertrauen. Was für eine Kraft, wenn man sich vertrauen kann und vom ersten Gespräch an vertraut ist. Keine Vorurteile und vorgefertigten Ideen. Ich fühle mich sofort verstanden und sogar – bestärkt. Ich gehe aus dem Büro raus und strahle über das ganze Gesicht. Ich weiß nicht, was gerade passiert ist, aber ich weiß, dass ich gerade zwei Personen kennengelernt habe, denen ich mich lange verbunden fühlen werde. Weiß der Geier, warum ich das beim Rausgehen denke … Ich nehme mir trotzdem vor, mir ein bisschen Zeit zu lassen. Das Bedürfnis habe ich. Ich möchte mich nicht in dieses Abenteuer stürzen, ohne sicher zu sein, dass es die richtige Entscheidung ist. Ich habe zwiespältige Gefühle dabei. Einerseits sage ich mir, dass mir das die Möglichkeit gibt, meine Gefühle auf Papier loszuwerden, egal, was nachher daraus wird. *»Okay, Marine, fahr erst einmal in die Bretagne. Die Seeluft wird dich schon wieder auf den Boden der Tatsachen holen.«*

Retour

# 43

## Erste Entscheidungen

Seit meiner Rückkehr bade ich in einer Mischung unbeschreiblicher Gefühle: zwischen Liebe, Feuer und Licht. Alles verunsichert mich. Der Uni-Austausch, der in dieser Woche ansteht, kann warten ... obwohl ich die Frage nicht zum Schweigen bringen kann: *»Soll ich absagen oder nicht?«* Eigenartig, dieser Kampf zwischen Kopf und Herz. Ich schaffe es, etwas Abstand zu gewinnen, aber ich erkenne bereits, dass die Rückkehr viele Konflikte zwischen meinen Gedanken und meinen Gefühlen bringen wird. Ich stehe am Anfang meiner Blüte zu Hause. Ich fange sehr schnell wieder an zu vergleichen. Auf mich selbst zu hören fällt schwerer als gedacht. *»Los, Rosy, wir schaffen das! Wir müssen uns anstrengen, damit wir nicht vergessen, was wir gesät haben!«*
Ich habe schon so lange davon geträumt, nach Lateinamerika zu gehen, und plötzlich muss ich diesen Plan von einem auf den anderen Tag aufgeben, um meine Notizen für ein Buch aufzubereiten. Eine schwere Entscheidung, aber meine innere Stimme ist stärker: *»Mach das, schreib!«*, sagt sie mir. *»Leg los und hör auf zu grübeln!«* »Du hast gut reden, meine Liebe!«
Ich rufe Isabelle Gauthier an. Sie leitet die Elitehochschule Kedge in Marseille. Ich schildere ihr mein Dilemma. Sie merkt, dass ich unsicher bin, diesen bei den Studenten sehr begehrten Austausch eine Woche vor dem Abflug abzusagen.
Es war alles für Buenos Aires vorbereitet. Isabelle ist es nicht ... sie ist besorgt: *»Marine, hör auf dich und fang an zu schreiben!«* Mir verschlägt es die Sprache am Telefon. »Äh, wie bitte?« Sie regt sich wie immer ein bisschen auf und sagt mir noch mal direkt: *»Nach Argentinien kannst du immer noch. Die ganze Hochschule unterstützt dich. Schreib und sag alles andere ab!«* Ich lege auf, erstaunt und total glücklich zu wissen, dass meine ganze Uni hinter mir steht. Im Grunde wusste

ich das, aber es beruhigt mich, das mal direkt zu hören. Ich weiß, dass beim Uni-Austausch viel gefeiert wird. Ich werde den Pisco ein andermal probieren. Im Moment kommt es mir aber so vor, als ob ich mit Flipflops den Mount Everest besteigen soll.

Also sage ich bei der Frage, ob ich den seit Jahren ersehnten Uni-Austausch mit Argentinien machen kann oder nicht, »Nein« – und schaue nicht zurück. Ich versuche, diese Entscheidung wachsen zu lassen, indem ich mir alle Wenns und Abers aus dem Kopf schlage. Ja – ich sage diesen Traum ab, nach Lateinamerika zu gehen, und ich komme irgendwann darauf zurück. Ja – ich sage eine Woche vor der Abreise die Trophäe Uni-Austausch ab.

Und ja – ich stürze mich in dieses Buchprojekt mit allen meinen Fehlern und meiner Unerfahrenheit. In meinem Herzen wächst das Vertrauen. Es ist natürlich verrückt, sich blind darauf einzulassen, aber wenn das Herz ganz weit bleibt, kann ich besser vergessen, dass ich keine Übung habe. Ich habe keine Ahnung, wohin mich das führt, aber der Weg, den mir die leise Stimme zeigt, wird der beste sein, und er wird die Basis für die nächsten Entscheidungen sein. Seit einem Jahr höre ich auf sie, und ich werde jetzt nicht damit aufhören. Mich motiviert, wie ich über das staune, was ich in Paris neu entdecke. Diese neuen Projekte und Ideen, die entstehen, stimulieren mich. Ich bin aufgeregt wegen dem, was ich bin, und nicht wegen dem, was ich sein müsste. Ich tanke mit dieser einfachen Entscheidung ordentlich frische Luft: »*So werden wir weitermachen, Rosy. Ich sag es dir, Hand in Hand, hier in Paris!*«

## 44

## Ein bisschen organisieren

*Let's go!* Wie soll ich in Paris mein Studium weitermachen? Fernstudium? Geht das? Ich kann nicht in Marseille Vorlesungen besuchen

# Retour

und gleichzeitig dieses Buchprojekt machen. Das ist für mich so neu. Ich denke, es ist sinnvoller, in der Nähe des Verlags zu sein. Außerdem stelle ich mir den direkten Kontakt viel angenehmer für die Kommunikation vor als per Computer und Internet.
Ich gebe dem neuen Leben in Paris und den neuen Projekten Raum. Ich brauche einen Ort zum Auftanken. Meine Familie ist zwar Gold wert, aber ich brauche eine Insel des Friedens für mich allein. Wo fange ich an? Wie finde ich eine Wohnung? Wie bezahle ich meine Miete? Erst einmal kommen viele Fragen. Ich lege eine Pause ein, besinne mich und versuche, mir die richtigen Fragen zu stellen.
*Ich schließe die Augen und gehe alles durch, was seit Entstehung dieses Projekts passiert ist. Es ist verrückt – alle Angebote, Begegnungen und Gespräche kamen so natürlich. Ich habe nicht danach gesucht, das Leben hat sie mir vor die Nase gesetzt. Die Macht unserer Gefühle und unserer Entscheidungen hat eine unglaubliche Auswirkung darauf, wer uns über den Weg läuft und mit welchen Problemen wir konfrontiert werden. Ich bin davon überzeugt, dass uns das Leben einen Leitpfosten nach dem anderen schenkt; hier eine Idee, dann ein Projekt, dann mal wieder ein Hindernis, das sich aber überwinden oder umgehen lässt, wenn wir auf unsere innere Stimme hören, die anklopft und uns zuflüstert, was das Leben vorgesehen hat – und wenn wir den Weg gehen, der sich zeigt, auch wenn es erst einmal Angst, Sorgen, Zweifel, Ablehnung oder fehlendes Vertrauen gibt. Wenn man bereit ist, den Fuß auf einen ungebahnten Weg zu setzen und auf sich selbst zu vertrauen, kümmert sich das Leben um den Rest. Diese Theorie hilft mir, wenn ich nicht weiß, wie es weitergehen soll.*
Einige Wochen ziehe ich von einem Bekannten zum nächsten, von Freunden zu Freunden – meine Reise scheint weiterzugehen, jetzt halt in Paris. Ein angenehmer Übergang, aber ich würde doch gerne langsam irgendwo ankommen. Ich setze alle Hebel in Bewegung, um in Paris eine bezahlbare Wohnung zu finden. Ich verpflichte mich bei einer Sozialstation. Das Konzept gefällt mir. Man kann kostenlos wohnen, wenn man Hilfe anbietet. Du hilfst alten Menschen oder Kindern bei ihren Hausaufgaben, und dafür kannst du kosten-

# Ein bisschen organisieren

los wohnen. Ich beginne mit der ersten Kategorie, das liegt mir, und ich fühle mich eher dazu hingezogen: Altenbetreuung. Nach drei Terminen stelle ich trotz meiner Zuneigung zu alten Leutchen fest, dass Suppenplanung und Zahnprothesen mir nicht helfen werden, das Buch zu schreiben. Die Wohnungen der alten Leute, die meine Dienste in Anspruch nehmen möchten, bieten nicht wirklich die Möglichkeit für Rückzug. Ich hätte mit ihnen gelebt. Ich mag WGs, aber eine WG mit »Oma« plus zweites Masterjahr, Buchschreiben und meine Vereinsidee – das erscheint mir schwierig. Nach mehreren verschiedenen Diensten lasse ich diese Option fallen, auch das Babysitten … Ich habe nicht genug Zeit. Ist eine WG die einzige Lösung? Ein Zimmer? Oder das Wunder einer Wohnung?

In dieser Nacht schlafe ich in einer Leihwohnung. Ich habe keinerlei Plan für die nächsten Tage, aber ich vertraue weiter. Ich weiß, dass ich den richtigen Ort und die richtige Person finden werde. Am nächsten Morgen klingelt mein Handy. Meine Cousine Marie hat eine Wohnung für mich gefunden, die bezahlbar ist. Das ist perfekt, sage ich mir, jetzt kann ich endlich sesshaft werden. Ich nehme mir vor, sie zu besichtigen. Ich freue mich schon auf meine Wohnung. Ein paar Sekunden später bekomme ich eine Facebook-Nachricht: »Ich heiße Louise, ich bin neun und wir suchen eine Tagesmutti. Ich liebe Ponys, Sport, Tiere und Reisen. Ich mag gerne draußen sein, Monopoly spielen, Cluedo spielen, Unfug machen, Hausaufgaben nicht machen, obwohl ich soll … Mit mir hast du echt Spaß. Du bist vielleicht netter als meine Schwester – obwohl, die ist echt in Ordnung. Also du kannst meine Eltern auf dem Handy anrufen, Nummer …« Ich überlege nicht und rufe sofort die Nummer an, einfach um mich zu bedanken, dass sie mich so zum Lachen gebracht hat. Ich weiß nicht einmal, ob diese Nachricht für mich war, ich habe nie gesagt, dass ich Tagesmutter sein möchte. Ich rede ein paar Takte mit dem Papa, und am Ende des Gesprächs schlägt er mir am selben Tag um 18 Uhr einen Vorstellungstermin vor. Ohne

# Retour

zu zögern, sage ich zu. Ich lege auf und bin total überrascht über dieses »Ja«. *»Warum hast du schon wieder Ja gesagt, Marine? Du ziehst doch nicht extra nach Courbevoie, um ein kleines Mädchen zu betreuen. Du wolltest dir doch gerade die Wohnung ansehen, die deine Cousine dir besorgt hat?!«* Das kann man nicht verstehen. Dieses »Ja« kam wie von selbst raus. Ich sage meine Wohnungsbesichtigung ab und treffe diese Familie, mit dem Gefühl, dass es ein bisschen Zeitverschwendung ist. Aber so ist es. Der Papa der kleinen Louise holt mich mit dem Auto am vereinbarten Treffpunkt ab. Und wenige Minuten später sitzen wir alle drei – Matthieu, Louise und ich – um einen kleinen Tisch in ihrem Garten in Courbevoie. Ich lerne Loulou kennen. Sie ist eine echte Persönlichkeit. Die kleine Louise schaut mich durchdringend an und erstaunt mich mit ihren hartnäckigen Fragen und ihrer Freude am Leben. Ein richtige kleine Dame, total neugierig und sehr respektvoll. Das ist eine angenehme Überraschung. Trotzdem lässt mein Geist nicht locker: *»Werde ich genug Zeit haben, mich um sie zu kümmern – mit Studieren, Buchprojekt usw.?«* Es ist eine Viertelstunde zu Fuß bis zur Metrostation Pont de Levallois, und für meinen Dienst von 16 bis 20 Uhr bekomme ich eine Unterkunft. Ich weiß noch nicht, wo. Er sagte etwas von einer Einzimmerwohnung … Ich will sie nicht einmal vorher sehen. Egal, mein Herz hat gesprochen! Ich weiß nicht, warum, aber ich weiß, dass es hier ist. 30 Minuten Kennenlernen und ein großes Ja für dieses neue Abenteuer. Ich habe ein gutes Gefühl als ich wieder fahre. Ich bin richtig verzaubert von dieser kleinen Louise.
Ich fange am 12. September mit dem ersten Klassenausflug an.
Dann spiele ich mal Sesamstraße als improvisierte Mama!
Zwei Wochen später finde ich schon eine voll ausgestattete Wohnung vor. Sie ist perfekt. Ich bin baff. Ich habe einen freien Blick auf den Hochhäuserwald des Viertels La Défence und kein Gegenüber. Ich habe meinen Rucksack dabei und sonst nichts. Diese Begegnung wird mir Kraft geben. Es wäre für mich schwierig gewesen, alleine in

## Und wo ist die MS bei der ganzen Sache?

einer Wohnung zu sitzen und zu schreiben, und vor allem, im Fernstudium zu lernen. Louise wird mir Kraft dazu geben. Um 16.30 Uhr hole ich Loulou ab und habe das Gefühl, innerhalb von wenigen Minuten um zehn Jahre gealtert zu sein. Ich muss lachen über die Müttersorgen am Eingang der Schule. Ich antworte oft mit einem großen mitfühlenden Lächeln darauf. Von wegen: Ich verstehe. Eigentlich verstehe ich nicht im Entferntesten … Louise und ich sind ein echtes Team. Eine unvorstellbare Beziehung zu einem neunjährigen Mädchen, die redet und denkt wie ein Erwachsener! Sie ist die Freude meines Tages. Ich fühle mich wie mit einer Freundin. Mir kommt wieder das Vertrauen in den Sinn, das ich bei diesem »Ja« gespürt habe, das aus meinem Herzen kam. Das Leben kümmert sich gut um uns, wenn wir das Herz die Worte und Taten bestimmen lassen. Ich versuche, in Courbevoie einen neuen Rhythmus zu finden. Ich weiß nicht, warum, aber mein unbeholfenes Schreiben geht morgens am besten. Am Nachmittag studiere ich und gehe um 16.30 Uhr Loulou abholen. So viele Wochenenden wie möglich verbringe ich in der Bretagne bei meiner Oma, die ich sofort nach meiner Rückkehr besucht habe. Die Luft der Bretagne inspiriert mich.

## 45

## Und wo ist die MS bei der ganzen Sache?

Viele dürften sich fragen, was ich mit Rosy mache. Ich habe mich gegen eine Behandlung entschieden, aber das ist eine individuelle Entscheidung.
Ich habe die Reise gemacht, um mich zu finden und mir die verschiedenen Behandlungsmöglichkeiten, die mir angeboten wurden, durch den Kopf gehen zu lassen. Ich wusste damals nicht, wofür ich mich entscheiden sollte. Ich hatte also nur eine Notfalltasche dabei,

## Retour

die mir mein Neurologe mitgegeben hat, falls ich einen Schub bekomme. Ich bin nicht grundsätzlich gegen eine Behandlung, aber ich konnte meine Krankheit nicht annehmen und wusste, dass eine Behandlung deshalb nicht funktioniert hätte. Ich musste zuerst zu mir selbst kommen, bevor ich irgendetwas schlucke. Das ist eine völlig individuelle Entscheidung, und jeder muss in seinem Inneren selbst erkennen, was er für sich möchte. Das ist wichtig. Das stellt eine Behandlung überhaupt nicht infrage, es geht nur um die Gründe dafür. Eine Behandlung bewirkt Wunder und hilft vielen. Andere kommen keine Sekunde damit zurecht. Es ist individuell. Ich denke, damit es funktioniert, muss der Patient es wollen und nicht dazu gezwungen werden, sonst kann es keinen positiven Effekt haben. So sehe ich das. Seit dem letzten Schub im September 2015, der mir die Sehfähigkeit genommen und die Idee für die Reise gegeben hat, hatte ich keinen weiteren Schub. Ich werde warten, bis ich Rosys Stacheln wieder spüre, und dann über eine Behandlung nachdenken. Ich bin ganz und gar nicht dagegen, aber im Moment fühle ich mich ohne wohl.

Anfang Oktober muss ich mich neurologisch untersuchen lassen. Ich werde wie geplant zu meinem Neurologen gehen und nach dieser langen Reise Bilanz ziehen. Er will zur Kontrolle ein MRT machen. Er scheint sich zu freuen, mich eineinhalb Jahre nach meinem letzten Besuch wiederzusehen. Er freut sich, dass er nicht aus der Ferne einen Schub behandeln musste. Mich stresst der Gedanke, wieder mit den ganzen Geräten zu tun zu haben – die haben mir nicht gefehlt. Als ich in die Röhre geschoben werde, die 20 Minuten durch meine Zellen wandern wird, hoffe ich auf nichts. Ich weiß, dass meine Rosy immer noch in meinem Kopf ist.

Ich warte auf die Auswertung des Radiologen, der nicht gerade einen guten Tag zu haben scheint. Er schaut ernst. Hektisch und überrascht fragt er mich:

»*Sind Sie sicher, dass Sie in diesen 18 Monaten keinen Schub hatten?*« »*Ja, klar.*« »*Auf dem MRT sind nämlich neue Entzündungsherde zu sehen. Das ist*

## Und wo ist die MS bei der ganzen Sache?

*kein gutes Zeichen. Vielleicht hatten sie Schübe, ohne es zu merken.«* Erstaunt stellt mir der Mann in Weiß weiter seine düsteren Fragen. Mein Vater steht mir gegenüber, lächelt ein bisschen angestrengt und macht mir mit der Hand ein Zeichen, dass ich mich nicht beunruhigen soll. Der Wissenschaftler sagt: »*Sie nehmen keine Medikamente?! Sie müssen sich sofort einen Termin in der Pitié und bei einem Neurologen in Ihrer Nähe geben lassen, Mademoiselle. Sie werden einen Neurologen brauchen, und vor allem können Sie jederzeit Schübe bekommen!«* Er stellt weiter seine lähmenden Fragen: »*Sie hatten nichts?«*, fragt er noch einmal. Ich werde wütend, ich möchte am liebsten davonlaufen und die Tür seines improvisierten Büros zwischen Café und Wartezimmer zuschlagen. Er unterstellt mir gerade, dass ich ihn anlüge und dass ich mir selbst etwas vormache. Ich fasse es nicht. Für wen hält er sich? Ich komme nach zwei Jahren in einem gefährdeten, aber guten Zustand zu ihm, und er meint, darauf rumreiten zu müssen. Ich weiß, dass ich mich darauf einstellen muss, Spritzen zu bekommen. Okay, ich habe diesen Gedanken von Anfang an beiseitegeschoben, aber nicht ignoriert, sondern nur an Schöneres gedacht als an Stoßtherapien.

Der Radiologe redet weiter sein unverständliches Zeug. Ich weine. Mein Vater nimmt mich in den Arm und sagt leise, um den Mann in Weiß nicht zu verärgern: »*Mach dir keine Sorgen, Marine. Hab weiter Vertrauen. Wir lassen uns einen Termin geben.«* Mit wenigen Worten und Sätzen, die ihm nichts bedeuten, hat dieser Mann mich wie eine Fliege erschlagen. Das Schlimmste ist, er merkt es nicht einmal. Ich verlasse diese Zerstörungsfabrik. Mein Vater tröstet mich wie meine Mutter damals im Krankenhaus in Marseille, als ich die Diagnose bekam. Aber kurz bevor wir draußen sind, dreht er sich um und sagt dem Radiologen in einem sehr ruhigen Ton:

»*Wissen Sie, Herr Doktor, es ist gut, Dinge auszusprechen. Aber man kann es auf die eine Art tun oder auf eine andere – und es gibt Momente, die besser geeignet sind als andere. Vor allem, wenn man als Spezialist etwas sagt. Machen Sie es gut.«* Bim!

# Retour

Diese unerwartete Nachricht ist positiver, als es aussieht. Es heißt, dass Rosy neue Spuren hinterlassen hat, die mich aber nicht gelähmt haben. Das ist eine schöne Entwicklung! Aber was bei diesem Radiologen passiert ist, hat in wenigen Sekunden alles erschüttert, was ich unternommen habe. Warum konnte er den Sinn meiner ganzen Reise mit einigen unangemessenen und blöden Worten zu Staub zerschlagen? Ich habe verstanden, dass das Unvorhergesehene im Leben uns merken lässt, dass wir nicht alleine sind – und es erschüttert mich zutiefst, wie Mediziner kommunizieren. Ich kritisiere nicht, dass man mir sagt, dass die Krankheit sich weiterentwickelt, denn ich lebe ja mit meiner Rosy, und ich habe sie total angenommen. Ich leugne sie nicht und hoffe nicht darauf, dass sie verschwindet. Ich bin einfach traurig zu sehen, wie Mediziner häufig ticken. Sie sind zu Maschinen geworden, die eine Diagnose herunterleiern. Wo ist das Lächeln, das Mitgefühl?! Wenn ich nicht auf mich gehört hätte, würde ich jetzt bestimmt humpeln oder hätte eine Hand oder ein Auge weniger. Davon bin ich überzeugt. Diese Autoimmunerkrankungen, genau wie alle anderen Krankheiten / viele andere Krankheiten, besitzen eine riesige psychologische Dimension, und ich verbiete es jedem noch so intelligenten weißen Kittel, mir diese innere Stärke zu nehmen und mir »seine Krankheit« aufzuschwatzen. Wenn man auf diesen Radiologen hört, gibt es nur zwei Auswege: Entweder ich gebe mir heute Abend die Kugel, oder ich stelle mich darauf ein, den Rest meines Lebens im Rollstuhl zu verbringen. Er hat nichts verstanden. Man kann nicht alles heilen, wenn man nur Prävention betreibt. Sie ist sicher wichtig, aber zu viel Prävention tötet die einzige Leidenschaft und Motivation, die man hat, um zu kämpfen. Die Macht der Worte, die Art zu kommunizieren, sie sind enorm wichtig. Er hat mich regelrecht fertiggemacht nach diesem MRT. Ich hatte das Gefühl, mit meiner verblühten Rose zu sterben. Medikamente sind nicht die einzigen Mittel der Heilung. Man muss den Willen und die Kraft zu kämpfen ergänzen.

## Und wo ist die MS bei der ganzen Sache?

Ich versuche, einen Notfalltermin bei meinem Neurologen an der Pitié zu bekommen. Er nimmt mich außergewöhnlich schnell dran, weil er merkt, wie besorgt ich bin. Mir ging es in den zwei Jahren noch nie so schlecht. Ich weiß nicht, ob meine Krankheit daran schuld ist oder die Macht, die dieser Wissenschaftler auf mich ausgeübt hat. Was zählen unsere Entscheidungen, Projekte und Überzeugungen angesichts solcher Menschen. Als ich bei meinem Neurologen ankomme, gehen mir die Worte des Radiologen immer noch durch den Kopf: »Bereiten Sie sich vor, schützen Sie sich, suchen Sie sich einen Neurologen in der Nähe, Achtung – Sie werden Schübe bekommen ...« So viele Sorgen gratis. Jetzt, neben mir im Wartezimmer, junge Frauen mit Krücken oder im Rollstuhl. Hier sind mehr Kranke als Gesunde. Normalerweise bin ich bereit und stark, aber dieser Radiologe hat mich so umgekrempelt, dass ich mir nur das Schlimmste vorstellen kann und mich ständig mit den anderen vergleiche. Das bringt nichts, ich weiß es. Jeder ist einzigartig, und man kann sich nicht vergleichen. Ich muss stark bleiben. *»Marine, nicht weinen. Du kannst das! Erinnere dich an deine Reise, an deine Beine, die gerannt und geklettert und gewandert sind, die getragen haben. Erinnere dich an deine Hände, die sich festgehalten, die geschoben, aufgefangen haben. Erinnere dich an die Farben und die Gerüche. Marine, nichts ist unabwendbar, lass alles raus, lass das Weinen zu, lass die Worte aus deinem Kopf. Und vergleiche dich nicht! Wehr dich nicht. So wie ich oft sage: Wir lassen es krachen.«* Diesmal soll es krachen, damit ich diese fremdartige Ängstlichkeit loswerde. Ich möchte losrennen und wieder diese Ausgeglichenheit spüren, an der ich seit einem Jahr arbeite. Der Nebel ist da, aber ich werde so stark pusten, dass er sich nicht festsetzen kann. Die Tür geht auf, ich bin dran. Ich gehe in das Sprechzimmer. Ich werde mit einem Lächeln empfangen. *»Was hat Sie so in Panik versetzt, Marine? Das kenne ich gar nicht von Ihnen.«* »Ihr Kollege von der Radiologie. Er hat eine Stresskugel auf mich abgefeuert, mit der ich nicht umgehen kann. Ich möchte Ihre Meinung hören.« Es wird still im Raum. Der Professor sieht sich den Bericht des Radiologen an. Dieser Mann kennt mich

# Retour

schon seit dem Beginn meiner Krankheit. Er war selbst zunächst gegen meine Reise, hat dann aber seine Meinung geändert. Ein paar Sekunden später hebt er den Kopf und lächelt mich noch einmal an. *»Wissen Sie, Marine, ich behandle Patienten, keine Bilder. Ich hätte Sie nicht zum MRT schicken sollen. Das war mein Fehler. Für mich ändert es nichts. Es ist alles gut. Gehen Sie Ihren schönen Weg weiter. Ich möchte Sie erst in einem Jahr wiedersehen!«* Meine Tränen fallen auf seinen Schreibtisch. Ich kann sie nicht zurückhalten. Dieser Medizinprofessor hat verstanden, wie ich funktioniere. *»Los, mehr als fünf Minuten möchte ich Sie hier nicht sitzen haben. Raus hier.«* Ich stehe auf. Er sieht mir in die Augen … Ich lese in seinen Augen:
*»Bleiben Sie MS-ler!«*
Ich komme mit einer unglaublichen Kraft aus der Klinik. 5 Minuten, 2 Lächeln, 2 Sätze, 1 Blick und ich habe alle meine Antworten. Unter Tränen fange ich an, im Hof der Klinik herumzurennen. Ich fühle mich befreit. Die Woche der schlaflosen Nächte ist vorbei, in denen mir die Worte dieses weißen Kittels durch den Kopf gingen und mich lähmten. Ich lebe wieder. Seltsam? Er hat mir ja nicht gesagt: *»Du bist geheilt«* und auch nicht *»Alles wird gut«*. Einen solchen Beruhigungssatz wollte ich auch gar nicht hören. Aber mir hat einfach ein Arzt direkt in die Augen gesehen und mich aufgefordert, weiter positiv zu denken, zu lachen und an mich selbst zu glauben. Wenn er wüsste, wie viel Kraft er mir gerade gegeben hat … Einfach ein Lächeln und eine Aufmunterung, so zu bleiben, wie ich seit zwei Jahren bin. Danke! Was für eine Freude, was habe ich für ein Glück mit diesem Neurologen! Er konnte sich auf mich einstellen, konnte seine Sichtweise ändern, und vor allem konnte er verstehen, wie ich ticke. Wie kann ich ihm danken?! Außer ihm zu sagen, dass er dasselbe für die anderen Rosys machen soll, die diese Kraft von einem weißen Kittel auch brauchen. Es sind Neurologen, aber außer einer Diagnose können sie uns enorm viel anderes geben. Sie wissen gar nicht, welche positive Wirkung sie auf uns haben können. Ein einfacher Satz, bei dem

## Die Macht der Worte

es nicht um Behandlung geht, ein paar Worte können ein Leben verändern und die Kraft vermitteln, zu kämpfen und das Leben in Angriff zu nehmen. Die Kraft, die er mir gegeben hat, wiegt alle schlaflosen Nächte, Sorgen und Ängste auf, die ich seit einer Woche hatte. Sie können tausendmal mehr motivieren als eine Freundin oder die Familie. Das ist die kleine Botschaft, die ich euch gerne zurufen möchte. Und Rosy bedankt sich auch herzlich. Ja, natürlich ist sie da. Seit zwei Jahren habe ich ihre Stacheln nicht gespürt. Wenn sie es tun muss, wird sie es tun, und ich werde mich behandeln lassen. Aber zurzeit sind wir beide stark.

## 46
## Die Macht der Worte

Dieses Buch gibt mir vor allem die Möglichkeit, meine unkontrollierbaren Empfindungen in meinem Kopf loszuwerden – aber auch, Rosy in Paris ihren Platz zu geben. Erstaunlich, ich hatte mich von Büchern ziemlich entfernt, und ich bin nie eine Leseratte gewesen. Es ist unglaublich, wie stark das sein kann, sich mit einen Stift und Papier hinzusetzen. Keine Sorge, ich schreibe am Computer! Aber die innere Kraft ist genauso stark wie damals, als ich auf der Reise mit meinem Stift in mein Heft geschrieben habe. Ich fühle eine große Freiheit und eine große Energie beim Schreiben. Ich erinnere mich an die ersten Worte, die ich in mein kleines Heft geschrieben habe … einen Monat nach der Diagnose. Ich wusste nicht einmal, warum ich diesen Stift in der Hand hatte, aber mich trieb das Bedürfnis, mich auszudrücken, Dinge aus meinem Gehirn aufzuschreiben, damit sie meinen Geist nicht belasten.

Es gab so vieles, was ich loswerden wollte. Mithilfe dieser Zeilen auf Papier konnte ich das alles machen, was ich gemacht habe. Mithilfe

# Retour

dieser Reisetagebücher konnte ich diese ganzen Monate alleine durchhalten. Sie waren meine Begleiter, meine Vertrauten, meine Kumpel, meine rechte Hand. Ja, ich weiß, ich rede von Heften. Man schreibt für sich Worte auf, in Wirklichkeit sind es Geschenke. Auf dem Papier sind sie zwar manchmal brutal, aber man muss sie dort ablegen, damit sie aus den Gedanken verschwinden. Die Worte fliegen weg, verschwinden und kommen wieder zurück. Sie sind flüchtig, vergänglich. Das Geschriebene steht, es bleibt. Es kann uns aufrütteln, wenn wir gerade in die falsche Richtung laufen. Dieses Schreibprojekt hilft mir sehr, in Ruhe meine Wörter und Gedanken abzulegen. Es kommen viele Erinnerungen hoch. Ich sitze in der siebten Etage mit einer Vogelperspektive ins Unendliche. An einem Tag weine ich, am nächsten lache ich, und abends kommen mir häufig Fragen. Ich durchlebe alles noch einmal, aber diesmal in vier Wänden. Werde ich es zu Ende bringen? *That's the question!*
Um zu schreiben – ich weiß nicht, warum –, muss ich einige Momente der Reise noch einmal erleben. Ich baue also im Wohnzimmer mein Zelt auf, damit ich ein bisschen Inspiration bekomme. Ich schlafe in meinem Schlafsack, und ich versuche, mich nur einmal pro Woche zu waschen. *»Nein, Blödsinn, das Letztere natürlich nicht! Das mute ich Louise nicht zu.«* Ich muss ernsthaft noch einmal in diese Reise eintauchen, damit ich diese Zeilen schreiben kann. Die Erinnerungen sind da, aber sie sind manchmal zu stark, um ihre tatsächliche Bedeutung wiedergeben zu können.
*Wenn ich zurückdenke, sind die ersten Wochen in Paris ähnlich wie meine Reise in der Mongolei, wo ich von einer Jurte zur anderen zog – hier von Wohnung zu Wohnung, von WG zu WG, von Sofa zu Sofa. Die Mongolei fehlt mir ... Ich stoße auf Fotos aus diesem Land, und ich weiß nicht, warum, aber es zerreißt mir das Herz. Es zerreißt durch die Gefühle, mir fehlen diese authentischen Begegnungen, diese Erfahrung, mit mir selbst allein zu sein. Mir fehlt mein Rucksack, mein Zelt, mein Schlafsack, meine warmen kratzenden Socken; mir fehlt, einfach dorthin gehen zu können, wohin mein Herz mich führt.*

## »Erkenne dich selbst«

*Ich fahre in die Bretagne, um meine Gedanken wieder zu ordnen. Ich liege allein auf meinem Bett, und meine Tränen fließen endlos auf meine Tastatur. Ich zerfließe in meinen Gefühlen. Ich merke, dass diese Reise mein Leben verändert hat. Diese Menschen haben mir geholfen zu entdecken, was es heißt, zu lieben und den anderen zu respektieren. Ich dachte, ich hätte alles im Griff. Ich entdecke dieses wirkungsvolle Abenteuer noch einmal neu. Ich wusste nicht, was für eine emotionale Kraft freigesetzt wird, wenn man es noch einmal durchlebt und aufschreibt. Es sind ausschließlich positive Gefühle, ich weiß, aber es fällt mir schwer, sie zu steuern. Es ist ein riesiges Glück, an diesem neuen Projekt zu arbeiten, es zu verwirklichen. Ich sehe, was für Möglichkeiten darin liegen. Aber wie kann ich hier in Paris diese Echtheit wiederfinden, hier geht alles so schnell, und man rennt dem Leben hinterher. Ich möchte diese wunderschönen Gefühle wiederfinden: »Ich gehe.« Oder »Ich vertraue.« Die Begegnungen, der Mensch – Menschen sind das Schönste, was ich jemals kennengelernt habe! Mensch, wir haben alles, um glücklich zu sein – alles haben wir in uns. »Ich bitte euch, macht euch bewusst, wie wichtig es ist, auf die Natur zu hören, wie dieses mongolische Volk oder wie andere Zivilisationen, die von unserer übermächtigen Technik noch nicht beeinträchtigt sind. Ich bin davon überzeugt. Ich sage nicht, dass man von Luft und Liebe leben soll, aber man muss dieses Leben lieben und lernen, die Natur zu sehen, wie sie ist, und nicht, wie wir möchten, dass sie für uns ist. Ich bin sicher, dass wir alle voneinander lernen können.« Ich werde weiterhin meine Augen aufmachen und meine Ohren spitzen, damit ich mich von dem ernähre, was andere mir geben können, und nicht so sehr vom Verstand.*

# 47

## »Erkenne dich selbst«

Ich hatte gedacht, dass ich die Rückkehr mit links meistern würde, ich lasse mich von meinen Freuden- und Gefühlsträne führen …

# Retour

Weinen tut gut, es ist die erste Medizin. Zumindest kommt etwas aus unserem Körper heraus, er drückt sich aus. Das lässt uns ganz sicher wachsen. Das ist keine Schwäche, sondern eine Stärke. Das ist keine Schande, sondern echter Respekt, den wir unserer Hülle schenken, die nur darauf wartet, gegossen zu werden, um sich zu entspannen. Wir leben nicht in einer Dose, sondern unsere Seele muss atmen und wachsen. Man fühlt sich viel freier, wenn man den Körper sich ausdrücken lässt, anstatt ihn am Weinen oder anderem, was rausmuss, zu hindern. Wir sind dann endlich im Einklang mit unseren Gefühlen und mit dem, was wir wirklich sind. Es war früher für mich so schwer, meine Schwächen zu zeigen; zu zeigen, wenn ich etwas nicht verstehe oder Angst habe, vor allem Versagensangst. Als ich angefangen habe, euch auf meiner Facebook-Seite zu schreiben, sind die ganzen Ängste verflogen. Ich war ich – die Echte, die Schwache, Ängstliche, Fröhliche. Zum ersten Mal in meinem Leben habe ich die Maske fallen lassen, die mich daran gehindert hat, loszulassen; mich sein zu lassen, was ich wirklich bin. Wie schön, sich endlich in seiner Haut wohlzufühlen.

*Da kommt mir plötzlich dieser Satz von Sokrates in den Sinn: »Erkenne dich selbst.« Gut, reden wir davon ... Wenn man von einer Reise zurückkommt, braucht man häufig etwas Zeit, sich wieder anzupassen. Und in dieser Zeit habe ich festgestellt, dass der Mensch eine phänomenale Fähigkeit besitzt, sich anzupassen. Er ist ein echtes Chamäleon. An einem Tag erlebt man etwas extrem Intensives und Verunsicherndes, und ein paar Monate später ist das nur noch eine schwache Erinnerung. Das gilt auch für alles Tragische, was unser Geist einordnet, damit es leichter zu verarbeiten ist, oder beiseiteschiebt, damit wir weitergehen können. Sonst hätten wir alle eine Depression. Wir sind dazu fähig, das Schlechte zu recyceln.*

*In meinem Bekanntenkreis gibt es niemanden, der nicht zumindest einmal in seinem Leben Leid erfahren hat. Der Mensch bewegt sich und ist nicht an die Vergangenheit gebunden. Selbst unsere Gedanken haben ein Verfallsdatum. Aber ich bin überzeugt, dass das, was wir erleben – Fehler, Misserfolge, Erfolge,*

## »Erkenne dich selbst«

*Gefühle, Begegnungen –, dauerhaft in uns eingeschrieben werden und sich im Alltag in unserem Handeln zeigen. Das ist allerdings lediglich meine kindliche Meinung, mit meinen 23 Jahren.*

Durch diese Reise konnte mir bewusst werden, dass es nur scheinbar einfach ist, sich in Paris wieder einzuleben, innerlich ist es sehr schmerzhaft. Ich lebe mich ein, aber ich spüre einen Graben zwischen dem, was ich lebe, und dem, was ich gerne leben würde. Mich beruhigt, dass sich meine innere Stimme meldet, wenn ich die falsche Richtung einschlage oder wenn ich zwischen der alten und der neuen Marine hin- und hergerissen bin.

Etwas fehlt mir. Aber was? Ich mache zu schnell, viel zu schnell! Ich lasse alle diese Emotionen nicht raus, damit sie meine Reise nicht stören. Warum? Weil ich unbewusst immer in meinem Kopf und in dem Kopf der anderen unterwegs bin – das reinste Gift. Für den anderen denken; denken, dass der andere dies oder das denken wird, wenn du zu viel von deiner Reise erzählst. Dieses Bewerten oder »die anderen werden denken, dass …« – dieses Gift gab es auf der Reise nicht, und hier in Frankreich holt es mich wieder schneller ein als ein TGV. Wenn viele Erinnerungen meinen Geist bombardieren, behalte ich sie für mich. Aber ich bemerke es schnell, ertappe mich dabei und weiß, dass das nicht die richtige Richtung ist. Warum? Aus Angst, die Leute mit meinen komischen Geschichten vom anderen Ende der Welt zu nerven, und weil ich in einem geschützten Raum sein möchte, um das alles loszuwerden, was ich erlebt habe. Ich glaube, ich suche auch mehr als früher einen echten Austausch. Vor dieser Reise war ich weit von mir entfernt, also auch weit von den anderen. Ich war da, aber nicht wirklich.

Ich sprach mit einer Person, ließ mich aber von einer anderen ablenken, die mich anrief. Ich möchte jetzt echte Gespräche haben und einen wirklichen Austausch.

Aber ich weiß nicht so recht, wie ich das anstellen soll. Anstatt alles loszulassen, behalte ich viele Dinge für mich. Wie schade! Ich bin davon überzeugt, dass Reden hilft, die ganzen Emotionen, die man auf der Seele hat, rauszulassen und einen neuen, freien Blick zu bekommen. Ich stelle fest, dass man schnell wieder anfängt, sich selbst zu kontrollieren. Ich habe aber nicht vor, mich diesem allgemeinen Anpassungsdruck zu beugen. Ich habe es schon erlebt, dass Leute von einer Reise zurückkamen und sagten: »Die können das sowieso nicht verstehen.« Oder: »Ich weiß, wie das Leben funktioniert, aber ich habe keine Ahnung, wie ich es ihnen begreiflich machen soll.« Damit macht man den anderen sicherlich keine Lust, selbst etwas zu wagen. Hier, in einer Gesellschaft, wo es zur Gesprächskultur gehört, zu urteilen, werden unsere Erzählungen und die dazugehörigen Empfindungen als Lektion verstanden. Dabei sind sie doch der Wunsch, sich mitzuteilen und auszutauschen. Ich habe mir also gesagt, dass ich damit anfangen muss, mich selbst zu ändern. Das ist die beste Art der Kommunikation und die beste Kraft, die ich weitergeben kann.

# 48

## Anpassung

Verloren, alleine mit meinen Erinnerungen, die so laut an die Tür meines Herzens klopfen, suche ich verzweifelt nach dem Schlüssel, wie ich in dieser zivilisierten Welt ein ausgeglichenes Leben führen kann. Ich spüre die Dinge nicht mehr, die ich die ganze Zeit während meiner Reise gespürt habe. Mein Geist wird wieder komplex; ich werde – viel schneller, als ich gedacht hätte – wieder von meinen Ängsten angetrieben.

Wo ist die Natur, damit ich wieder Luft zum Glücklichsein bekomme? Wo ist dieses einfache Denken, das nahe am Herzen und weit entfernt von Interessen ist? Wo sind unsere tiefsten und reinsten Wurzeln? Wir rennen dem Leben hinterher …

## Anpassung

»Marine, mach diese Glut schnell wieder aus, zertritt sie zu Asche, damit sie deine orientierungslose Rose nicht verwelken lässt.« Ich fühle mich total traurig, ängstlich und voller Sorgen um mich selbst. Was ist aus mir geworden? Ich fühle, dass mich diese Reise innerlich verändert hat, und ich kann es hier nicht leben, ich weiß nicht, wie. Wo ist mein Platz? Ich weiß, dass sich der Mensch sehr gut und schnell anpassen kann. Er ist ein autarkes System. Er kann einen Monat allein oder in einem Stammesvolk leben und am nächsten Tag in die Zivilisation zurückkehren. Er passt sich an. Aber wie macht man das ohne Schmerzen und Wehmut, ohne Trauer, ohne zu vergessen oder, besser gesagt, ohne sich zu vergessen? Wie lässt sich meine Persönlichkeit vor der Reise mit meinem neuen Ich versöhnen, das ich während der Reise kennengelernt habe? Wie kann ich den anderen erklären, was ich auf dem Herzen habe und umsetzen möchte? Wie schaffe ich es, Rosy unter den Bedingungen zu pflegen, in denen nicht mehr mein Körper das letzte Wort hat, sondern sich das Ego an seine Stelle setzt? Das Verunsichernde daran ist, dass mein Gewissen mich wieder daran erinnert. Und überlagert wird es von Leiden. Der Panzer ist zerbrochen, er ist weg. Ich bin ungeschützt. Aber niemand außer mir weiß das. Ich habe keinen Filter mehr. Ich spüre alles, und die kleinsten Gefühle und Aggressionen, die ich sehe oder höre, treffen mich mitten ins Herz. Dieser Panzer, den ich während der acht Monate abgestoßen habe, wird nie mehr zurückkommen. Das ist gut. Ich muss es nur schaffen, hier ohne ihn zu leben.
Ich habe das Bedürfnis, die neuen Ansätze bei mir umzusetzen. Ich möchte meine Erkenntnisse mit meiner fest verankerten Vergangenheit zusammenbringen. Ich habe das Gefühl, mich von dem zu entfernen, was ich bei diesem Abenteuer gelernt habe, aber das Gegenteil ist der Fall.
Es ist schmerzhaft, aber sehr wirkungsvoll, damit ich vorankomme und meinen Garten weiter pflege. Zumindest bin ich schon dabei, den Boden zum Einpflanzen und Begießen zu finden. Ich habe mein Herz noch nie so ausgeschüttet und diese Krankheit begossen wie seit meiner Rückkehr.
Es ist schwierig, diese Zeilen zu schreiben, weil ich mittendrin stecke, ich wühle die Emotionen auf. Meine Gedanken und meine Gefühle liegen blank, und ich verstehe sie nicht. Ich habe noch nicht genug Abstand, um mit einem ausgeglichenen Verstand alles zu begreifen, zu erforschen und auszudrücken. Die

# Retour

*Hälfte der Woche sprudeln nicht meine Ideen, sondern meine Tränen. Ich fühle mich wie ein Nichts unter lauter großen Tieren.*
*Manchmal braucht man ein Jahr oder sogar ein ganzes Leben, um sich von einer Reise zu erholen, weil man am liebsten dahin zurückkehren möchte – es aber nicht tut. Wir sind Gefangene unserer Routine. Unsere Art, zu denken und zu leben, hat sich in der Tiefe nicht verändert. Wir möchten noch einmal zurück, weil wir an der Oberfläche geblieben sind. Wir haben an der Oberfläche etwas erlebt, es ist aber nicht tief eingedrungen. Die Veränderung ist oberflächlich. Wenn ich von Veränderung spreche, meine ich bestimmte tief verwurzelte persönliche Eigenschaften. Das ist natürlich auch nicht unbedingt angenehm, ein neuer Look ist einfacher. Aber ist es wirklich wichtig, sich äußerlich zu verändern? Wir haben alle an etwas zu arbeiten, und häufig führt uns eine Reise unsere Schwächen vor Augen. Ich bin mit vielen davon konfrontiert worden. Mein schädlicher Stress, mein Ego, meine Verlassenheitsangst, mein fehlendes Selbstvertrauen, mein unbewegliches Denken, meine Rechthaberei und und und ... Alle diese Fehler tun weh, wenn man sie an die Oberfläche kommen lässt. Wenn man zurückkommt, lösen sie einen Gefühls-Tsunami aus, weil man seiner früheren Persönlichkeit wieder begegnet, wo man doch dachte, man sei anders zurückgekommen, oder zumindest den festen Willen hatte, anders zu werden.*

Wenn man sich schnell anpasst, kann man das Gelernte nicht gut reifen lassen. Womit fängt man an? Ich habe die Berge nicht mehr, wo ich meine Emotionen rauslassen konnte. Ich habe nur die Hochhäuser von La Défense. Ich habe die Zeit nicht mehr, die ich zum Trampen an der Straße stand und nachdenken konnte, sondern die Metro, die ich noch schnell kriegen muss. Ich bin nicht mehr in einer Umgebung, wo ich so bin, wie ich wirklich bin, und nicht jemand anders für die anderen. Erstaunlich, sobald man zurückkommt, lässt man sich ganz schnell in eine Form pressen, selbst wenn unser Herz uns Zeichen gibt. Aber bei all diesen Fragen finde ich vor allem Rosys Platz hier in Paris nicht. Als ob mein Gehirn von allem, was mich umgibt, gestört würde und ich nicht hören könnte, was mein Körper mir ganz leise sagt.

### Wie verwandelt man einen Samen in eine Blume?

Ich spüre meinen Garten, ich nehme ihn wahr. Irgendwie wird er angelegt werden. Ich erinnere mich an diesen Mönch und diese Nonne, die mir jeden Tag wieder gesagt haben, dass sich alles verändert, dass nichts unveränderlich ist, dass sich alles verwandelt. Ich weine und vertraue, dass ich den richtigen Zeitpunkt zum Pflanzen und Pflegen erkennen werde.

## 49
## Wie verwandelt man einen Samen in eine Blume?

Wie kann man weiter auf die kleinsten Regungen des Körpers achten – und nur darauf –, wo hier doch die Aktion die Emotion verdrängt hat? Alles kontrollieren wir. Als ich nach Hause kam, hat mich wieder dieses Bedürfnis eingeholt zu kontrollieren, zu besitzen, zu befehlen, zu verlangen. Man fällt sehr schnell ins Alte zurück. Aber heute kann ein Teil meines Gehirns nicht mehr und wehrt sich gegen den anderen, der ihn nicht sein lassen will, wie er ist. Diese Erinnerungen auszupacken geht nicht von jetzt auf gleich. Es braucht Zeit. Der Mönch hatte mir gesagt, dass alles Übung braucht.
Wie soll ich es machen, wenn ich nicht weiß, wo ich anfangen soll? Diese Befreiung ist ein Weg, den ich gehen muss. Aber wo fängt er an? *»Fang schon mal damit an, nicht zu erwarten, dass die anderen dich verstehen und mitfühlen, Marine!«* Man muss sein eigenes Leben in die Hand nehmen. Das ist das beste Mittel, um das anzuwenden, was man gelernt hat. Viele von uns träumen davon zu reisen. Und wenn wir es möchten, haben wir alle in uns tatsächlich die Kraft, es zu tun. Wir können anderen am besten Lust darauf machen zu reisen, zu handeln, auf sich zu hören, etwas zu machen oder zu entwickeln, was uns Freude macht, indem wir ihnen unsere eigene Veränderung zeigen – die daraus entstanden ist, dass wir auf uns gehört

haben. Dann machen wir den anderen Lust, aufzubrechen oder zu handeln.

Wir müssen uns ändern und anfangen für uns zu leben und nicht für ein System, das alles gleichmachen will. Sich entwickeln, indem man einen Fuß vor den anderen setzt. Man muss nicht von einem auf den anderen Tag alles hinschmeißen, sondern anfangen, in unserer Seele einen Weg zu planen, oder uns zumindest auf etwas ausrichten, das über unseren Tellerrand hinausreicht. Lernen, uns von diesem System zu lösen, das uns zu Boden drückt. Den Blick weiten und daran glauben, dass dieser Weg zu unserer eigenen Entfaltung führt. Dieser Blick in die endlose Weite fehlt hier. Ich muss ihn mir also vorstellen. Ich schließe gerne meine Augen und stelle mir eine Strecke vor, auf der ich von nichts behindert werde. Kein Haus, keine Straße, keine Ampel, keine Bundesstraße, sondern nur Land, Meer oder was auch immer ich mir gerne vorstellen möchte. Diese Vorstellung von endloser Weite gibt mir die Kraft, das, was ich gerade erlebe, und das, was ich tun kann, in Einklang zu bringen. Die Vorstellung, ohne Angst vor Fallen in die Ferne zu schauen und mir unsere Schöpfung vor Augen zu führen, ist sehr stimulierend – schon diese erste Geste, die ersten Gedanken an eine erreichbare und mögliche Zukunft, die vor allem sinnvoller und echter ist. Den Weg werde ich nach und nach erkennen. Jetzt gibt mir erst einmal die Vorstellung von dieser endlosen Weite eine riesige innere Kraft und erinnert mich daran, dass hinter den Momenten, in denen alles über mir zusammenbricht, viel Sinn und Hoffnung stecken.

# 50

## Freiheit

Ich erinnere mich an eine Geschichte, die mir mein Opa gerne erzählt hat. Er arbeitete bei einer großen Firma in Südfrankreich und

## Freiheit

war für viele Arbeiter verantwortlich. Eines Tages wird er gerufen, und man sagt ihm: »Monsieur, Sie machen eine hervorragende Arbeit, ich möchte Ihr Gehalt erhöhen.« Er antwortet: »Ich verstehe nicht, ich habe alle Angestellten gebeten, angesichts der wirtschaftlichen Lage auf eine Lohnerhöhung zu verzichten, und mir erhöhen Sie das Gehalt. Das ist nicht konsequent.« Der Vorgesetzte ist erstaunt über seine entschlossene Reaktion und sagt: »Dann sind Sie aber dumm!« Er antwortete: »Vielleicht bin ich dumm, aber ich bin frei.« Dieser Gedanke, frei zu sein gegenüber dem Wunsch, immer mehr haben zu wollen und den Wert des Menschen zu vergessen, bedeutet mir sehr viel und meldet sich jeden Tag mehr in mir. Ich weiß nicht, wie ich in dieser Situation reagiert hätte, ich kann es auch nicht wissen. Aber es ist eine Stärke, »Nein« sagen zu können. Wenn ich darüber nachdenke, ist dieses kleine Wort sehr sinnvoll. In Respekt und Achtsamkeit liegt die Wahrheit, die sich schließlich durchsetzen wird.

Wir können in unserem kleinen Rahmen etwas verändern. Dieses Leben ist zu kurz, um es nicht zu ändern, sobald man vom Weg abzukommen droht. Ich habe mich in vielen Situationen meines Lebens viel zu ohnmächtig gefühlt und habe mich nicht getraut, hinzugehen oder etwas zu sagen. Ich habe mich nicht wohl genug gefühlt in meiner Haut, um angemessen reagieren zu können. Ich habe verstanden, dass unsere Kraft in der Hoffnung auf unsere Überzeugungen liegt und in der Ausdauer.

Ich möchte damit keine Moralpredigt halten oder Vorschriften machen, sondern ich sage das mit einem kindlichen Herzen, das seine Liebe zu dieser Menschheit herausbrüllt und das nicht so richtig weiß, wie es mit den ganzen Emotionen umgehen soll. Es ist einfach mein Herz, das spricht und euch weitergibt, was es empfindet.

**Retour**

## 51

### Worte des Mönchs

Ich denke noch einmal an das, was mir der myanmarische Mönch gesagt hat: *»Marine, man darf nicht immer sofort Ergebnisse sehen wollen. Es ist wieder sehr westlich, alles sofort haben zu wollen. Man muss sich Zeit lassen. Lass es sich setzen. Du wirst sehen, mit der Zeit fügt sich alles. Wenn du einen Samen legst, ist am nächsten Morgen auch noch kein Baum da.«* Seitdem ich vor meiner Tastatur noch einmal in meine Reise eintauche, merke ich, dass ich es nicht schaffe, alles umzusetzen. Normal. Aber vor allem ist es menschlich, dass Veränderung Zeit braucht. Man darf nicht zu hart mit sich selbst sein und muss abwarten, bis man die innere Veränderung versteht. Man kann die anderen nicht wirklich lieben, wenn man sich nicht selbst liebt. Mir wird bewusst, dass ich mich nur deshalb schlecht gefühlt habe, weil ich den Baum sofort haben wollte. Ich sehe, dass es notwendig ist, die Veränderung reifen zu lassen, aber vor allem, sich selbst Zeit zu lassen. Er sagte auch: *»Marine, meinst du, dass du jeden Tag so meditieren kannst, wie du es hier tust, wenn du wieder zu Hause bist?«* Ich habe ihm geantwortet: *»Nein, ich denke, das wird schwierig sein.«* Er fragte: *»Ist das schlimm?« »Ja, ich würde das gerne schaffen.«* Nach ein paar Minuten antwortet er mir: *»Marine, das Wichtigste ist, was du tust. Wenn du früher in einer bestimmten Situaion mit 100 Prozent Wahrscheinlichkeit jedes Mal ausgerastet bist, reduzierst du das auf 98 Prozent und so weiter. Deine Meditation nimmt so in deinem Leben Form an.«*
*Diese Worte kommen mir wieder in den Sinn. Woher kommt diese hohe Sensibilität, die ich bemerke? Ich fühle mich immer empfindlicher. Ich habe keinen Panzer mehr. Das beunruhigt mich, ich war immer hart im Nehmen und hatte alles im Griff. Zum Beispiel jetzt, wo ich diese Zeilen schreibe, würde ich am liebsten losheulen. »Los, Marine, reiß dich zusammen, los!«*
*Wie finde ich mein Gleichgewicht wieder? Wie kann ich meine echten und*

## Vergessene Kräfte

*tiefen Gefühle wiedergeben? Über sich selbst zu schreiben ist eine der schwersten Übungen. Ich gratuliere allen Autoren dieser Welt und bewundere sie. Ich weiß nicht, wie sie das machen. Ich sitze seit sechs Monaten vor meiner Tastatur, und sie hält mich aus ...*
*Ich stelle fest, sobald man sich von sich selbst entfernt, wird man immer verletzlicher, und genau dann fangen das Vergleichen und die Angst wieder an, meine treibenden Kräfte zu sein. Wenn man auf sich hört, wenn man seinem Herzen nahe ist, gibt es einen Weg und keine Unruhe, keine Angst, keine Schwäche. Die Frage, die wirklich wehtut, ist das berühmte »Wer bin ich?«. Ich habe Zeit gebraucht, um zu begreifen, dass die Probleme vor allem von mir kamen und nicht von den anderen. Der Geist haut ab, und der Kampf zwischen Angst und Ausgeglichenheit beginnt. Wie kann man den Geist ruhig halten, wenn Ängste plötzlich in mir aufsteigen? Ich muss die Tür schnell zumachen, damit sie nicht eindringen, sonst komme ich nicht voran, sonst finde ich keinen Frieden. »Marine, reiß dich zusammen, bitte, fülle dein Herz und sage dir, dass du an dich glaubst, und liebe dich selbst!« Schon komisch, sich das zu sagen.*

Den Atem, den mir das Leben in den letzten Monaten geschenkt hat, werde ich nutzen, ich werde ihn lieben und ermutigen, die nächsten Hindernisse anzupacken. Dieser Strudel der Rückkehr ist notwendig, um zu verstehen, dass ich erst am Anfang des Wegs stehe ...

## 52

## Vergessene Kräfte

Ich merke, dass wir alle unsichtbar verbunden sind. Das gilt besonders für Eltern und Kinder. Es gibt keine Schule für das Elternsein, und ich glaube, es ist der schwierigste Job der Welt.
Diese Verbindung ist so stark, dass Eltern eine unglaubliche Kraft finden, mit der sie ihren Schmerz und ihr Unglück überwinden können, um ihrem Kind Freude zu machen, wenn es körperlich

# Retour

oder seelisch leidet. Wie schafft es der Mensch, ein Gefühl der völligen Hilflosigkeit angesichts einer Krankheit, eines Sterbefalls, einer Scheidung, einer Kündigung usw. in eine unsichtbare Kraft zu verwandeln, mit der er sich selbst vergessen und dem helfen kann, der Hilfe braucht? Die Rollen scheinen sich umzukehren, und man entdeckt, dass die Quelle des Glücks darin liegt, sich selbst zu vergessen und alles zu tun, damit die anderen glücklich sind. Die Menschen um mich herum haben mir eine wahnsinnige Kraft gegeben. Ich begreife erst seit Kurzem, wie schwierig es für meine Eltern gewesen sein muss, mich mit diesen Stacheln ans andere Ende der Welt reisen zu lassen. Ich sehe auch, wie schwer es für meine Freundinnen und meinen Freund gewesen sein muss, die Diagnose zu verdauen, die ich bekommen habe. Seitdem ich zurück bin, habe ich meine Eltern mehrmals in Tränen aufgelöst gesehen, als müssten sie selbst auch einmal etwas loswerden und als hätten sie sich die ganze Zeit der Reise zusammengerissen, damit ich frei bin. Ich denke an eine meiner besten Freundinnen, Constance, die sich total schwergetan hat, ihren Schmerz und ihre Angst auszudrücken, die sie bei meiner Diagnose hatte. Ich stelle erst jetzt fest, welche Kraft sie alle vor und während der Reise aufgebracht haben. Aber vor allem stelle ich fest, dass sie mir enorme Kraft gegeben haben – und sie haben es für sich behalten und mich nichts merken lassen. Früher oder später zeigen sich die Emotionen, sie müssen raus. Sie sind dazu da, ausgedrückt zu werden, sonst verwandeln sie sich schnell in Schädlinge. Seit meiner Rückkehr erkenne ich, wie schwer es für einige gewesen sein muss, mich gehen zu lassen. Mir war dieses Leid nicht bewusst, auch nicht ihre Ängste und Sorgen, die sie beiseitegeschoben haben. Dieses Zurückkommen ist so wichtig, und jeden Tag bekomme ich einen Haufen Zuneigung, Freude, Kraft und Mut ... Danke euch allen!

Ich danke meinen Eltern für ihre sichtbare Kraft und ihre unsichtbare Ohnmacht. Eltern haben eine riesige Kraft, und wenn

# Eine Rosy in jedem von uns

sie Vertrauen haben in das, was ihre Kinder tun möchten, können diese ihren Weg gehen. Um mit dem Unvorhersehbaren des Lebens zurechtzukommen, gibt es nur eine Schule: Entdecken, Vertrauen und vor allem wahre und echte Liebe. Danke, dass ich diese Berge besteigen durfte und dieses Projekt zu Papier bringen darf. Meine Finger tippen wie von selbst. Ich weiß nicht, ob alles verständlich ist. Mein Herz brennt vor Dankbarkeit, und ich explodiere vor Freude. Ich habe einen Kloß im Hals und weiß nicht, wie ich euch danken soll … Diese Krankheit hat uns allen eine riesige Kraft gegeben. Durch Rosy sind wir endlich vereint. Es gibt nichts Unveränderliches, wir sind nie dazu verdammt, uns nicht ändern zu können.

## 53

## Eine Rosy in jedem von uns

Im Grunde sind wir alle krank. Das ist DIE Botschaft, die ich weitergeben möchte. Die größte Krankheit ist für mich, dass wir nicht auf uns hören. Wie viele von uns hören nicht mehr auf sich selbst. Die Krankheit ist eine Kraft. Ja, ich sage es, ich spüre es in meinem Inneren, und ich sehe es um mich herum. Die Lösung ist nicht unbedingt eine Reise um die Welt, keineswegs, aber eine Reise in das eigene Innere. Wir haben alle mehr oder weniger realistische Pläne und Ideen, unser Geist ist voll davon. Traut euch, sie umzusetzen. Die Wege ebnen sich, wenn man auf sich hört. *»Los geht's! Keine Zeit, die Hände in den Schoß zu legen.«*
Ich behalte nicht die Schönheit der Landschaften, auch nicht die Vielfalt der Kulturen oder die tollen Begegnungen. Was mich erfüllt und erschüttert, sobald ich davon spreche, ist **diese riesige Kraft, die der Mensch in seinem Inneren hat.**

# Retour

Jeder, jede hat sie in sich, sie schäumt über und ist die Botschaft, die man unbedingt behalten muss. Sie erwartet nur eins: dass man sie nutzt. Aber wo ist diese Kraft? Ich wusste nicht, dass es sie gibt. Ich habe sie entdeckt, als ich zum ersten Mal »Ja« gesagt habe zu meiner Reise mit Rosy. Dieses »Ja, ich mache es«, »Ja, ich glaube daran« – obwohl die Angst natürlich da war. Man kann sich nicht vorstellen, wozu wir alle fähig sind. Bleiben wir in erster Linie ehrlich mit uns selbst, damit wir besser mit den anderen zurechtkommen. Egal, wie wir körperlich, seelisch oder sozial dran sind, wir haben alle diese riesige innere Kraft, die Berge und Ozeane versetzen kann. Sagt »Ja« zu euren Wünschen, euren Projekten, euren Träumen, aber vor allem sagt ein großes »Ja« zu euch selbst. Lasst euch auf diesen stacheligen Anfang des Wegs ein, er wird mit der Zeit befestigter. Die Stacheln sind dazu da, uns zu stechen, aber vor allem, uns lieben zu lehren.

Um auf die unausgesprochenen Fragen zu antworten: Ja, ich habe noch meine Beine … aber wie lange noch? Wer weiß? Ich bin noch nicht körperlich behindert, obwohl mir die Krankheit schon viermal einen Teil meines Körpers genommen hat. Ich möchte einfach sagen, dass Leiden überall ist und dass es normal ist. Meine Behandlung wird also aus Optimismus und Lachen bestehen, damit ich meine Beine nicht verliere, und wenn ich sie verlieren muss, möchte ich sie lieber mit einem Lächeln gehen lassen. Ich weiß, das wird schwer sein, aber wenn ich anfange, in der Angst zu leben, kommt die Angst an ihre Grenzen. Ich verstehe das Leiden, aber jeder kann in seinem Maß versuchen, seinen Tag fröhlicher zu machen oder seine Gedanken, um die Krankheit einzudämmen. Das ist das, was ich versuche zu tun und weiterzugeben. Ich weiß, dass ich Glück habe, dass mein Körper noch funktioniert, aber wie lange noch? Welchen Teil werde ich zuerst verlieren? Das weiß ich auch nicht. Aber ich glaube nicht, dass man sich selbst ändern kann, wenn man andere in Bezug auf ihre Krankheit kritisiert oder verurteilt oder sich mit ihnen vergleicht.

# Eine Rosy in jedem von uns

Angst und Leiden sind die besten Freunde dieses verhängnisvollen Sich-Vergleichens. Ja, stimmt, ich sitze nicht im Rollstuhl, aber vielleicht gibt es denen ein bisschen Hoffnung, die es auch noch nicht tun? Wir haben die Wahl, die Ängste und Schübe einzudämmen oder zu verstärken. Ich freue mich lieber über jeden Moment und nutze mit positiven Gedanken die letzten Tage, Monate, Jahre oder das ganze Leben, wer weiß? Wer kann das sagen? Oder beweisen? Niemand. Ich werde weiter lachen, Blödsinn machen, aber vor allem alles tun, damit ich mich nicht mit anderen vergleiche. Wir können alle besser leben, egal was uns passiert. Ich bin nicht unschuldig, mir fehlt nicht der Respekt, und ich möchte auch nicht bevorzugt werden. Es gibt immer Menschen, die unglücklicher sind oder glücklicher als wir. Ich möchte nicht zu den Unglücklichen gehören, die sich verschließen. Wenn ich das täte, weiß ich genau, dass Rosy sofort voller Stacheln wäre und ich nicht mehr lange zu leben hätte. Ich glaube daran und schreie es heraus, dass wir diese Kraft haben, in jeder Lage weiterzulächeln. Ich verstehe und unterstütze meine lieben MS-ler, die schon im Rollstuhl sind, aber ich flüstere ihnen leise ins Ohr, dass ihre Rose weiterwächst und weiter ihr zauberhaftes Lied von der Schönheit des Lebens singt. Am Ende meiner Reise wird alles klar. Ich beschließe, ein neues Projekt zu starten, wo jeder seinen Platz hat, mit dem Ziel, den Blick auf die Krankheit zu verändern. Ein Wort: Aktion. Egal ob du körperlich krank bist oder nicht – bringen wir unsere gemeinsame Leidenschaft zusammen, um schöne gemeinsame Projekte für Gesunde und Kranke ins Leben zu rufen. Werden wir alle Akteure, die das Wort »Krankheit« verändern, das hemmt und einschließt. Brechen wir gemeinsam zu Projekten auf, die unmöglich erscheinen. Schaffen wir Verbindungen. Handeln wir mehr aus unseren Kräften heraus als aus unseren Schwächen. Kehren wir die Vorzeichen um. Egal ob krank oder anscheinend gesund, wir alle haben Projekte. Tun wir alles, um sie zusammen zu realisieren. Jeder bringt seine Fähigkeiten ein, um das Unmögliche möglich zu machen.

### Retour

Das Ziel dieses neuen Projekts ist es, eine neue Art von Zweierteams zu bilden. Es wird nicht zwischen krank und gesund unterschieden. Wer sich nicht traut, ein Projekt zu starten, wird Coach für das Projekt eines anderen. Es gibt nur eine Regel: Alles ist möglich.

## 54
## Schlusswort?

Am Schluss dieses Buchs erinnere ich mich an die tragikomische Situation während der Prüfungen an der Wirtschaftshochschule. Am Abend davor nahm mir Rosy meine linke Hand weg, die Hand, mit der ich schreibe. Ich konnte also meinen linken Arm nicht bewegen und hing am Cortison-Tropf. Ich wusste damals noch nicht, dass ich MS habe, aber die Krankheit war bereits da und spielte mir am Tag meiner Prüfungen übel mit. Ich wusste nicht, was mich am Schreiben hinderte, und ich wollte die Klausuren unbedingt schreiben. Ich habe meine Mutter gezwungen, meine Entlassung aus dem Krankenhaus zu unterschreiben, damit ich an die Prüfungsorte fahren konnte. Meine Hochschule stellte mir eine gesunde Hand, die mir beim Schreiben helfen durfte. Ich bereue die Entscheidung nicht. Ich habe die Prüfungen bestimmt auch deshalb bestanden, weil noch nicht das Wort »Krankheit« auf meinem gelähmten Arm stand. Wie hätte ich es geschafft, wenn man mir damals gesagt hätte, dass die Lähmung von einer MS kam? Hätte ich die Prüfungen geschafft? Das ist sehr fraglich. Wie auch immer: Worte haben eine große Macht. Es hätte natürlich nichts geändert, wenn die Diagnose multiple Sklerose damals schon festgestanden hätte. Die Krankheit hätte sich nicht verändert, aber ich hätte die Prüfungen niemals geschafft. Sich zu kennen beginnt damit, auf sich zu hören.
Sokrates hatte recht: »Erkenne dich selbst!« Ich habe diese griechische Philosophie beim Schreiben dieses Buchs entdeckt.

Ich weiß nicht, ob ich ihn richtig verstanden habe. Ich bewundere ihn, er war zurückhaltend und hat nie etwas publiziert. Was hält er von meinem Manuskript? *»Habe ich dich richtig verstanden, Sokrates?«*

## 55
## Körper, Geist und Seele vereint

Die drei Kapitel meines Projekts – Körper, Geist und Seele – waren mir erst fremd, jetzt ergeben sie für mich viel mehr Sinn. Sie waren getrennt, ich habe sie sich kennenlernen lassen, den Rest meines Lebens wird es darum gehen, sie zu verbinden. Das Ziel ist noch nicht erreicht, aber mein Herz ist schon asphaltiert, das wird mir helfen, meinen Weg zu bahnen, damit ich mich daran erinnere, welche Kraft unter meinen Füßen liegt. Mein Körper hat mir ermöglicht, meinen Geist zu verstehen. Sonst hätte ich meine Gedanken nicht wahrnehmen können. Und ohne meinen Körper hätte ich auch die Auswirkung meines Geistes auf meine Hülle nicht verstehen können. Dass sie sich gegenseitig beeinflussen, hat einen Sinn, das erkenne ich jetzt. Ich hatte keine Vorstellung, was in diesen drei Kapiteln stecken würde. Es fällt mir noch schwer, die Seele zu fassen, ich spüre dieses Unsichtbare und Unbeschreibliche, das mich jeden Tag begleitet und alles aufnimmt: meine Schreie, meine Schmerzen, meine Freuden und meine Schwierigkeiten. Die Tsaatan haben mich diese Kraft wahrnehmen lassen, die man in der Stille und in einem inneren Gleichgewicht spürt ... Es gibt diese Einheit. Die drei Kapitel sind verbunden, ich kann diese Verbindung aber schwer beschreiben. Eine Einheit, die von Jahr zu Jahr immer stärker werden wird. Danke für alle Ratschläge und Beobachtungen. Ich danke der Weite, der Atmosphäre, der Stille, in denen ich innerlich ganz ich selbst war. Jeder von uns hat die Schlüssel zu diesen drei Türen. Benutzen wir sie, dahinter gibt es so viel zu entdecken!

## Briefe

*An dich, meine Rosy! Hier meine Dichtung ohne Reim, dafür mit sehr viel Schwung. Rosy, ich verspreche dir, dass ich nie aufhören werde, an diese enge und mächtige Verbindung zu glauben, die ich in diesen gut sieben Monaten mit dir hatte. Ja, du hast es mir gezeigt! Ich verspreche dir, dass in unserem Leben alles möglich bleibt. Ja, Rosy, ich verspreche dir, dass unser gemeinsames Gärtnern gerade erst angefangen hat. Auch wenn du mich in den nächsten Jahren stichst, werde ich immer da sein, um dich daran zu erinnern, dass deine Stacheln zwar hart und scharf sind, deine Blütenblätter aber zart und weich. Ich verspreche dir, diese Freude am Leben und die Liebe zu den Menschen zu bewahren, die mit deiner Hilfe entstanden sind. Lass mir meine Augen, damit ich die Schönheit der Welt um mich herum wahrnehme, die ich bis zu dieser Reise nicht wahrgenommen habe. Lass mir meine Beine, damit wir auf die Berggipfel steigen können, aber vor allem lass mir die Kraft, die du mir geschenkt hast. Ich verspreche dir, dass ich in unserem Garten vorsichtig, aber hartnäckig jäten werde. Ja, Rosy, wir gehen diesen Weg ohne Pflanzengift zusammen. Ja, Rosy, ich verspreche dir, dass ich Maß halten werde, damit du nicht geweckt wirst, und ja, Rosy, ich bin glücklich, dass du ein Teil meines Lebens bist. Verzeih mir diese emotional und körperlich brutale Rückkehr. Ich habe dich ein bisschen durchgeschüttelt, aber nur, um dich besser in diese entwurzelte Welt einzupflanzen.*

Ich lehne mit dem Kopf an meinem bretonischen Stein, habe die Musik voll aufgedreht und höre in meinem Herzen dieses Lied: »Ohne dich hätte ich am Leben vorbeigelebt, jetzt lebe ich, und ich lebe auf ...«

Anfang ...

# Briefe

Es ist eine kurze Geschichte. Ich hatte mich auf einen Stein gesetzt, um auszuruhen, weil ich nicht gehen konnte. Mein Mann war zu seinen Freunden weitergegangen. Ich wartete dort eine Stunde, Leute kamen vorbei und grüßten. Da sehe ich ein Mädchen mit einem Rucksack kommen, und wir grüßen uns. Und in diesem Moment kommt auch mein Mann zurück. Das schöne Mädchen, Marine, mein Mann Bobby und ich gingen zusammen weiter. Wir waren so ins Gespräch vertieft, dass wir den falschen Weg nahmen. Bei unserem Gespräch erwähnte Marine, dass sie eine Krankheit hat, die sie Rose nennt. Ich fragte, was das für eine Krankheit sei. Sie sagte: »Multiple Sklerose«. Ich dachte nur: »Oh, my God!!« Ich habe auch MS, deshalb musste ich Pause machen. Wir fingen an, darüber zu sprechen. Am Ende merkte ich: Das war von der Natur so geplant oder von irgendeiner Macht oder von Gott. Die Wahrscheinlichkeit, dass wir uns in Neuseeland kennenlernen und beide MS haben, war doch gering. Es musste so sein, damit wir uns gegenseitig positive Energie geben.

**Tinny,**
**Die Rose am Fuß des Berges**
Neuseeland

---

Ich habe Marine nach einem Meditations-Retreat in einem abgelegenen Winkel von Thailand kennengelernt. Das mag schwer zu glauben sein, aber ich bin davon überzeugt, dass es Bestimmung war, dass wir uns begegnet sind. Ich bin überzeugt, dass wir das tief in unseren Herzen bereits wissen und es nur zulassen müssen. Genau wie Marine war ich ein Jahr mit meinem Rucksack unterwegs. Ich hatte gerade mein zweites Masterjahr Internationales Wirtschaftsrecht in Paris erfolgreich abgeschlossen, aber mein Herz, mein Körper und mein Instinkt führten mich auf einen anderen Weg. Ich bin auf Sinnsuche gegangen und um Menschen wiederzusehen, die sich in Projekten engagieren, in Alternativschulen, Ökodörfern usw. Die Projekte haben Folgendes gemeinsam: Selbsterkenntnis, spirituelle Erkenntnis,

# Briefe

Ökologie, Bezug zur Natur, menschliche Solidarität, Selbst-Verwandlung, Liebe, Freundlichkeit ... Bis heute kann ich nur sagen: Wenn man in sein eigenes Herz einkehrt, ist man bei jedem Mann, jeder Frau, jedem Tier und der ganzen Erde. Etwas in mir möchte euch sagen, dass das wirklich wichtig ist, notwendig. Ich habe Elend und Umweltverschmutzung in einem Ausmaß gesehen, das ich mir nicht hätte vorstellen können. Das gilt auch für Schlachthöfe. Ihr wisst, dass es sie gibt, ihr habt sie vielleicht im Fernsehen gesehen, aber es ist euch nicht unbedingt bewusst. Ihr meint, dass es euch bewusst ist, aber real wird es erst, wenn ihr wirklich damit konfrontiert seid, wenn es eine Erfahrung wird. Es geht also um einen echten Handlungsbedarf für unseren Planeten. Jeder Einzelne und alle gemeinsam müssen wir Verantwortung übernehmen, wenn wir weiter auf dieser Erde leben möchten. Aber neben der Bedeutung für Klima und Soziales ist eine solche Verwandlung meines Erachtens auch ein Geschenk, das man sich selbst macht.

Sein Leben in Beziehung zu seinem Herzen zu leben, das bedeutet für mich, authentisch man selbst zu sein und im Austausch mit der ganzen Welt zu leben. Das ist ein Geschenk, das in einem selbst beginnt und sich auf alles überträgt, mit dem man zu tun hat. Ich lebe diese Werte bei meiner Arbeit, und ich trage meinen Teil dazu bei, dass sich unsere Welt positiv entwickelt. Wenn ihr auch daran mitwirkt, tausend Dank! Die Welt ist schöner und sinnvoller, wenn eure innere Welt hell ist. Danke, Marine, dass du ein Beispiel gibst und dir erlaubst, du selbst zu sein. Merci, tausend Dank!

Von Herz zu Herz

**Helionor de Anzizu (Heli Anzi)**
**Deine thailändische Rose**
Thailand

---

Reisen! Ein magisches Wort. Ich freue mich schon, wenn ich es nur ausspreche. Deshalb habe ich vor zwei Jahren meine Sachen gepackt und habe mich auf den Weg gemacht, dieses Wort, das Unbekannte,

# Briefe

die Welt zu erobern. Daraus ist ein ständiges Abenteuer geworden, voller Emotionen. Ich habe so viele positive und aufbauende Erfahrungen gemacht und viel gelernt. Ich habe viele Einheimische und Touristen kennengelernt, die Freunde fürs Leben geworden sind. Ich habe meine Grenzen mehr als einmal ausgetestet und habe meine Komfortzone immer wieder verlassen. In diesen Wochen und Monaten habe ich mich verändert, ich bin gewachsen, und vor allem habe ich gelebt. Und das ist das Wichtigste. Es ist nämlich egal, was man macht, wichtig ist, dass man vorankommt und sich entscheidet. Es ist auch egal, was dabei herauskommt. Die Entscheidungen kommen häufig durch Begegnungen zustande. Ich kann sagen, dass ich von meinen Reisen vor allem die Leute behalte, die ich kennengelernt habe, weniger den schönsten Strand oder das beste Restaurant oder den Ort mit der besten Bewertung. Meine Erinnerungen ranken sich um die Orte, an denen ich die fantastischsten Menschen kennengelernt habe. Menschen, die mich geprägt haben; die mich in gewisser Weise verändert haben; durch die ich eine echte und einfache Liebe zu Orten, Menschen und zum Leben entdeckt habe; und vor allem, die mir die Hoffnung auf eine bessere Welt gegeben haben und mich ermutigen, eine bessere Version von mir selbst zu sein. Und diese Selbsterkenntnis wurde auch vertieft durch eine meiner schwierigsten und gleichzeitig bereicherndsten Erfahrungen – durch die Meditation. Die Meditation ist zwar schwierig und anspruchsvoll, aber sie zwingt uns, uns auf uns selbst zu konzentrieren und nur auf uns, in diesem Moment und nur in diesem Moment. Man versucht, alles zu vergessen, um zum Wesentlichen zurückzukehren.

Und egal, was man erlebt, man muss sich immer wieder bewusst machen, dass alles vergeht und alles sich ständig verändert. Das Einzige, was sich in dieser Welt garantiert nicht verändert, ist die Veränderung selbst. Es bringt also nichts, das Leben zu ernst zu nehmen. Man muss einfach nur glücklich, dankbar, liebend und lebendig sein. Deshalb sage ich euch: »Lebt!« Lebt für euch, für eure Leidenschaft und Liebe, eure Träume und Wünsche, für eure Verrücktheiten. Nichts ist unerreichbar. Reisen ist für mich das Leben, mein Leben. Auf Reisen weine ich oft, aber ich fülle auch meinen Kopf mit Erinnerungen und mein Herz mit Liebe. Und wie Bob Marley es so schön gesagt hat: »Beginnings are usually scary, and endings are usually sad, but it's everything

# Briefe

in-between that makes it all worth living.« (Normalerweise macht ein Anfang Angst und ein Ende traurig, aber das, was dazwischen liegt, macht alles lebenswert.)

**Geneviève Gareau**
**Verliebt ins Reisen und ins Leben**
Myanmar

---

Marine hat mich gebeten, darüber zu schreiben, wie ich das Glück sehe, damit andere meine Art zu leben entdecken können. Hier ist also die Deutung von Glück aus der Sicht einer buddhistischen Nonne: Echtes Glück herrscht in einem Geist, der frei ist von Mögen, Nicht-Mögen und Täuschung. Ein solcher Geist zeigt sich, wenn man fähig ist, das zu tun, was gut ist und Gutes bewirkt, und man anderen nützt.

Das ist nicht das Glück, das wir normalerweise suchen. Wir suchen Glück normalerweise im Genuss über unsere Sinne – Augen, Ohren, Nase, Zunge und Körper. Wenn diese Sinne etwas Angenehmes sehen, hören, riechen, schmecken oder fühlen, entsteht im Gehirn ein angenehmes Gefühl. Wir schließen also daraus, dass wir im Leben diesen Genuss suchen müssen. Das ist eine verständliche Schlussfolgerung, weil Genuss ein angenehmes Gefühl erzeugt. Wir halten den Sinnesgenuss für eine erfolgreiche Glücksuche. Je länger die angenehmen Sinneseindrücke andauern, desto erfolgreicher beurteilen wir unsere Glücksuche. Unser Geist möchte mehr als das, aber wir wissen nicht, was oder wo wir es finden. Also reisen wir, um schöne Stätten zu sehen, wir gehen in ein Restaurant, um etwas Leckeres zu essen, wir kaufen ein schickes Auto, um bequem zu fahren. Diese angenehmen Sinneseindrücke dauern nur so lange an, wie wir sie erleben, also müssen wir sie immer wieder suchen. Wir müssen ihnen ein Leben lang nachlaufen. Wir müssen mehr Geld verdienen, damit wir etwas tun können, das Sinnesgenuss bringt. Wir nehmen vieles dafür auf uns, aber wir denken, dass es notwendig ist.

Wir nutzen das Leben, um Sinnesgenuss zu bekommen, und sehen diesen Nutzen als richtig an. Selbst das Glück, das wir erleben, wenn wir mit

# Briefe

Familie und Freunden zusammen sind, ist Genuss über die Sinne. Dafür scheint das Leben da zu sein, weil es sich gut anfühlt und uns eine Zeit lang Befriedigung verschafft. Damit will ich nicht sagen, dass diese Dinge schlecht sind, aber sie lenken uns vom höchsten Glück ab, das nichts mit Sinnesgenüssen zu tun hat. Sie können eine Zeit lang wunderschön sein, aber sie sollten nicht unser Ziel sein, sonst wird unser Geist immer von etwas oder jemandem abhängig sein, um glücklich zu sein.

Um echtes Glück zu finden, müssen wir unser Ziel überdenken. Das Bedürfnis, glücklich zu sein, nicht zu haben ist echtes Glück. Wenn wir einfach das tun, was wirklich gut und nützlich ist, wird Gutes und Nützliches entstehen. Dann brauchen wir das Glück nicht zu suchen. Wir brauchen nichts zu suchen. Wir müssen einfach nur Gutes und Nützliches tun.

Das, was wir tun, wirkt sich auf unser Leben aus, und es beginnt im Geist. Wenn man Gutes tut und Schlechtes vermeidet, wird der Geist mächtig. Das ist eine natürliche Auswirkung.

Wir sollten auf andere achten, die unsere Hilfe brauchen. So vergessen wir unsere eigenen Sorgen. Wir entwickeln Vertrauen in unsere Fähigkeiten und in unser Gesundsein, das sind die Dinge, nach denen der Geist eigentlich sucht. Dann ist unser Geist befriedigt und verlangt nach sonst nichts mehr.

Gutes und nützliches Handeln hilft uns dann auch, die Wirklichkeit so zu sehen, wie sie ist. Wirklich befriedigt ist unser Geist, wenn er die Wahrheit über uns selbst kennt. Wenn wir diese Wahrheit kennen, haben wir keine Zweifel und keine Sorgen mehr. Wenn man beispielsweise einen Fluss betrachtet, sieht man, in welche Richtung er fließt. Diese Richtung ist die Wahrheit. Man kann sich sicher sein, weil das bei einem Fluss so ist. Wenn wir selbst erkennen, wie wir sind, und das annehmen, haben wir keine Fragen mehr. Wir können uns zutiefst unsere Fehler verzeihen und uns von ihnen lösen, weil wir sic als solche erkennen. Genauso können wir anderen ihre Fehler verzeihen.

Damit wir die Wahrheit erkennen, müssen wir das Leben richtig nutzen. Wenn wir in Harmonie mit unserem Wesen leben, ist alles okay. Unser Wesen ist immer da. Wir müssen es nicht suchen. Wir müssen nur wissen wollen, wie es ist.

Damit wir unser Wesen erkennen können, müssen wir die Handlungen unterlassen, die uns die Sicht darauf versperren, und die Handlungen, die uns oder anderen schaden. Unser Wesen ist eigentlich sehr offensichtlich, weil es immer da ist, aber unser Geist wird von vielem abgelenkt, was wir tun und denken, oder vom Bedauern über das, was wir getan haben, und von Träumen und Sorgen darüber, was wir tun werden. Wir sind damit beschäftigt, auf den Inhalt des Lebens zu achten, auf das Schauspiel des Lebens, und wir sehen das Wesentliche nicht. Aber diese Wahrheit macht uns aus und diesen Körper, also müssen wir unser Wesen genau kennen. Wenn wir eines Tages sterben, werden wir feststellen, dass wir diesem Wesen nicht entfliehen können, egal, was wir im Leben unternommen haben.

Die ganze Zeit nutzen wir unseren Körper. Wenn wir unseren Körper einmal aus einem ungewöhnlichen Blickwinkel sehen, stellen wir fest, dass er uns fremd ist. Normalerweise sehen wir unseren Körper ja überhaupt nicht. Wir merken kaum, dass wir einen Körper haben, weil wir uns auf den Inhalt des Lebens konzentrieren. So wie wenn man einen Film sieht und vergisst, dass man im Kino ist. Wenn der Film zu Ende ist, stellt man plötzlich fest, wo man ist. Wir müssen uns also auf das Kino konzentrieren, nicht auf den Film. Der Film wird enden, und wenn wir vergessen, wo wir sind, werden wir dann nicht wissen, was wir tun sollen.

Wenn wir unser Wesen betrachten, stellen wir fest, dass es keine Vergangenheit und keine Zukunft gibt. Unser Wesen ist ständig gegenwärtig, immer wieder neu. Um dieses Wesen geht es.

Wir sollten Buddhas Lehre studieren, weil er die Dinge sehr genau erklärt hat. Weil er Gutes und Nützliches getan hat, konnte er den Körper und den Geist sehr genau erkennen. Wir müssen keine Buddhisten sein, aber wir sollten verstehen, dass Buddhas Wissen und Verständnis vollständig war, es blieben keine Fragen offen, wie ein Super-Einstein, und dass seine Weisheit, sein Mitgefühl und seine Reinheit vollkommen waren und dass er sein Wissen so weitergeben konnte, dass andere es nachvollziehen können.

Echtes Glück gibt es, wenn man nichts nachtrauert. Es ist hervorragend, wenn man tugendhaft und nach moralischen Regeln lebt. Wenn wir weder etwas bedauern noch uns Sorgen machen, kann der Geist die Gegenwart betrachten, ohne von Gedanken über die Vergangenheit oder die Zukunft unterbrochen zu werden. Wenn der Geist die Gegenwart betrachtet, kann er die Wahrheit erkennen. Das ist der

# Briefe

Weg, wie man richtig handelt und sich konzentriert, um richtig zu verstehen. Es ist der Weg, den Buddha uns gelehrt hat, um das höchste Glück zu finden.

**Aloka (Nonne)**

Ein französisches Mädchen, Marine, hat mich gebeten, etwas über mich zu schreiben.
Ich bin Myanmare, 44 Jahre alt, und seit drei Regenzeiten (Vasas) lebe ich als Mönch. Mit 41 Jahren wurde ich zum Mönch geweiht und möchte den Rest meines Lebens als Mönch leben.
Viele Leute haben mich gefragt, warum ich die Mönchsweihe empfangen habe. Meine Antworten darauf teile ich auch mit euch. Ich war früher ein sehr schüchterner und stiller Junge. Ich hatte kein Selbstvertrauen und Angst vor allem. Wenn ich manchmal auf meine Vergangenheit zurückblicke, stelle ich fest, dass ich mich sehr verändert habe.
Ich bin in einer kleinen Stadt im Shan-Staat im Norden von Myanmar geboren. Mit elf Jahren haben mich meine Eltern nach Yangon zur Schule geschickt, dort bin ich also aufgewachsen. Aber die meiste Zeit habe ich meine Heimatstadt vermisst. Ich war also nicht glücklich als Kind. Ich hätte lieber ein einfaches Landleben geführt.
Ich war damals zwar jung, aber unbewusst habe ich erkannt, dass Materielles meinen Geist nicht befriedigen kann. Ich wollte nur Freiheit und Einfachheit. Als Teenager habe ich heimlich die Welt ausprobiert. Aber meinem Geist ging es immer schlechter, und ich konnte nichts finden, was mich langfristig befriedigt. Ich konnte das Leben als junger Mensch nicht vollkommen genießen.
In unserem Land ist April ein besonderer Monat, weil Neujahr in Myanmar im April gefeiert wird. Die jungen und die alten Leute freuen sich auf das Wasserfest. Ich habe einige Wasserfeste mitgefeiert, aber ich habe die schlechten Nebeneffekte des Fests gesehen. Die Leute fahren zum Spaß in der Hitze der Sonne mit dem Auto durch die Stadt. Man muss viel Geld ausgeben. Nach dem Fest haben viele Leute einen Sonnenbrand.

# Briefe

Viele betrinken sich. Es gibt viele Unfälle usw. Ich war zwar noch ein Teenager, aber ich entwickelte etwas andere Ansichten als andere Jugendliche.

Ich dachte darüber nach, wie man auf Dauer Befriedigung findet. Mit ungefähr 18 Jahren bekam ich die Idee, mich mit Meditation zu beschäftigen. Es hatte mir niemand etwas dazu erklärt oder dazu geraten, es kam mir einfach so. Ich wollte es ausprobieren.

Ich bin zwar als Buddhist geboren, war es aber nur aus Tradition. Ich interessierte mich nicht für Religion. Meinen Eltern bedeutete Religion auch nichts, sie waren auch nur traditionell Buddhisten.

Im Jahr 1992, kurz vor dem Thingyan-Fest (Wasserfest), entschloss ich mich, Meditationstage zu machen und es zu testen. Ich lebte zehn Tage als Mönch und machte einen Retreat in einem Meditationszentrum. Diese zehn Tage waren für mich zehn Welten lang, so schwer, so schmerzhaft. Ich verstand es nicht richtig. Aber in meinem Unterbewussten war mir klar, dass Buddhas Lehren vollkommen sind. Wenn man seine Lehre genau befolgt, findet man darin nicht eine Sache, die falsch ist. Ich weinte heimlich, weil ich ein bisschen Wahrheit verstanden hatte.

Nach dem Retreat legte ich das Mönchsgewand wieder ab und kehrte in mein normales Leben zurück. Aber in meinem Geist blieb etwas hängen: »Ich muss meditieren. Nur die Meditation (Vipassana) kann mich auf Dauer befriedigen. Ich mache es. Wenn ich älter bin, möchte ich nicht heiraten. Ich möchte keine Kinder. Ich möchte keine Affären. Ich möchte entweder als ständiges Mitglied oder als Mönch in einem Meditationszentrum leben.« Diese Gedanken kamen in mir hoch.

Nach den Meditationstagen habe ich studiert. Ich habe mein Universitätsstudium abgeschlossen. Ich war in vielen Bereichen tätig. Immer wenn das Thingyan-Fest bevorstand, erinnerte mich mein Geist daran, wieder in ein Meditationszentrum zu gehen. Ich wollte nicht wie die anderen jungen Leute am Thingyan-Fest teilnehmen.

Jedes Jahr machte ich mindestens einen Retreat, vor allem um das Neujahrsfest herum. Je mehr Einkehrtage ich machte, desto mehr verstand ich, und mein Entschluss, irgendwann in einem Meditationszentrum zu leben, wurde immer stärker.

Viele Leute in der Welt wissen, dass die Lage in unserem Land nicht so gut war, als die Militärregierung die Macht hatte. Viele junge Leute aus

# Briefe

Myanmar haben versucht, im Ausland bessere Jobs und höhere Löhne zu bekommen – ich auch.
Wir hofften, dass wir mit mehr Geld glücklicher sein würden und dass unser Leben dadurch mehr Sinn hätte. Natürlich wurde ich Seemann, weil es für junge Männer aus Myanmar ein guter Job war, zu der Zeit. Natürlich habe ich mehr verdient als in Myanmar. Wenn ihr mich fragt, ob ich das Leben als Seemann genossen habe, muss ich sagen: »Kein bisschen«. Lohn bekommen ist das Beste daran. Die Seeleute zählen die Tage, wann ihr Vertrag ausläuft und sie wieder nach Hause gehen können. Wenn ich seekrank wurde, war es wirklich schrecklich. Ich war so verzweifelt und deprimiert. Als der Vertrag ausgelaufen war, war ich froh, wieder nach Myanmar zu gehen. Das Geld, das ich verdient hatte, reichte aber nicht lange. Ich hatte also keine Wahl, ich musste wieder nach einem Vertrag als Seemann suchen.
Aber diesmal hatte ich Glück und bekam einen Job, bei dem ich in Singapur bleiben konnte. Ich musste nicht mehr mit den Schiffen fahren, die weit entfernte Ziele ansteuern und durch die raue See fahren. Ein schöner Job, oder? Der Lohn war nicht schlecht. Es waren drei Tage Dienst, drei Tage frei. Ich musste also an Bord gehen und drei Tage hintereinander Dienst tun und nach drei Tagen wieder nach Singapur zurückkommen. Dann hatte ich drei Tage frei. An den Tagen an Bord musste ich auf die Anweisungen der Verwaltung warten. Wenn wir den Auftrag bekamen, andere Schiffe in den Wassergebieten von Singapur zu betanken, musste unser Schiff dorthin fahren und sie betanken. Ich hatte sehr große Verantwortung auf dem Schiff, und nach dem Betanken wurde der Anker ausgeworfen und auf den nächsten Auftrag gewartet. Ich hatte meine eigene Kabine und Internet. Manchmal kam kein Auftrag zum Betanken, und wir warteten einfach drei Tage. Deshalb sagte ich, ein schöner Job. Ich habe diesen Job acht Jahre gemacht. Er fiel mir immer leichter.
Natürlich wurde mein Gehalt ständig erhöht, und ich war irgendwann der Dienstälteste. Aber nichts kann unseren Geist dauerhaft befriedigen. Je mehr ich bekomme, desto mehr gebe ich aus, und meine Taschen waren am Ende des Monats immer leer. Und das Leben fing an mich zu langweilen. Ich wollte Veränderung. Ich hatte bereits ein Visum für den Daueraufenthalt in Singapur und konnte leicht einen anderen Job finden. Ich wechselte also den Job. Und natürlich mit viel

# Briefe

mehr Lohn. Und natürlich mit viel mehr Verantwortung. Das Leben war wie auf den Kopf gestellt.
Jedes Jahr hatte ich Urlaub und kam wieder nach Myanmar, um Vipassana-Meditationstage zu machen. Je mehr Retreats ich machte, desto mehr wurde mir bewusst, dass es in der Welt keinen perfekten Lebensstil gibt. Auch wenn du reich, erfolgreich, berühmt und schön bist, kannst du nicht sagen, dass du schon das perfekte Leben hast. Egal, wer du bist, das Leben wird nie frei sein von Sorgen, Trauer, Ängsten ... Bei keinem meiner Kollegen, Freunde und Verwandten sah ich ein perfektes Leben. Manche von meinen Freunden sind sehr reich und erfolgreich in ihren Jobs oder ihren Geschäften. Aber ich weiß, dass sie in ihrem Leben auch Probleme haben. Manche haben sichtbare Probleme, manche haben versteckte Probleme. Mein ehemaliger Chef ist für mich das deutlichste Beispiel. Er ist so reich, dass er zu den obersten zehn Firmenchefs von Singapur gehört. Eigentlich kann er ohne Sorgen den Rest seines Lebens von dem Geld leben, das er besitzt. Aber er kann noch nicht aufhören. Er macht sich Sorgen um die nächste Generation und will seine Geschäfte noch weiter ausbauen. Was ist der Sinn des Lebens? »Das Leben glücklich zu verbringen, wir brauchen gar nicht so viel.« »Ich denke, die einfachsten Leben sind die glücklichsten Leben.« Mein Chef tut mir so leid. Er ist so reich, aber so gestresst. Wegen der Hektik hat er viele Krankheiten, Bluthochdruck, Diabetes. Er kann wegen seiner Krankheiten vieles nicht essen, was er gerne essen würde. Also wozu versucht er, so viel Geld zu verdienen? Es ist zu hundert Prozent sicher, dass er eines Tages sterben wird. Welches Eigentum wird er mitnehmen, wenn er stirbt?
Wenn ich von meinem Chef erzähle, muss ich darüber nachdenken, wie ich lebe. Ich habe mich gefragt: »Denkst du, dass Geld deinen Geist vollkommen befriedigen kann?« »Nein.« »Welche Sinnesgenüsse können dich vollkommen befriedigen?« »Keine.« Der Genuss über die Sinne ist nur sehr kurz.
Kein Sinnesgenuss bleibt dem Geist erhalten. Wir sagen zwar, dass Sinnesgenuss glücklich macht, aber wir langweilen uns, sobald wir diesen Genuss eine Weile haben. Kein neues Modell ist immer neu.
Im April 2012 habe ich meinen Job gekündigt. Ich habe mein Dauervisum für Singapur annulliert und bin für immer nach Myanmar zurückgekehrt. Ich habe im Thabarwa Dhamma Centre angefangen. Ich war

# Briefe

schon in vielen anderen Meditationszentren, aber ich habe bewusst das Thabarwa gewählt.
Das Thabarwa Centre ist ganz anders als die anderen Meditationszentren, in denen ich war. Tha-bar-wa bedeutet auf Burmesisch »natürlich«. Das Thabarwa Centre ist sehr natürlich. Gutes und Schlechtes sind beieinander. Es leben so viele Leute zusammen. Unterschiedliche Persönlichkeiten aus verschiedenen Ländern, Mönche, Nonnen, Laien, Alte, Junge, Gesunde und Kranke. Für mich ist das Thabarwa Centre eine Universität des Lebens. Wenn du im Thabarwa Centre leben kannst, ohne Probleme in deinem Geist zu bekommen, kannst du überall leben. Ich lebe jetzt schon fast fünf Jahre im Thabarwa Centre, und ich kann schon feststellen, dass sich mein Geist verändert hat. Ich habe mich früher über viel mehr Situationen aufgeregt als heute.
Was ist das für ein Leben? Ein sehr sinnerfülltes Leben! So empfinde ich es. Mein Geist wird langsam frei von Verwirrung und Zweifeln. Der Sinn des Lebens ist mir jetzt so klar. Ich stelle mir diese Fragen über mein Leben nicht mehr: »Warum lebe ich? Wie soll ich mein Leben leben? Was passiert, wenn ich mein Leben so weiterlebe wie jetzt?« Solche Fragen stelle ich mir nicht mehr.
Was hat mich verändert? Der Buddhismus. Natürlich hat der Buddhismus mein Leben verändert. Ich habe gesagt, dass ich früher nur aus Tradition Buddhist war. Heute nicht mehr aus Tradition. Ich habe selbst angefangen zu verstehen, und ich glaube jetzt an die Lehre von Buddha.
Die ganze Lehre von Buddha ist so richtig, es gibt nicht das kleinste Falsche an Buddhas Lehre.
Jetzt bin ich Mönch. Schon drei Vasas. Wenn ich es mit meinem früheren Leben (als Laie) vergleiche, verdiene ich jetzt kein Geld mehr. Ich arbeite nicht mehr für Geld. Ich habe viel weniger persönliche Sachen. Ich habe keinen Sex. Ich esse sehr viel weniger als früher. Ich höre keine Musik mehr und singe keine Songs mehr. Ich achte nicht mehr auf mein Aussehen. Vieles mache ich nicht mehr. Aber ich weiß genau, dass ich viel glücklicher bin als früher. Mein Geist hat viel mehr Freiheiten. Seitdem ich Mönch bin, habe ich zwar Gewicht verloren, aber ich bin viel gesünder als früher.
Buddha hat gesagt: »Glaube nicht blind an etwas. Eine Theorie muss man selbst lernen und üben und prüfen, und erst wenn wir heraus-

# Briefe

finden, dass diese Theorie sich bewahrheitet und gut für uns ist, sollten wir sie anerkennen.«

Ich denke, dass ich Buddhas Theorien selbst gelernt, sie praktiziert, geprüft und festgestellt habe, dass sie richtig sind. Buddhas Lehre lässt mich mein eigenes Leben verstehen, wie man das Leben lebt, und mir hat es sehr viel Gutes gebracht.

Niemand kann das stehlen, was ich verstanden habe, mein Glück. Was für ein Leben! Kein Stress. Keine Angst vor dem Tod.

Ich habe jetzt angefangen, anderen die Meditation beizubringen. Ich möchte mein Wissen an andere weitergeben, weil ich möchte, dass sie genauso glücklich sind wie ich. Das Leben muss weitergehen. Wir werden als Menschen geboren. Und ich habe einen sinnvollen Weg gefunden, das Leben zu leben.

Wenn meine Zeit zum Sterben gekommen ist, werde ich sterben. Bevor ich sterbe, mache ich weiter.

**Revatā Nanda**

---

Wir hätten aneinandergeraten können, Marine und ich. Sie, die junge städtische Studentin, energisch und charismatisch, und ich, der ländliche Ältere, eher still und ziemlich menschenscheu, der lieber bei seinen Pferden als unter Leuten ist. Völlig auf uns gestellt mitten in der mongolischen Steppe, wo es keinen Notausgang gibt, das hätte für uns zum Albtraum werden können.

Aber von gemeinsamen Meditationen im Schweigen vor einem Sonnenuntergang über belanglose oder tiefe Gespräche, manchmal einfach aus Freude an einem Wortgefecht (eine Gläubige und ein Atheist, da fliegen schon mal die Fetzen), bis hin zu spontanen Lachpartys (wie Marines surrealistischer improvisierter Poledance beim Airag-Stampfen in der Jurte) – wir haben festgestellt, dass wir außer diesen Unterschieden, die unsere Freundschaft bereichern, eine gemeinsame Vision haben, von der wir uns leiten lassen: die absolute Gewissheit, dass alles, was kein Unglück ist, ein Geschenk des Lebens ist und dass es an uns ist, dieses Geschenk nicht zu verschwenden,

# Briefe

sondern die einfachsten, unbedeutendsten und wunderbarsten Dinge wertzuschätzen, aus denen das Glück besteht. Und dass wir dabei die Handelnden und Verantwortlichen sind.
Von unserer Reise haben wir eine Freundschaft mitgebracht, die unwahrscheinlich war, die sehr stark ist und die Rückkehr überdauert hat, die Distanz und unsere jeweiligen Leiden. Ich ziehe daraus Kraft und nehme mir daran ein Beispiel für die Tage, wo die Hindernisse den Parcours schwerer machen.
Im Gegenzug weiß Marine, dass ich sie auf meine Schultern nehmen würde, wenn Rosy ihre Stacheln eines Tages schmerzhafter spüren lassen sollte. Und solange ich noch die Energie habe, werde ich sie tragen, damit sie die Welt entdecken und mit ihrem Strahlen bereichern kann.

**Didier Leportois**
Mongolei

Lasst euch mitreißen von dem, was Steppen-Gringo schreibt:
Die Steppe ist ein einziger Wanderweg, er ist nicht festgelegt, so wie dieses Gebiet nicht festgelegt ist von »hier auf Erden bis weiter unten«.
Instinktives Gebiet von Menschen auf der Suche.
Nur bei Sonnenuntergang und Sonnenaufgang ist der Wind laut, vor lauter Stille.
Die Flüsse lassen das Wasser durch, also hat der Zwischenraum keine große Bedeutung.
Überlassen wir die Dinge der Zeit, sie gehen uns nichts an und bedeuten uns wenig.
Die Last der Rast war nicht wirklich notwendig, es sind eher die organischen Bewegungen, die, einmal freigesetzt, den Anfang machen und eine neue Ausgewogenheit schaffen.
Selbst der Klang der Stille hat nur eine geringe Bedeutung.
Wenn man die tiefste Steppe in sich aufnimmt, entstehen unbeschreibliche und unzählige Wanderwege. Diese motorische Energie geht über eine Muskelwelle, die sich über ein Hinterteil und einen Vierbeiner auf

# Briefe

die Erde stützt, vom Kreuzbein aus als Energiewelle durch den Körper und entlädt sich auf lockeren Schultern.
Der Hoffnungsschimmer legt Wert auf unsere Extravaganz! Die Seele im echten Exil und ein kontemplatives Spiel mit der Geduld und um Geduld angesichts der ungeheuren Leere.
Pst ... ich versuche, es noch einmal nur für mich zu lesen! Das habe ich unterwegs gedacht, man versteht es, wenn man unterwegs ist.

**Côme Doerflinger alias Gringo**
Mongolei

Ich beschließe, mich bei Dolgor zu melden. Ich würde gerne einen Erfahrungsbericht von ihr veröffentlichen, um ihr Ehre zu erweisen und um etwas Schriftliches von dem zu haben, was sie ist.
Ich bin mit Côme und Gerel in Kontakt geblieben und habe sie gefragt, wie ich in Frankreich jemanden finden kann, der Mongolisch spricht. Gerel erzählt mir von einer jungen Frau, die sie sehr gut kennt und die in Paris lebt. Ich verliere keine Sekunde, um Kontakt mit ihr aufzunehmen.
Ihr Vorname: Sandrine, ihr Beruf: Anthropologin. Sie sagt netterweise zu, mir zu helfen.
Ich besuche sie und habe die Nummer von Dolgor auf einem Stück Papier, mein Herz rast schon bei dem Gedanken, mit ihr reden zu können. Die Wahrscheinlichkeit, sie zu erreichen, ist eins zu tausend. Ich rechne. Es ist 18 Uhr bei ihnen ... sie ist bestimmt draußen bei den Tieren und weit weg vom einzigen Telefon, das an einer Schnur am Fenster hängt, damit es Empfang hat. Nach mehreren Versuchen hebt sie ab und mein Herz auch!

Сайн байна уу, Марина!!!!?
Марина, Марина, сонин сайхан юутай байна?
Хэзээ манайд буцаж ирэх вэ?
Манай нутаг сайхан шүү! Хурдан эргэж ирээрэй Талын нүүдэлчин айлдаа найзтайгаа хамт ирээрэй!!!

# Briefe

Марина, Марина! Манайд ирээрэй! Бидэн дээр хэзээ эргэн ирэх вэ? Надтай ярисанд баярлалаа. Одоо Марина монгол хэл сурах хэрэгтэй. Тэгээд хурдан манайд буцаж ирээрэй!

Guten Tag, Marina!? Marina! Marina, wie geht es dir?
*Sie schreit so laut, als sie mich hört, dass ich kein Wort herausbringe. Mein Herz hüpft, und meine Hände zittern. Sandrine ist auch überrascht von Dolgors Kraft und ihren ganzen Schreien.*
Wann kommst du wieder?
*Sie wiederholt es bestimmt zehnmal ...*
Mein Land wartet auf dich! Komm schnell! Komm mit deinem Freund zu den nomadischen Viehzüchtern in die Steppe!
Sandrine ist ganz durcheinander von dem Gespräch und kann außer diesen wenigen Worten nichts aus ihr herauslocken. Und die haben mir bewusst gemacht, wie schnell man vergisst. Ihr waren meine Fragen völlig egal, sie hatte nur einen Gedanken im Kopf ... alles andere ist belanglos.
*Was wollte ich eigentlich?*
Einen Erfahrungsbericht. Ich hatte nicht verstanden, dass die Nomaden von Worten weit entfernt sind, aber nahe an Taten. Ihre einzige Parole: »Komm und red nicht so viel!« Alles klar, Dolgor ... Du hast recht, besser zurückzukommen und dich zu sehen, als mich mit etwas Schriftlichem zufriedenzugeben, das angesichts der Kraft dieses Landes bedeutungslos ist.
Ich bin gerührt und fühle mich ganz klein, sie darum gebeten zu haben. Ich bin weit weg von der Realität. Eine Nomadin über Tausende Kilometer um einen Erfahrungsbericht zu bitten ...
Ihren Bericht mache ich, wenn ich neben ihr sitze und eine gute vergorene Stutenmilch trinke.
Danke für diese mongolische Brise, die ich durch das Telefon wahrgenommen habe. Ich habe noch viel zu verstehen und vor allem in die Tat umzusetzen.
Marina, Marina! Komm!!!!!
*Mein Herz bleibt stehen ...*
Wann kommst du uns besuchen?
Danke, Sandrine, dass Sie ein Gespräch mit Marina möglich gemacht haben. Sie muss Mongolisch lernen! Und sie soll schnell wiederkommen.

# Briefe

Ich wollte einen Bericht und bekomme ein Wort: »Komm!«
Sandrine legt auf, das Gespräch ist beendet. Es wird still im Raum.
»Ich komme, Dolgor. Ich komme … ich verspreche es dir.«

## Widmung an meine Seper-Hero-Community

Liebe MS-ler, ja, ohne euch wäre nichts entstanden. Ihr habt mich begleitet, mir geholfen, mich unterstützt, verteidigt, mir zugehört, mich getröstet, beraten, motiviert und mir außerdem so viel Zuneigung geschenkt, von Anfang an bis zu dem Satz, den ich gerade schreibe. Es ist nur eine kleine Seite in diesem Buch, aber ihr sollt wissen, wie viel Liebe und Dankbarkeit und Kraft ich für euch alle habe.

Diese Community ist stark, und ich verspreche euch, dass wir nie aufhören werden, gemeinsam zu wachsen. Ich bin alleine losgegangen, wir kommen mit mehr als 6000 zurück. Das ist der Anfang eines langen Abenteuers, das ihr 2015 angefangen habt zu schreiben. Merci, dass ihr an das Projekt geglaubt und einen Teil eures Lebens in mein Leben gegeben habt. Mithilfe eurer Nachrichten habe ich diese Wanderungen und Klöster geschafft, bin bei den Tsaatan angekommen, vor allem bin ich für dieses neue Projekt zurückgekommen und schreibe in der Zwischenzeit diese paar Zeilen.

Wen es betrifft, wird sich wiedererkennen. Danke für euren Quatsch, eure Geschichten, euren Humor, eure Toleranz. Von meiner Ein-Meter-sechzig-Warte und mit meinen 23 Jahren sehe ich eine schöne Menschheit, die sich gegenseitig hilft, die stark ist, teilt und lieben möchte. Der Mensch wird gut geboren, das ist sicher. Der Mensch wächst, blüht, aber er ist vor allem auf dieser Erde, um sich nützlich zu fühlen und Konstruktives zu tun. Geben wir uns die Hand für die kommenden neuen Abenteuer.

Ich liebe euch.

**Eure Rosy**

# Dank

Merci, **Élise Bigot**, du hast mich zu diesem Buchprojekt ermutigt und mich dabei unterstützt. Wir werden beide zur gleichen Zeit ein – unterschiedliches – Baby bekommen. Ich kann es kaum erwarten, die kleine Léa kennenzulernen, die bei diesem Projekt dabei war. Du kannst sicher sein, sie ist schon geimpft für spätere Diktate, bereits vor ihrer Geburt.

Merci, **Florence Lécuyer**, für die Idee zu diesem Buch. Du hast es geschafft, mich in dein immer bunteres und sonnigeres Boot zu holen.

Merci, **Frédéric Lopez**, dass Sie mir über den Weg geschickt wurden und ein Vorwort zu meinen unbeholfenen Zeilen geschrieben haben.

Merci, mein Freund **Baptiste Letocard**, für die fantastischen Karten zu diesem Projekt.

Merci, **meine Freundinnen**, dass ihr diese kleine Biografie geschrieben habt.

Merci, **meine Eltern und meine kleine Schwester**, für eure Ratschläge und eure Liebe.

Merci, **Max**, für deine Kraft und dein Vertrauen, die immer da sind.

Merci, **Mami Roselyne**, du hast mich inspiriert!

Merci, blablabla … ihr wisst schon …

Titel der Originalausgabe: »Seper Hero. Le voyage interdit qui a
donné du sens à ma vie«
Erschienen bei Éditions Flammarion, Paris, 2017
Copyright © 2017 Éditions Flammarion, Paris, Frankreich

Deutsche Erstausgabe
Copyright © 2019 von dem Knesebeck GmbH & Co. Verlag KG, München
Ein Unternehmen der La Martinière Groupe

Bildnachweis: Seiten 89, 100 und 396; © Marine Barnérias, private Sammlung;
Illustrationen: Seite 48/49: © grob/Shutterstock; Seite 132/133:
Montage von © Melok/Shutterstock und © Daiquiri/Shutterstock;
Seite 246/247: © babayuka/Shutterstock

Umschlagfotos: © Marine Barnérias;
Autorinnenfoto hintere Klappe: © Astrid di Crollalanza, © Flammarion

Konzeptentwicklung knesebeck stories: Caroline Kaum, Knesebeck Verlag.
Projektleitung: Caroline Kaum, Dr. Thomas Hagen, Knesebeck Verlag
Lektorat: Marion Neuwirth, bookwise GmbH, München
Labelentwicklung, Coverdesign & Layout: FAVORITBUERO, München
Satz und Herstellung: Arnold & Domnick, Leipzig
Druck und Einband: Livonia Print, Riga
Printed in Latvia

ISBN 978-3-95728-352-8

Alle Rechte vorbehalten, auch auszugsweise.

www.knesebeck-verlag.de